Liebe Leserin, lieber Leser,

wir freuen uns, dass Sie sich für ein Buch der Reihe Galileo Design entschieden haben.

Galileo Design ist die Reihe für professionelle Screen-, Web- und Grafik-Designer und Experten im Prepress-Bereich. Unsere Bücher zeigen, wie man es macht – strikt aufgabenbezogen und mit Beispielmaterial professioneller Designer erschließen sie die Anwendung aller relevanten Tools und Techniken. Sie vermitteln das technische Know-how, und sie sind Ideengeber und überraschen mit originellen und inspirierenden Lösungen. Wissen teilt sich nicht nur sprachlich, sondern auch visuell mit. Satz und Layout tragen dem Rechnung. Und wo immer es dienlich ist, ist ein Buch vierfarbig gestaltet. Unsere Bücher sind eine Augenschule: indem sie gefallen, setzen sie Kreativität frei. Denn Designer lesen anders.

Jedes unserer Bücher will Sie überzeugen. Damit uns das immer wieder neu gelingt, sind wir auf Ihre Rückmeldung angewiesen. Bitte teilen Sie uns Ihre Meinung zu diesem Buch mit. Ihre kritischen und freundlichen Anregungen, Ihre Wünsche und Ideen werden uns weiterhelfen.

Wir freuen uns auf den Dialog mit Ihnen.

Ihre Ruth Wasserscheid
Lektorat Galileo Design

Galileo Press
Gartenstraße 24
53229 Bonn

ruth.wasserscheid@galileo-press.de
www.galileodesign.de

Rudolf Paulus Gorbach

Typografie professionell

Galileo Design

Die Deutsche Bibliothek – CIP-Einheitsaufnahme
Ein Titeldatensatz für diese Publikation ist bei der
Deutschen Bibliothek erhältlich

ISBN 3-89842-73-X

© Galileo Press GmbH, Bonn 2001
1. Auflage 2001

Der Name Galileo Press geht auf den italienischen
Mathematiker und Philosophen Galileo Galilei
(1564–1642) zurück. Er gilt als Gründungsfigur der
neuzeitlichen Wissenschaft und wurde berühmt als
Verfechter des modernen, heliozentrischen Weltbilds.
Legendär ist sein Ausspruch *Eppur se muove* (Und sie
bewegt sich doch). Das Emblem von Galileo Press
ist der Jupiter, umkreist von den vier Galileischen
Monden. Galilei entdeckte die nach ihm benannten
Monde 1610.

Lektorat Ruth Wasserscheid
Korrektorat Sandra Gottmann, Bonn
Einbandgestaltung Helmut Kraus, Düsseldorf
Typografie und Gestaltung Gorbach Büro für
Gestaltung und Realisierung Buchendorf
Herstellung Iris Warkus
Repro PHG Litho / Longo Group Martinsried – Bozen
Satz Gorbach GmbH / Waltraud Hofbauer
Druck Kösel, Kempten

Vorwort

Zunächst: Typografie *ist* heute digital. Typografie und Gestaltung sind eins, denn es gibt kaum Typografen, die nicht gestalten. Digitale Typografie, gibt es die? Oder sind es nur neue technikbedingte Freiheiten? Sind diese wirklich neu? Allerdings hat die typografische Gestaltung durch die digitale Technik ein anderes »Bild« bekommen. Wie weit hat also das neue Werkzeug die Gestaltung verändert?

Wissen und Information werden hauptsächlich über Texte verbreitet. Das dazu nötige Transportmittel ist die Schrift und damit auch ihre Anordnung, die Typografie. Jeder kann heute Typografie *machen,* falls er oder sie willens ist und ein wenig das hierzu nötige Handwerk beherrschen. Das fängt bereits beim Textprogramm an, und wer benutzt heute keines? Nicht gesagt ist dabei allerdings, dass allein die Beherrschung der Technik auch gleichzeitig gute typografische Gestaltung hervorbringt. Dazu ist eben das *Handwerk* der typografischen Grundlagen nötig. Typografie bedeutet Ordnen, Lesbarmachen, Übertragen vom Wort zur Druckplatte, also eine Serienproduktion des vorgedachten, geschriebenen Wortes.

Dieses Buch wird Anleitungen zur typografischen Gestaltung geben, für Quereinsteiger ebenso wie für beruflich bedingte *Typografieerzeuger,* aber auch Herstellern, Produktionern, Gestaltern und Designern weitergehende Anregungen geben.

Wie in meinen Seminaren ist auch hier (meine) Praxis im Vordergrund. Und eine gute Praxis braucht stichhaltige Theorien. Argumente, die gegen ein pures Schaubuch sprachen.

Die zahlreichen Beispiele in diesem Buch stammen, wenn nicht anders angegeben, meistens aus dem Gestaltungsbüro des Autors.

Inhalt

260 Danach

Am Anfang eines Kapitels finden Sie mein Mind-Map. Damit wird die Struktur des Kapitels deutlicher.

Ingemar Svantesson, Mind Mapping und Gedächtnis Training. Gabal Bremen, 1993

7

Grundlagen der Typografie

Was kann Typografie?

Eine Einführung

*Typografie ist weder nur ein System, um Schriftzeichen
wohl zu ordnen, noch sind es technische Kniffe von
QuarkXPress oder InDesign. Typografie ist ein wesentlicher Teil der Kultur. Deshalb werden hier Aspekte der
Gestaltung zum kulturellen Geschehen erörtert.*

SCHRIFT BEGEGNET UNS NAHEZU ÜBERALL, AUF
Straßen, in Städten und – anders – in verschiedenen Kulturkreisen. Schriften werden verwendet,
um etwas anzukündigen, hinzuweisen, ja beispielsweise zu zeigen, wohin es geht. Dabei haben
solche Schriften *Charakter*, sie drücken etwas aus.
Und man erkennt, dass diese Schriften *gestaltet*
sind und dass es so etwas wie grafische oder typografische Stile gibt.

Plakate, die heute als visuelle Gebrauchskunst
unsere Städte optisch ergänzen, erregen Aufmerksamkeit, machen neugierig, sollen aber auch in
erster Linie informieren. Das wird z. B. auf Messen
deutlich, wo die Information mit Typografie dominiert.

Zusammenhänge zwischen Handschrift und
Kalligrafie werden offensichtlich, auch für die Entwicklung der Druckschriften. Der Übergang zur
Kunst ist da nicht weit, aber Grafik, Notations-
systeme erfüllen ihre eigenen Zwecke.

Doch nicht die Schrift allein macht Typografie
aus, sondern deren Anordnung, Verwendung oder
Inszenierung. Beispiele aus der Architektur verdeutlichen dieses. Das einfache Haus in Kroatien
ist durch seine simple und pur funktionelle Gestalt
geprägt. Funktionen also, die eine Gestalt geben.
Schon weit mehr Gestalt und Funktion ist an der
Seitenwand des Doms von Cefalù zu erkennen.
Schließlich werden Funktionen an einem Fach-
werkhaus deutlich sichtbar. In der Typografie
arbeiten wir heute mit Fachwerken, genannt Raster. Und schließlich finden wir in der Architektur
des 20. Jahrhunderts komplizierte Techniken und
Funktionen, die wiederum eine neue Form ergeben, wie beispielsweise beim Centre Pompidou
in Paris.

Schriftcharakter und die Gestaltung auf der
Fläche ergeben das, was wir typografische Gestaltung nennen. Unterschiedliche Stilrichtungen zeigen sich, wenn Produkte verglichen werden: ein

Léuca/Apulien
und Zürich
▼

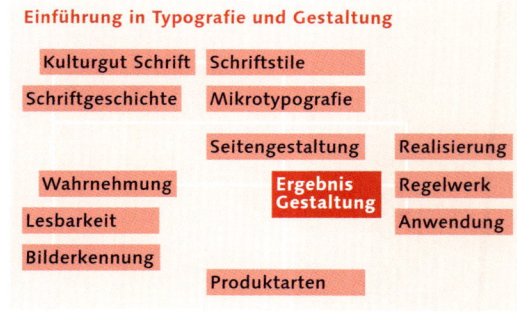

Einführung in Typografie und Gestaltung

Kulturgut Schrift	Schriftstile	
Schriftgeschichte	Mikrotypografie	
	Seitengestaltung	Realisierung
Wahrnehmung	**Ergebnis Gestaltung**	Regelwerk
Lesbarkeit		Anwendung
Bilderkennung		
	Produktarten	

Mikrokosmos an Typografie findet sich beispielsweise bereits in Weinetiketten. Dabei beginnt die
typografische Arbeit schon beim traditionellen
Buch, das ja schon um 1500 im Wesentlichen seine
heutige Form – durchaus funktionell – erhalten
hat. Die Gestaltung der Bibel reicht von der Imita-
tion der Handschriften bis zu immer wieder neuen
Versuchen, diese Textart der Zeit entsprechend
neu zu gestalten.

Zeitungen und Zeitschriften sind auf attraktive
Typografie angewiesen, wobei die Umwelteinflüs-
se, der Geist der jeweiligen Zeit präsent sind. Doch
darf die Lesefunktion des Basistextes nicht vergessen werden, der Kern der Information. Dies gilt
durchaus in Kombination mit dem zunächst domi-
nierenden Bild. Bildhafte Typografie hat ja ihren
nicht unerheblichen Platz. Und so manches, was
heute als erfunden ausgegeben wird, hat seine
Wurzeln bei Surrealisten, Dada oder in der Bau-
hauszeit. Einiges, was mit Mac und PC so neu
erschien, wurde in den Jahrzehnten zuvor schon
ausgedacht, wie die Plakate der Grapus-Gruppe
oder die Typografie von Wolfgang Weingart in den
siebziger Jahren. Moden und modische Tendenzen
gibt es in der Gestaltung immer wieder. Sie erzeugen natürlich auch Gegenbewegungen wie die
Gestaltung der Zeitschrift ökotest in den achtziger
Jahren.

▲
Cres / Kroatien
Meersburg / Bodensee
Weinetiketten

▲
Dom von Cefalú / Sizilien
Centre Pompidou, Paris
C4-Umschlag

◀
Kalligrafie von F. H. Ernst Schneidler

Venedig
▼

Basler Zeitung, 1989
▼

Plakat Gruppe
Grapus Paris, 1977
▼

Zeitschrift ökotest,
1985 (Christof Gassner)
▼

Was kann Typografie?   **11**

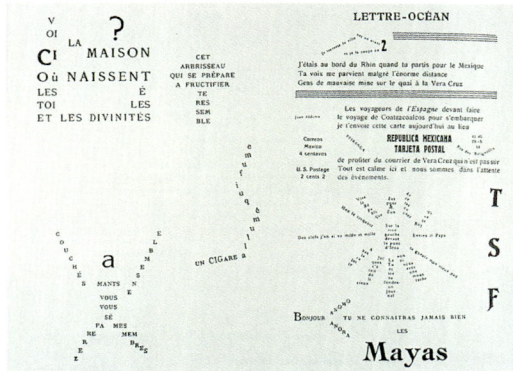

► Guillaume Apollinaire: Lyrische Ideogramme, 1914

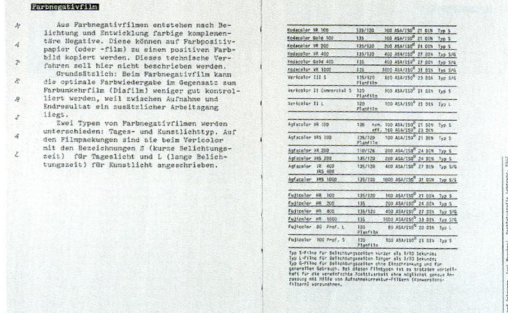

► Notizen zur Fototechnik. Hochschule für Gestaltung Zürich, 1987

Walter Benjamin, Einbahnstraße. Berlin, 1928

Die häufigsten Mängel in der Typografie

Schrift läuft zu eng
Grundschrift ist zu klein
Zeilenabstand zu gering
Zu breite Zeilen
Schlechter Blocksatz
Schriftwahl uniform
Schreibweisen stimmen nicht
Auszeichnungen im Text fehlen
Überschriften passen nicht
Schriftmischung nicht stimmig
Pagina nicht harmonisch
Kolumnentitel passt nicht zur Typografie
Seiteneinteilung und Bildstellung ungeschickt
Inhaltsverzeichnis unklar
Druck und Papier nicht ausreichend
Diskrepanz zwischen Umschlag und Inhalt

Friedrich Kittler, Grammophon, Film, Typewriter. Brinkmann & Bose Berlin, 1986

Gestalten heute Autoren selbst?

Deutlich ist die Sehnsucht von Autoren, Texte so zu platzieren, dass sie den inhaltlichen Sinn verstärken. Barocke Figurengedichte oder die Calligrammes von Apollinaire zählen dazu. Im 20. Jahrhundert haben italienische Futuristen, russische Suprematisten um El Lissitzkij den Wert der Typografie in ganz anderer Art und Weise erkannt. Die konkrete Poesie zeigt dies, und auch Arno Schmidt ordnete seine Seiten selbst. Aber erst mit den Personal Computern der achtziger Jahre ging – theoretisch – ein Autorentraum in Erfüllung, die Anordnung der Texte selbst vorzunehmen. Dass hierzu mehr gehört, erleben viele leidvoll. Walter Benjamins Prophezeiung von 1928 ist eingetroffen, dass »Systeme mit variabler Schriftgestaltung verfügbar sind und die Genauigkeit typografischer Formungen unmittelbar in die Konzeption von Büchern eingeht. Immer tiefer stößt die Schrift in den grafischen Bereich ihrer neuen exzentrischen Bildlichkeit vor.«

Der Weg vom Schreiben zum Manuskript und zum Satz war früher durch vielfältige Arbeitsteilung kompliziert. Während noch um 1920 handschriftliche Manuskripte die Normalität für den Satz bildeten, begann die Arbeitserleichterung mit Typoskripten, führte dann auch zur Arbeitsteilung: Text erfassen und setzen. Dass heute Daten zur Produktion gehen, ist schon selbstverständlich geworden.

Alternative Versuche waren oft durch Kostenzwänge bedingt. So wurden im wissenschaftlichen Bereich vermehrt Schreibmaschinentexte reproduziert, bis der IBM-Composer in den sechziger Jahren satzähnliche Erzeugnisse zuließ. Dass auch mit der Schreibmaschine gestaltet werden konnte, zeigten immer wieder einzelne Arbeiten wie die Studie von Zürcher Studenten. Schließlich hat das Aufschreibsystem Schreibmaschine ganz maßgeblichen Anteil an der Entwicklung der modernen Medien.

Aspekte heutiger Kultur

Ordnung und Chaos. Wir sind an Ordnung gewöhnt, gleichzeitig hatte die Chaosforschung Konjunktur. Die traditionelle Naturwissenschaft in ihrem Ordnungsbild orientiert sich an der Vorherrschaft mechanischer Regeln, der Reversibilität (Umkehrung) der Prozesse, Gleichgewichtszustände und erklärbaren Gesetzmäßigkeiten. Was nicht zu erklären ist, wird der Abteilung »Geist, Kultur, Kunst und Religion« zugeordnet. Was aber ist nun Chaos? In unserer Arbeit, der Gestaltung von Drucksachen, Büchern, Zeitschriften etc., wissen wir sehr wohl, was Ordnung bedeutet, nämlich:

▶ Gliederung
▶ Klarheit

Lesbarkeit. Sind andere Tendenzen dann das Chaos, wie man sie beispielsweise in verschiedenen Gestaltungsrichtungen in Holland bei Total Design findet? Dabei ist das so genannte Chaos durchaus als Gesetzmäßigkeit zu sehen, allerdings eben nicht ohne weiteres nachvollziehbar. (Vergleichbares in anderen Bereichen: In Andy Warhols Acht-Stunden-Film »Sleep« passt nichts zusammen.)

Geistige Tradition. Welche Bedeutung hat die Kultur in unserer Zeit? Wieso sind beispielsweise die 15 Jahre der Weimarer Republik kulturell eine Hochzeit und politisch ein Fehlschlag? Ist es so, wie Antonio Gramsci meint, dass Kultur von den herrschenden Klassen genutzt wird, um ihre Vorherrschaft zu erhalten und sich die Fügsamkeit derer zu sichern, die sie beherrschen, und mit ihrem Presse- und Bildungsmonopol auszubeuten. Ein durchaus aktuelles europäisches Thema!

Konkurrenz des Gedruckten. Alles ändert sich, aber wirkliche Funktionen doch nicht so sehr. Otl Aicher greift in einem seiner sehr interessanten Aufsätze das postmoderne Denken an, nämlich den Symbolgehalt (Aldo Rossis Wasserkessel oder banale Details in mancher Architektur).

◀ Nicht rechteckiges Buch: Total Design. Agenturdarstellung, 1988

◀ Bauhaus Dessau, 1988

Im Design von Industrieprodukten gibt es aber Fälle, wo sich die Form, durch die Verwendung von Mikrochips, nicht mehr an die Funktion halten muss. Ist die viel beachtete Auflösung dieses Zusammenhangs, Funktion und Form, gerechtfertigt, nur weil dies bei bestimmten Produkten möglich ist? Oder ist es eine Ausrede, wenn man von *postmodernen* Produkten spricht?

Während wir dabei sind, fast alles, was mit Kommunikation zu tun hat, zu digitalisieren, wachsen neue, immer schnellere Systeme der Information, rasend schnell sogar. Text, Bild und Ton werden in brillanter Qualität wiedergegeben. Systeme müssen aber auch handwerklich richtig eingesetzt werden. Was können wir tun, um beispielsweise Bücher oder Zeitschriften noch konkurrenzfähig zu halten?

»Das Übermaß der Bilder ist dem einzelnen Bild feindlich«, sagt Wim Wenders.

John Briggs, F. David Peat, Die Entdeckung des Chaos. Hanser Verlag München, 1990

otl aicher, die welt als entwurf. Ernst & Sohn, Berlin 1991

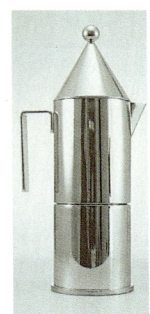

▲
Aldo Rossi,
mechanische
Kaffee-
maschine

▲
Trouw, niederländische Zeitung. Neugestaltet, 1989

▲
Besançon/Burgund

Jost Hochuli,
Buchgestaltung
als Denkschule.
Edition Typogra-
fie Stuttgart, 1991

Umberto Eco,
Semiotik.
Wilhelm Fink
München, 1987

George Steiner,
Von realer
Gegenwart.
Carl Hanser
München, 1990

Vilém Flussèr,
Die Schrift.
Immatrix
Publication
Göttingen, 1987

Funktionalismus oder Funktion unterscheiden sich. Jost Hochulis Untersuchungen hierüber beweisen, dass manches, was so einfach funktionell bezeichnet wird, nicht funktioniert. Der Wille zur Funktion bedeutet noch nicht, dass etwas wirklich funktioniert. So hat in den 20er-Jahren recht wenig auch wirklich gut funktioniert.

Gleichzeitig treten verstärkt neue Probleme auf, die durch die Kluft der Kulturkreise in der Kommunikation deutlich werden. Wir haben dies schon mit dem Wachsen der EU beobachten können und sehen beispielsweise in Deutschland die Verschiedenheit allein der beiden Landesteile in der Sprache.

Es nützt auch nicht viel, dass in der Medienwirkungsforschung belegt wird, dass Fernsehen Kreativität hemmt und Aggressivität steigert und zudem einsam macht. Fakt ist, dass eben heute viele Kinder ihre Lebensbilder und auch ihr moralisches Verhalten aus dem Fernsehen lernen.

Lesekultur. Von den Schwierigkeiten, Jugendlichen etwas vorzulesen, erzählt Gert Heidenreich: »Wechselt ein Autor nicht im Fernsehrhythmus – alle drei Sekunden ein Schnitt – kann er nervöse Hände beobachten, die nach der Fernsteuerung suchen …«.

Irritierend ist, dass so viele Bücher geschrieben werden. Lesen und Leseverhalten wird zunehmend untersucht – natürlich lange nicht so umfassend wie die Akzeptanz von Werbemitteln erforscht

wird –, im Buch sind nicht nur die Marketingaspekte gemeint, sondern eben Lesen, Verstehen, Wahrnehmen. Welche Schlussfolgerungen ergeben sich hieraus für das Gestalten von Büchern? Die Möglichkeiten der Gestaltung auch an so genannten »Benutzerschnittstellen« werfen noch Probleme auf. Wie kann man das fehlgeleitete Ästhetikverständnis vieler Ingenieure und technischer Redakteure verändern? Und was wird, wenn die Bildschirmauflösung bald so gut wird, dass Lesen von Texten kein Problem mehr bedeutet?

Bedeutung der Zeichen. Halten die Zeichen, was sie versprechen? Nach einer populären Definition ist »ein Zeichen etwas, das für etwas anderes steht«. Die Bedeutung muss man also »teilen«, ein Einverständnis, eine Konvention ist nötig. Das Verständnis der Semiotik, wie sie Umberto Eco dargestellt hat, ändert nicht die Gestaltung, aber das Denken und damit den Einfluss des Gestalters.

Die chinesische Schrift ist für den Zusammenhalt der größten menschlichen Gruppe der wichtigste Faktor. Macht man sich dabei klar, dass damit ein anderes, östliches Denken verbunden ist? Nicht ein lineares Denken, so wie Vilém Flussèr die Folge des Lautalphabets und der Zeilen als »lineares Denken« bezeichnete.

Kulturelle Identität. Farben bedeuten in verschiedenen Kulturkreisen oft Konträres. So entstehen Grenzen, die also auch für internationale Corporate

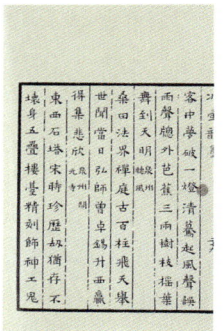

▲ Chinesische Schrift ▲ Treviso ▲ Lingotto, Turin (ehemaliges Fiatwerk) ▲ Zeitschrift natur, 1993

Designs gesteckt sind. Beim Buch ist die kulturelle Identität nahe liegend, da Texte an die jeweilige Sprache gebunden sind. Es können auch mehrere Sprachen sein, worauf die internationale Koproduktion Rücksicht nehmen muss. Hier ist aber immer das Bild dominierend, und auch gibt es Angleichungen (schlimmstenfalls Verfälschungen) bei Film und Fernsehen. Die Eigenschaften der verschiedenen Ebenen sind in solchen Büchern gefordert. Sie müssen Rücksicht nehmen auf Leser/Betrachter, die »nur« die Bilder eines Buches ansehen (wobei dabei schon viel erlebt werden kann).

Ökologie. Über Probleme der Ökologie wird seit Jahren gesprochen. Inzwischen werden diese Probleme zum Glück auch für Druckprodukte relevant. Dabei dürften manche Einschnitte noch schmerzlich für unsere Gewohnheiten werden. Nicht nur die gebrauchte Faser des Papiers, sondern auch und vor allem die Aufbereitung (Bleichung von Zellstoff, Oberflächenstrich und Veredelung) sind in der Werbung nun sogar Mode geworden. Das größere Problem aber ist der Abfall. Lässt sich dieser nicht verstärkt vermeiden? Muss es überhaupt Papier sein, muss es überhaupt gedruckt sein?

Aber auch die Lesbarkeit hat einen ökologischen Aspekt. Rationeller Einsatz und Umfang führen zu den schon angesprochenen Problemen, wobei in diesem Zusammenhang auch die Ergonomie des Lesens (sowohl auf Papier als auch auf Bildschirmen) angesprochen sein soll.

Sehen und Wahrnehmen. Sehen und Wahrnehmen, diese für das Erfassen und Registrieren wichtigen Zusammenhänge, sind auch ein Teil des Kapitals der Gestalter. Aus der geschichtlichen Alltagsgegenwart stellen wir Verbindungen her: Erklärungen, Verständnis. Das verändert unseren Horizont, wobei gleichzeitig die Gegenwart beeinflusst wird. Können wir aber die reale Gegenwart richtig einschätzen? Sind wir nicht unseren Systemen genauso ausgeliefert?

Aber hier ist nicht nur das fachliche Denken gemeint, sondern oft fängt ja alles ganz einfach und natürlich an.

So zum Beispiel Sehen und Wahrnehmen als einfacher und folgereicher Prozess, wie es John Berger beschrieben hat.

Gestalten. Gestalten bedeutet Einfluss nehmen, auch »sich engagieren« im weitesten Sinne. Das heißt auch Richtungen zu geben. Ein Konzept hierfür ist aber notwendig. Beim Übermaß an technischen Möglichkeiten kommt es vermehrt auf fantasievolle und funktionierende Konzepte an. Dabei sind Utopien oft wichtige Voraussetzungen.

Konzeptionelles Denken hat viel mit Systemen zu tun. Systeme müssen aber aufgebaut, gewusst, gesucht und gefunden werden.

John Berger, Das Leben der Bilder oder die Kunst des Sehens. Wagenbach Berlin, 1989

Typografie heute

Vom Bauhaus zum digitalen Satz

Wer heute typografisch gestaltet, möchte sicher gerne wissen, wie sich die Typografie im 20. Jahrhundert entwickelt hat. Vieles, was heute wunderbar digital gestaltet werden kann, hat seine Wurzeln in den Zwanziger Jahren.

Konrad Wünsche, Bauhaus. Versuch das Leben zu ordnen. Wagenbach Berlin, 1989

Ute Brüning (Hrsg.), Das A und O des Bauhauses. Edition Leipzig, 1995

IM BAUHAUS WURDE ARCHITEKTUR UND Design als ein Versuch gesehen, das Leben zu ordnen, wie es Konrad Wünsche formuliert. Das Elitäre der »Bauhausloge« (Gropius) mit ihrem moralisch-ästhetischen Anspruch traf sich mit dem demokratischen Kern der Weimarer Republik. Ordnung und Harmonie für die Bedürfnisse und die Dinge galt auch für die elementare Typografie des Bauhauses zwischen 1923 und 1926. Ihre Lehrer waren Laszlò Moholy-Nagy, Herbert Beier und Joost Schmidt, und die Merkmale waren die rote Zweitfarbe, serifenlose Schriften, übergroße Ziffern, Balken und die Kleinschrift sowie Kreise, Quadrate, Pfeile. Der wichtigste Einfluss kam vom russischen Konstruktivismus mit El Lissitzkij und aus de Stijl mit Theo van Doesburg. Lissitzkijs starker Bezug zu Deutschland (Studium in Darmstadt bei van de Velde, ab 1919 Professur für Architektur, Malewitsch als Freund, internationale Beziehungen in der Kunst)… Doesburg als Mitbegründer von »de Stijl« war von 1921 bis 1923 in Weimar, seine Reduktion auf Rechteck und elementare Farben passte gut zu den typografischen Problemen der Zeit. Hinzu kamen die neuen Möglichkeiten der Drucktechnik mit Bildklischees, schnellerem Druck, Tiefdruck und Offsetdruck.

Serifenlose Schrift als Einfachheit und Reinheit, wie es schon Stefan George sah, und die Auseinandersetzung mit Sprache und Schrift z. B. durch Walter Porstmann, die neuen DIN-Formate und auch die Folgen der Rechtschreibreform von 1900 provozierten die Kleinschreibung als lesbarer und wirtschaftlicher im Platzverbrauch.

Der Elementarunterricht entsteht bei Itten als Bezeichnung für den Vorkurs. Seine Farbenlehre erscheint. Die Theorien Paul Klees im »Pädagogischen Skizzenbuch«, Kandinskys »Punkt und Linie zu Fläche« sind weitere Meilensteine der modernen Gestaltung. Konflikte zur bildenden Kunst ließen sich nicht vermeiden, wenn es um die angewandten Dinge ging.

Das Sonderheft »Elementare Typografie« 1925 in den »Typografischen Mitteilungen«, von Jan Tschichold, war als Erziehung des grafischen Gewerbes gedacht und ist auch heute noch in den Folgen spürbar. Die Entfernung und gleichzeitige Weiter-

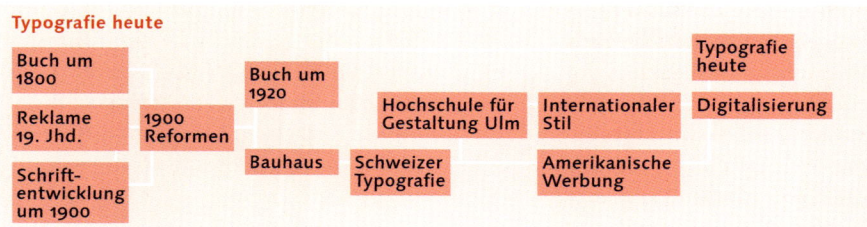

entwicklung war bei Tschichold, Paul Renner und seiner Futura und Georg Trump in München zu spüren. Doch auch der Ring neuer Werbegestalter wirkte positiv als parallele Bewegung. Seine Mitglieder wie Kurt Schwitters oder Max Burckartz waren keine Bauhausmitglieder (Zeitschrift »Das neue Frankfurt«). In Wien beschäftigte sich Otto Neurath mit der Entwicklung grafischer Darstellungen, in denen Sprache in Bilder umgesetzt werden sollten.

Drucksachen, Typografie und die Reklamegestaltung im Bauhaus sind ab 1923 bedeutend. War zuvor Drucken eher künstlerisch-grafisch orientiert, so kam in diesem Jahr Laszlò Moholy-Nagy als Nachfolger von Johannes Itten ans Bauhaus. Als Lehrer für den Vorkurs (auch gleichzeitig Leiter der Metallwerkstatt) vertritt er eine sachliche, klare Auffassung der Gestaltung, die im Gegensatz zu Ittens mehr emotionaler Meinung stand.

Herbert Bayer übernimmt 1925 in Dessau die Leitung der Druckerei und Reklamewerkstatt, die auch im Rahmen der Bauhaus GmbH Aufträge ausführt. Theorie und Didaktik der Typografie werden von Joost Schmidt gelehrt, der nach dem Ausscheiden von Herbert Bayer den gesamten Bereich übernimmt.

Typografie, Druck und Reklame sind Teil der generellen Bauhauslehre, die ja die Verbindung der Kunst zu den angewandten Arbeiten wollte.

Laszlò Moholy-Nagy: Die Typografie »muss eine klare Mitteilung in der eindringlichsten Form sein«. Der hemmungslose Gebrauch aller Zeilenrichtungen wird gefordert. Die zinkografischen neuen Möglichkeiten sollen zu einem exakten Ausdruck verhelfen. Die Verwendung der Fotografie soll eine direktere Aufnahme durch den Leser ermöglichen. Zeitgemäße Typografie soll die Gestaltungsmittel aus der eigenen Gesetzmäßigkeit verwenden und »mit den Erscheinungen des sie umgebenden Lebens in einer dauernden Resonanz …« stehen. Klarheit, Knappheit, Präzision ist die Forderung. Dabei wird nicht nur die bisherige Reklamegestaltung, sondern auch die Buchgestaltung als eintönig kritisiert. Überlegungen folgten,

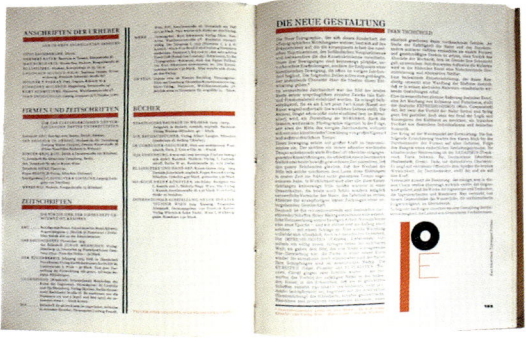

◀ Sonderheft Typografische Mitteilungen, 1925

◀ Seite mit einer Arbeit von El Lissitzkij zu einem Majakowski-Titel. Aus dem Sonderheft Typografische Mitteilungen 1925

◀ Herbert Baier, Studien zu einer Universalschrift, 1924

wie z. B. für ein Plakat Sprache »hörbar« gemacht werden könnte. Ebenso wurde versucht, eine Einheitsschrift für alle Zwecke, ohne Minuskeln und Majuskeln zu entwickeln und anzuwenden. Bis dahin wollte man sich aber noch mit vorhandenen Schriften zufrieden geben (Venus-Grotesk, Lapidar, Nordisch-Antiqua-Mediäval).

Selbstverständlich war die harmonische Gliederung einer Fläche ein wesentlicher Bestandteil der harmonischen Ordnung.

Das »Typofoto« sollte die visuell exaktest dargestellte Mitteilung werden. Hier ist Moholy-Nagy der wichtigste Theoretiker. Licht- und Raumdimensionen aufnehmend wollte er auch den Klang der Sprache visualisieren (»Dynamik der Großstadt«). Grenzüberschreitungen wie synästhetische Versuche waren vorhanden, und vergleichbar sind Kurt Eislers Kompositionen wie »Tempo der Zeit«. Der Gegensatz hierzu blieb die Strenge, in der Mitteilung die einfachste Form.

Zahlreiche Schriftversuche am Bauhaus werden erst heute richtig wahrgenommen. So hatte Lothar Schreyer als Kunstgewerbelehrer Alphabete konstruiert. Feininger als Leiter der Druckwerkstätten begann mit expressiven, kurrentartigen und ineinander greifenden Schriften. Ein Einheitsalphabet wurde von Herbert Bayer entworfen, signetartige Formen waren auf die Mittellänge bezogen. Mit zehn genormten Elementarteilen und dem Kreis als beherrschender Form war gar das Ende der Schriftentwicklung prophezeit worden. Bei Joost

Schmidt wurde die Bauhausschrift einheitlich und deutlich lesbar entworfen.

Die Reklameabteilung ab 1927 wollte den »werbsachner«, ein Begriff von »Werbwart« Weidenmüller. Lehrpläne und Formulare können als Vorläufer der späteren Informationsgrafik gewertet werden.

In den Bauhausbüchern zeigten sich die konträren Arbeiten von Gropius und Moholy-Nagy, dessen buchstäbliche Kreativität im »Layout«.

Nach den Reformen der Jahrhundertwende, die von William Morris begonnen wurden, erreichte die Buchgestaltung eine glänzende Gestaltungsepoche. Aus den Pressenbewegungen entstanden Bücher und Verlage, die ein hohes handwerkliches und künstlerisches Niveau vertraten. Verlagsnamen wie Insel, Diederichs, Langen, Fischer, Rowohlt und Kurt Wolff belegen neben vielen anderen dies mit ihren Büchern für den normalen Markt. Es ging weniger um Bibliofilie, wenngleich diese in der ersten Hälfte des 20. Jahrhunderts Vorbildcharakter hatte. Zeitschriften wie Pan, Simplizissimus oder Die Insel trugen dazu lebhaft bei. Lesbarkeit und ästhetische Klarheit waren die Tugenden, die im 19. Jahrhundert etwas vergessen wurden.

Gleichzeitig entstanden viele neue und wiedererweckte Buchschriften bei der Monotype und Linotype. Gestalter waren u.a. F. H. Ehmke, Walter Tiemann, Ernst Rudolf Weiß, Friedrich Wilhelm Kleukens, Rudolf Koch und Lucius Bernhardt.

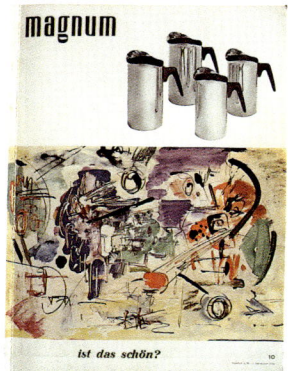

Die besseren 50er-Jahre

Wiederaufbau, Vergessen des Gewesenen und der neue Konsum als Wichtigstes stehen hinter einem gesellschaftlichen Stimmungsbild, das oft für das der 50er-Jahre gehalten wird. Dabei gab es erneut politische Gefahren, wie die Korea-Krise. Doch die Gesellschaft gefiel sich in einem bedrohlichen Konservativismus, das Vorbild USA war aber stark.

Die Gestaltung der Drucksachen orientiert sich an der Vorkriegszeit, aber die Naziepoche 1933 bis 1945 war nicht überwunden. Drucksachen wurden gesetzt ohne Revolution, sauber und langweilig, die visuellen Leiden der Zeit waren sichtbar.

Bücher als gestalterisch übernommene Qualität sahen ebenso aus wie früher, etwas sparsamer vielleicht. Die Modernität der Zeit war eine Folge von Bauhaus, Expressionismus und etwas Dada. Aber das wusste man wohl noch nicht so genau. Ein großer Aufwand galt der Gestaltung. Die Kalligrafie war traditionell wichtig für die Ergänzung grafischer Drucksachen. Zaghaft machten sich Einflüsse aus Frankreich bemerkbar.

Aber ein neues und anderes Denken und Empfinden bringt auch eine genauere visuelle Gestaltung mit sich. Reformansätze zeigten sich durch:

Typokreise, Handsetzersparten, Typografische Gesellschaften (München und Berlin) versuchten in sehr engagierter Weise Mitarbeiter und vor allem den Nachwuchs fortzubilden. Die Schulen in Stuttgart und München setzten mit ihren ausge-zeichneten Lehrern Signale für Qualität. Die Sicht der neuen Kunst wird als enormes Nachholbedürfnis vor allem für die Jüngeren prägend. Die Schweiz gilt typografisch als positives Beispiel. Für die Zukunft der Typografie wird sie zum Musterland. Fotografie wird zur Kunst, was sie ja auch schon zuvor sein konnte, aber das Bewusstsein hierfür steigt. Jazz als neue Botschaft. Eine andere Musik erreicht Europa und wird für viele zum bestimmenden Erlebnis. Die Hochschule für Gestaltung Ulm wird durch Otl Aicher, Max Bill und Tomás Maldonado gegründet.

In der Zeitschrift »magnum« war Modernität im und aus dem Gebrauch dargestellt. Karl Pawek als Herausgeber und Fotografietheoretiker brachte diese »Zeitschrift für das moderne Leben« bei DuMont heraus. Typografisch brav, im Bildlayout sehr interessant wurden Themen herausgearbeitet wie Elemente der modernen Schönheit, Soulages und starke Fotografie, »Nukleare« Malerei (Wols), Zeichen in der Kunst, die Situation der Frau, die Fotografie ist der Kunst voraus, neues Bauen und das Elend, das Ornament ist tot, Provinz ohne Metropole: Berlin, Was ist der Mensch? Die Ära der Freizeit beginnt.

Eine sanfte Evolution findet statt, oder ist es schon die Revolution? Saubere und betuliche Arbeiten stehen gegen die neuen Strömungen.

▲
Taschenbuch-umschlag 1952 (Gröning, Pferd-menges)

Umschläge Typokreis 1953 und 1956

Neue Graphik, 1959 (Hans Neuburg, Carlo Vivarelli)

Zeitschrift magnum, Köln 1956

Karl Pawek, Totale Fotografie. Walter Verlag Olten, 1960

Hochschule für Gestaltung Ulm. Ernst & Sohn Berlin, 1987

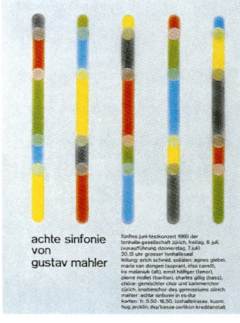

▶
Plakate für die
Volkshochschule
Ulm, 1959
(Otl Aicher)

▶
Plakate, 1960
(Josef Müller-
Brockmann)

Wilhelm
Worringer,
Abstraktion und
Einfühlung. Piper
Verlag München,
1908

▶
Umschlag, 1973
(Milton Glaser)

Kommentare zur
Neuen Musik.
Dumont Köln,
1955 bis 1960

▶
Doppelseite
Zeitschrift twen,
1963

Joachim E.
Berendt, Jürgen
Uhde (Hrsg.),
Prisma der
gegenwärtigen
Musik. Furche
Hamburg, 1959

Ab 1960

Vieles, was in den 50er-Jahren ausgedacht und
konzipiert wurde, kam in der folgenden Zeit zum
Tragen. Aber nicht nur dies.
Aspekte für diese zwei Jahrzehnte waren:
1. Eine konstruktivistische Typografie à la Schweiz/
Ulm setzt sich allmählich durch. Was durch hervorragende Schweizer Gestalter wie Gerstner, Müller-
Brockmann, Hoffmann, Ruder begonnen wurde,
wird in anderen Ländern zur wichtigen Theorie,
führt – wie man in England sagt – zu einem internationalen Stil. Auch in Deutschland gibt es
zunehmend Schulen, die dies in ihre Ausbildung
aufnehmen. Sie galten als ausgesprochen modern
und entsprachen auch der geistigen Situation –
zwischen den heute klassischen Avantgardisten
der bildenden Kunst wie Klee, Kandinsky, Mondrian u.a. und den Betrachtungen von Worringer, der
Philosophie Camus oder gewaltlosen pazifistischen
Ideen. Und vielleicht darf man in der Musik nicht
die Einflüsse von Luigi Nono, Bruno Maderna,
Ligeti, aber auch Stockhausen vergessen. Dies alles
hat auch die Typografie stark mit beeinflusst.
2. Ornamentale und historisierende Tendenzen,
die aus den USA kommen, wirken oft wie Reklame
des 19. Jahrhunderts, jedoch viel konsequenter
und im Artwork raffinierter. Plötzlich gab es so
etwas wie Neo-Jugendstil-Tendenzen. War es eine
Reaktion auf die strengen Schweizer?
3. Neue Freiheiten wie die der Flower Power und
eine beginnende sexuelle Aufklärung muss man
zunächst getrennt sehen. Sie vereinigten sich aber
in der Kleidermode. Glückssuche dominierte, der
Egoismus dadurch auch. Ein selbstverständlicheres
Umgehen mit der Sexualität brach auf und führte
dogmatische Haltungen der Kirchen oft ins Absurde.
4. Der Fotosatz löst ab 1967 den Bleisatz ab, was
zu einer anderen Sicht von Typografie und Grafikdesign führt. Gleichzeitig findet ein ganz entschei-
dender Systemwechsel des Hauptdruckverfahrens
statt: Offset statt Buchdruck. Obwohl der Fotosatz
schon 1897 erfunden wurde und in den 20er-Jah-
ren bereits ein Gerät namens Uhertype zur Verfü-

gung gestanden hätte, kam es erst jetzt zur Ablösung des alten Satzverfahrens. Die neuen Freiheiten wurden gefeiert und oft maßlos überzogen, zu enger und sehr spitz gedruckter Satz waren die Folge. Protest gab es vor allem von Verlagsherstellern und Buchgestaltern. Die Werbewelt war glücklich – und deren gut verdienende Lieferanten, die neuen Layoutsetzereien, auch.

5. Politische Protestbewegungen gegen Reste aus dem Faschismus in der Elterngeneration und als Reaktion auf den Vietnamkrieg tragen zu einer Veränderung des Bewusstseins bei (1968). Das ging auch gleichzeitig mit einer Missachtung von Form und Lesbarkeit durch politisch oft überzogen denkende Menschen einher. Ein Blick in Flugblätter der Zeit zeigt dies. Aber auch in den Büchern lässt die formale Qualität nach. Angebliche Zwänge des Fotosatzes stören die Lesbarkeit. Der Textinhalt steht über allem, und es ist egal, wie der Text aussieht.

6. Eine Mixtur aus politischem/gesellschaftlichem Engagement und den Moden der Zeit prägten die 70er-Jahre.

7. Eine bewahrende Typografie in der Buchgestaltung hält sich und zeigt Ende der 70er-Jahre eine Umkehr des Denkens zurück zu besserer Qualität. Nachvollziehen kann man dies in den Projekten, die Max Caflisch, Hans Peter Willberg, Franz Greno gestaltet haben, oder in den Verlagen der Büchergilde, Suhrkamp-Insel durch Rolf Staudt oder im Thauros Verlag.

8. Auch eine neue und inhaltsbezogenere Form entwickelt sich: zum Beispiel Wolfgang Weingart oder die Gruppe Grapus.

Hier entstehen Entwürfe und Visionen, die zwar im Fotosatz und später im digitalen Fotosatz immer stärker angewendet werden, aber die ganze Bandbreite sollte sich erst mit der Einführung von PC und Mac und den neuen Grafik- und Layoutprogrammen auftun.

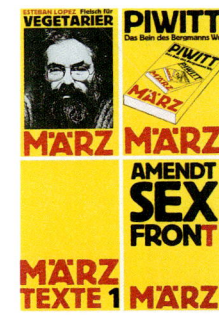

◄
Amendt, Sexfront, März Verlag, 1969

◄◄
links, Sozialistische Zeitung, Offenbach, 1969

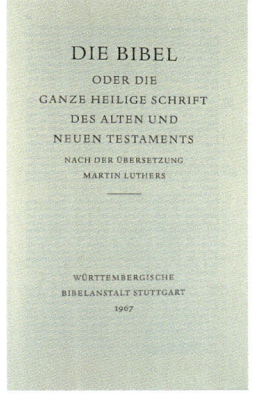

◄
Max Caflisch, Innentitel einer Bibel, 1967

◄
Wolfgang Weingart, 1973

Wolfgang Weingart, Wege zur Typografie. Lars Müller Baden, 2000

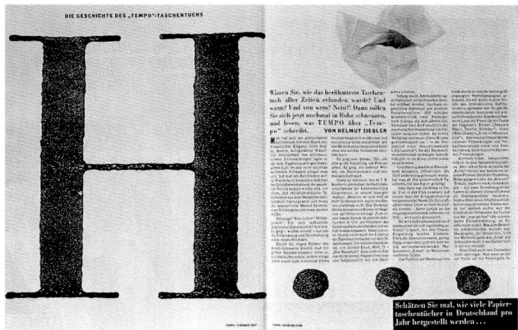
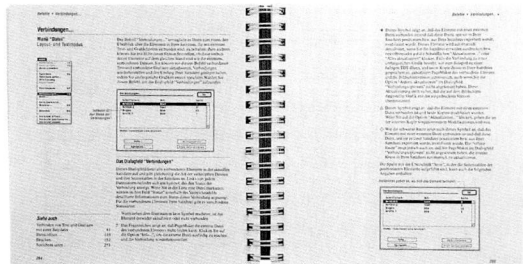

▶
Zeitschrift
Tempo, 1983
(Lo Breier)

▶▶
Handbuch
PageMaker 4.0

Ab 1980

1. Die Postmoderne mit neuen Denkansätzen für die Theorien der Ästhetik. Postmodernes Denken, wie es sich vor allem in der Architektur herausstellte, beeinflusste erst allmählich die typografische Gestaltung. Manche Theorien erscheinen wie Worthülsen, weswegen bisweilen die ganze Richtung nicht so recht greifen konnte. Symbolhafte, radikale Formen à la Memphis, denen die Funktion eher gleichgültig war, setzten sich kaum in den angewandten Bereichen fest. Konzeptionell arbeitende Gestalter beachteten aber trotzdem die Sogwirkung, die von einigen der Theorien ausging. Splitter daraus finden sich in vielen Bereichen.

2. Zeitschriften, die sich um die Traditionen wenig kümmern. Neue Szenezeitschriften beherrschten vorübergehend den Markt wie »Wiener« und »Tempo«. Die Gestaltung machte, was sie wollte, kümmerte sich nicht um vernünftige Regeln der Schriftmischungen. Ihre starke Bildbezogenheit schuf jedoch oft neue und reizvolle Seiten. Aber auch die »klassische« Gestaltung hatte ihre Fortsetzung.

3. PC und Mac als provokative Erscheinungen. Mit den neuen variablen Systemen von PC und Mac und vor allem mit den leicht einsetzbaren Gestaltungsprogrammen wie PageMaker begann eine völlig neue Epoche der Werkzeuge für die visuelle Gestaltung. Zunächst von der grafischen Welt abgelehnt und eher verspottet kamen sehr man-gelhaft gestaltete Drucksachen, gemacht von ahnungslosen Gestaltungsamateuren, auf den Markt. Erschreckend ist daran, wie viele Auftraggeber kritiklos diesen Mangel annahmen. Aber sehr bald bemächtigten sich fortschrittliche Profis dieser Werkzeuge, und aus manchen Amateuren sind ebenfalls Profis geworden.

4. Neville Brody und seine Nachmacher. Aus der traditionellen Typografie kommend und offensichtlich mit einem enormen Wissen über die Geschichte der Schrift versuchte der junge Brody neue Zeichen und Formen. Diese waren durch die Gestaltung der Szenezeitschrift »the face« sehr rasch verbreitet und leider auch sofort imitiert. Das Problem der Nachmacher ist nur, dass Brodys Schriften fast nur zu Brodys Typografie passen. Mittlerweile haben wir eine halbe Welt voll von wohl falsch verstandenen Brody-ismen.

5. Neue Schriften – traditionelle Rezepte? Durch die beschleunigenden Möglichkeiten der Schriftdigitalisierung und die enorme Verbilligung der dazu gehörenden Software sind so viele Schriften wie nie zuvor neu auf den Markt gekommen. Das ermöglichte eine Bewegung wie Fuse-Schriften, aber auch ernsthaft gute und lesbare neue Textschriften. Dabei ist festzuhalten, dass Softwaresysteme wie Ikarus schon fast die ganze Fotosatzzeit Basis der Schriftentwicklung waren.

6. Nach der Satz- die Bildrevolution. Die traditionellen Setzereien hatten sich total in ihrer Technik geändert, oder es gab sie bald nicht mehr. Die

The Graphic
Language of
Neville Brody.
Bucher
München, 1988

april greiman,
itsnotwhatyou-
thinkitis. Artemis
Zürich, 1994

▲
Zeitschrift The
Face, 1983 und
Schrift von
Neville Brody

Buchseite aus
Caracas, 1987

◄
David Carson,
The end of
print, 1995

David Carson,
The End of
Print. Bangert
München,
1995

Bedrohung hat sich sehr schnell umgesetzt, und
jetzt begannen auch die Fundamente für die Re-
probereiche der grafischen Industrie zu wackeln.
Für die Gestaltung bedeutete dies gleichzeitig:
Noch mehr Bilder, noch mehr nicht verstandenes
Flimmern, noch mehr nicht sinnvoll eingesetzte
Darstellung.

7. Kalifornische Typografie – Nachfolge Wolfgang
Weingarts bis David Carson. Neue durchdachte
Formen der Gestaltung finden sich in England,
Holland und vor allem den USA. Dort findet sich
besonders eine neue, sehr lebendige Art, mit den
Gestaltungselementen umzugehen, die teilweise
sicherlich auf Wolfgang Weingart und seine Schü-
ler(innen) zurückgeht.

Völlig anders, ziemlich funktionsfrei erscheinen
dann in den Neunzigern die Arbeiten von David
Carson. Mehr Bild als Lesetext, und oft ist der Text
so gleichgültig behandelt, dass Schrift nur noch
Dekorationselement ist.

◄
April Greiman

8. Bewahrte Traditionen. So zeigt sich aber doch,
dass einige Traditionen nicht völlig missachtet
werden können, nämlich dort vor allem, wo Texte
und Textteile weiterhin linear gelesen sein wollen
oder auch müssen. Verwirrung stiftende Gestaltbilder werden eben auch schnell langweilig, und das
ist bei vielen Screendesigns zu erleben.

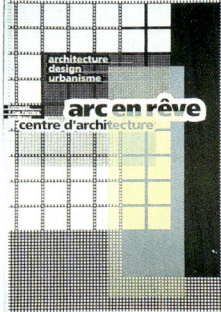

◄
P. Apeloig,
Zürich, 1992

Bisweilen hat man aber auch den Eindruck,
dass eine neue Klassik erscheint, die als visuelle
Beigaben die Symbole und Zeichen der Zeit verwendet.

Einfach

Ein Beispiel, das Mut macht

Gestalter wissen, dass einfache Typografie oft gut funktioniert und dass die zu vermittelnde Botschaft klar »rüber kommt«. Zur einfachen Gestaltung gehören einige wenige Grundlagen der Typografie, die eigentlich leicht erlernbar sind.

SCHON 550 JAHRE, SEIT DER ERFINDUNG DER Buchdruckerkunst, sind Schrift, Typografie und Gestaltung in den Händen gut ausgebildeter Spezialisten. Mit Desktop-Publishing (DTP) hat sich das gründlich geändert. Plötzlich ist es technisch für jeden möglich, »Satz« zu produzieren. Vorausgesetzt, man verfügt über die nötige Hardware und kann damit einigermaßen umgehen.

Inzwischen ist die Typografie ganz digital geworden. Das bezieht sich auf die Werkzeuge. Lesen und Wahrnehmen sind fast so geblieben wie zu Bleisatzzeiten. In diesem Buch wird gezeigt, wie einfache Textgestaltung zu Typografie und visueller Gestaltung wird und dass dies Spaß macht. Freilich sollte man immer zwischen einfacher Typografie und professioneller Gestaltung unterscheiden.

Eine einfache Typografie ist mit heutigen Textprogrammen möglich, und es bedarf dafür noch nicht der komfortablen, aber auch wesentlich schwieriger zu handhabenden Umbruchprogramme. Es geht hier in erster Linie um Ergebnisse, die funktionieren, und das heißt in diesem Fall, dass sie gut lesbar sind.

Gestalten und die Gestaltung ausführen, also das Setzen, waren in den letzten Jahrzehnten getrennte Prozesse mit unterschiedlichen Voraussetzungen. Die Qualität der Ausführung ist aber für die Qualität der Gestaltung unerlässlich. Und so ist auch mit DTP erzeugte Typografie von der Idee der Gestaltung und ihrer sauberen und exakten Durchführung abhängig.

Was ist nun Typografie? Sie macht nichts weniger als gesprochene, gedachte oder notierte Sprache sichtbar werden zu lassen. Dafür werden zunächst als Elemente Druckschrift und leerer Raum verwendet. Um besser zu gestalten, sind hierfür Kenntnisse notwendig über:

1. Aufbau der Schrift
2. Charaktere der Schrift
3. Mikrotypografie
4. Grundlagen der visuellen Gestaltung
5. Seitenaufbau

Und in der Ergänzung kommen hinzu:

6. Bild als Foto
7. Grafik
8. Farbe

Dies alles ist mehr handwerklich als künstlerisch zu sehen. Die Form folgt dabei der Funktion, und Vergleiche mit der Formgebung von Industrie-

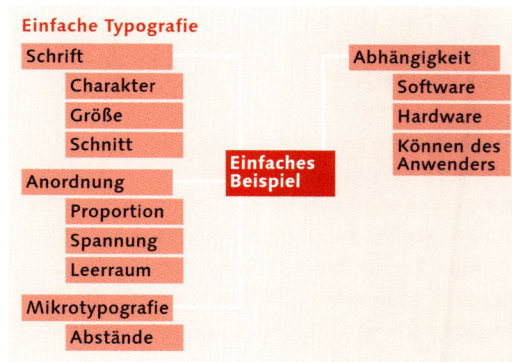

produkten sind erlaubt. Ein gut gestalteter Stuhl ist der, auf dem man gut sitzt. Und eine gut gestaltete Drucksache ist die, in der man gut lesen kann und die uns gut informiert.

Entwerfen

Ideen für die Anordnung der einzelnen Elemente werden festgehalten, skizziert. Sinnvollerweise geschieht dies ganz traditionell, nämlich mit Bleistift und Papier als Scribble. Das, was man als Gestaltung auf den Bildschirm bringen will, soll vorher überlegt sein. Die Skizze zur Entwicklung eines kleinen Buches sah beispielsweise wie hier abgebildet aus. Die Gestaltung war also noch nicht perfekt und wurde deshalb weiterentwickelt.

Ein einfaches Beispiel

Mit relativ einfachen gestalterischen Lösungen soll der kreative Prozess beim Entwerfen eigener Arbeiten angeregt werden. Gestalten bedeutet ja nicht nur das richtige Setzen des Textes mit Druckschriften, sondern ist auch das Organisieren einer Fläche und die Anordnung der einzelnen Elemente auf der vorgesehenen Seite. Eine Checkliste hilft bei der Durchführung und bei den Vorüberlegungen.

Wie bei allen gesetzten und gedruckten »Drucksachen« sind auch im Fall einer gestalteten Seite in Textprogrammen einige Voraussetzungen zu klären:

1. Was ist die Aufgabe der Drucksache oder Mitteilung?
2. Welcher Inhalt soll dabei transportiert werden?
3. Welche Zielgruppe soll erreicht werden?

Nehmen wir an, Sie haben eine Information aus Ihrer Abteilung eines Handelsunternehmens, die Sie in Textform bringen wollen. Kopien sollen an die anderen Abteilungsleiter, aber auch an externe und freie Mitarbeiter gelangen.

Zunächst werden Sie wahrscheinlich sprachlich auf die Zielgruppe eingehen. Selbstverständlich ist zuallererst zu klären, ob es in Ihrer Firma ein wirk-

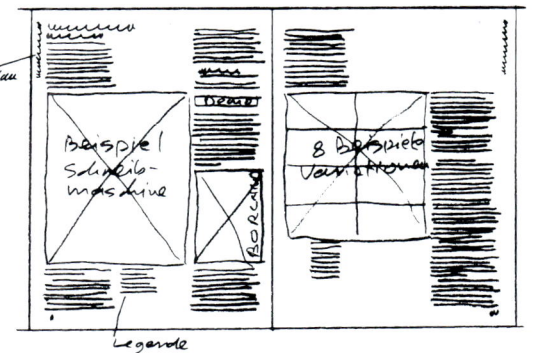

◀ Scribble für ein Lehrbuch

Checkliste Typografie und Gestaltung planen

1. Inhalt
Was muss rein:
☐ Textmenge
☐ Überschriften
☐ Bilder
☐ Andere Elemente
☐ Inhaltliche Tendenz der Information
☐ Zu berücksichtigende Stimmungen, Erwartungen
☐ Richtige Schreibweisen

2. Grundschrift
☐ Charakter, Art
☐ Schriftschnitt der Familie
☐ Größe
☐ Zeilenbreite
☐ Zeilenabstand
☐ Flattersatz, Blocksatz

3. Satzspiegel
☐ Blattformat
☐ Proportion
☐ Breite der Zeilen
☐ Zeilenanzahl
☐ Ränder

4. Auszeichnung
☐ Auszeichnungen im Text
☐ Wie viele Überschriften (Hierarchie)
☐ Art der Überschriften (wie 2.)
☐ Einzug
☐ Initial

5. Seitengestaltung
☐ Pagina
☐ Kolumnentitel
☐ Marginaltext
☐ Bilder
☐ Bildlegende

6. Anordnung
☐ Symmetrie
☐ Asymmetrie
☐ Spannung, Harmonie
☐ Lesefunktion
☐ Anreiz
☐ Farbe

▶
Gleiche Ränder
auf allen Seiten.
Der Satzspiegel
erscheint
dadurch zu tief.

35

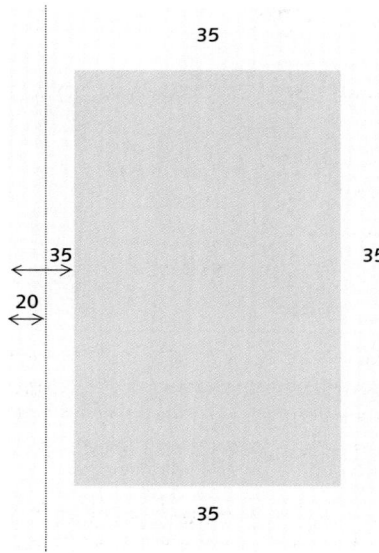

35   35

20

35

▶
Mit einem
etwas größeren
unteren Rand
wirkt die Seite
harmonischer

35

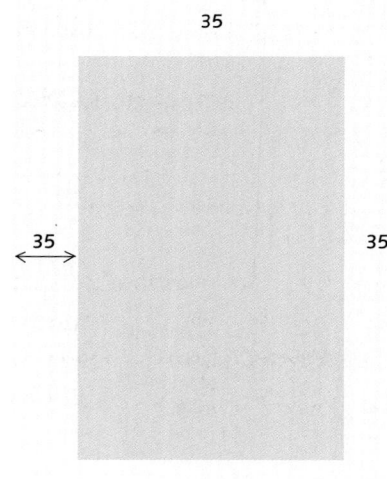

35   35

43

▶
Palatino
als Satzschrift

Die Palatino, eine Schrift von Hermann Zapf, 14 Punkt

sames Corporate Design (Gestaltungskonzept des Erscheinungsbildes) gibt, das Sie in diesem Fall benützen müssen. Ist dieses Gestaltungskonzept gut, so sind die gestalterischen Probleme ohnehin gelöst. Wir nehmen hier aber an, dass es kein solches Corporate Design gibt. Fangen wir also mit den Gestaltungsfragen an:

1. Blattformat

Zur Handhabung sind Hochformate besser als Querformate. DIN-Formate sind ein brauchbares Formatsystem und weltweit erfolgreich. Für eine Mitteilung sollte man daher ein Format aus dieser Reihe wählen: DIN A4, 210 × 297 mm. Ein Großteil der Bürokommunikation ist auf diese DIN-Formate eingerichtet, wenn Sie nur an Briefe, Eingabegeräte, Drucker etc. denken.

2. Schriftwahl

Die neuen Möglichkeiten der Textverarbeitung erlauben unendlich viele Schriftcharaktere. Ich möchte mich in diesem Buch aber auf einige gängige Schrifttypen beschränken, wie sie beispielsweise die meist verwendeten DTP-Drucker oder Windows-Programme anbieten.

Nach der Durchsicht des Textes wissen wir, dass es sich um eine Pressemitteilung gewöhnlicher Art handelt. Nun wäre es aber sicher verkehrt, dafür eine besonders extravagante Schrift auszuwählen. Lassen wir es also bei einer klaren Leseschrift, wie es beispielsweise die »Palatino« ist.

3. Typografie

Selbstverständlich gehören zur Typografie auch solche Bereiche wie Schriftwahl und Blattformat. Aber dazu haben wir uns schon entschieden. Jetzt geht es also um die Größe der Grundschrift, die Zeilenbreite, den Abstand der Zeilen zueinander und die Anzahl der Zeilen auf einer Seite. Es sind Entscheidungen, die sich durchaus gegenseitig beeinflussen. Den Lesegewohnheiten entsprechend sind Schriften zwischen 9 und 12 Punkt in der Größe für längere Texte gut zu lesen. Punkt ist ein eigenes typografisches Maßsystem. Beispielsweise entspricht 1 Punkt etwa 0,375 mm. Im Fall der Palatino gibt es hier vier Schriftgrößen von 9 bis 12 Punkt zur Auswahl.

Entscheiden wir uns hier, dem Charakter der Mitteilung und auch der Textmenge wegen, für die 11-Punkt-Variante, so ist als Nächstes der Abstand der Zeilen zueinander zu bestimmen. In der Typografie spricht man von Zeilenabstand oder Zeilenvorschub.

Probieren wir also mehrere Möglichkeiten aus, etwa die 11-Punkt-Schrift mit einem zusätzlichen Abstand von 1 bis 4 Punkt.

Welche Version ist am angenehmsten zu lesen?

Während beim Beispiel der Schrift mit 1 Punkt Zeilenabstand die Zeilen dicht aneinander kleben und so das flüssige Lesen behindern, ist bei der Variante mit 4 Punkt Abstand der Zeilenabstand – zumindest für diesen Anlass – zu weit. Wenn wir uns hier für 3 Punkt entscheiden, so liegt das etwas über dem normalen und empfohlenen Durchschnitt, der nämlich ca. 20 % zusätzlich zur Schriftgröße sein soll. Die im Satzbereich übliche Formulierung heißt hier 11 / 14 Punkt. Die erste Bezeichnung definiert die Schriftgröße, die zweite gibt den Zeilenabstand an. Die Differenz daraus ist der Durchschuss.

Wenn wir jetzt versuchen, diese Elemente auf das Papier zu bringen, so sieht alles noch ziemlich verloren aus. Jetzt muss also die eigentliche Gestaltung definiert werden.

▸ Wie breit sollen die Ränder sein?
▸ Wie breit sind die Zeilen einzurichten?
▸ Wie viele Zeilen sollen auf dem Blatt maximal Platz finden?

Die Funktion einer Drucksache, aber auch die Harmonie der Anordnung korrespondieren miteinander. Gehen wir davon aus, dass das geplante Dokument auch abgeheftet wird, so ist auf jeden Fall der nötige Heftrand von wenigstens 20 mm zu berücksichtigen. Dem Anlass entsprechend wollen wir aber etwas großzügiger sein und nehmen links

Texte in Schriftgrößen von 9 bis 12 Punkt sind gut zu lesen.

Texte in Schriftgrößen von 9 bis 12 Punkt sind gut zu lesen.

Texte in Schriftgrößen von 9 bis 12 Punkt sind gut zu lesen.

Texte in Schriftgrößen von 9 bis 12 Punkt sind gut zu lesen.

◂ Palatino in 9, 10, 11 und 12 Punkt

Die internationalen Normen stellen Empfehlungen zur Angleichung der entsprechenden nationalen Normen dar. Europäische Normen müssen von allen Mitgliedsländern in die jeweiligen nationalen

11/12 Punkt

Die internationalen Normen stellen Empfehlungen zur Angleichung der entsprechenden nationalen Normen dar. Europäische Normen müssen von allen Mitgliedsländern in die jeweiligen nationalen

11/13 Punkt

Die internationalen Normen stellen Empfehlungen zur Angleichung der entsprechenden nationalen Normen dar. Europäische Normen müssen von allen Mitgliedsländern in die jeweiligen nationalen

11/14 Punkt

Die internationalen Normen stellen Empfehlungen zur Angleichung der entsprechenden nationalen Normen dar. Europäische Normen müssen von allen Mitgliedsländern in die jeweiligen nationalen

11/15 Punkt

▴ Palatino mit verschiedenen Zeilenabständen

Beispiele auf Textprogrammen

Über einfache Typographie

Nehmen wir an, Sie haben eine Information aus Ihrer Abteilung eines Handelsunternehmens, die Sie in Textform bringen wollen. Kopien sollen an die anderen Abteilungsleiter, aber auch an externe und freie Mitarbeiter gelangen.

einen Rand von 35 mm. Einzelblattdokumente wirken gut, wenn die seitlichen Ränder gleich sind, weshalb wir hier auch den rechten Rand mit 35 mm bestimmen.

Da das Dokument nicht auf einen Briefbogen geschrieben wird, brauchen wir keine Rücksicht auf eine grafische Vorgabe zu nehmen. Bei den Rändern oben und unten ist zu berücksichtigen, dass die Schwerkraft der Erde auch unser Sehen beeinflusst. Wir empfinden rechnerisch gleich große Abstände oben und unten unterschiedlich, der untere Abstand wirkt schmaler. Das wird ausgeglichen, indem der Text etwas höher gestellt wird; man spricht von der optischen Mitte. In unserem Fall gehen wir von einem oberen Rand von 35 mm aus, nehmen unten jedoch einen Rand von 43 mm.

Jetzt sehen Sie, dass sich hieraus eine Zeilenbreite von 140 mm ergibt, bei unserer Schriftgröße von 11/14 Punkt ergibt dies 73 Zeichen je Zeile und 34 Zeilen auf der Seite.

Für diese Zeilenbreite bedeutet die Zeichenanzahl auch ein Maximum an guter Lesbarkeit.

Natürlich wird ein solches Dokument oft »überschrieben«. Wir brauchen also eine Überschrift. Diese soll sich deutlich vom übrigen Text absetzen. Wir haben es bei dieser Mitteilung aber auch noch mit einer Überschriftenergänzung, also einem Untertitel zu tun. Überschriften kann man wirken lassen, indem sie Abstand zum Text halten. Aber – und für unseren Fall besser – deutlicher wirkt die Überschrift in einem größeren Schriftgrad und im

fetten Schriftschnitt (bold). Eine Schrift 13 Punkt bold, mit einem Untertitel im Grad des Basistextes, jedoch kursiv, ist hier die beste Lösung.

Die Leserichtung geht in der lateinischen Schrift von links nach rechts, demnach ist es nur logisch, auch die Überschrift an die linke Satzkante zu stellen. Natürlich braucht die Überschrift auch etwas Abstand zum Text. Wir nehmen hier zwischen Untertitel und Text sowie zwischen Untertitel und Haupttitel je eine halbe Leerzeile. Dies ist ein Beispiel für eine einfache, aber sehr effektive Gestaltung – ohne spektakuläre Elemente.

Der Text ist konsequent linksbündig geschrieben. Das sollte auch die Grundbedingung für alle Dokumente sein, da hierbei die Wortabstände gleich bleiben und so die Lesbarkeit verbessert wird. Wählen Sie Blocksatz, wie im rechten Beispiel, so haben Sie zwar rechts eine glatte Satzkante, erhalten aber gleichzeitig oft sehr unterschiedliche Wortabstände. Leider sind die Trennprogramme der Textverarbeitungen immer noch nicht zufrieden stellend, und man muss manuell noch viel nachträglich trennen.

Beispiele auf Textprogrammen

Über einfache Typographie

Wie bei allen gesetzten und gedruckten »Drucksachen« sind auch im Fall einer gestalteten Seite in Textprogrammen einige Voraussetzungen zu klären:
1. Was ist die Aufgabe der Drucksache oder Mitteilung?
2. Welcher Inhalt soll dabei transportiert werden?
3. Welche Zielgruppe soll erreicht werden?
Nehmen wir an, Sie haben eine Information aus Ihrer Abteilung eines Handelsunternehmens, die Sie in Textform bringen wollen. Kopien sollen an die anderen Abteilungsleiter, aber auch an externe und freie Mitarbeiter gelangen. Zunächst werden Sie wahrscheinlich sprachlich auf die Zielgruppe eingehen. Selbstverständlich ist zuallererst zu klären, ob es in Ihrer Firma ein wirksames Corporate Design gibt, das Sie in diesem Fall benützen müssen. Ist dieses Gestaltungskonzept gut, so sind die gestalterischen Probleme ohnehin gelöst. Wir nehmen hier aber an, daß es kein solches Corporate Design gibt.
Fangen wir also mit den Gestaltungsfragen an:

1. Blattformat
Zur Handhabung sind Hochformate besser als Querformate. DIN-Formate sind ein brauchbares Formatsystem und weltweit erfolgreich. Für eine Mitteilung sollte man daher ein Format aus dieser Reihe wählen: DIN A4, 210 × 297 mm; ein Großteil der Bürokommunikation ist auf diese DIN-Formate eingerichtet, wenn Sie nur an Briefe, Eingabegeräte, Drucker etc. denken.

2. Schriftwahl
Die neuen Möglichkeiten der Textverarbeitung erlauben unendlich viele Schriftcharaktere. Ich möchte mich in diesem Buch aber auf einige gängige Schrifttypen beschränken, wie sie beispielsweise die meist verwendeten DTP-Drucker oder Windows-Programme anbieten.
Nach der Durchsicht des Textes wissen wir, daß es sich nicht um eine Mitteilung gewöhnlicher Art handelt. Nun wäre es aber sicher verkehrt, dafür eine besonders extravagante Schrift auszuwählen. Lassen wir es also bei einer klaren Leseschrift, wie es beispielsweise die »Palatino« ist.

3. Typographie
Selbstverständlich gehören zur Typographie auch solche Bereiche wie Schriftwahl und Blattformat. Aber dazu haben wir uns schon entschieden. Jetzt geht es also um die Größe der Grundschrift, die Zeilenbreite, den Abstand der Zeilen zueinander und die Anzahl der Zeilen auf einer Seite. Es sind Entscheidungen, die sich durchaus gegenseitig beeinflussen. Den Lesegewohnheiten entsprechend, sind Schriften zwischen 9 und 12 Punkt in der Größe für längere Texte gut zu lesen. Punkt ist ein eigenes typographisches Maßsystem. Beispielsweise entspricht 1 Punkt etwa 0,375 mm. Im Fall der Palatino gibt es hier vier Schriftgrößen von 9 bis 12 Punkt zur Auswahl.

Beispiele auf Textprogrammen

Über einfache Typographie

Wie bei allen gesetzten und gedruckten »Drucksachen« sind auch im Fall einer gestalteten Seite in Textprogrammen einige Voraussetzungen zu klären:
1. Was ist die Aufgabe der Drucksache oder Mitteilung?
2. Welcher Inhalt soll dabei transportiert werden?
3. Welche Zielgruppe soll erreicht werden?
Nehmen wir an, Sie haben eine Information aus Ihrer Abteilung eines Handelsunternehmens, die Sie in Textform bringen wollen. Kopien sollen an die anderen Abteilungsleiter, aber auch an externe und freie Mitarbeiter gelangen. Zunächst werden Sie wahrscheinlich sprachlich auf die Zielgruppe eingehen. Selbstverständlich ist zuallererst zu klären, ob es in Ihrer Firma ein wirksames Corporate Design gibt, das Sie in diesem Fall benützen müssen. Ist dieses Gestaltungskonzept gut, so sind die gestalterischen Probleme ohnehin gelöst. Wir nehmen hier aber an, daß es kein solches Corporate Design gibt. Fangen wir also mit den Gestaltungsfragen an:

1. Blattformat
Zur Handhabung sind Hochformate besser als Querformate. DIN-Formate sind ein brauchbares Formatsystem und weltweit erfolgreich. Für eine Mitteilung sollte man daher ein Format aus dieser Reihe wählen: DIN A4, 210 x 297 mm; ein Großteil der Bürokommunikation ist auf diese DIN-Formate eingerichtet, wenn Sie nur an Briefe, Eingabegeräte, Drucker etc. denken.

2. Schriftwahl
Die neuen Möglichkeiten der Textverarbeitung erlauben unendlich viele Schriftcharaktere. Ich möchte mich in diesem Buch aber auf einige gängige Schrifttypen beschränken, wie sie beispielsweise die meist verwendeten DTP-Drucker oder Windows-Programme anbieten.
Nach der Durchsicht des Textes wissen wir, daß es sich nicht um eine Mitteilung gewöhnlicher Art handelt. Nun wäre es aber sicher verkehrt, dafür eine besonders extravagante Schrift auszuwählen. Lassen wir es also bei einer klaren Leseschrift, wie es beispielsweise die »Palatino« ist.

3. Typographie
Selbstverständlich gehören zur Typographie auch solche Bereiche wie Schriftwahl und Blattformat. Aber dazu haben wir uns schon entschieden. Jetzt geht es also um die Größe der Grundschrift, die Zeilenbreite, den Abstand der Zeilen zueinander und die Anzahl der Zeilen auf einer Seite. Es sind Entscheidungen, die sich durchaus gegenseitig beeinflussen. Den Lesegewohnheiten entsprechend, sind Schriften zwischen 9 und 12 Punkt in der Größe für längere Texte gut zu lesen. Punkt ist ein eigenes typographisches Maßsystem. Beispielsweise entspricht 1 Punkt etwa 0,375 mm. Im Fall der Palatino gibt es hier vier Schriftgrößen von 9 bis 12 Punkt zur Auswahl:

▲
Variante in
Blocksatz

◄
Das verkleinerte
Beispiel, dessen
Aufbau zuvor
beschrieben
wurde

Einfach **29**

Mikrotypografie

Die Grundlagen

Die Basis für ein angenehmes Lesen von Texten ist immer erst einmal die Mikrotypografie. Dieses Setzerwissen macht aus Beliebigkeit erst Typografie. Es rentiert sich für alle Drucksachen.

Der Buchstabe

Vergleichbar mit einem Stempel war der Buchstabe im Bleisatz auf einem Metallgrund gegossen. Obwohl wir heute ganz anders setzen, hat der Bleisatz als jahrhundertelange Werkzeugdominanz seine Spuren in Begriffen und auch Einteilungen hinterlassen:

Schriftkegel: Metallkörper, der das Zeichen trägt.
Dickte: Breite des Schriftkegels, mit Vor- und Nachbreite (früher auch Fleisch genannt). Das ergibt einen durchschnittlichen Buchstabenabstand, der im Bleisatz wohl ausgewogen und technikbedingt bindend war. Es garantierte auch, dass sich die Buchstaben mit ihrem Bild seitlich nicht berührten.
Kegelgröße: Höhe der Schrift, also die Schriftgröße, die aber kein absolutes Maß ist. Auch oben und unten war noch etwas Fleisch, so dass sich

selbst im kompressen Satz (ohne besonderen Durchschuss) die Buchstaben auch zur vorherigen und nachherigen Zeile nicht berühren. Das heißt, dass Schrift in ihrer Größe nur mit Hilfsmitteln messbar ist.

Typometer heißt das Hilfsmittel hierzu. Ein System von Messeinheiten, in dem die tatsächliche Schriftgröße und der Zeilenabstand ermittelt werden können. Aber Vorsicht: Das Maßsystem im digitalen Satz (oft DTP genannt) unterscheidet sich vom herkömmlichen Fotosatz und Bleisatz.

Als Vater der modernen Mikrotypografie kann man Jan Tschichold sehen. Jan Tschichold, Schriften 1925–1974. Brinkmann & Bose, Berlin, 1991

▶ Wie Stempel waren die Buchstaben im Bleisatz gegossen

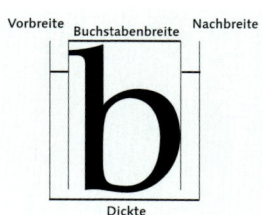

▶ Vor- und Nachbreite eines Buchstabens (= Schriftdickte)

Vorbreite Buchstabenbreite Nachbreite

Dickte

Mikrotypografie

Buchstabe	Maßsystem	
Zeichenarten	Abstände	Ausgleich
Kleinbuchstaben	Buchstaben	
Großbuchstaben	Wort	Schreibweisen
Ziffern	Zeilen	
Schriftschnitte	Anordnung	Linien

Die Zeichen der Schrift

Unsere Schriftzeichen bestehen aus Groß- und Kleinbuchstaben, die ursprünglich völlig separate Alphabete waren. Aber schon in Handschriften des 7. Jahrhunderts war es üblich, Anfangsbuchstaben hervorzuheben. Römische Buchstaben wurden der humanistischen Minuskel, der üblichen Kleinbuchstabenschrift zur Zeit Karls des Großen, vorangestellt. Es war die Geburt unserer Groß- und Kleinschreibung. Eine Schrift mit Ober- und Unterlängen wurde mit einer Schrift nur mit einer Mittellänge gemischt; ein dynamisches und ein statisches System wurden auf diese Weise kombiniert.

Versalien (Großbuchstaben)

Die heute verwendeten Versalien stammen aus dem römischen Alphabet. Drei Grundmuster bilden ihre Formen: Rechteck, Dreieck und Kreis. Die einheitliche Größe und die strenge Form sind die Ursache dafür, dass ein Versalsatz schwerer zu lesen ist, da die Buchstaben sich nicht sehr stark unterscheiden.

Versalien brauchen deshalb in der Aneinanderreihung eine leichte Sperrung. Als Auszeichnung behindern sie das Lesen etwas. Das kann absichtlich geschehen, wenn der Wortsinn dadurch besser eingeprägt werden soll. Aus Versalien gesetzte Drucksachen wirken oft »feierlich«. Man denkt an Denkmalinschriften, Grabsteine oder klassische Buchtitel.

Gemeine (Kleinbuchstaben)

Ober- und Unterlängen erlauben diesen Zeichen mehr Lebendigkeit – sie sind weniger statisch. Die meisten Buchstaben nehmen dabei nur das mittlere Feld, also die Mittellänge ein. Die Schriften stehen auf der Grund- oder Schriftlinie und benutzen dazu meist Serifen. Die Proportion von Mittellänge, Ober- und Unterlänge ist unterschiedlich. Neuere Schriften haben meistens größere Mittellängen. Die dazugehörigen Großbuchstaben sind häufig niedriger als die Oberlänge des »l«. Dadurch

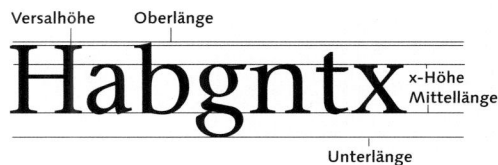

Versalhöhe   Oberlänge

Habgntx x-Höhe / Mittellänge

Unterlänge

◀ Höheneinteilung der Schrift

Kleinbuchstaben Gemeine

a b e f g i j k m o p r s x

Großbuchstaben Versalien

A B G J M P T □ △ ○

Ziffern

1 2 3 4 5 6 7 8 9 0

◀ Drei Zeichensysteme: Kleinbuchstaben, Großbuchstaben und Ziffern

TYPOGRAPHIE KANN ETWAS

TYPOGRAPHIE KANN ETWAS

TYPOGRAPHIE KANN ETWAS

◀ Großbuchstaben ausgleichen. Oben: Unbearbeitet, Mitte: Knapp gesperrt und ausgeglichen, Unten: Stärker gesperrt

NihmgL

NihmgL

◀ Serifen und serifenlose Schrift

► Viel zu stark gesperrter Text

Manchmal wird Schrift so stark gesperrt, dass das Lesen ganz enorm behindert wird.

► Kursive und geschrägte Schrift: Die elektronisch geschrägte Schrift wirkt unharmonisch und zu schwer

Der Unterschied ist erschreckend	Stone Serif normal
Der Unterschied ist erschreckend	kursiv
Der Unterschied ist erschreckend	geschrägt
Der Unterschied ist erschreckend	Stone Sans normal
Der Unterschied ist erschreckend	kursiv
Der Unterschied ist erschreckend	geschrägt

► Signalwirkung durch halbfette Hervorhebung

Sachtexte brauchen oft eine deutliche **Signalwirkung** für Begriffe.

► Verschiedene Schriftschnitte innerhalb der Univers

»Ihre *Formen* greifen weder auf **alte Groteskschnitte** zurück, noch haben sie den demonstrativen Zug einer Schrift, die *gegen* die Vergangenheit *rebelliert*.
In ihr ist die **Erkenntnis** wirksam, daß Schrift ein von unseren Vorfahren übernommenes ***Kulturgut*** ist, welches weder vernachlässigt **noch gewaltsam** *geändert* werden darf, und das unseren Nachkommen in ***gutem Zustand*** wieder *übergeben* werden soll.«
Emil Ruder über die Univers

wirken die Großbuchstaben weniger monumental. Kleinbuchstaben sollten der guten Lesbarkeit wegen nie gesperrt werden, da sonst der Lesefluss behindert wird.

Kursive

Die Kursive (Italic) war ursprünglich eine eigenständige Schrift, die dem Kalligrafischen der Handschrift näher war. Aber schon im 16. Jahrhundert schuf Garamond eine zur Garamond Antiqua passende Beischrift. Eine leichte Neigung nach rechts, engere Zeichnung der Buchstaben und ein lebendigeres Bild sind für die Kursive typisch. Dadurch laufen die meisten Kursiven in der Breite geringer. Selbstverständlich ergibt sich auch bei vielen Buchstaben eine andere Figur, und die Unterlängen sind bewegter. Generell wirkt eine Kursive weicher, heiterer als die dazugehörige Normale. Aber Vorsicht: Geschrägte Schriften sind keine Kursiven. Es gibt immer noch Programme, welche die Schrift nur rechnerisch schräg stellen. Von ihrer Verwendung ist dringend abzuraten. Sie wirken starr und verkrampft.

Selbst bei serifenlosen Schriften haben Kursive eine etwa ein Zehntel dünnere Strichstärke. Das gibt Sinn für den engeren Lauf und die dichtere Strichfolge. Zudem entsteht hierdurch ein Kontrast in der Grauwirkung, der sich angenehm von der geraden Schrift abhebt.

Als Hervorhebung eignet sich die Kursive besonders dann, wenn der Lesefluss verändert, aber nicht beeinträchtigt werden soll.

Halbfette

Wir brauchen heute für Sachtexte die Halbfette als wichtige Auszeichnungsvariante. Halbfette Schriften haben etwa die eineinhalbfache Strichdicke des Standardcharakters der Schrift. Der harmonische Grauwert einer Seite soll nicht mehr als nötig gestört werden.

Fette, breite, schmale, feine Schriften

Das nebenstehende Beispiel der Univers ist hierfür besonders gut geeignet, da diese Schriftfamilie optimal ausgebaut ist. Ob und wann solche Unterschiede vom Leser erkannt werden, hängt von seinem Grad der Motivation ab. Es ist schwierig, für den Leser so viele Auszeichnungen einzubauen. Eine eindeutig erkennbare Textfunktion ist die Voraussetzung. Deshalb verwendet man lieber weniger Auszeichnungsstufe, diese dann allerdings gut erkennbar.

Ziffern

Die arabischen Ziffern sind eigentlich ein drittes Element zum Zwei-Alphabete-System aus Groß- und Kleinbuchstaben. Gleich große Ziffern gibt es für Tabellen und Ziffernzwecke. Wir nennen sie deshalb auch Tabellenziffern. Auf die im laufenden Text harmonischer wirkenden Minuskelziffern sei hingewiesen. Allerdings sind diese in Textprogrammen nicht vorhanden.

Daneben werden für repräsentative Zwecke römische Zahlenzeichen verwendet. Im laufenden Satz geschieht dies fast nur bei Regentennamen und Jahrhundertbezeichnungen. Diese Zeichen sind noch schwerer lesbar als Versalien.

Bruchziffern sind auch im DTP-Satz nicht beliebig zu verkleinern, sie sollten – wenn es die Zeichensätze erlauben – des besseren Satzbildes und der Lesbarkeit wegen die gleiche Strichstärke wie die dazugehörige Schrift besitzen.

Schriftgrößen und typografisches Maß

Eine Besonderheit der grafischen Welt ist ihr eigenes Maß. Leider gibt es verschiedene Systeme. Wenn Sie mit dem Computer und einem DTP-Programm arbeiten, haben Sie es mit Pica-Point zu tun. Fotosatz und historischer Bleisatz rechnen mit Didot-Punkten.

Die Differenz wird in der normalen Zeile nicht sichtbar sein. Aber auf eine Seite bezogen ergeben sich sofort Unterschiede von mehreren Zeilen.

Das Zarte an sich
Univers 45 light

Passt in die Lücken
Univers 47 light condensed

Behäbigkeit dazu
Univers 53 extended

Kraft durch Typo
Univers 75 black

Schrei der Not
Univers 93 extra black extended

◄ Für Auszeichnungszwecke: fette, breite, schmale und magere Schriften

Versalziffern   0 1 2 3 4 5 6 7 8 9
Minuskelziffern   0123456789
Römische Ziffern M C L X V I

◄ Drei Ziffernarten

Das Rundschreiben vom 12. Juni 1998 enthält folgende Beilagen: 58 neue Formulare. Verwenden Sie die 4 780 Lieferanten- und 253 Kundenadressen ab dem 1. Januar 1999.

Das Rundschreiben vom 12. Juni 1998 enthält folgende Beilagen: 58 neue Formulare. Verwenden Sie die 4 780 Lieferanten- und 253 Kundenadressen ab dem 1. Januar 1999.

◄ Minuskel- und Versalziffern im laufenden Text

anno M X C L X X I I I
anno mxclxxii (falsch)

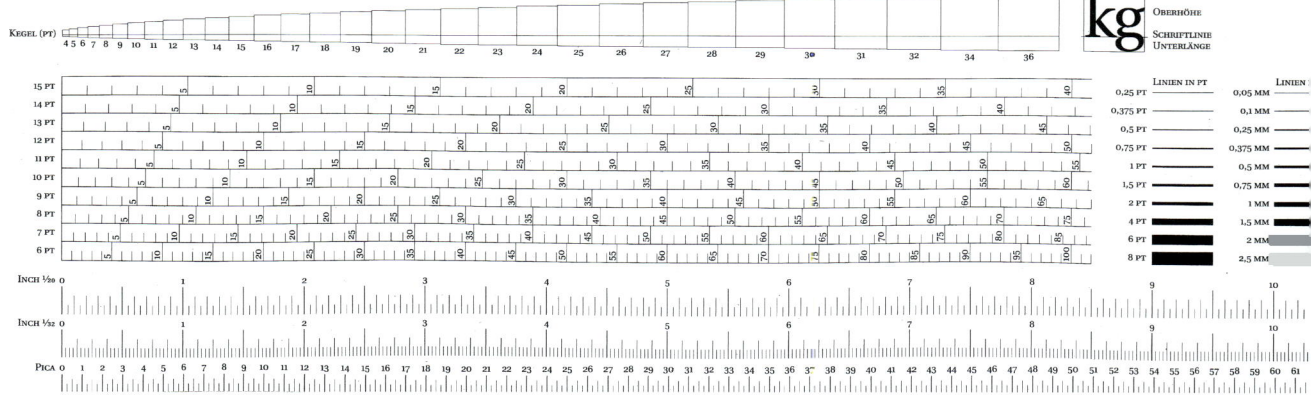

▲
Typometer der
Page (Andreas
Maxbauer)

►
Gängige Schrift-
größen aus der
Bleisatztradition

Also Vorsicht, denn der Unterschied ist:

► 1 Didot-Punkt = 0,375 mm
► 1 Pica-Point = 0,353 mm

Schriftgrößen können heute stufenlos eingestellt werden. Wenige, dafür klar abgestufte Größen sind aber empfehlenswert.

Im traditionellen Satz mussten die Buchstaben
jedes Schriftgrades für sich einzeln gestochen und
dann in Blei gegossen werden. Das hatte zwar den
Vorteil, dass die Strichstärken an die jeweilige
Größe genau angepasst werden konnten. Zwischengrößen waren aber nicht möglich. So wurden
die Grade in den Schaugrößen über 12 Punkt auf
gut sichtbare Unterscheidungen festgelegt.

Schrift messen geschieht mit einem Spezialmaß,
dem oben abgebildeten Typometer. Es ist ein
multifunktionales Instrument mit folgenden Mess-
möglichkeiten:

► Skala für mm und cm;
► Skala für Pica-Point;
► Markierungen für Maße des Normbriefbogens
und der DIN-Formate;
► Schriftkegel-Skala, mit der die Schriftgröße
festgestellt werden kann;
► Zeilenabstands-Skalen;
► Linienmaß-Skala;
► Inch-Skala.

Bisweilen kann es sein, dass der Gestalter mehrere Maßsysteme benutzen muss. So werden heute
Schriftgrößen in Punkt gemessen, der Zeilenabstand in Punkt oder in mm, Seitenmaße, Gestal-

tungsraster und Bildmaße in mm, Formulare aber häufig in Inch und wenn es sich um traditionellen Satz handelt, kommt auch noch das Didot-Punkt-system dazu.

Schließlich muss auch noch erwähnt werden, dass die Schriftgröße zwar ein Maß angibt, verschiedene Schriften aber in der Größe sehr unterschiedlich wirken können. Im Bleisatz unterschied man zwischen kleinem und großem *Bild* einer Type. Zudem sind ja die Proportionen zwischen Unter-, Mittel- und Oberlänge nicht genormt, fallen also auch unterschiedlich aus.

Buchstabenabstand

Die Abstände der einzelnen Buchstaben zueinander sind prinzipiell so eingestellt, dass sich ein gutes *Leseband* ergibt. Diese *Laufweite* der Schrift sollte in normaler Gestaltung nicht verändert werden, denn sowohl zu enger als auch zu weiter Buchstabenabstand stört den Leseprozess empfindlich.

Im Bleisatz wurde dieser Abstand mit den einzelnen Buchstaben mitgegossen, so dass ein durchschnittlich für die Lesbarkeit optimaler Abstand entstand. Die bei den einzelnen Buchstaben hinzugefügten *Leerräume* waren damit fest und nicht veränderbar, es sei denn, man sperrte die Schrift. Dagegen konnte man im Fotosatz die einzelnen Zeichen enger setzen, was auch Mode wurde, sich aber gegen die gute Lesbarkeit richtete.

Im digitalen Satz ist der Buchstabenabstand nicht immer ideal und es gibt Schriften, bei denen dieser verändert werden muss. Das bedeutet, dass man vor der Einführung einer neuen Schrift anhand ausgedruckter Proben die Laufweite testen sollte. Erst danach sollte man sich für eine Satzeinrichtung entscheiden. Falls Berthold-Schriften verwendet werden, kann anhand einer Laufweitentabelle (Empfehlung von Berthold) verglichen werden. Die persönliche Erfahrung des Typografen ist hier tonangebend.

In einem Aspekt ist der digitale Satz dem traditionellen überlegen: Der individuelle Ausgleich

Der richtige Rhythmus in der Zeile.

Der richtige Rhythmus in der Zeile.

Der richtige Rhythmus in der Zeile.

Welt-Vogil Typ

Welt-Vogil Typ

6 Punkt + 8 (Xpress-Einheiten)
Fein abgestimmter Laufweiten-Ausgleich unterstützt den Leseprozess. In den professionellen Umbruchprogrammen kann…

10 Punkt ± 0
Fein abgestimmter Laufweiten-Ausgleich unterstützt den Leseprozess. In den …

24 Punkt –3
Laufweiten-Ausg

6 Punkt proportional auf 10 Punkt vergrößert
Fein abgestimmter Laufweiten-Ausgle

10 Punkt ± 0
Fein abgestimmter Laufweiten-Ausgleich unterstützt den Leseprozess. In den …

24 Punkt proportional auf 10 Punkt verkleinert
Laufweiten-Ausgleich

◄
Buchstaben-abstand.
Oben: richtig.
Mitte: zu eng.
Unten: zu weit

◄
Unterschneidung, Kerning

◄
Unterschiedliche Laufweiten in verschiedenen Schriftgrößen

◄
Die drei verschiedenen Laufweiten zum Vergleich auf eine Schriftgröße gebracht

► 265
Laufweiten

► **Unterschiedliche Wortabstände: ein Geviert (löchrig), ein Halbgeviert, ein Drittelgeviert, ein Viertelgeviert, ein Achtelgeviert und kein Abstand (unlesbar)**

Die stillen, ganz auf sich bezogenen Bildwerke von Ulrich Langenbach sind in einem positiven Sinn hermetisch und radikal auf das bildnerische Medium bezogen, so daß der Gedanke,

ebenso unstatthaft wie vergeblich anmutet. Die altbekannte Maxime, daß sich ein Werk der bildenden Kunst in erster Linie und hauptsächlich über die sinnliche Wahrnehmung erschließt, hat hier

Wagt man dennoch diese riskante Annäherung, wird man ihr vielleicht am besten durch Gegensatzpaare gerecht, denn die Objekte von Ulrich Langenbach zeichnen sich ganz besonders dadurch aus, daß sie eine

scheinbar selbstverständliche und mühelos erreichte Balance von Extremen wahren: Chaos und Ordnung, kindliche Naivität und rationale Kontrolle, Spontaneität und Konstruktion, Linie und plastische Form –

dies sind nur einige Gegensätze, die die Werke des Künstlers charakterisieren. Dieses Schweben zwischen unterschiedlichen Möglichkeiten wird bei dem Versuch einer simplen Objektbeschreibung deutlich. Da sind etwa in fünf Reihen

jeeinundzwanzigweißeBlättereines schlichtenSpiralblocksnachlässigso übereinandergeklebt,daßdieunregelmäßigen,plastischakzentuiertwirkendenRißkantenjeweiligenReihen abschlußbilden.Zweimiteinander

► **Ausgeschlossener Satz (Blocksatz) und Flattersatz (Rauhsatz)**

Die stillen, ganz auf sich bezogenen Bildwerke von Ulrich Langenbach sind in einem positiven Sinn hermetisch und radikal auf das bildnerische Medium bezogen, so daß der Gedanke, sie rationalisierend in Sprache umsetzen zu wollen, ebenso unstatthaft wie vergeblich anmutet. Die altbekannte Maxime, daß sich ein Werk der bildenden Kunst in erster Linie und hauptsächlich über die sinnliche Wahrnehmung erschließt, hat hier nahezu apodiktischen Charakter. Wagt man dennoch diese riskante Annäherung, wird man ihr vielleicht am besten durch Gegensatzpaare gerecht, denn die Objekte von Ulrich Langenbach zeichnen sich ganz besonders dadurch aus, daß sie scheinbar selbstverständliche und mühelos erreichte Balance von Extremen wahren: Chaos und Ordnung, kindliche Naivität und rationale Kontrolle, Spontaneität und Konstruktion, Linie und plastische Form – dies sind nur einige Gegensätze, die die Werke des Künst-

Die stillen, ganz auf sich bezogenen Bildwerke von Ulrich Langenbach sind in einem positiven Sinn hermetisch und radikal auf das bildnerische Medium bezogen, so daß der Gedanke, sie rationalisierend in Sprache umsetzen zu wollen, ebenso unstatthaft wie vergeblich anmutet. Die altbekannte Maxime, daß sich ein Werk der bildenden Kunst in erster Linie und hauptsächlich über die sinnliche Wahrnehmung erschließt, hat hier nahezu apodiktischen Charakter. Wagt man dennoch diese riskante Annäherung, wird man ihr vielleicht am besten durch Gegensatzpaare gerecht, denn die Objekte von Ulrich Langenbach zeichnen sich ganz besonders dadurch aus, daß sie eine scheinbar selbstverständliche und mühelos erreichte Balance von Extremen wahren: Chaos und Ordnung, kindliche Naivität und rationale Kontrolle, Spontaneität und Konstruktion, Linie und plastische Form – dies sind nur einige Gegensätze, die die Werke

► **Ligaturen**

fi fl Æ æ Œ œ

Lange, kurze und übliche Zeilenbreiten
▼

60 bis 70 Zeichen je Zeile ergeben eine angenehme Lesebreite. Der Kopf muß nicht bewegt werden. Beim normalen und üblichen Leseabstand (Abstand der Augen zum Tisch) ist das Lesen einigermaßen komfortabel. In dem Buch, das Sie gerade lesen, ist dies anders gehandhabt. Durch die vielen Beispiele und einzelnen Informationen ist hier eine andere Anordnung gewählt.

Sehr kurze Zeilen sind aber auch schwierig zu lesen. Es entsteht eine innere Unruhe ...

zwischen zwei bestimmten Zeichen ist möglich und wird von den Schriftherstellern immer mehr eingebaut. Wobei zusätzlich durch den Gestalter selbst eingegriffen werden kann. Der Fotosatz hatte hierzu seine »Ästhetikprogramme«, in denen notwendige Buchstabenunterschneidungen enthalten waren. In neuen Schriften sollten daher ausreichend viele Unterschneidungspaare enthalten sein, damit der Schriftanwender wieder auf eine gute Grundqualität bauen kann.

Ligaturen sind ein speziell zusammengefügtes Buchstabenpaar. Die gab es schon in der Frühzeit des Druckens. Einige sind standardmäßig in den Fonts, neuere Schriften verfügen oft über eine stattliche Anzahl. Damit werden unangenehme Leerräume innerhalb eines Wortes vermieden. Ligaturen dürfen aber nicht in der Verbindung eines zusammen geschriebenen Wortes verwendet werden. Man sollte sie aber wenigstens bei Überschriften benutzen.

Buchstabenabstand und Schriftgröße: Die Laufweite einer Schrift gilt nicht für alle Größen. Kleine Grade brauchen mehr Abstand, wogegen größere und sehr große Grade mit erheblich weniger Abstand auskommen.

Die Zeile

Wie schon das Wort, so muss auch die Zeile einen möglichst gleichmäßigen Grauwert für eine gute Lesbarkeit besitzen. Richtige Wortzwischenräume, durchschnittlich ein Drittelgeviert, fördern die Qualität des Lesens. Im flatternden Satz, bei dem der Restwert der Zeilenbreite am Zeilenschluss frei bleibt, sind die Wortabstände alle gleich. Bei größerem Textumfang, wie dies vor allem bei Büchern üblich ist, hat sich über Jahrhunderte eine bestimmte Leseweise herausgebildet:

Durch »Ausschließen« werden die Zeilen auf gleiche Breite gebracht. Dabei wird in einer Zeile

Lange Zeilen sind deshalb so mühsam zu lesen, weil man sich sehr darauf konzentrieren muß, auf der langen Geraden nicht die »Linie« beim Lesen zu verlieren. Zudem ist es am Zeilenende schwierig, die nächste neue Zeile zu treffen. Der Zei-

möglichst viel Text untergebracht. Aber die Wortabstände sind unterschiedlich. Damit diese nicht
zu stark stören, werden auch Silben getrennt.
Die eingebauten Trennprogramme der Textverar-
beitungs- und Umbruchprogramme leisten dies
freilich kaum. So ist ausgeschlossener Satz, der
Blocksatz, nicht ohne erheblichen manuellen
Mehraufwand zu erreichen. Nie darf aber Ausschließen so weit gehen, dass selbst die einzelnen
Buchstaben gesperrt werden.

Die richtige Breite der Zeilen steht im direkten
Zusammenhang mit der Seitenproportion, also
Blattformat, Leerraum, Schriftgröße. Ein für
die Lesbarkeit günstiges Maß bei Büchern und
ähnlichen Publikationen ist 60 Zeichen je Zeile.
Bei Zeitschriften und Prospekten empfehlen sich
36 Zeichen.

Position

Gleich lange Zeilen ergeben eine rechteckige Seite
mit neutraler Grauwirkung (Blocksatz genannt).

Nach links gestellte Zeilen gab es schon sehr
früh beim Gedichtsatz, Aufzählungen, Tabellen.
Der Flattersatz funktioniert etwas anders.
Seine Vorteile sind:

▶ Konstanter Wortabstand (konventionelle
   Schreibmaschine).
▶ Trennungen lassen sich vermeiden.
▶ Man erreicht den Eindruck einer
   ungezwungenen und modernen Form.
▶ Bei sehr schmalem Satz werden »Löcher«
   vermieden.

Die Nachteile sind:

▶ Der Flattersatz wird oft als »skizzenhaft« empfunden oder mit Aufzählungen verwechselt.
▶ An der hinteren Kante entsteht eine visuelle
   Unruhe, die bei großen Textmengen Irritationen
   schaffen kann.

Die Wahl von ausgeschlossenem oder flattern-
dem Satz hat auch etwas mit der grundsätzlichen
Gestaltungstendenz eines Werkes zu tun. Sie
hängt davon ab, ob die gesamte Gestaltung symmetrisch oder asymmetrisch angelegt ist.

Nahezu 75 Jahre nach seiner Entstehung und mehr
als 60 Jahre nach seinem institutionellen Ende ist
das Bauhaus weltweit zum Begriff geworden. Le-
gendären Ruf haben seine Künstler, von denen

einige – beispielsweise Wassily Kandinsky,
Paul Klee, Lyonel Feininger, Oskar Schlemmer –
zu den führenden ihrer Zeit gehörten.
Hohe Wertschätzung verbindet sich mit dem

dort entstandenen Design, für das sich, zutreffend
oder nicht, das Wort Bauhaus-Stil eingebürgert
hat. Die reformpädagogischen Konzepte des Bauhauses, wie sie insbesondere Johannes Itten,

Josef Albers und Laszlo Moholy-Nagy entwickelt
hatten, wurden international in die Aus-
bildungsprogramme von Kunst- und Gestaltungs-
hochschulen aufgenommen und wirken fort.

Nahezu 75 Jahre
nach seiner Entstehung
und mehr als 60 Jahre ...

◀ Satzpositionen:
Blocksatz,
Flattersatz
linksbündig,
Flattersatz
rechtsbündig,
Satz auf Mitte

◀ Komponierte
Zeilen

Alte Drucke zur Ansicht
Traditionelle Buchdruckschriften waren in der
Laufweite richtig eingestellt. Vergleichen Sie alte
Drucke von guten Setzereien mit Ihren Versuchen.

► Unterschied-
licher Zeilen-
abstand mit
der Stone Serif

Gegründet wurde das »Staatliche Bauhaus Weimar« 1919 aus einem politischen, sozialen und kulturellen ... Stone Serif 9/9

Umbruch heraus. In der revolutionären Situation nach dem verlorenen Weltkrieg strebten insbesondere ... Stone Serif 9/10

Künstler und Architekten nach einer geistigen Neuorientierung. Sie forderten einen Zusammenschluß der ... Stone Serif 9/11

Künste unter der Schirmherrschaft der Architektur und beschworen dabei weniger einen neuen Stil, vielmehr ... Stone Serif 9/12

ein neues Zeitalter. Zu den wichtigsten Zielen gehörte die durchgreifende Reform der bestehenden Kunstschulen; ... Stone Serif 9/13

► Unterschied-
licher Zeilen-
abstand mit
der Syntax

Gegründet wurde das »Staatliche Bauhaus Weimar« 1919 aus einem politischen, sozialen und kulturellen ... Syntax regular 9/9

Umbruch heraus. In der revolutionären Situation nach dem verlorenen Weltkrieg strebten insbesondere ...Syntax regular 9/10

Künstler und Architekten nach einer geistigen Neuorientierung. Sie forderten einen Zusammenschluß der ... Syntax regular 9/11

Künste unter der Schirmherrschaft der Architektur und beschworen dabei weniger einen neuen Stil, vielmehr ... Syntax regular 9/12

► Unterschied-
licher Zeilen-
abstand mit
verschiedenen
Schnitten der
Stone Serif

Gegründet wurde das »Staatliche Bauhaus Weimar« 1919 aus einem politischen, sozialen und kulturellen ... Stone Serif kursiv 9/9

ein neues Zeitalter. Zu den wichtigsten Zielen gehörte die durchgreifende Reform der bestehenden Kunstschulen; ... Stone Serif kursiv 9/13

Gegründet wurde das »Staatliche Bauhaus Weimar« 1919 aus einem politischen, ... Stone Serif bold 9/9

ein neues Zeitalter. Zu den wichtigsten Zielen gehörte die durchgreifende Reform ... Stone Serif bold 9/13

Im Fall einer asymmetrischen Satzanlage liegt die Verwendung von Flattersatz nahe.

Es gibt auch die Möglichkeit, die Zeilen rechtsbündig flatternd zu stellen. Das mindert jedoch die Lesbarkeit und ist nur für grafische Zwecke und Texte mit geringem Umfang empfehlenswert.

Eine symmetrische Textanordnung wirkt feierlich und monumental. Sie ist ebenso nur für Sonderzwecke zu empfehlen, also nicht für den laufenden Text.

Zeilenabstand

Es ist wichtig, dass die einzelnen Abstände im Sinne eines funktionierenden harmonischen Satzbildes aufeinander abgestimmt werden. Also sind die Laufweite der Schrift, der Buchstabenabstand und der Wortabstand, die Zeilenlänge und der Zeilenabstand im Zusammenhang zu beurteilen. Selbstverständlich kommt es auch darauf an, wie viel Text auf einer Seite steht. Volle Seiten können anders auf die Lesbarkeit wirken als Seiten, auf denen nur wenig Text steht.

Guter, lesbarer Satz braucht einen angemessenen Zwischenraum. Das ist der Abstand der Zeilen zueinander.

Generell sind etwa 20 % der Schrifthöhe noch zusätzlich als Zeilenabstand nötig. Schriften von 9 bis 10 Punkt Größe brauchen daher 2 Punkt Durchschuss, um eine optimale Lesbarkeit zu erreichen.

Schmale Schriften brauchen weniger, breite Schriftzeichen mehr Durchschuss. Groteskschriften (serifenlose) brauchen eher mehr Durchschuss als Serifenschriften. Es ist sinnvoll, dies vor dem Satz eines Projektes auszuprobieren.

Der Zeilenabstand ergibt eine vor allem für das Lesen notwendige gute Abschirmung zur Nachbarzeile. Falls bei einem Projekt sehr viel Text untergebracht werden muss, ist eine etwas kleinere Schrift einem zu dichten Satz vorzuziehen. Extrem großer Durchschuss vereinzelt aber die Zeilen und hemmt den Lesefluss.

Individueller Wort- und Buchstabenabstand

In größeren Schriftgraden z.B. bei Überschriften ist es meistens besser, wenn die Abstände einzelner Buchstaben individuell ausgeglichen, also erweitert oder verringert werden. Das trifft auch auf die Wortabstände zu. Dort, wo durch die Formen der Buchstaben große Abstände entstehen, müssen diese verringert werden. Wo der Wortabstand optisch eng wirkt (z.B. zwischen zwei senkrechten Strichen), kann der Abstand sogar erweitert werden. Das trifft aber nur auf Flattersatz zu, da beim Blocksatz der Buchstabenabstand automatisch ausgeschlossen wird. Gute Gestalter beobachten auch dies und greifen gegebenenfalls manuell ein.

Individueller Zeilenausgleich

Bei Textgruppen in größeren Schriftgraden kann es nötig werden, dass der Zeilenabstand von Zeile zu Zeile ausgeglichen werden muss. Der optische Eindruck ist entscheidend, der gesteuert wird von den Umständen, ob Unter- oder Oberlängen vorkommen oder aufeinander treffen.

Individueller Randausgleich

Vor allem bei größeren Schriftgraden kann es sehr störend wirken, wenn am Rand Zeichen untereinander auftreten, die »Löcher« bilden. Zeichen mit Schrägen oder Rundungen werden dann geringfügig nach links versetzt, so dass die Satzkante wieder geschlossener wirkt.

Linien

Linien sollen in ihrer Stärke der Strichstärke der Schrift entsprechen – oder im Kontrast hierzu stehen. Die traditionellen Linien des Satzes wurden nach ihrem Bild bezeichnet. Heute sind diese der Millimetermessung gewichen.

Aber für eine klare Typografie braucht man fast immer nur 1 bis 2 Linienstärken.

Trolli liebt Vaseto?
ohne Ausgleich

◄ Individueller Wortabstand

Trolli liebt Vaseto?
mit Ausgleich

Mut gegen Detail
ohne Ausgleich 22/22

Mut gegen Detail
mit Ausgleich

◄ Individueller Zeilenausgleich

Wer weiß es schon im Juli so genau – Oder?
ohne Ausgleich

Wer weiß es schon im Juli so genau – Oder?
mit Ausgleich

◄ Individueller Randausgleich

	fein 0,075 mm
	stumpffein 0,15 mm
	halbfett 0,375 mm
	fett 0,75 mm
	0,25 mm
	0,50 mm
	1,0 mm
	1,5 mm
	0,5 pt
	1 pt
	2 pt
	3 pt

◄ Traditionelle Linienstärken und Angaben in mm und DTP-Punkten

Der Trenn- und Bindestrich
wird auch Divis genannt.

Der Gedankenstrich – in
Halbgeviert-Größe und
reduziertem Wortabstand.
Buchendorf–München
von 5. bis 11. November
5. – 11. November

Duden.
Die deutsche
Rechtschreibung.
Bibliographisches
Institut Mann-
heim, 2000

geht (niemand) wird

»Französische Anführungen«
„Deutsche Anführungen"

"Nicht diese Zollzeichen"

◄ 276
Viele weitere
Details in:
Hans Peter Will-
berg/Friedrich
Forssman, Lese-
typographie

gegangen . . .

J. Faust / C. Poppen

Schreibweisen

Aus den technisch bedingten ästhetischen Män-
geln des Schreibmaschinentextes sind einige, die
Lesbarkeit erschwerende Probleme in die DTP-
Typografie hineingeraten. Wenn Sie nicht wollen,
dass man anhand solcher falscher Schreibweisen
sofort einen Amateur erkennt, sollten Sie einige
logische Schreibweisen berücksichtigen. Im
Wesentlichen darf man sich an den Richtlinien für
den Schriftsatz, die im Duden Band 1, die Deutsche
Rechtschreibung, enthalten sind, orientieren.

Die Unterscheidung der drei verschiedenen
Textstriche wird sehr häufig nicht beachtet.
Trennstrich (Divis): Dieser kurze Strich wird bei
Trennungen automatisch erzeugt und ist mit dem
Bindestrich identisch. Wird ein gemeinsamer
Wortteil eingespart, steht er am vorhergehenden
Wort, zum nachfolgenden Wort kommt der nor-
male Abstand, zwischen Kuppelwörtern kommt
kein Abstand.
Gedankenstrich: Er ist ein Halbgeviert lang. Der
Abstand davor und danach wird reduziert. Als
Ersatz für »von« und »bis« steht er ohne Abstand
an den Ziffern.
Ein Halbgeviert lang ist auch der **Auslassungstrich**
bei Währungen und der Streckenstrich.
Runde und eckige Klammern: Sie stehen am
Beginn und Ende des Einzuklammernden, zusätzlich etwas Abstand.
Französische Anführungszeichen: Sie stehen mit
der Spitze zum Angeführten, davor und danach
mit etwas weniger Abstand.
Die **deutschen Anführungszeichen** (Gänsefüß-
chen) geben ein unruhiges Satzbild, weil dadurch
die Zeile löchriger wird. Hinzuweisen ist aber darauf, dass im DTP-Satz häufig Zollzeichen statt
Anführungen verwendet werden. Diese sind nicht
nur falsch, sondern auch noch störend.
Auslassungspunkte erhalten etwa ein Drittel weniger Abstand. Dienen sie als Gliederungszeichen,
haben sie keinen Abstand zwischen den Zeichen.
Schrägstrich: Wenn Begriffe zusammen gehören
wird er spationiert gesetzt.

Punkt und Komma: Sie stehen am vorangehenden Wort.

Semikolon, Doppelpunkt, Fragezeichen, Ausrufezeichen: Sie halten etwas Abstand zum vorherigen Wort, danach folgt ein normaler Zwischenraum.

Telefon-, Telefax- und Postfachnummern werden von rechts ausgehend in Zweiergruppen gegliedert. Der Abstand wird hierbei – wenn das Textprogramm es erlaubt – reduziert. Dies gilt für alle Zifferngruppen. In der Schweiz werden bei siebenstelligen Ziffern die ersten drei zusammengefasst.

Die **Ortsnetzkennzahl** steht in runden Klammern davor oder wird durch einen Schrägstrich abgetrennt.

Internationale Telefonnummern können statt der doppelten Null ein + verwenden, die 0 der Ortskennzahl kann in Klammern gesetzt werden, die Durchwahlnummer wird mit Divis abgetrennt.

Bankkonten werden von rechts dreistellig abgetrennt.

Bankleitzahlen bestehen aus zwei Dreier- und einer Zweiergruppe, der Abstand ist reduziert.

Jahreszahlen und Postleitzahlen werden nicht untergliedert.

Dezimalzahlen dürfen durch einen kleinen Abstand oder Punkt nach drei Ziffern von rechts unterteilt werden. Das Komma ist nur zur Anzeige der Dezimalstelle vorgesehen.

Zahlenangaben in Verbindung mit einer Abkürzung sollen besser nicht getrennt werden.

Datumsangaben können, wenn der Monatsname nicht ausgeschrieben wird, nach Duden mit Punkt und nach amerikanischer Schreibweise auch mit Divis getrennt werden.

Ordnungsziffern zur Aufzählung werden mit einem Punkt versehen. Bei den Ziffern der Dezimalklassifikation steht der Punkt nur zwischen den Ziffern.

Gewiß, damit ist es so:
Ein Wurf! Ein Wurf?
Wo bleibt er; damit ist nicht

Telefon (0 89) 68 12 40 50
Telefon 0 89 / 45 89 20 11
Telefon 0 89 - 27 04 - 99 28
+ 49 - (0)30 - 298 73 21 - 414
Postfach 14 30

Bankkonto 41 022 300
BLZ 700 303 00

Jahreszahlen 2001
82131 Buchendorf

Dezimalzahlen 100.294,16
100 294,16

126 km, aber 3 126 km

Datumsangaben
24. Juli 2001
24. 7. 2001 oder 24-7-2001

Ordnungsziffern 1.2.3

Schrift

Charakter, Artenvielfalt und Wahl

Welche Schrift verwendet wird, ist mit ausschlaggebend für den Eindruck, der von einer Drucksache oder einem Screen ausgeht. Welche Schrift also und warum? Geschichte, Charakter und digitale Technik als notwendiges Hintergrundwissen.

Schreibmaschine

Ein kleiner Abschnitt der Schreibgeschichte wird hier angesprochen, da er viel mehr mit der Entwicklung der Typografie zu tun hat, als man ahnt. Schreibmaschinen, wie man sie kennt, haben fast ein Jahrhundert das Aussehen von Dokumenten geprägt. Ihre Typografie bekam eine eigene Ästhetik.

Die alte mechanische Typenhebelmaschine hatte einen ganz entscheidenden Nachteil für die Lesbarkeit ihrer Schriften; alle Buchstaben mussten die gleiche Raumbreite benutzen. So konnte es sein, dass das große M etwas bedrängt wirkte, das i aber zu viel Platz hatte. Dieser Mangel wurde mit einem Trick vermindert:

Durch Serifen (den kleinen Füßchen an den Buchstaben) konnte die Wirkung einer Zeile etwas gleichmäßiger gestaltet werden.

Mit der IBM-Kugelkopfmaschine kam dann ein neuer und höherer Qualitätsstandard in die Büros (Abb. unten). Die Schrift wurde den Möglichkeiten entsprechend optimiert. Aber das grundsätzliche Problem der gleichen Buchstabenbreiten blieb, besonders wenn man serifenlose Schriften verwendete.

Trotzdem gab es auch hier bereits durchaus Möglichkeiten, um gut gestaltete Dokumente zu erstellen. Die Typografie der Schreibmaschine und später des Schreibsatzes (IBM-Composer) ließ dies zu.

Wenn ich Schreibmaschinentypografie hier erläutere, dann deshalb, weil diese Zusammenhänge eine wichtige Basis typografischer Gestaltung bilden. Im Beispiel wird sogar eine Überschriftenhierarchie auf vier Ebenen demonstriert. Wie sie funktioniert, erklärt das Beispiel selbst.

Schriftwahl und Inhalt

- Römische Initialen
- Humanistische Minuskel
- Arabische Ziffern
- Renaissance Antiqua
- Kursive
- Barock-Antiqua
- Klassizistische Antiqua
- Reklame-Schriften
- Serifenlose Schriften
- Serifen-Schriften 20. Jhd.
- Klassifikation
- Charakter
- Stimmung
- Lesbarkeit

Schreibmaschinenbild aus den 30er Jahren
▼

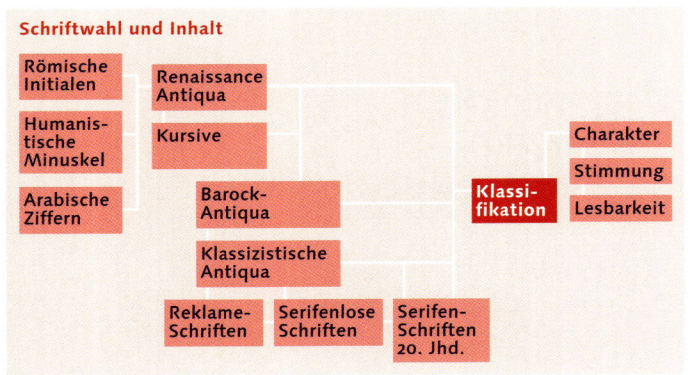

Ein unscheinbares Gerät, Zwischending zwischen einem Werkzeug und der Maschine, fast alltäglich und daher unbemerkt, hat Weltgeschichte

Schreibmaschine
Schreibmaschine

Überschrift
Im Zeitalter der Schreibmaschine war es bereits möglich, eine funktionierende Überschriftenhierarchie aufzubauen.

IBM Kugelkopf

So konnte trotz der Maschinenschrift mit gleich langen Zeichen Lesbares auf das Papier gebracht werden.

Überschrift 3
Erkennbare Hierarchie, mal unterstrichen, dann als Marginaltext, mit entsprechenden Abständen.

Überschrift 4
Sehen Sie die Möglichkeiten? Kunstvolle Mittelachsengebilde sind also unnötig.

Courier
Der Kompromiß der Laufweite.
Der Kompromiß der Laufweite.

Letter-Gothic
Der Kompromiß der Laufweite.
Der Kompromiß der Laufweite.

Schrift und Charakter

Wie wir bereits in den ersten Kapiteln gesehen haben, hat jede Schrift einen Charakter, also einen »Ausdruck«. Die Wahl der Schrift erfolgt bei Gestaltern nach der Lesbarkeit, d. h. der Funktion, und nach dem individuellen Ausdruck. Fast alle verbreiteten Textschriften sind gut lesbar. Je individueller eine Schriftform aber ist, desto mehr nimmt meist die gute Lesbarkeit ab.

Wie wählt man nun aber Schriften aus? Welche Hilfen gibt es hierzu? Zur Übersicht und zu einer guten Wahl der Schrift hilft uns eine Einteilung der Druckschriften nach DIN 16518. Diese bei Schriftexperten sehr umstrittene Regelung wird neu sortiert. Eine Einigung ist aber noch nicht absehbar.

Von den vielen tausend Schriften, die es heute auf dem Markt gibt, werden einige hervorgehoben, die auf den gängigen Laserdruckern zu benutzen sind, für die einfachste Typografie also. Um mit Schrift umzugehen, sollten aber die Begriffe auf der Seite 44 bekannt sein.

Schrift soll zum Inhalt des Textes passen und kann den Ausdruck verstärken. Die Stimmung einer Drucksache kann damit bewusst beeinflusst werden. Das reicht von sachlich bis neutral, romantisch, elegant, schrill etc. Im Kapitel über die Schriftwahl werden auch solche Stimmungen oder deren Erwartungen angesprochen. Eine eingehendere Analyse der Anatomie von Schriften befasst sich im Einzelnen mit

▶ Proportion der Grundform
▶ Laufweite
▶ Proportion innerhalb der Schriftbildhöhe
▶ Strichfette, Strichkontrast
▶ Serifen
▶ Lage der Schattenachsen
▶ Vorbilder
▶ Schriftkünstler
▶ Wiedergabequalität

Diese Betrachtung hat sich vom Blei- über den Fotosatz zum heutigen digitalen Satz nicht geändert, der Hintergrund der Techniken allerdings radikal.

◀ Vergleich der einheitengleichen (monospaced) Schreibmaschinenschrift mit der proportionalen Druckschrift Palatino

◀ Überschriftenhierarchie auf einer IBM-Kugelkopf-Schreibmaschine geschrieben

◀ Laufweitenprobleme bei Monospace-Schriften (IBM)

Albert Kapr, Schriftkunst. Geschichte, Anatomie und Schönheit lateinischer Buchstaben. Saur, München 1995 (Neuauflage)

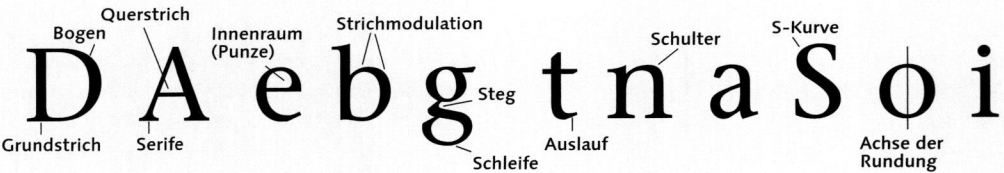

Bogen Querstrich Innenraum (Punze) Strichmodulation Schulter S-Kurve

D A e b g t n a S o i

Grundstrich Serife Steg Schleife Auslauf Achse der Rundung

Anmutung und unterschiedliche Lesbarkeit ▶

Lesbarkeit Palatino
Lesbarkeit Avant Garde
Lesbarkeit Bernhard Modern

Lesbarkeit Garamond
Lesbarkeit HelveticaNeue
Lesbarkeit Rockwell

Das Figuren-verzeichnis der Syntax, die Schrift, die in allen Büchern von Galileo Press verwendet wird ▼

A B C D E F G H I J K L M N O P Q R S T U V W X Y Z

A B C D E F G H I J K L M N O P Q R S T U V W X Y Z

a b c d e f g h i j k l m n o p q r s t u v w x y z

Ä Ö Ü Œ Æ Ø ä ö ü œ æ ø ß

é è ê á à â å ã ç ó ò ô õ ø ú ù û î í ì ï ñ ÿ

É È Ê Á À Â Å Ã Ç Ó Ò Ô Õ Ø Ú Ù Û Î Í Ì Ï Ñ Ÿ

1 2 3 4 5 6 7 8 9 0 1 2 3 4 5 6 7 8 9 0

. , ; : - – ! ? » « „ " ' ' / ( ) [ ] < > _ { | } †

Ø √ ƒ ≈ ∞ ± ≤ ≥ μ ∂ π ∫ ÷ Δ … ÷ ‹ ›

§ £ $ € ¢ £ ¥ % ‰ & * ® © @ fi fl

Klassifikation der Schrift

Die Klassifizierung nach DIN orientiert sich nach:
1. der historischen Entstehung der Schriften,
2. nach grafischen Merkmalen,
3. der Form der Serifen,
4. den Strichgegensätzen und
5. der Stellung der Schattenachse.

Gruppe I: Venezianische Renaissance-Antiqua

Die älteste Gruppe der in Gebrauch befindlichen Leseschriften, die in der frühen Druckzeit (Inkunabeln 1450 bis 1530) entstanden. Während für die Großbuchstaben die Römische Kapitalis übernommen wurde, stammen die Kleinbuchstaben von der Humanistischen Minuskel ab, die auf eine Schriftreform um 800 durch Karl den Großen zurückging.

Kräftige Serifen, geringe Unterschiede in den Strichstärken, nach links neigende Achsstellung, relativ große Ober- und Unterlängen sind einige der Merkmale. In der Strichführung ist der Einfluss der Breitfeder im Wechselzug fett-fein zu sehen. Der Querstrich des e liegt meistens schräg.

Schrift von Nicolas Jenson, 1470
▼

ueniffé uenerunt ad me Centuriones tr
poftridie. Hæc mecū Minnius nf : uell
At ego inde poftridie ad uillā ueni ant
Quid eīm erat in tribus cohortibus? qu
taui eadé illa celiana quæ legerā epiftol
Cumanū ueni eodé die:& fimul fieri po
fufpicioné fuftuli. Sed cū redeo Horter
tatū diuerter&:fermóe erat ufus honor
uidebo. Mifit eīm puerū:fe ad me ueni
nf Antonius:cuius inter lictores lectica

P P P P P
II III IV V VI

◄ Serifenformen in den verschiedenen Schriftklassifikationen

N N N N

◄ Strichgegensätze bei der Barock-Antiqua, klassizistische Antiqua, der serifenbetonten und der serifenlosen Linear-Antiqua

O O

◄ Stellung der Schattenachse bei der Garamond und der Bodoni

San Marco

Eva wehrt sich auf Sylt gegen Whisky trin kende Boxkämpfer mit ihren schnellen bra unen Hunden. Eva wehrt sich auf Sylt geg

◄ Gruppe I: Stempel Schneidler

Eva wehrt sich auf Sylt gegen Whisky trinkende Boxkämpfer mit ihren schnellen braunen Hunden.

◄ Trajanus

Eva wehrt sich auf Sylt gegen Whisky trinkende Boxkämpfer mit ihren schnellen braunen Hunden.

◄ Centaur

Eva wehrt sich auf Sylt gegen Whisky trinkende Boxkämpfer mit ihren schnellen braunen Hunden.

◄ Guardi

Eva wehrt sich auf Sylt gegen Whisky trinkende Boxkämpfer mit ihren schnellen braunen Hunden.

◄ Berkeley Old Style

De Montaigne

Eva wehrt sich auf Sylt gegen Whisky trinke
nde Boxkämpfer mit ihren schnellen braun
en Hunden. Eva wehrt sich auf Sylt gegen

Eva wehrt sich auf Sylt gegen
Whisky trinkende Boxkämpfer
mit ihren schnellen braunen
Hunden.

Eva wehrt sich auf Sylt gegen Whisky
trinkende Boxkämpfer mit ihren
schnellen braunen Hunden.

Eva wehrt sich auf Sylt gegen Whisky
trinkende Boxkämpfer mit ihren
schnellen braunen Hunden.

Eva wehrt sich auf Sylt gegen
Whisky trinkende Boxkämpfer
mit ihren schnellen braunen
Hunden.

Lawrence Sterne

Eva wehrt sich auf Sylt gegen Whisky trinke
nde Boxkämpfer mit ihren schnellen braunen
Hunden. Eva wehrt sich auf Sylt gegen Whis

Eva wehrt sich auf Sylt gegen
Whisky trinkende Boxkämpfer
mit ihren schnellen braunen
Hunden.

Eva wehrt sich auf Sylt gegen
Whisky trinkende Boxkämpfer
mit ihren schnellen braunen
Hunden.

Eva wehrt sich auf Sylt gegen
Whisky trinkende Boxkämpfer
mit ihren schnellen braunen
Hunden.

cula gratificato affai.Quando uoluntaro
poftulato me preftaro piu prefto cum lan
mile parendo,che cum enucleata terfa,&ı
prifca dunque& ueterrima geneologia,&
garrulando ordire.Onde gia effendo nel
confpecto,& uederme fterile& ieiuna di e
uo ceto di uui O Nymphe fedule famula
to benigno & delecteuole & facro fito,di f
ni afflato.Io acconciamente compulfa dı
& tranquillo timore de dire. Dunque auː

Gruppe II: Französische Renaissance-Antiqua

Entstanden im 16. Jahrhundert, heute ist die Gruppe mit den meisten Schrifttypen. Der Unterschied
der Strichstärken ist noch gering, die Achse der
Rundungen neigt sich nach links, und die Serifen
sind ausgerundet. Durch die ruhige Zeilenführung
dieser Zeichen ist die Renaissance-Antiqua sehr
gut lesbar. Keilförmige Ansatzstriche finden sich an
senkrechten Strichen. Die Großbuchstaben sind
etwas kürzer als die Oberlängen der Kleinbuchstaben, womit die Versalien nicht zu kräftig
hervortreten.

Gruppe III: Barock-Antiqua

Die Strichdicke ist jetzt unterschiedlicher, die
Werkzeuge des Kupferstichs haben sich auf diese
Schriftepoche ausgewirkt. Fast senkrecht steht nun
die Achse der Rundungen, und die Serifen sind
weniger ausgerundet. Meist sind die Serifen der
Kleinbuchstaben oben schräg und unten waagerecht. Die Wirkung der Schrift ist statischer als bei
der Renaissance-Antiqua.

pêcher du moins de reconnaître en

noble générosité, caractère distin

grands artistes français. Le premie

dessins représente le portrait de H

les emblêmes ingénieux qui ento

portrait ont été dessinés par M.

membre de l'Institut de France : la

Gruppe IV: Klassizistische Antiqua

Starke Unterschiede in den Haar- und Grundstri-
chen sowie die waagerechten Serifen machen
diese Gruppe gut erkennbar. Eine gute Lesbarkeit
ist nicht bei allen Typen dieser Gruppe gegeben.
Die Achse der Rundungen steht waagerecht. Der
Stichel als Werkzeug ermöglichte so eine strenge
und klare Form.

Gruppe V: Serifenbetonte Linear-Antiqua

Haar- und Grundstriche dieser Schriften unterscheiden sich kaum. Selbst die Serifen entsprechen
optisch der gleichen Strichstärke, sind dadurch
sogar betont. Bei einigen Charakteren dieser Gruppe ist die Herkunft aus der klassizistischen Schrift
sichtbar. Generell ist diese Schriftgruppe eine
Entwicklung des 19. Jahrhunderts, als die aufkom-
mende Reklame neue und auffälligere Schriften
brauchte. Innerhalb dieser Schriftgruppe gibt es
deutliche Unterschiede zwischen Schriften, die
von der Klassizistischen Antiqua abgeleitet sind,
den Zeitungsschriften, einer mehr konstruierten
Form und neuere Schriften, die von der Renaissance-Antiqua abgeleitet sind.

Carlo Goldoni

Eva wehrt sich auf Sylt gegen Whisky trin
kende Boxkämpfer mit ihren schnellen bra
unen Hunden. Eva wehrt sich auf Sylt geg

Eva wehrt sich auf Sylt gegen
Whisky trinkende Boxkämpfer
mit ihren schnellen braunen

Eva wehrt sich auf Sylt gegen
Whisky trinkende Boxkämpfer
mit ihren schnellen braunen

Mergenthaler

Eva wehrt sich auf Sylt gegen Whisky tr
inkende Boxkämpfer mit ihren schnelle
n braunen Hunden. Eva wehrt sich auf S

**Eva wehrt sich auf Sylt
gegen Whisky trinkende
Boxkämpfer mit ihren
schnellen braunen Hunden.**

Eva wehrt sich auf Sylt gegen
Whisky trinkende Boxkämpfer
mit ihren schnellen braunen

Eva wehrt sich auf Sylt gegen
Whisky trinkende Boxkämpfer
mit ihren schnellen braunen

Eva wehrt sich auf Sylt gegen
Whisky trinkende Boxkämpfer
mit ihren schnellen braunen

**Eva wehrt sich auf Sylt gegen
Whisky trinkende Boxkämpfer mit
ihren schnellen braunen Hunden.**

Eva wehrt sich auf Sylt gegen
Whisky trinkende Boxkämpfer
mit ihren schnellen braunen

◄
Gruppe IV:
Bodoni

◄◄
Linotype Didot,
eine alte Vorlage,
neu gesetzt, 2000

◄
Walbaum

◄
Centennial

◄
Gruppe V:
Rockwell

◄
Clarendon

◄
Serifa

◄
Rotation

◄
Candida

◄
City

◄
LinoLetter

▶
Gruppe VI:
Syntax

▶▶
Standard 1898,
die später zur
Akzidenz Grotesk
wurde. Berthold

▶
Helvetica

Enzensberger

Eva wehrt sich auf Sylt gegen Whisky tri
nkende Boxkämpfer mit ihren schnellen
braunen Hunden. Eva wehrt sich auf Sylt

Eva wehrt sich auf Sylt gegen
Whisky trinkende Boxkämpfer
mit ihren schnellen braunen
Hunden.

▶
Univers

Eva wehrt sich auf Sylt gegen
Whisky trinkende Boxkämpfer
mit ihren schnellen braunen
Hunden.

▶
Imago

Eva wehrt sich auf Sylt gegen
Whisky trinkende Boxkämpfer mit
ihren schnellen braunen Hunden.

▶
Frutiger

Eva wehrt sich auf Sylt gegen
Whisky trinkende Boxkämpfer
mit ihren schnellen braunen
Hunden.

▶
Meta

Eva wehrt sich auf Sylt gegen
Whisky trinkende Boxkämpfer mit
ihren schnellen braunen Hunden.

▶
Franklin Gothic

Eva wehrt sich auf Sylt gegen
Whisky trinkende Boxkämpfer mit
ihren schnellen braunen Hunden.

▶
Avenir

Eva wehrt sich auf Sylt gegen
Whisky trinkende Boxkämpfer
mit ihren schnellen braunen
Hunden.

▶
Kabel

Eva wehrt sich auf Sylt gegen Whisky
trinkende Boxkämpfer mit ihren schnellen
braunen Hunden.

ABCDEFGHIJKLMNOPQRSTUVWXYZ
abcdefghijklmnopqrstuvwxyz
STANDARD MEDIUM

ABCDEFGHIJKLMNOPQRSTUVWX
abcdefghijklmnopqrstuvwxyz
STANDARD BOLD

ABCDEFGHIJKLMNOPQRSTUV
abcdefghijklmnopqrstuvwxyz
STANDARD EXTRA LIGHT EXTENDED

ABCDEFGHIJKLMNOPQRSTU
abcdefghijklmnopqrstuvwxyz
STANDARD LIGHT EXTENDED

Gruppe VI: Serifenlose Linear-Antiqua

Generell hat diese Antiqua-Form keine Serifen. Die
Strichstärke ist nahezu gleich. Diese Schriftgruppe
hat drei Untergruppen:

1. Ableitung aus der klassizistischen Antiqua
   (gleichzeitig typisch für Schriften des 20. Jahrhunderts, obwohl die Entwicklung schon
   im 19. Jahrhundert begann)
2. konstruierte Schriften
3. modulierte Schriften, die aus der Renaissance-
   Antiqua abgeleitet sind

Während die erste Untergruppe Schriften wie
die »Helvetica«, die im 20. Jahrhundert am häufigsten verwendete serifenlose Schrift, verkörpert,
finden sich in der zweiten Gruppe Schriften, die
fast wie konstruiert aussehen. Die Lesbarkeit
dieser Schriften ist für längere Texte etwas beeinträchtigt. Ihre formale Wirkung bei der Verwendung in Überschriften ist jedoch gut.

Die dritte Gruppe enthält vor allem serifenlose
Schriften unserer Zeit, die wegen der besseren
Lesbarkeit sehr bedeutend geworden sind. Die
Strichführung ist dabei unterschiedlich, wie wir es
von Leseschriften der Renaissance-Antiqua ge-
wöhnt sind.

Simmelheld

Eva wehrt sich auf Sylt gegen Whisky trin kende Boxkämpfer mit ihren schnellen br aunen Hunden. Eva wehrt sich auf Sylt ge

Gruppe VII: Antiqua-Varianten

Hier ist versammelt, was in die einzelnen Gruppen nicht einzuordnen ist, weil die Beurteilungskriterien nicht übereinstimmen. Man findet dort hauptsächlich Auszeichnungsschriften, das sind Schriften zur Hervorhebung oder zur Dekoration, oft auch mit besonderem Charakter, kaum Textschriften.

Gruppe VIII: Schreibschriften

Diese Schriften basieren auf Handschriften, die jetzt zu Druckschriften geworden sind.

Gruppe IX: Handschriftliche Antiqua

Die Nähe dieser Schriftgruppe zur Gruppe VII ist bezeichnend für Antiqua-Formen, sie besitzen aber durchaus »handgemachten« Charakter.

EVA WEHRT SICH AUF SYLT GEGEN WHISKY TRINKENDE BOXKÄMPFER MIT IHREN SCHNELLEN BRAUNEN HUNDEN.

Eva wehrt sich auf Sylt gegen Whisky trinkende Boxkämpfer mit ihren schnellen braunen Hunden.

◀ Neuland

◀ Bernhard modern

◀◀ Gruppe VII: Souvenir

Würdinger

Eva wehrt sich auf Sylt gegen Whisky trinkende Boxk Boxkämpfer mit ihren schnellen braunen Hunden. Ev Eva wehrt sich auf Sylt gegen trinkende Boxkämpfer

◀ Gruppe VIII: Zapf Chancery

Eva wehrt sich auf Sylt gegen Whisky trinkende Boxkämpfer mit ihren schnellen braunen Hunden.

◀ KünstlerScript

Eva wehrt sich auf Sylt gegen Whisky trinkende Boxkämpfer mit ihren schnellen braunen Hunden.

◀ Forte

Fünfzigmeier

Eva wehrt sich auf Sylt gegen Whisky trinke nde Boxkämpfer mit ihren schnellen braunen Hunden. Eva wehrt sich auf Sylt gegen trink

◀ Gruppe VIII: Post Antiqua

Eva wehrt sich auf Sylt gegen Whisky trinkende Boxkämpfer mit ihren schnellen braunen Hunden.

◀ Mistral

Eva wehrt sich auf Sylt gegen Whisky trinkende Boxkämpfer mit ihren schnellen braunen Hunden.

◀ Pepita

► Gotische Schriften: 42-zeilige Bibel von Johannes Gutenberg 1455; Caslon Gotisch ca. 1760; Fleischmann Gotisch, Mitte 18. Jahrhundert

Gruppe X: Gebrochene Schriften

Kaum mehr in Gebrauch, aber da diese Schriftformen bis 1940 eine parallele Schriftkultur zu den Antiquaformen verkörperten, werden die einzelnen Untergruppen gezeigt.

Gotisch

Das ist die Schriftform, die Gutenberg für seine ersten Drucke verwendet hat. Sie stammt ebenfalls von der humanistischen Minuskel ab. Die spätgotische Gitterform (Textura) wird von den kräftigen senkrechten Strichen bestimmt. Die Rundungen sind »gebrochen«.

► Rotunda Erhard Ratdolt 1486; Wallau, Von Heinrich Wallau 1885 geschrieben, 1925 bei Stempel AG; Alte Schwabacher, 1650

Rundgotisch (Rotunda)

Das ist die populäre und besser lesbare Schwester der Gotischen, weiter und offener im Bild.

Schwabacher

Schwungvolle Großbuchstaben, breit laufend und kleinere Mittellängen; diese Form findet sich nur im deutschen Sprachraum.

► Luthersche Fraktur 1708 Egenolffsche Gießerei, Frankfurt; Unger Fraktur, Johann Friedrich Unger 1793

Fraktur

»Elefantenrüssel« in den Versalformen und aufgespaltene Oberlängen: Es ist die am meisten verwendete Schrift in der deutschen Literatur. Im 18. Jahrhundert war sie mit ein Anlass eines bedeutenden Schriftenstreits zwischen Autoren und Verlegern.

Manche dieser Schriften wurden im wohl letzten Bleisatz-Schriftmusterbuch gefunden: Schriftproben für den Bleisatz; Offizin Andersen Nexö, Leipzig 1988

Albert Kapr, Fraktur. Hermann Schmidt, Mainz 1993

Fremde Schriften

Diese seltsame Rubrik enthält sozusagen den »Rest«, nämlich Griechisch, Kyrillisch, Hebräisch, Arabisch und sonstige.

Schriftfamilien

Für ein einheitliches typografisches und gut wirkendes ästhetisches Schriftbild ist es am besten, Schriften nicht zu mischen, sondern sie nur innerhalb einer Schriftfamilie zu kombinieren. Eine gute Satzschrift verfügt im Allgemeinen über folgende Schnitte:

▶ normal
▶ kursiv
▶ halbfett
▶ halbfett kursiv
▶ fett
▶ fett kursiv

In einer erweiterten Form kommen diverse schmale, breite, magere und extrafette Schnitte hinzu.

Die Stone, eine schöne Schrift?

Die Stone, eine schöne Schrift?

Die Stone, eine schöne Schrift?

Die Stone, eine schöne Schrift?

Die Stone, eine schöne Schrift?

Die Stone, eine schöne Schrift?

▲ Eine normale Schriftfamilie

◄ Die Univers mit 21 Schriftschnitten in der Familie

▼ Die 144 Schriftschnitte der Thesis (Ausschnitt)

A A a *A A a* a A A a *A A a*
A A a *A A a* a A A a *A A a*
A A a *A A a* a A A a *A A a*
A A a *A A a* a A A a *A A a*
A A a *A A a* a A A a *A A a*
A A a *A A a* a **A A a** *A A a*
A A a *A A a* a **A A a** *A A a*
A A a *A A a* a **A A a** *A A a*

a ᵃᵃ ᵃᵍ ᵃᵃ ᵃᵃ ᵃᵃ **a** **aa** **ag** **aa** **aa** **ag**

Wirkung und Harmonie
Sehen Sie hier die **Wirkung** bei einer *konsequenten* Verwendung einer **Schriftfamilie.**

Wirkung und Harmonie
Sehen Sie hier die Wirkung bei einer Schriftmischung aus zwei sehr verschiedenen Schriften.

◄ Vergleich der Wirkung: Oben eine Schriftfamilie (Stone serif), unten eine Mischung (Stone serif und Helvetica)

Weit verbreitete
Schriftmischung
aus Helvetica
und Garamond

▶▶

Schriftmischung
aus Franklin
Gothic und
Utopia

▶

Verschiedene
Schrift-
mischungen

Individualismus und Sac

Zur Epocheneingrenzung

Die große Zeit der deutschen Typographie fällt etwa in die Jahre 1907 bis 1930. In dieser Periode gelang es der deutschen Druckindustrie nicht nur, mit ihren Produkten den internationalen Standard wieder zu erreichen. Vielmehr gingen in diesen Jahren vor allem

Störende Ähnlichkeit

Weil die Garamond und die Palatino stilistisch zu nahe beieinanderliegen, passen sie nicht zusammen, weder in Kontrast noch in Harmonie.

Störende Verbindung

Auch Baskerville und Bodoni sind problematisch, wenn sie zusammenkommen.

Kontrast
Andere Formen, andere Stärke

Genügend Fremdheit machen die halbfette Clarendon und die Garamond miteinander spannender.

Elegant mit Schreibschrift

Bodoni und passende Schreibschrift im Sinne einer Harmonieanpassung? Bringt Schriftmischen wirklich soviel?

Was anderes eben

Da hat man dann genügend Kontrast im Vergleich von Amelia und Arial. Dabei sollte die Überschrift aber die inhaltliche Anmutung fördern.

Große Lügen, kleine Lichter

Ginge es nach dem neuen Buch »Das Mephisto-Prinzip«, dann müsste George W. Bush jr. der größte Umweltengel auf Erden sein. »Rücksichtslose und egoistische Politiker, knallharte Manager und sinistre Profitmaximierer«, schreibt das Autoren-Doppel Miersch/Maxeiner (Verlag Eichborn, Frankfurt 2001), bringen genau das hervor, »was die Gutmenschen dieser Welt immer wieder anmahnen: sozialen und ökologischen Fortschritt.«

Demnach ist von der Umweltpolitik des neuen US-Präsidenten nur das Beste zu erwarten. Denn »Bösewich-

ist. Wer aber wie das diabolische Journalistenduo die soziale und ökologische Wahrheit offensichtlich nicht verträgt, der sollte sie deshalb nicht gleich auf den Kopf stellen! Alte Halbwahrheiten und neue Heilslehren helfen auf dem Weg in die Zukunft nicht weiter – im Großen wie im Kleinen.

Auch in Bayern sind ja die »kleinen Bushs« mit den »einfachen« Lösungen schnell zur Stelle. Das muss der Bund Naturschutz derzeit an einigen umweltpolitischen Brennpunkten erfahren – zum Beispiel dort, wo die versprochene »freie Fahrt für freie Bürger« in eine verkehrspolitische

Schrift mischen

Die Stilreinheit einer Gestaltung ist von der Wahl der Schrift ganz stark mitgeprägt. Meistens bezieht sich dies auf einen bestimmten Schriftcharakter oder auf eine Schriftfamilie. Dagegen kann eine Schriftmischung einen besonderen Akzent oder einen individuellen Kontrast in der Gestaltung hervorrufen. Im neben stehenden Beispiel wird die Wirkung von konsequenter Verwendung einer Schriftfamilie und der Mischung von zwei Schriften demonstriert. Zur Auswahl von Schriftmischungen gehört viel Erfahrung in der Gestaltung. Deshalb sollte ein Anfänger in der typografischen Gestaltung besser darauf verzichten.

Verschiedene Schriften miteinander zu mischen und dies noch als ein Element der typografischen Gestaltung zu betrachten, ist generell als die zweitbeste Lösung zu wählen. Stilreinheit sollte absolutes Gebot klaren Designs sein. Falls trotzdem Schriften gemischt werden sollen, ist zu beachten, dass immer genügend Kontrast zwischen den Schriften geschaffen wird. So entsteht zwischen den beiden verwendeten Schriften eine optische Spannung.

Ein einfaches Beispiel und leider eine in Fachzeitschriften und Fachbüchern bis zum Überdruss praktizierte Kombination ist folgende Mischung: Als Grundschrift wird die Times, also eine Serifenschrift verwendet. Dazu kommt als Überschrift eine Helvetica halbfett als serifenlose Linear-Anti-qua. Man muss sich allerdings fragen, warum diese Mischung so populär ist, da ja die Times eine durchaus gut ausgebaute Schriftfamilie ist.

Nicht mischen sollte man Schriften aus der gleichen Charaktergruppe einer Schriftklassifikations-gruppe. Auch eine klassizistische Antiqua passt nicht zur Barockschrift, zur französischen oder zur venezianischen Renaissance-Antiqua. Schriften eines Schriftkünstlers können unter Umständen zusammenpassen, da der Schriftduktus und die »Handschrift« des Künstlers oft einheitlich sind.

Eine kräftige Egyptienne könnte zu einer Renaissance- oder Barock-Antiqua passen, da sie mit ihren rechtwinkligen Serifen einen starken Kontrast zur Renaissance-Antiqua bildet.

Klassizistische Schriften passen bisweilen zu Schreibschriften. Der Kontrast entsteht schon in der Form, und die Verwandtschaft resultiert oft aus ähnlich starken Kontrasten zwischen Haar- und Schattenstrichen. Zu einer zurückhaltenden Gro-teskschrift lassen sich relativ viele Schriftmischun-gen zusammenstellen, vor allem dann, wenn es sich um auch in der Größe kontrastierende Über-schriften handelt.

Schriftmanipulation

Zunächst: Lassen Sie Finger und Maus davon. Schrift ist in ihren Formen ein äußerst empfindli-ches Gebilde und verträgt kaum eine Veränderung. Da auf dem Rechner so viel möglich ist, kann man leider auch Schriften breiter ziehen, verschmälern oder nach allen Richtungen schief ziehen. Es könn-te zwar für einen geübten Typografen die Ausnah-me geben, dass für eine Headline mit äußerster Vorsicht etwas verändert wird. Aber im Allgemei-nen doch bitte, bitte nicht.

Denn verbreitert man die Schrift, wird sie meis-tens hässlich, derb bis brutal. Stellt man sie enger, wird sie krank, rachitisch. Nimmt man sie schräg, als Konkurrenz zur kursiven, hat sie keinen Halt mehr, ihre Modulation ist gekippt.

Eva wehrt sich auf Sylt gegen Whisky trinkende Boxkämpfer mit ihren schnellen braunen Hunden. Eva wehrt sich auf Sylt

Eva wehrt sich auf Sylt gegen Whisky trinkende Boxkämpfer mit ihren schnellen braunen Hunden. Eva wehrt sich auf Sylt gegen Whisky trinkende

Eva wehrt sich auf Sylt gegen Whisky trin-kende Boxkämpfer mit ihren schnellen braunen Hunden. Eva wehrt sich auf Sylt gegen Whisky trinkende Boxkämpfer mit

Eva wehrt sich auf Sylt gegen Whisky trinkende Boxkämpfer mit ihren schnellen braunen Hun-den. Eva wehrt sich auf Sylt gegen Whisky trin-kende Boxkämpfer mit ihren schnellen braunen

◄
Schrift manipuliert: Hier wurde die Buchstabenbreite elektronisch verschmälert

Eva wehrt sich auf Sylt gegen Whisky trinkende Boxkämpfer mit ihren schnellen braunen Hunden. Eva wehrt sich auf Sylt

Eva wehrt sich auf Sylt gegen Whisky trinkende Boxkämpfer mit ihren schnellen braunen Hunden. Eva wehrt sich auf Sylt

Eva wehrt sich auf Sylt gegen Whisky trinkende Boxkämp-fer mit ihren schnellen brau-nen Hunden. Eva wehrt sich auf Sylt gegen Whisky trin

Eva wehrt sich auf Sylt gegen Whisky trinkende Boxkämpfer mit ihren schnellen braunen Hund

◄
Hier wurde die Buchstabenbreite elektronisch breiter gestellt

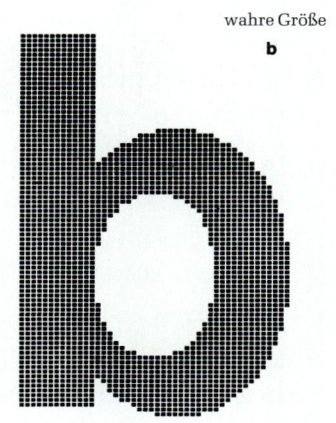

wahre Größe
b

▶
Bitmap
bei einem Raster
100 × 120 für
das Geviert

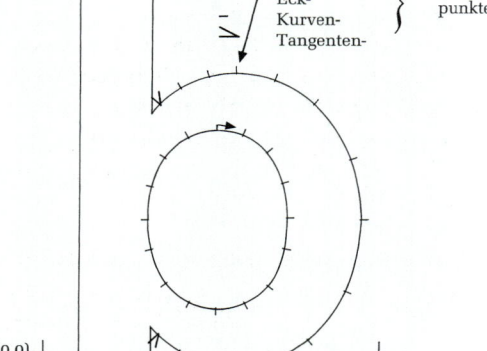

Handdigitalisierte Punkte als
Start-
Eck-
Kurven-
Tangenten-
} punkte

(0,0)
Nullpunkt   Grundlinie

▶
Ikarus-Format
mit den
verschiedenen
Punkten zur
Digitalisierung

Peter Karow,
Digitale Schrif-
ten. Springer,
Heidelberg 1992

Matthias Hauer,
Technische und
typografische
Vergleiche digita-
ler Satzschriften.
Diplomarbeit
an der FH Mün-
chen 1997

Hints
Hints in den Schriftprogrammen sorgen dafür,
dass immer wiederkehrende gleiche Elemente
(z. B. Balken, Rundungen, Serifen u. a.) auch gleich
erscheinen.

Digitalisierung und Schrift

Die Basis für eine Schriftentwicklung ist der Entwurf, der fast immer – wenigstens in Zeichen-
Prototypen – manuell gezeichnet wird. Dies ist
eine sehr spezielle Designarbeit und der Gestalter
braucht umfangreiches Wissen und Können über
die Schriftgeschichte und die Lesbarkeit von
Schriften. Häufig wird der Entwurf in einer Höhe
von 192,5 mm angelegt oder vergrößert. Auf der
Reinzeichnung wird der seitliche Buchstabenabstand grundsätzlich schon festgelegt.

Die weitere elektronische Verarbeitung
geschieht mit den Programmen Ikarus oder Fonto-
grapher. Beim Ikarus wird der Spline-definierte
Buchstabenumriss (Outline) auf einen elektronischen Raster projiziert. Die Knotenpositionen
werden mit der Maus in den Rechner eingespeist.
Grundstriche und Serifen werden erfasst. Aus dem
Splineumriss können alle erdenklichen Form-
varianten berechnet werden. Der Schriftkünstler
markiert jede einzelne Konturform, die dann dargestellt wird. Durch Verschiebung der Markie-
rungspunkte können Formkorrekturen angebracht
werden. Dann werden die Ikarusdaten in Scan-
daten umgewandelt, so dass sie dann nicht mehr
aus Koordinatenpunkten, sondern aus Bildpunkten
bestehen. Qualitätsverluste können wiederum
durch Veränderung der einzelnen Bildpunkte ausgeglichen werden.

Oft wird die Brauchbarkeit einer Schrift mit nur
ganz wenigen Buchstaben, die zum Text zusam-
mengesetzt wurden, getestet. Das erspart bei
gleichbleibenden Formelementen später nötige
Korrekturen. Die einzelnen Punkte zur Digitalisierung sind Startpunkt, Eck-, Tangenten- und Kur-
venpunkte. Eine Schrift hat im Schnitt 100 Zeichen
mit jeweils 50 Punkten. Das bedeutet, dass die
Bearbeitung einer Schrift an ca. 5000 Punkten
stattfindet.

Die Präzision und damit die Qualität der
Schriftwiedergabe hängt zum Teil von der Auflö-
sung der Schrift ab. Die Auflösung wird in Dots per
Inch gemessen. Je höher die Auflösung gewählt

fiefiefie fiefiefie

200 dpi   400 dpi   800 dpi   625 dpi   1250 dpi   2500 dpi

◀
Schriftqualität ist von der Feinheit der Auflösung abhängig. Vergrößerung einer 13 Punkt großen Schrift in der Ausgabe von Laserdruckern und Belichtung

wurde, desto feiner ist die Schriftwiedergabe. Während Druckdaten, bei denen Bilder vorhanden sind, mit 2500 dpi absolute Präzision bilden, reichen für pure Textdrucke 1250 dpi. Laserdrucker liegen bei 625 dpi, wobei auch die Leistung für Proofs bei nur 300 dpi erstaunlich ist. Bildschirme haben aber in der Regel nur eine Auflösung von 72 dpi; ein Grund, warum es unmöglich ist, Mikrotypografie-Abstimmungen am Bildschirm vorzunehmen. Faxgeräte haben eine noch geringere Auflösung und liegen bei 200 dpi. Aus diesem Grund muss beim Corporate Design sorgfältig geprüft werden, ob die Größe der Schrift für den groben Ausdruck ausreicht, damit Ziffern im Text nicht fehlinterpretiert werden.

Eine zu niedrige Auflösung verändert das Bild der Schrift. Feine Partien werden zu fett oder zu wenig Rasterpunkte werden erreicht. Zufälligkeiten ähnlicher Art werden mit so genannten Hints ausgeglichen, die dafür sorgen, dass immer wiederkehrende Formelemente immer gleich dargestellt werden.

Einrichtung einer neuen Schrift

Leider sind Schriften von den Herstellern nicht mehr optimal eingerichtet. Aus diesem Grund sind für eine gute Lesefunktion Tests nötig. Eine Textspalte wird hierzu formatiert, Schritt für Schritt kann dann die Veränderung des Buchstabenabstands und des Zeilenabstands untersucht wer-

den. Berthold hatte mit seinen Schriften Empfehlungen für die Spationierung mitgeliefert, die wir für QuarkXPress umgerechnet haben. Mit dieser Tabelle kann man sich auch bei anderen Schriftherstellern vorsichtig an Schriften annähern. Deren Schriften reagieren vielleicht anders: die Tabelle ist eine Möglichkeit aber kein Gesetz.

Vorteilhaft ist auch, dass man sich den gesamten möglichen Zeichensatz erst einmal ansieht, so dass die Entscheidung für Sonderzeichen oder vor allem auch Ligaturen geklärt werden kann.

Zu beachten ist auch, dass der Toner des Druckers nicht zu stark eingestellt ist, damit normale Schriften nicht fett aussehen.

Eine weitere Möglichkeit besteht in der Überprüfung der individuellen Zeichenabstände (Kerning), die sowohl in Schriftprogrammen als auch in QuarkXPress verändert werden können. So brauchen Kombinationen, die großen Weißraum verursachen, weniger Abstand. Stoßen zwei senkrechte Elemente aufeinander, wird weniger Abstand erforderlich sein.

Wenn die Fließtextschrift »steht« kann das selbe Spiel mit Konsultationsgrößen und den nötigen Schaugrößen begonnen werden. Als Faustregel: Große Schriftgrade brauchen weniger, kleine brauchen mehr Buchstabenabstand.

Selbstverständlich wird die Wirkung auch von der Zeilenbreite, aber auch von der gesamten Menge auf der Seite beeinflusst.

▶ 265
Laufweiten

Schriftwahl und Inhalt

Hier wird über die Recherche und Auseinandersetzung mit Projekten berichtet, und warum eine Schrift ausgewählt wurde. Prozesshaftes Vorgehen ist hierfür nötig. In Ausschnitten oder auch »Stimmungen« werden die jeweiligen Schriften gezeigt. Die Schriftwahl erfolgte nach den Maximen:

- ▶ Lesbarkeit und Funktion
- ▶ Passender Charakter
- ▶ Historischer oder kultureller Bezug

Lesbarkeit und für die Zwecke funktionierender Schriftaufbau waren in all diesen Beispielen Voraussetzungen. Es konnte kaum eine Schrift genommen werden, die eher dekorativ und damit nicht so gut lesbar ist. Die Interpretation bezieht sich deshalb vor allem auf den passenden Charakter der Schrift zum Unternehmen oder zum jeweiligen Projekt und natürlich zu den für den Benutzer zunächst nicht sichtbaren historischen und kulturellen Verflechtungen.

Venezianische Renaissance-Antiqua

Für ein frühes Corporate Design eines Softwarehauses wurde die Seneca von Gustav Jaeger (1977, Fotosatz Berthold) als Hausschrift gewählt. Die Zeit um die Einführung der Personal Computer wurde 1984 als eine ähnliche technische Umbruchsituation wie die der Renaissance um 1500 empfunden. Die Seneca basiert auf Schriften dieser Zeit, ist auch im Duktus sehr kräftig. Eine Tradition des Neuen, spiegelt Erfindungen.

Die Schneidler-Antiqua von F. H. E. Schneidler (1936, Linotype), dem großen Kalligrafen und Stuttgarter Lehrer für Typografie und Schrift, wurde für eine Geschenkbuchreihe eingesetzt. Ein eher bibliophiler Anspruch konnte mit dieser relativ leichten Schrift in ihren Inhalten visuell unterstützt werden. Hier ist auch zu sehen, dass die meisten Schriftkünstler, die im 20. Jahrhundert eine Venezianische Renaissance-Antiqua schufen, diese viel leichter hielten, als beispielsweise Morris mit seinen Nachbildungen es wollte.

▶ Berthold Seneca; Schriftprobe (Christian Lege)

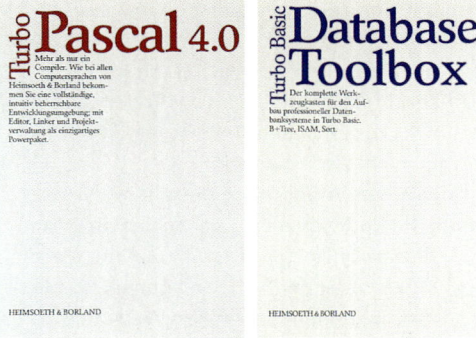

▶ Berthold Seneca; Heimsoeth Umschläge 1988

▶ Schneidler Antiqua; Anita Geigges, Vor allem Herz, ECF 1985

Französische Renaissance-Antiqua

Die Weiß-Antiqua (1922, Linotype) stammt von Ernst Rudolf Weiß, einem großen Buchgestalter der ersten Hälfte des 20. Jahrhunderts, der auch Schriftentwerfer und Maler war. Die Schrift ist hier für ein einzelnes Buch eingesetzt, das sich mit dem Werk und vor allem der privaten Grafikschule von Else Marcks-Penzig auseinander setzte. Marcks-Penzig war in den zwanziger Jahren Partnerin von E.R. Weiss, weswegen diese Schrift, an der sie vielleicht auch im Entwurf mitgezeichnet hatte, für dieses Buch absolut kongenial erschien. Zu beachten ist auch, dass es hier eine Schriftmischung mit der Gill als der schönsten Serifenlosen derselben Zeit gibt.

Die Garamond ist fast eine Allerweltsschrift und doch nicht. Für ein Buchprojekt war sie Wunsch des Autors, der sich an eine bereits frühere positive Erfahrung mit einer Garamond erinnerte.

Die Slimbach-Fassung als »neue« Garamond – und nicht so ITC-mäßig (spitz und zu hohe Mittellängen) – ist eine sehr solide Form einer Garamond. Und eine Garamond bezeichnet visuell auch einen wesentlichen Anteil an Lesekultur.

Einen anderen Weg ging schon viel früher Jan Tschichold mit der Sabon, die gleichzeitig für drei verschiedene Bleisatztechniken herauskam: Zeilenguss bei Linotype, Einzelbuchstabenguss bei Monotype und Handsatz, und dies – eine Novität um 1966 – absolut gleich im Bild. Von vielen wird sie als die schönste »Garamond« gesehen. Sie bietet einen kulturellen Kontrast zu den sehr bewegten und »improvisatorischen« Bildern von Ulrich Langenbach.

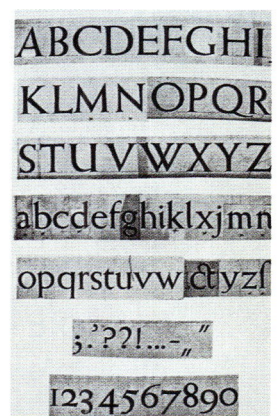

▲
Weiß Antiqua;
letzte Fassung
für den Schnitt,
1922

Obgleich die Schule, die private Kunstschule Else Marcks, in ihrem und überhaupt in unserem Familienleben eine so wichtige Rolle gespielt hat, sind von ihrem Wirken kaum Zeugnisse aufzuspüren. Ein paar verwackelte Fotos, ein Aufnahmeformular, der Schulstempel, einer der Ateliertische, die Orlik ihr für die Schule überlassen hatte (heute ist er mein Arbeitstisch). In Ermangelung anderen und authentischeren Materials muß ich meine Erinnerung zu Hilfe nehmen und die Erinnerungen ehemaliger Schülerinnen, wovon nur zwei zitiert seien: Brigitte Bermann-Fischer, die Tochter des Verlegers S. Fischer, ca. 1923: »Mein Vater ließ mich nicht nach Leipzig in die Buchgewerbeschule ziehen, ich mußte mir statt dessen in Berlin die Lehrer für diese Ausbildung suchen. Ich fand in E.R.Weiß und Else Marcks zwei glänzende Schriftlehrer…« Und die Malerin Hildegard

▲
Weiß Antiqua
und Gill;
Else Marcks-
Penzig, tgm 1995

Procemium.

Væ partes in humano corpore folidiores & exteriores erant,quæ ip ipfam machinam potiffimum conftituebant,fatis iam explicatæ nobis videntur libro fuperiore.Sequitur,vt internas percurramus quæ maximè pertinent ad vitam, & ad earum facultatem quibus incolumes viuimus confecuratio nem. In quo(quemadmodû inftituimus) fubftantia,fitus,forma,numerus,cõnexio,earum partium de quibus fermo fururus eft,breuiter exponenda. …us ftatim aggrediemur,fi pauca prius de inftituro ac de indiuunxerimus.Q uanq̃ enim hic nofter ac diffecan plures non modo in anatomes cognitione,fed etiam in Gale interpretatione iuuare poterit:tamen interdû veremur,ne quis in hoc anatomicum fit inufum : mirentûrq̃ in ea diffectione perxe & temporis ponere: cum alioqui ab ijs qui nummorum artis aucupio dant operam facile negligatur.Atq̃ ita nobis oc quærutur:fatifne conftanter facere videamur,qui cum corpo…artiû longiori indagationi ftudemus , quæ magis funt vtilia, ceffaria præternittimus:farius effe affirmantes,eius rei cogni …yr aiûr)pede percurrere,in qua alia certa,alia incerta effe diffabilia,alia minus probabilia inueniri.Quod certe dictum(fi …geniantur qui hoc dicant) hominum mihi videtur parû con…entium:atq̃ in maximis rebus errantium. Quibus vellem fa…

◄
Frühe Antiqua
1545, vermutlich
Garamond

diesen persönlichen Hindernissen, die uns …ierter, offener und freundlicher, großzügiger Menschen zugewandter werden lässt, erweizen unseres kleinen Ichs, sie löst das schlech…riedet uns.

…na konkret gemacht, weil auf unsere gegen…usstattung« bezogen, ist nichts Abstraktes …teil – wir fühlen wahrscheinlich, dass wir …etwas unternehmen« müssten, um über sol…, die ja stets auf falschen Urteilen über uns beruhen, hinaus zu wachsen.

Selbstbilder und Urteile sind, hat noch jeder durch die schwarzen Löcher der Defizite hin…und schließlich ein Stück von seiner Essenz

…genauer anschauen, warum die auf unseren …efiziten beruhenden Eigenschaften, wie die …cht einfach nur schlecht nach irgendeiner …sondern tatsächlich für uns ausgesprochen …chädlich, dass jemand mit einer normalen

Sabon, Schrift-
probe Stempel
(zum Erscheinen
der Schrift)
▼

ABCDE
FGHIJKLMNOPQ
RSTUVWXYZ
abcdefghijklmnopqrs
tuvwxyz
1234567890

▶
Garamond Slimbach;
Kiegeland,
Fluganleitungen, Lotus 2000

Die private Kunstschule Else Marcks

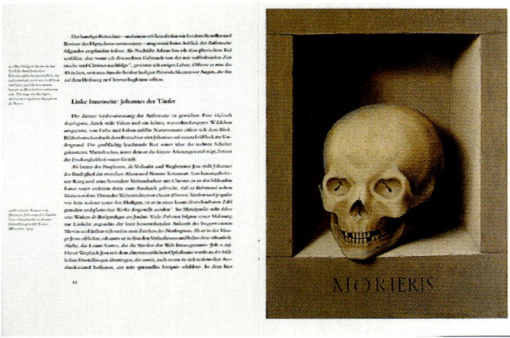

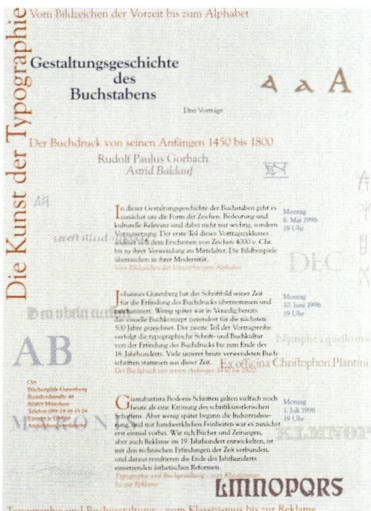

Für eine kleine Publikation der Bayerischen Staatsgemäldesammlungen, die sich mit einem Triptychon von Hans Memling befasste, schien die Schrift wie gemacht: Memlings Werk ist 1498 fertig geworden, die Bembo kam 1498 (F. Griffo, Antonio Tagliente) zum Satz. Die Bembo in ihrer Neufassung kam 1929 bei der Monotype heraus.

Zwei weitere Werke, in denen die Bembo verwendet wurde: Die künstlerische Dokumentation über eine Installation in Roccatederighi des Basler Künstlers Ludwig Stocker, in der er sich mit der Geschichte der Kunsttheorien auseinander setzt, sollte mit einer Schrift »der Mitte« des abendländischen Denkens besetzt werden. Zudem war für die zweisprachige Ausgabe in Deutsch und Italienisch eine sanfte Kontrastschrift erwünscht.

Im Buch »Zen Wort Zen Schrift« begegnen sich zwei Systeme: Das asiatische Denken des Zen, das in das europäische Denken interpretiert wird; die Renaissance mit der Bembo (und auch der Begegnung zweier Proportionssysteme, das Handtuchformat zur Buchproportion 1 : 2).

Für die Einladungen eines Vortragszyklus über die Geschichte der Schrift wurde die Hausschrift des Veranstalters Literatur Moths (auch Büchergilde Gutenberg), die Goudy Old Style von Frederic W. Goudy, 1992 von Richard Beatty digitalisiert. Diese klassische Renaissance-Antiqua passte gut zur Buchhandlung und auch zu den Themen der Vorträge.

Kapitel 16

Ja, das war eine kleine Kostprobe. Hier gab es Opfer. Ν
fielen, und wenn man das sah, dann war es schon zu
konnte man nicht mehr angehen. Das war wirklich eine
Liquidation des niederländischen Judentums. Ob es
Nordfrankreich ebenso gehen würde? Dann sah es fü
nicht gerade gut aus, die nun durch diese Länder mit d
von Katz mußten. Verschiedene Kontaktadressen waren
und in Brüssel. Nun, die mußten dann halt sehen, daß
andere Art halfen. Wenn sie einmal unterwegs waren, d

Die Galliard (Matthew Carter 1975) ist eine
moderne, aber klassische Schrift der Renaissance
mit einer kalligrafisch hervorstechenden Kursiven.
Als Handbuchschrift für Datenbanken mag das
erstaunen und vielleicht etwas experimentell wirken. Sie ist aber kulturell durchaus passend, lässt
große und auch feine Kontraste zu. Auch als klassische Textschrift ist sie sehr gut lesbar, wobei die
hier innerhalb des Seitenrandes stehenden Anmerkungen für die Lektüre wichtig sind.

Die Ellington von Michael Harvey (1990) zeigt
mehr Charakter. Sie ist die Schrift eines Steinbild-
hauers. Das erweist sich etwas schwieriger in der
Anmutung und Lesbarkeit. Sie hat aber ein sehr
schönes Gesamtbild und betont den besonderen
Text.

Manchmal sucht man eine Schrift, die schmal
läuft, aber nicht elektronisch gestaucht ist, keinen
Telefonbucheindruck macht und trotzdem eine
ruhige Form bietet. Hier ist sie für ein Veranstal-
tungsprogramm der tgm ausgewählt, die Helicon
von David Quay 1989 (Berthold), sehr rationell,
gerade für schmale Formate vorteilhaft und trotzdem gut lesbar.

Die Gesamtausgabe der Werke Arthur Scho-
penhauers, die 1964 beim Insel-Verlag fertig
gestellt wurde, war aus der Monotype-Schrift Van
Dijck gesetzt. Mit ihrem eher leichten Duktus
eignet sie sich besonders auch für Dünndruckaus-
gaben bzw. den Druck auf sehr transparenten
Papieren. Sie geht auf Christoffel van Dijck (1681)

CICERO·ROMAIN·GROS·ŒIL,
Numero XXXIV.

Outre ces Divinitez communes & univerfelles, dont nous
avons parlé jufqu'à préfent , il y en avoit d'autres dans la
créance des Payens, qui n'étoient attachées qu'au bien par-
ticulier, ou des maifons, ou des perfonnes.

◄
Galliard-Vorbild:
Granjon 1742:
Cicero Romain
Gros Oeil

◄◄
Galliard; Wein-
reb, Schatten,
Thauros 1998

Wir müßten, glaube ich, uns selbst einmal an zw
Seiten sehen, wie ein Paradoxon. Hier im Konkret
lebend, mit allem Drum und Dran, und gleichzeitig d
im Verborgenen lebend, wo vielleicht unser Ich zu Hau
ist. Hier *spielst* du nur ein Ich, spielst dir selber vor, w
du sein möchtest. Du denkst, du bist das, weil du ge
von den anderen anerkannt, geliebt werden möchte
wenigstens nicht gehaßt. Du glaubst, du mußt eine Ro
spielen; gleichzeitig weißt du, daß du damit dein Wese
liches verschüttest, dein Ich, das, was du eigentlich bi
wovon du nicht einmal zu träumen wagst. Von dies
Verborgenheit des Menschen möchte ich hier spreche

◄
Ellington;
Weinreb, Weg,
Thauros 1993

◄
Helicon; tgm-
Programm 1991

Hamburg
HAMBURG
Hamburg
Hamburg
HAMBURG
Hamburg
Hamburg
Hamburg
Hamburg

zurück und wurde von Jan van Krimpen 1935 für die Enschede en Zonen in Leiden gezeichnet. Wenn man Schriften kennen lernen will, muss man mit ihnen eine Beziehung eingehen. So geschah es bei dieser Klassikerausgabe im Bleisatz, deren letzter Band noch herzustellen war. Die Schriftwahl war Jahre zuvor, vermutlich durch Gotthard de Beauclaire festgelegt worden.

Barock-Antiqua

Die Utopia von Robert Slimbach (1989) ist eine der ersten Schriften für PC und Mac, die gut zugerichtet war und fast sofort benutzt werden konnte, was nicht allen Schriften nachgesagt werden kann. Sie hat sich sehr rasch einen wichtigen Platz bei den Grundschriften für Zeitschriften erobert. Ihre neutrale Klarheit (nicht zu verwechseln mit ausdruckslos) und ihr großes Schriftbild macht sie gerade im Zusammenspiel mit vielen Einzelelementen einer Zeitschrift interessant. In der Mitgliederzeitschrift des Bund Naturschutz ist sie als Grundschrift eingesetzt. Als Headline wird meistens die Franklin Gothic benutzt, wenn nicht spezifische Themen einen anderen Headline-Charakter erfordern.

Die Times wünschte sich der Kunde für einen Geschäftsbericht. Der Bezug Zeitungsschrift und Normung war dabei sicher reizvoll. Wenn es denn schon sein musste, sollte die recht mäßige Fassung dieser Schrift für den Mac vermieden werden. Die Times, eine wunderbare Schrift von Stanley Morison (1931), für »The Times« entwickelt. Aber welche der heutigen Times-Derivate sollte man verwenden? Der Vergleich sämtlicher Times-Derivate war Thema in einer Diplomarbeit. Die beste Times schien dabei die Times Ten (1988, Linotype) zu sein, wobei viele typografische Feinheiten wie Kapitälchen und Mediävalziffern verwendet werden konnten. Als Headline-Schrift kam die DIN-Schrift hinzu. Das ist ursprünglich fast eine undiskutable Schrift, die wohl von recht ahnungslosen Technikern schabloniert wurde. In den letzten Jahren ist sie aber in Mode gekommen, und so hat

Eva wehrt sich auf Sylt gegen Whisky
trinkende Boxkämpfer mit ihren

Eva wehrt sich auf Sylt gegen
Whisky trinkende Boxkämpfer

Eva wehrt sich auf Sylt gegen Whisky
trinkende Boxkämpfer mit ihren

Eva wehrt sich auf Sylt gegen
Whisky trinkende Boxkämpfer mit

Eva wehrt sich auf Sylt gegen
Whisky trinkende Boxkämpfer mit

FontShop eine auch für den Druck brauchbare
Lösung gefunden.

Eine in der Textstruktur komplizierte Buchreihe,
die Oldenbourg Interpretationen, sollten eine
neue und zeitgemäße Gestaltung erhalten. Textsorten sollten – für motivierte Leser – erkennbar
ausgezeichnet werden. Die Minion von Robert
Slimbach (1990) ist vielleicht die interessanteste
neue Schrift für wissenschaftlichen Satz. Sehr gut
ausgebaut, sehr fein abgestimmt in den einzelnen
Stärken und den Kursiven, ist sie dieser Aufgabe
gewachsen. Slimbach bezieht sich dabei auf die
Paragon Romain von Henry du Tour, sie ist aber
keine Neufassung. Gute Erfahrungen konnten auch
bei der Lexikongestaltung gemacht werden.
Schriftbild, Lesbarkeit und Zeichenvorrat genügten
auch für naturwissenschaftliche Lexika.

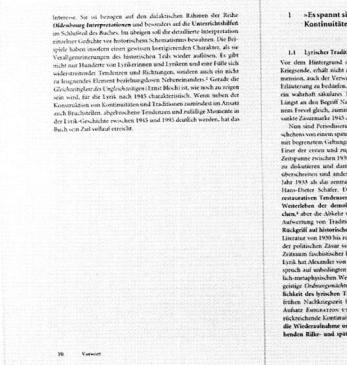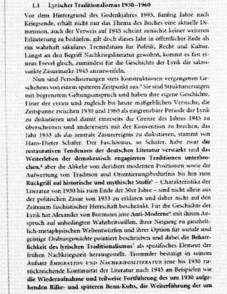

◀
Minion;
Oldenbourg
Interpretationen
1996

◀◀
Schriftschnitte
der Minion

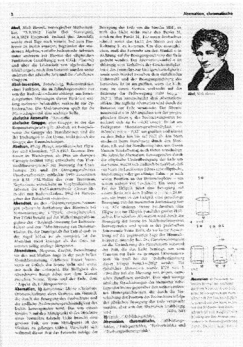

◀
Minion;
Spektrum,
Physik-Lexikon
1998

▶ 207
Oldenbourg
Interpretationen

DER NORMUNGSPROZESS WIRD MIT NEUEN
Aufgrund unterschiedlicher Anforderungen an
technischen Regel werden neue Verfahren nebe
ermöglicht, um der extrem kurzen Entwicklung:
werden.

PAS (öffentlich verfügbare Spezifikationen)
CEN) sind Verfahren, mit denen Arbeitsergebnis
erarbeitet werden können. Diese Verfahren lauf
ab, und die Arbeitsergebnisse haben somit auch
Das Ziel ist jedoch, mit Hilfe der Expertise und

◀
Times Ten mit
DIN-Schrift DIN-
Geschäftsbericht
2000

►
Schriftprobe der
Caslon 1910
(Enschede en
Zonen)

►►
Janson Text;
Weinreb
Schöpfung,
Thauros 1994

DIT fyn de KEUREN der Stede van Oud-Hollandt ghelyck defe fyn vaft ende ftadigh ghemaect by *Schout ende Schepenen* van voorfz. ftede opten elffden maius v. d. Jaere onfes Heere dufent achthondert ende vyfendetnegentich

◄ 227
Physikalische
Blätter

◄ 184
Textbuch

◄ 192
75 Jahre DIN

Die Caslon kam 1910 bei Enschede en Zonen heraus und berief sich auf die ursprünglichen Formen von William Caslon von 1725. Ihre Eigenarten sind in den großen Graden sehr markant. Sie war die Hausschrift des Thauros Verlags, bis sie nach Jahren in einem sanften Übergang von der Janson Text abgelöst wurde.

Die Janson von Nicolas Kiss von 1690 erschien uns für das Werk von Friedrich Weinreb eleganter und klarer. Sie ist die interessanteste Schriftentwicklung der Barockzeit und liegt heute nahezu gleich wie schon 1690 vor. Ihre gute Eignung für kulturelle Projekte, zurückhaltend, elegant, ließ sie auch für das Erscheinungsbild des Klingler-Wettbewerbs (Streichquartett) geeignet erscheinen.

Die eleganteste der älteren Barockschriften ist jedoch die Baskerville von John Baskerville (1757). Ihr kultureller Bezug machte sie für die CD-Schrift eines Softwarehauses, das auch noch Schriften der Monotype vertrat, geeignet. Ihre Eleganz konnte sie auch im Erscheinungsbild einer rheinischen Weinstadt beweisen.

Günter Gerhard Lange entwickelte für Berthold die Concorde gegen die Landläufigkeit der Times. Universal für Sachtexte, Zeitschriften, aber nicht nur das. Die bessere Times also, mit einem sehr schönen Schriftbild war sie auch schon im Bleisatz verfügbar. Über die Jahrzehnte hat sie sich in sehr verschiedenen Projekten bewährt: in der Zeitschrift »Natur + Umwelt« in den achtziger Jahren, in einer populären Lehrbuchreihe bei Markt &

Technik, »So geht's«, und in der Anfangszeit des DTP-Satzes für den Langenscheidt Selbstlernkurs. Auch diese Schrift verfügt über den für die Wissenschaft notwendigen Zeichenvorrat, und so schien sie für die Neugestaltung der Zeitschrift »Physikalische Blätter« mehr als geeignet.

Gerard Unger hat bereits in der Zeit der digitalen Schriften für Großrechner ganz Wesentliches geleistet. Seine Schriften für Digiset/Hell sind Pionierleistungen für die Vorahnung einer neuen Epoche gewesen. Mit der Hollander (1983) entstand eine Barockschrift des ausgehenden 20. Jahrhunderts mit kräftigen Serifen und sehr interessanten Formen. Für die umfangreichen Publikationen zum fünfundsiebzigjährigen Bestehen des Deutschen Instituts für Normung schien sie als Textschrift besonders geeignet, da sie in ihrer Anmutung Neues erahnen lässt und gut zum gesamten Hintergrund der Normungsgeschichte passt, die Jahrhunderte vor dem 20. begonnen hatte. Ihr Kontrast zur eher ausdruckslosen DIN-Schrift machte auch den ganzen Reiz dieser vielfältigen Technikgeschichte aus.

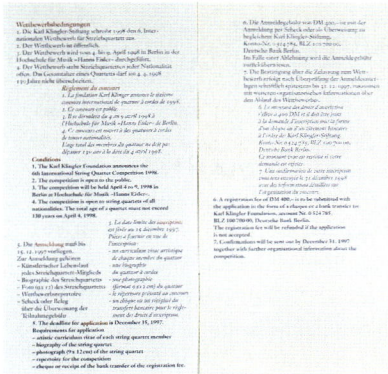

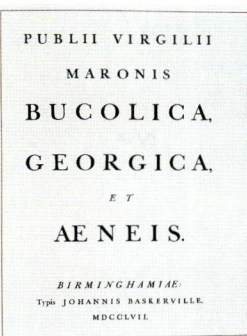

PUBLII VIRGILII
MARONIS

BUCOLICA,

GEORGICA,

ET

AENEIS.

BIRMINGHAMIAE:
Typis JOHANNIS BASKERVILLE.
MDCCLVII.

◄
Baskerville;
Rüdesheim am
Rhein, 1987

◄◄
Baskerville;
John Basker-
ville Titelei
1767

◄◄◄
Janson;
Klingler-Wett-
bewerb 1998

◄
Concorde;
So geht's,
Markt & Technik
1990

► 174
SWP

◄
Hollander;
DIN 75 Jahre,
Festschrift 1992

Als Zeitungsschrift mit ausführlichen Studien von Dwiggins Versuchen für eine Zeitungsschrift hat Gerard Unger 1985 die Swift herausgebracht. Ihre Sachbucheignung bewies sie in einem Typografiebuch. Eine sehr schöne Version, die Swift 2 durfte die tgm für ihr Jahresprogramm 2000 benutzen. 2001 hat sie sich auch als Corporate Design-Schrift der Stiftung Wissenschaft und Politik in Berlin zu bewähren – und dies auf der Microsoft-Word-Basis, also ohne richtiges Umbruchprogramm, jedoch mit enormem Anspruch der wissenschaftlichen Mitarbeiter.

Gruppe der gepanzerten Krieger war in einen grün lavendelblauen Mustern an Kragen und Mansc dunkelblaue Hose, eine schwarze, weißgeniete goldene Knöpfen und purpurnen Kordeln un Schuhe mit roten Schnürbändern gekleidet …«[22]

Wenn sich auch die hier dargestellte Kunstf Dienst eines autoritären Staates gestellt hat, so ist Verbindung zu dem traditionellen Grabkult nicl gelöst. Sie tritt nur stärker in den Hintergrund v sierung des kaiserlichen Unsterblichkeitsansprucl

2.5 Städtebau

Die Übergänge von der aneignenden Lebensv Sammler) zur produzierenden Wirtschaftsweise (zur Hochkultur sind in Anlehnung an die industr tion »neolithische Revolution« und »urban rev nannt worden, weil sie einen ähnlich tiefgreifen für die Menschen und ihre Lebensweise bedeu Seßhaftigkeit, Herausbildung regional unterschei schengruppen, Entstehung der Fruchtbarkeitsrite

Trump-Mediäval;
Probe 1959
Weber

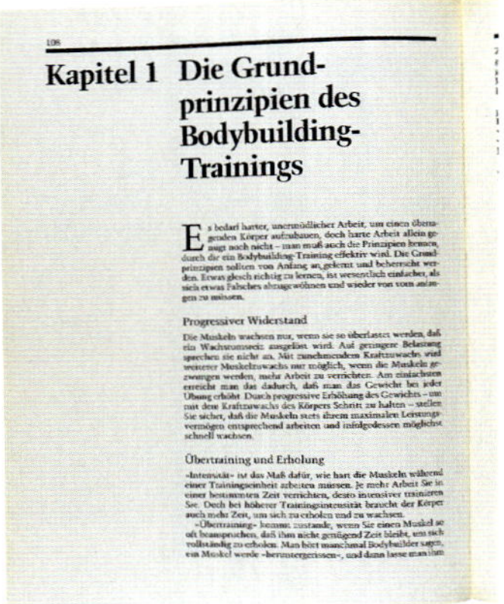

Trump-Mediäval;
Schwarzenegger,
Heyne 1986

◀ 169
Corporate Design

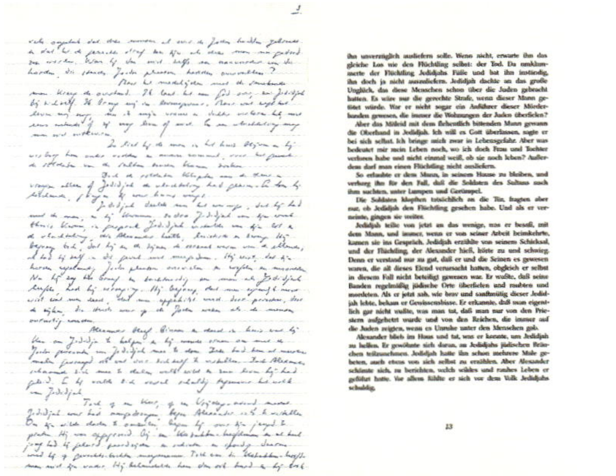

▶
Franklin-Antiqua;
Weinreb, Über-
schwemmung,
Thauros 1991

▶
Bitstream
Charter;
Microsoft Sys-
tem Journal 1992

Bitstream Char-
ter-Vorbild:
Fournier 1742
▼

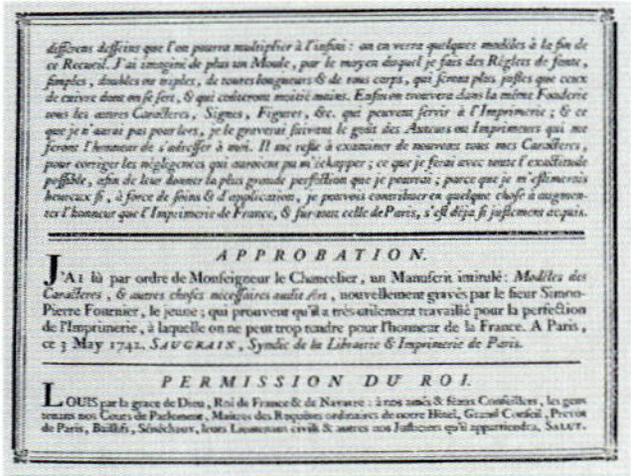

Die Trump-Mediäval von Georg Trump (1954) ist eine sehr gute Basisschrift; positive Erfahrungen waren schon in der Bleisatzzeit gewonnen, weswegen sie für eine Sachbuchreihe benutzt wurde. Ihr starker Charakter ist vor allem in großen Graden zu sehen. Kräftig im Duktus eignet sie sich auch für ungewöhnliche Themen, die ein eher ungewöhnliches Publikum betreffen.

Für eine Erzählung, deren Originalhandschrift Seite für Seite abgebildet werden sollte, war eine möglichst neutrale Schrift nötig. In der Franklin-Antiqua von G.G. Lange (Berthold 1976) war diese gefunden und auch für das Thema geeignet. Sie ist fast so kräftig wie frühere Bleisatzschriften, dabei universal, fast konsumartig.

Zwischen der Barock-Antiqua und der Klassizistischen Antiqua bewegt sich die Schneider Libretto von Werner Schneider (Berthold 1995). Für eine sehr moderne Druckerei, aber auch für eine 400 Jahre verpflichtende Tradition des Hauses ist sie ideal. Sie verkörpert in den großen Graden solide Klassik und ist in den kleinen Graden hervorragend lesbar.

Als die Speicherkapazitäten für Schriften noch beschränkt waren, wurde darauf geachtet, klare Schriften mit möglichst wenig Kurvenpunkten zu programmieren. Matthew Carter hat dies 1987 mit der Bitstream Charter erreicht. Sie wurde für die Fachzeitschrift Microsoft System Journal ausgesucht und damit über acht Jahre gesetzt. Carter berief sich mit dieser Schrift auf eine Schrift von Fournier von 1742.

Klassizistische Antiqua

Die Bodoni Old Face (Berthold 1986) ist eine der besten Adaptionen oder Neuschöpfungen einer Schrift von Giambattista Bodoni von 1791. Für das Corporate Design eines toskanischen Weingutes im Kulturland Maremma ist sie als Hausschrift kongenial zwischen Wein und Papier. Aber auch bei Sachtexten, wie in dem Druck eines Vortrags von Bernhard F. Bürdek, der sich kritisch mit dem modernen Produktdesign auseinander setzt, vermittelt sie zwischen Tradition und Zeit. Wobei hier sogar noch verschiedene Textsorten und -ebenen zu behandeln waren. Was bei manchen Bodoni-Schnitten auf Kosten der Lesbarkeit geht, hat Günter Gerhard Lange hier vermieden. In der Laufweite etwas offener gehalten, kommt sie den barocken Schriften wieder etwas näher.

Deutsche Texte wirken aus der Walbaum gesetzt der Sprache entsprechender, besser als aus einer Bodoni. Das war auch das Anliegen von Justus Erich Walbaum (1803). Für ein Manuskript über historische Rechenmaschinen, für eine Buchreihe, die Themen des 19. Jahrhunderts plante, oder für klassische Buchtitel eignet sie sich gut. Ihr klares und strenges Bild »steht« auch gut auf der Seite.

Klassizistische Schriften werden von Banken bevorzugt. Aber viele der älteren Schriften eignen sich nicht so gut für Formulare und Geschäftspapiere. Eine eher ausgeglichene Schrift hat Adrian Frutiger 1986 mit der Centennial entworfen. Sie ist seitdem die Hausschrift der Bayerischen Vereinsbank und später der HypoVereinsbank. Für kulturell ambitionierte Veröffentlichungen der Bank ist sie deshalb ideal.

Eigentlich sollte sie ja die Schulbuchschrift schlechthin werden, aber es hat etwas gedauert, bis sie auch in diesen Bereich Einzug halten konnte: Die Century Schoolbook (1917 bis 1923) von Morton Fuller Benton. Akzeptiert wurde sie inzwischen als Sachbuchschrift, wie hier in einer internationalen Koproduktionsreihe kunstgewerblichen Inhalts.

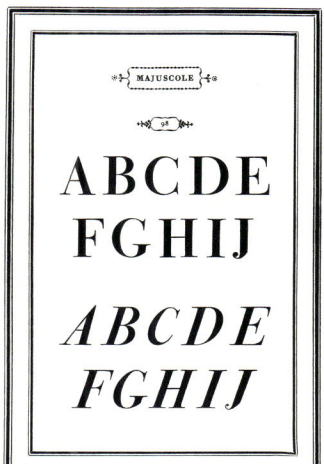

▲
Bodoni; Manuale Tipografico, 1818

ADORNO zu den hier anstehenden Frag[en] Die Zukunft von Sachlichkeit ist nur d[er] Freiheit, wenn sie des barbarischen Zug[s] ledigt: nicht länger den Menschen, der [...] sie zu ihrem Maßstab erklärt, durch sp[...] karg kalkulierte Zimmer, Treppen u[nd] sadistische Stöße versetzt. Fast jeder [...] wird das Unpraktische des erbarmun[gs-] schen an seinem Leib schmerzhaft ge[...] daher der Argwohn, was dem Stil absagt[...] los selber einer.

Aber dies war ja wirklich eine sehr frü[he] die eigentlich recht folgenlos geblieben [...] 6oer Jahre waren ja die Hoch-Zeit des Fun[...] in Deutschland.

Nun sind es heute nur noch zum Teil di[e...] ten, die uns sadistische Stöße versetzen ([...] darauf verzichten, sich PHILIPPE STARCKS [...] BOTTAS Stühle zu kaufen, die einem ein b[...] rohr in das Rückgrat pressen). Mit der [...] nämlich alles noch viel schlimmer geword[en...]

Und daß der Gebrauch der Dinge – al[...]

▲
Bodoni Old Face; Bürdek, Design und Qualität, tgm 1996

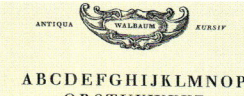

◄
Walbaum; Rechenmaschinen, Systhema 1990

◄◄
Walbaum; Probe 19. Jh.

Mit den Formen des Hauses verbinden sich vielf[...] nungen, die vom Bauherrn beabsichtigt waren. K[...] sche Zitate, biographische Metaphern, surreale [...] nell-bodenständige Elemente werden dabei schei[...] gemischt.

◄
Centennial; Casa Malaparte, HypoVereinsbank 1999

d quickly margins of error calculations are based on UVWXYZ ABCDEFGHIK

◄
Schriftprobe Old Century Schoolbook; Monotype

▶
Vergleich
Korrespondenz-
schriften:
Pica, Courier,
Letter-Gothics,
Berthold Schreib-
maschine,
Clarinda, Print
Out, Linotype
Typewriter;
Mitte:
Stone Informal,
Lucida
Rechts:
Letter Gothic,
Courier
(Erik Spieker-
mann, Page, 3/91)

◀ 172
Weisser Lotus

▶
Thesis; Anzeige,
Weisser Lotus
1998

▶
Thesis Serif;
Harald Frey,
Porta Portese,
Suter 1998

hamburgios	StoneInformal	LetterGothic
hamburgios	*StoneInformal*	*LetterGothic*
hamburgios	Lucida	LetterGothic
hamburgios	*Lucida*	Courier
hamburgios	LucidaSans	*Courier*
hamburgios	*LucidaSans*	**Courier**

Serifenbetonte Linear-Antiqua

Die Thesis Serif von Lucas de Groot (1995), hier in
einem Buch über einen römischen Trödelmarkt
verwendet, unterstützt die Anmutung des älteren
Trödels, ohne »alt« zu wirken. Ihre feinen Stärke-
unterschiede lassen sich für mehrsprachige Projekte zur Differenzierung sehr gut einsetzen.

Korrespondenzschriften wurden ein Thema zu
dem Zeitpunkt, als es nicht mehr nötig war,
Schreibmaschinenschriften wie die Courier zu benutzen, die zunächst oft ganz bescheiden weiterhin gewählt wurde. Für den Bürobereich und vor
allem für die noch nicht so hoch auflösenden
Drucker wurden dann eigene Schriften für diesen
Zweck entwickelt, die auch als Druckschrift gut
brauchbar ist. Neben klassischen Schreibmaschinenschriften werden hier verglichen: die Pionier-
schrift Lucida von Charles Bigelow und Chris
Holmes (1984), die wegen ihrem stärkeren
kalligrafischen Charakter eher für den amerikanischen Markt geeignete Stone Informal und die
Officina von Erik Spiekermann.

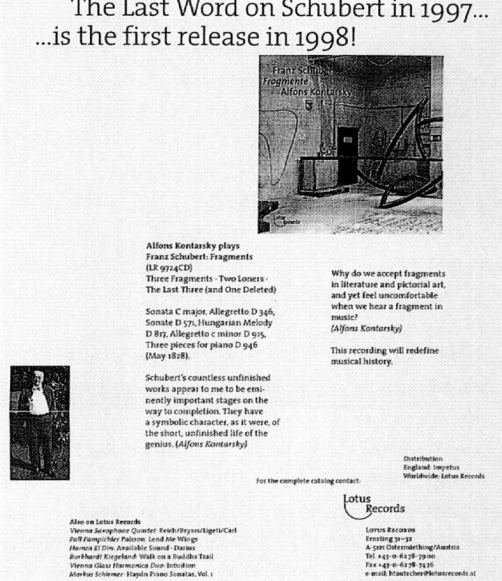

The Last Word on Schubert in 1997...
...is the first release in 1998!

Alfons Kontarsky plays
Franz Schubert: Fragments
(LR 9724CD)
Three Fragments · Two Loners ·
The Last Three (and One Deleted)

Sonata C major, Allegretto D 346,
Sonate D 571, Hungarian Melody
D 817, Allegretto c minor D 915,
Three pieces for piano D 946
(May 1828).

Schubert's countless unfinished
works appear to me to be ever-
nently important stages on the
way to completion. They have
a symbolic character, as it were, of
the short, unfinished life of the
genius. (Alfons Kontarsky)

Why do we accept fragments
in literature and pictorial art,
and yet feel uncomfortable
when we hear a fragment in
music?
(Alfons Kontarsky)

This recording will redefine
musical history.

Distribution
England: Impetus
Worldwide: Lotus Records

For the complete catalog contact:

Lotus Records

Also on Lotus Records
Vienna Saxophone Quartet: Reich/Bryars/Ligeti/Carl
Pefi Pampichler Paizow: Lend Me Wings
Hermes El Din: Available Sound · Diaries
Burkhardt Kingeland: Walk on a Buddha Trail
Vienna Glass Harmonica Duo: Intuition
Markus Schirmer: Haydn Piano Sonatas, Vol. 1

Lotus Records
Ernsting 31–32
A-5101 Oberndorfling/Austria
Tel. +43-0-6278-7900
Fax +43-0-6278-7976
e-mail: Mantscher@lotusrecords.at

ERICA SUTER
Der Markt von Porta Porte

Portese del mistero« betitelt mein Freund Marcello Mc
Legende. Im Dialog des doppelten Ich-Erzählers wird ü
Geschichte des Quartiers der Porta Portese diskutiert, i
ein gigantischer Sonntagsmarkt für Waren aller Art ei
hat. Das Quartier sei eigentlich nicht zum Marktplatz p
sondern hätte vielmehr seiner mysteriösen theatralisc
Bestimmung treu bleiben sollen.

Ich will meinem Freund Marcello nicht widersprecl
Gegenteil. Seine Erörterungen haben Gültigkeit, denn c
geheimnisvoll und sicherlich alles andere als der üblicl
platz von Märkten. Hier fehlen die Plätze, hier fehlt die
fehlt auch das zum Marktleben Einladende. Und doch i
Riesenmarkt der Porta Portese jeden Sonntag des Jahre

AMWHKTUJXZY
QCGD SEBPR ¶ Æ
abcdéohijr m pqskgz
wx & æ œ) f f ff fi fl ;

▲
Joanna; Reinzeichnung von Eric Gill, 1939

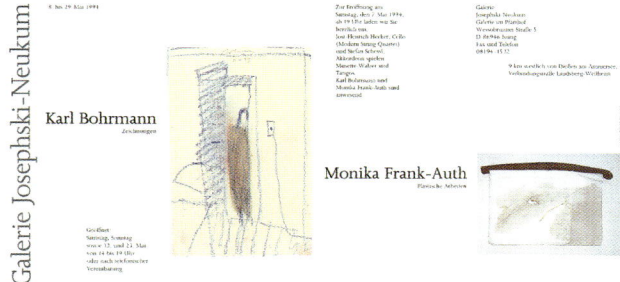

▲
Joanna; Einladung Galerie, Josephski-Neukum 1994

Eric Gills Joanna (1930) wirkt in den Textgraden unauffällig. Ihre Serifenbetonung kommt aber in großen Graden stark hervor. Sie ist hier für das Erscheinungsbild einer ambitionierten Kunstgalerie eingesetzt.

Für das Standardwerk der Softwaretechnik, das zudem noch didaktisch hervorragend aufbereitet ist, wurde die Lucida Serif ausgewählt. Sie ist eine der ersten Schriften des digitalen PC-Zeitalters. Ihre Entwerfer gehören zu den Pionieren digitaler Schriftdarstellung. Eine Fülle an Auszeichnungen und Hervorhebungen war gefordert, weswegen eine hybride Schrift (Serifenschrift und serifenlose Schrift) den Aufgaben sehr entgegen kam.

Mit einer starken technoiden Formbetonung wirkt die Serifa sachlich, erinnert aber gleichzeitig an die Stimmung von Schreibmaschinenschriften.

Obwohl sie als Korrespondenzschrift entworfen wurde, eignet sich die Officina auch sehr gut für technische Texte wie hier in einem Imageprospekt von DIN (Bild Seite 73).

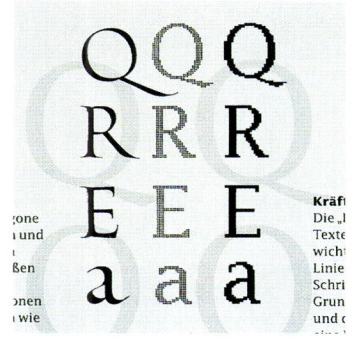

◄
Lucida-Schriftprobe

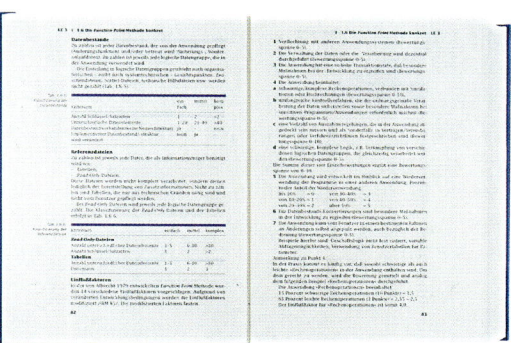

◄
Lucida;
Balzert,
Softwaretechnik,
Spektrum 1996

▶ 209
Didaktische
Typografie

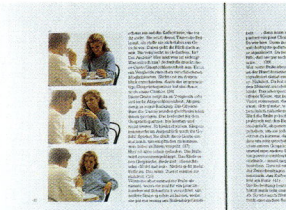

◄
Serifa;
Brillen, Steinheim 1983
(Wolf Schudde)

▶
Akzidenz-
Grotesk;
Meisterbrief 1963

▶▶
Akzidenz-
Grotesk;
Plakat, Hanns
Reich 1969

▶▶▶
Evo; Vier Seiten,
tgm 1996
(Christiane
Gerstung)

Meisterbrief

Herr Xaver Mosele
geboren am 8. Mai 1938
in Coburg
hat die Meisterprüfung im
Buchdruckerhandwerk
abgelegt und ist zur Führung
des Meistertitels in
diesem Handwerk berechtigt

Berlin, den 12. März 1963

Handwerkskammer Berlin

Präsident   Hauptgeschäftsführer

Nach dem Welterfolg der beiden ersten Bände «Lachende Kamera» ist nun der dritte Band erschienen, der die anderen an Witz noch übertrifft.
Einleitung von Heinz Held. 18 x 23 cm 72 Kunstdrucktafeln, 8 Seiten Text Halbleinen.

Ein terra magica-Bildband DM 9.80

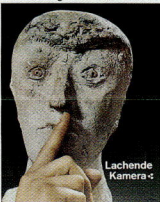

Lachende Kamera‹

vier**Seiten** tgm
2Blätter

November 1996
Mitteilungen der
Typographischen Gesellschaft München

1

Zur Zukunft der TGM
»Der durch die Technik bedingte gesellschaftliche Wandel hat – wie wir wissen – besonders in der grafischen Industrie einschneidende Veränderungen hervorgebracht. Diejenigen Firmen und Praktiker, die weiterhin überlebt haben, haben innovative und oft radikale Wege beschritten. Dazu ist eine offene, flexible und lebendige Einstellung und die Fähigkeit zur Teamarbeit nötig. Das gilt auch für die TGM«.
Mit diesem Vorspruch bin ich als erster Vorsitzender zur Wahl des TGM-Vorstandes im April 1996 angetreten. Was ist inzwischen geschehen?
In einem zuvor von Günter Gerhard Lange angeregten »Zukunftskonzept« haben wir – ein Team aus Peer Koop, Michael Reiter und Rudolf Paulus Gorbach – viele Fragen gestellt, die die bisherige Situation der TGM, Stärken und Schwächen sowie Wünsche betreffen. Daraus entwickelten sich Ziele:
▲ Ein aktives, kommunikationsfähiges und professionell arbeitendes TGM-Team, bestehend aus mehreren (ehrenamtlich) arbeitenden »Fach«-Teams.
▲ Die Einrichtung einer Expertenrunde für grafische Techniken wird demnächst den TGM-Mitgliedern den Stand der Technik erläutern.
▲ Der Verkauf von TGM-Publikationen wird als zusätzliche Einnahmequelle geprüft. (Zunehmend weniger Sponsoren).

▲ Die Öffnung für neue Medien: TGM ist in Kürze im Internet.
▲ Die langfristige Ausweitung des Wirkungsfeldes der TGM auf Deutschland und international durch Kooperationen. Da es so etwas wie die TGM in Deutschland nicht ein zweites Mal gibt und die TGM positiv beachtet wird, ist es nur natürlich Möglichkeiten hierfür auszudenken und zu prüfen.
▲ Die Qualitätssicherung der TGM-Aufgaben ist bei der heutigen technischen Komplexität nicht mehr zum Nulltarif zu bekommen. Neue Finanzierungslösungen müssen gefunden werden.
▲ Parallel zum Vorstand wird die Einrichtung einer Geschäftsführung, zuständig für typografische Inhalte, Organisation, Sponsoring und Öffentlichkeit erwogen. Diese – wenigstens halbtags zu besetzende – Einrichtung wird nötig, damit die TGM in ihrer Fachkompetenz ernst genommen wird.
▲ Die Prüfung des Kursangebotes auf Inhalt, Effektivität und Aktualität erfolgt in Zukunft nach effektiven Richtlinien. Die Konkurrenz wächst auf vielen Ebenen und die TGM muss in ihrer Qualität entsprechend vorbildlich sein und bleiben.
Schließlich möchte die TGM weiterhin eine Gesellschaft für Bildung und Kultur sein.
Rudolf Paulus Gorbach
Erster Vorsitzender

Kooperationen:
Möglichkeiten der Erweiterung des Wirkungsfeldes
Schon seit einiger Zeit gibt es Kooperationen im Bereich des TGM-Kursangebotes. Mit der Zusammenarbeit mit Skill, dem kompetenten Partner des Verbandes der bayerischen Druckindustrie, war der Anfang gemacht. Hinzu kamen andere Fortbildungsanbieter auf den neuen technischen Gebieten:

die DTP-Akademie, die CT Computer Training und mediadesign, alle in München. Heraus entwickeln sich besondere Möglichkeiten der Information und Fortbildung.
Zu berichten ist auch von einer Kooperation für Vortragsveranstaltungen mit dem Münchner Stadtmuseum und der IHK München: Sie können jetzt die Vorträge in den angenehmen Räumen unserer Veranstaltungspartner verfolgen.
Der BDG (Bund deutscher Grafikdesigner) wird in Zukunft seine Mitglieder auch über unsere Veranstaltungen informieren. TGM-Mitglieder werden zu BDG-Veranstaltungen eingeladen.
Aktive Kooperation erfolgt mit der Schwaben-Akademie in Irsee: Am 5./6. April 1997 gibt es dort ein Wochenendseminar zur neuen Rechtschreibung mit Xaver Erlacher. Und am 7. und 8. Juni 1997 folgt in Irsee ein Seminar über das ABC – eine kleine Kulturgeschichte der Schrift mit Rudolf Paulus Gorbach und Astrid Baldauf.
In der Büchergilde Gutenberg (München) findet eine Vortragsreihe zu Schrift und Typografie des 20. Jahrhunderts statt (R. P. Gorbach).
Schließlich plant die TGM Vorträge der Referenten auch in anderen Städten zu veranstalten. Die Zahl der nicht in München ansässigen Mitglieder steigt in den Übrigen.

Deutsch als Fremdsprache) – Titel, die spielerisches Sprachenlernen einfach machen und ebenso gut in Kindergärten, Schulen wie auch zu Hause eingesetzt werden können.

Sprachen, Reisen, Freizeit – Langenscheidt entwickelt sich synergetisch
Die Orientierung der Langenscheidt Verlagsgruppe war stets ausgerichtet auf Synergie und Weiterentwicklung: Gegründet oder erworben wurden nur Verlage, die das Sprachenprogramm in Richtung Reisen, Freizeit oder Kartographie sinnvoll ergänzen. So kam es schon 1958 zur Gründung des Polyglott-Verlages, heute mit dem größten Titelangebot einer der Marktführer auf dem Gebiet der Reiseführer.
Seit über 40 Jahren besteht inzwischen der Humboldt-Taschenbuchverlag mit seinem Angebot an modernen Ratgebern zu Freizeit- und Berufsthemen. Der Mentor-Verlag ergänzt das Verlagsprogramm in Richtung Lernhilfen für die wichtigsten Schulfächer und Schultypen.
In den achtziger Jahren kamen sechs amerikanische Kartographieverlage zur Langenscheidt-Gruppe, die damit zu den größten Kartenherstellern der USA gehört. Über diese Organisation werden auch die zweisprachigen Wörterbücher erfolgreich vertrieben.
1988 erwarb Langenscheidt Mehrheitsanteile des renommierten Verlagsunternehmens Bibliographisches Institut & F.A. Brockhaus AG, Mannheim.
Seit 1993 ist die Langenscheidt-Verlagsgruppe an der APA/Höfer Publishing Group mit Sitz in Hongkong und Singapur beteiligt – ein Joint-venture, das Synergieeffekte in der internationalen Verlagsarbeit bei Reiseführern verspricht. APA verlegt weltweit über 1000 Titel in elf Sprachen.
Ebenfalls 1993 hat die Langenscheidt KG den

Serifenlose Linear-Antiqua:
Klassizistischer Charakter
Der Klassiker Akzidenz-Grotesk (Berthold 1898) verkörperte auch sehr stark den Aufbruch der neuen Typografie der fünfziger Jahre. Ihre strengen, durchaus lebendigen Formen, besonders in der Halbfetten, bezeichneten in dieser Zeit Modernität.

Eine Folge aus dieser Zeit ist sicherlich die nun der Zeit entsprechende Berthold Imago, ebenfalls von Günter Gerhard Lange. Sie war die Schrift der Presseabteilung des Langenscheidt Verlags und ist somit für die Vorstellung eines neuen Geschäftszweiges eingesetzt.

Gegen die Schrifttendenzen der Thesis und Meta, gegen die modifizierten Spiele der Gestalter der neunziger Jahre, entwickelte Marco Ganz (Berthold 1994) die Evo.

▶
Imago;
TVA
(Langenscheidt)
1995

Serifenlose Linear-Antiqua: Renaissance-Charakter

Von Eric Gill (1928) stammt eine weit in die Zu-kunft ragende Schrift, die Gill. Edler als die Futura, auch weicher im Bild ist sie dann eine Alternative, wenn es um große Textmengen geht, der Geist des Jahrzehnts aber erhalten bleiben soll.

Für einen Gesamtkatalog der Werke Ludwig Hohlweins schien keine der zeitbegleitenden Schriften geeignet, zudem Hohlwein in seinen Pla-katen die Schriften nach Vorbildern gezeichnet und verändert hatte. Gesucht wurde eine Schrift, die bewusst darüber steht, sich einordnen kann, gut lesbar ist und möglichst keine Serifen hat, aber der Lesequalität der Serifenschriften entspricht. Hans Eduard Meiers Syntax von 1969, die damals mit einem hervorragenden Konzept vorgestellt und heute in ihrer neuen digitalen Form noch ver-bessert wurde, schien dafür geeignet.

Die Leser dieses Buches kennen diese Schrift schon ganz gut, nachdem alle Bücher der Galileo Press aus dieser Schrift gesetzt sind.

Die Weiterentwicklung der Univers führte zur Frutiger, modulierter und den Anforderungen des endenden 20. Jahrhunderts mehr entsprechend. Sie ist nicht nur eine häufig verwendete Schrift in Fachzeitschriften und Fachbüchern, sie hat wohl auch in weiten Bereichen die Helvetica abgelöst.

Inzwischen gibt es sehr viele neue serifenlose Schriften, man kann kaum alle verwenden. Die Meta von Erik Spiekermann (FontShop 1991) hat die passende Modernität der neunziger Jahre, ist aber etwas zurückhaltender im Bild als die Thesis.

ABCDEFGH
IJKLMNQRS
TUWXYZ

der Frühdrucke knüpft
an die Illustrationen der
Handschriften an. Am
Ende des Mittelalters ga
abcdefghijklmnopqrst
uvwxyz & 1234567890
ABCDEFGHIJKLMNO
PQRSTUVWXYZ

▲ Gill; Entwurf von 1927 und Buch Brücke-Künstler, 1997

CGJS aceges 23569
CGJS aceges 23569

Comparison of Univers (top) and Frutiger (bottom).

Vergleich zwischen Univers (oben)

a more distinctive word image, and allowing the capitals to blend better into a page of text. The nearly uniform

◄ Erster Entwurf Syntax

◄ Vergleich Frutiger und Univers

Prof. Barbara Kochan

Fachbereich Erziehungs- und Unterrichtswissenschaften, Technische Universität Berlin

Wodurch begünstigt der Computer den Schriftspracherwerb? – Computermerkmale und Unterrichtskonzept

Seit elf Jahren erhalten Vor- und Grundschulkinder in der »Schreibwerkstatt für Kinder« an der TU Berlin im Rahmen ei pädagogischen Betreuungskonzeptes persönliche Unterstütz beim selbstbestimmten Schreiben. Als Schreibwerkzeug könn sie – neben herkömmlichen Schreibgeräten – auch den Comp wählen. Seit 3½ Jahren ist das Forschungsfeld erweitert um

◄ Meta; Neues Lernen 1997

► Formata;
Berthold
Schriftprobe

►► Formata;
European 1996

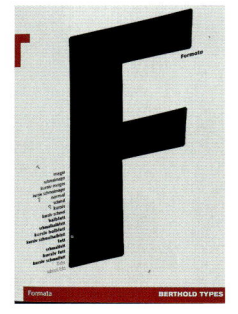

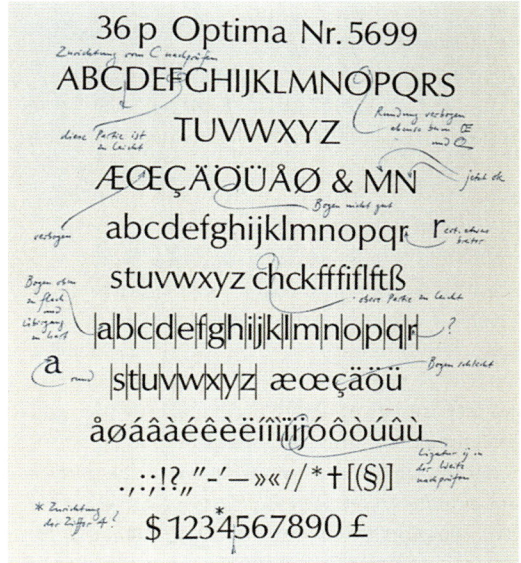

► Optima;
Korrektur von
Zapf, 1957

► Optima;
Riviera Cocktail,
Schuler 1989
(Fritz Lüdtke)

Eine gewisse Eigenwilligkeit, eine schöne Eigensinnigkeit zeigt die Formata von Bernd Möllenstädt (Berthold 1988). Vielfältig verwendbar ist sie für das Corporate Design einer hochqualifizierten Verpackungsdruckerei geeignet. Gut lesbar und in größeren Graden sehr charakteristisch unterstützt sie Formulare sowie den werblichen Auftritt.

Die besseren 50er-Jahre lassen grüßen mit der Optima von Hermann Zapf (1958 und 1969). Fast schon eine »Variante« der Serifenlosen soll sie aber auch hier mit eingeordnet bleiben. Schließlich hat sie, lange bevor modulierte serifenlose Schriften auf dem Markt waren, diese Position besetzt. Durch ihre Präsenz in Druckern und Systemen wurde sie sehr populär. Das Beispiel, das hier gezeigt wird, ist ein Buch über eine Sehnsuchtswelt der fünfziger Jahre, die französische Riviera.

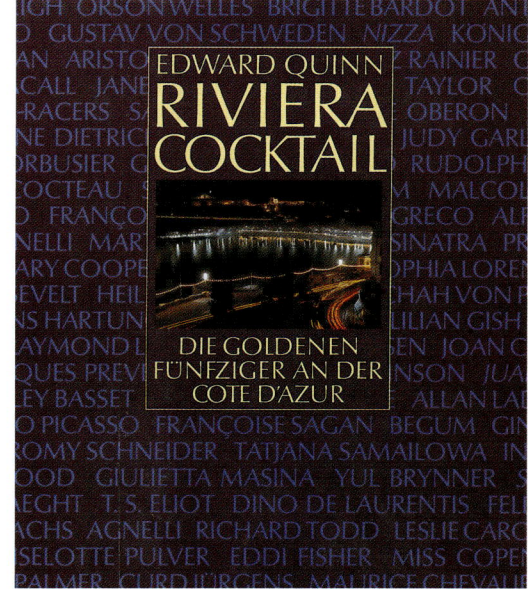

In der hier vorliegenden zweiten Ausgabe von RennReport haben wir wiederum versucht, Ihnen die Spannung, den Humor und das ungewöhnliche Leben an der Piste möglichst anschaulich zu vermitteln. Diente der erste Band vor allem dazu, eine grundsätzliche Übersicht über den modernen Rennsport zu bieten, so soll der zweite durch eine Fülle von Details gerade in technischer Hinsicht einen vertiefenden Einblick gewähren.

◄
Futura-Schrift-
probe 1927

◄◄
News Gothic;
Rennreport 1969

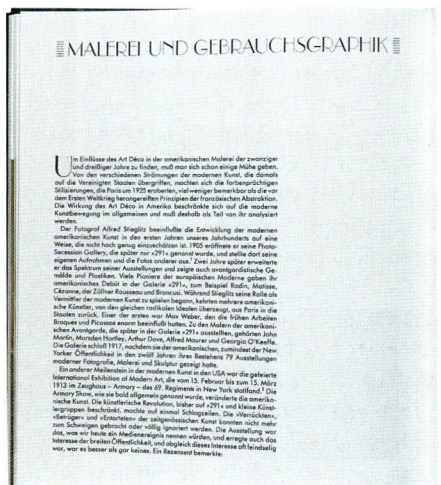

◄
Futura;
American Art
Deco, 1986

► 48
Serifenlose Linear
Antiqua

Serifenlose Linear-Antiqua: Amerikanische Grotesk

In den fünfziger Jahren war diese Schriftwahl ein Kompromiss, da keine Akzidenz Grotesk als Wunschschrift vorhanden war. Das sahen andere anders. Die News Gothic von Morris Fuller Benton (Monotype 1908) war in der Schweiz zu dieser Zeit gepflegter Bestand und zeigte sich bei diesem Projekt als durchaus gute Textschrift.

Für »Natur & Umwelt« wurde als Headline-schrift die Franklin Gothic verwendet, eine sehr beliebte Schriftmischung mit der Utopia. Wesentlich ist auch die Ausdruckskraft der einzelnen Zeichen.

Serifenlose Linear-Antiqua: Konstruierte

Die Futura von Paul Renner (1928) gehört zu den beliebtesten Schriften bei Grafikdesignern und Architekten. Das nahezu Konstruierte ist eigenwillig und für große Grade schwierig einzusetzen, denn in den Lesegrößen wirkt die Schrift dank ihrer kleinen Mittellängen eher dunkel. Benutzt wurde sie hier für ein Werk über American Art Deco. Die Zeit ist hier genau getroffen, obwohl es dafür auch andere Möglichkeiten gäbe. Im anderen Fall ging es um die Einführung eines umfangreichen Begleitprogramms einer Fernsehserie, um die Bücher und Hefte für die Sesamstraße.

◄
Futura;
Sesamstraße,
1973

Liebe Kinder,
das ist ganz bestimmt das verrückteste
Ihr je bekommen habt! Warum? Ist doc
Das meiste nämlich müßt Ihr Euch selbs
denken. Die ganz besonders schlauen
sagen: Das fördert die Fantasie. Aber c
natürlich keine Ahnung. Spaß macht's.
die Hauptsache. Jedenfalls bin ich der

Ihr auch? Krchkrchchch! Lachen ist übrig
erlaubt. Was ich noch sagen wollte: M
·mit bei meinen Fantasie-Spielen!
Viel Spaß dabei wünscht Euch
Euer Ernie

►
AvantGarde-
Probe SG

►►
Avenir-Probe,
Janos Fischer,
1991

►►►
DIN-Schrift;
DIN 1998

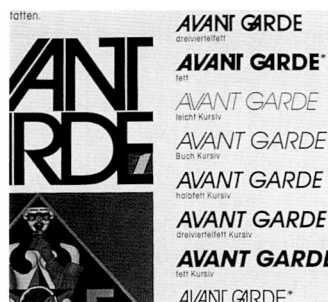

tatten.

AVANT GARDE
dreiviertelfett

AVANT GARDE*
fett

AVANT GARDE
leicht Kursiv

AVANT GARDE
Buch Kursiv

AVANT GARDE
halbfett Kursiv

AVANT GARDE
dreiviertelfett Kursiv

AVANT GARDE
fett Kursiv

AVANT GARDE*
Buch schmal

mit uns vollzieht und jenes Äußere wiederspie
das als vielfältiges Verlangen vor uns steht. M
merkt es und verläuft sich nicht. Kann doch al
nur so sein wie all das, was sich um uns bildet
werden keine Einschränkungen verlangt, son
genau jene konkreten Vorstellungen sichtbar
macht, die als unser Wunsch gelten.

Fischer's Bilder zeigten sich immer so, als
sie ein Teil von expressiven Vorgängen, die s
nicht genau definieren – aber eigentlich ist es
anders. Sie sind ein Raumgefüge, das in kom
Weise einen Zusammenhang herstellt zwischen
einer Art Raumvorgang der Luft und der Fikti
optischer Annahmen. Damit verbleibt János
zwar in alten Formalsprachen, aber versucht
auszuweichen durch eine Expansion des äuß

Hamburg 90
Aachen

Von einer leider oft benutzten Schrift ist sehr
abzuraten, der Avant Garde von Herb Lubalin (ITC
1970). Trotz ihres individuellen Charakters (oder
wegen?) ist sie als Textschrift fast unbrauchbar.
Buchstabenabstand und die großen Binnenräume
verhindern eine gute Lesbarkeit.

Eine besser lesbare Alternative unter den kon-
struierten Charakteren ist die Avenir von Adrian
Frutiger (1988). Aber auch hier ist von sehr großen
Textmengen eher abzuraten.

Die schon erwähnte DIN-Schrift wurde von
Albert Jan Pool (1995 FontShop) überarbeitet.
Hier ist sie sogar als Textschrift eingesetzt, nämlich
im »Stammhaus« dieser Schrift, für einen DIN-
Geschäftsbericht 1998. Sie hat etwas fast kurios
Simples an sich, weshalb ihre Eignung als Text-
schrift nur bedingt vorhanden ist.

Großfamilien

Großfamilien oder hybride Schriften sind im Kommen. Ein besonderer Erfolg war mit ihrem Erscheinen der Stone beschieden, die Sumner Stone 1987
bei Adobe herausbrachte. Auch hier gibt es wieder
einen klaren Bezug zur Schrifttradition, ohne dass
eine alte Schrift nachgebildet wurde. Wegen ihrer
vielfältigen Möglichkeiten war sie hier für ein
Corporate Design von Borland Software 1990 oder
für etwas ganz anderes, für eine Textzeitschrift
verwendet worden.

Die Thesis von Lucas de Groot (1995 FontShop)
kann als Höhepunkt der Vielfalt innerhalb einer
Schriftfamilie gesehen werden. Mit 144 Schnitten
braucht man wirklich keine andere Schrift mehr
dazu zu mischen. Mit jeweils sechs Stärkegraden
sowie einer Serifenform, einer Serifenlosen und
einer Gemixten war sie für ein Corporate Design
eines sehr vielfältig tätigen Unternehmens geeignet.

der Konformitätserklärung des Herstellers bis zur Beurteilung durch neutrale Stellen, von der Einzelstückprüfung bis zur Bauartprüfung oder zur Beurteilung von Qualitäts- oder Umweltmanagementsystemen.

Thesen zur Konformitätsbewertung

Für den freien Verkehr von Waren und Dienstleistungen spielen die Konformitätsbewertung und ihre Elemente, wie Prüfung – Herstellererklärung – Zertifizierung – Akkreditierung, eine bedeutende Rolle.

Der DIN-Präsidialausschuß »Deutscher Rat für Konformitätsbewertung im DIN« (DIN KonRat) hat zur Qualitätsförde-

bereinstim-
ng mit den

nanbncndnen

◄ Rotis

nanbncndnen

◄◄ DIN-Schrift im Geschäftsbericht, 1998

nanbncndnen

ITC Officina Sans Normal
ITC Officina SansItalic
ITC Officina Sans Bold
ITC Officina Sans Bold It.
ITC Officina Serif
ITC Officina Serif Italic
ITC Officina Serif Bold
ITC Officina Serif Bold It.

◄ Officina-Schriftprobe

Otl Aicher, der Mitbegründer der für die Designgeschichte so wichtig gewordenen Hochschule für Gestaltung in Ulm und Gestalter eines der Glanzpunkte der Geschichte des Corporate Designs, der Olympiade München 1972, brachte 1988 eine mehrteilige Schrift, die Rotis, heraus. Sie zeigt sehr viel Charakter, ist aber im Lesetext nicht einfach zu handhaben. Es gibt vier Schnitte: sans serif, semi sans, semi serif und serif.

Die Officina von Erik Spiekermann, van Rossum und van Blokland 1991 hat eine Serifen- und eine serifenlose Version. Die Serifenversion ist mehr der alten Schreibmaschine zugewandt, wogegen die Sans Trendschrift wurde.

An dieser Stelle ist auch die zweigliedrige Lucida zu nennen, aber auch die Scala von Martin Major (1991), die für einen Symposiumsband der tgm verwendet wurde.

Die Corporate von Kurt Weidemann wurde als Hausschrift des Daimler-Benz-Konzerns kreiert. In drei Grundformen, A für Antiqua, S für Sans und E für Egyptienne, also die serifenbetonte Version.

Schließlich gibt es noch Schriften von Entwerfern, die hervorragend zueinander passen. Zu nennen sind hierbei Caspari von Gerard Daniels (1993) und Dokumenta von Frank Blokland (1993) oder die Argos und die Gulliver von Gerard Unger.

7.2 Reformatorischer Ansatz: zwei Formen des Liebeshandelns G

◄ Caspari und Documenta; Stark Verlag 1999

Martin **Luthers** Reiche- und Regimenten-Lehre gr tionen, denen er ausgesetzt war. Sie versucht, die Auf digkeitsbereiche des Glaubens und der weltlichen Ord Im Edikt von Worms (1521) verhängt Kaiser Karl V. ther, verbietet seine Schriften und ordnet an, sie einzu verbrennen. Auch Luthers Übersetzung des Neuen Tes

Doppelseiten

Aufbau der Seite

Fast alle gestalteten Projekte bestehen aus zwei Seiten, die immer zusammen gesehen werden. Diese Tradition, die aus der Buchgestaltung kommt, will beachtet sein, wenn Seiten attraktiv sein sollen. Dabei hilft eine logische Systematik.

WIE VIEL TEXT AUF EINER SEITE STEHT, IST ziemlich entscheidend dafür, ob eine Drucksache gern oder überhaupt gelesen wird. Es ist schlecht für den Eindruck einer Drucksache, wenn mit kleiner Schrift, wenig Zeilenabstand und vollgefüllter Seite Kompetenz demonstriert werden soll. Wie in der Sprache selbst, wo Reduktion oft mehr Klarheit bringt, muss auch die Typografie sparsam mit Mengen und Mitteln umgehen. Leser sollen nicht vor einer Seite erschrecken. Dazu gehört:

◀ **82**
Einzüge

1. Die Schriftgröße und der Schriftcharakter sollen dem Zweck entsprechen
2. Eine angemessene Zeilenlänge
3. Ein klar wirkender Zeilenabstand
4. Deutliche Signale des Textes wie Überschriften, Auszeichnungen und weiter gehende Visualisierungen

Geheftete oder gebundene Drucksachen bestehen in der Regel aus Doppelseiten. Hierzu gehören Broschüren, die meisten Prospekte, Bücher und Zeitschriften.

Zeilenregister

Die Grundschriftzeilen einer Drucksache sollen miteinander Register halten. Das heißt, dass die Zeilen auf Vorder- und Rückseite einer Drucksache bündig stehen. Mit diesem Zeilenmodul wird bei Naturpapieren das lästige Durchscheinen des Drucks der anderen Seite reduziert. Außerdem ist für den Leser eine streng gleichmäßige Anordnung der Grunddetails sehr angenehm und entspricht einer Konstanzerwartung auf der Lesefläche.

Gerät die letzte Zeile eines Absatzes auf eine neue Seite, ist das irritierend. Diese Zeile muss also eingebracht, d. h. gekürzt oder erweitert werden. Manchmal gelingt dies, indem beim Blocksatz die Wortzwischenräume reduziert werden. Falls Änderungen des Textes möglich sind, hilft auch oft eine Streichung.

Es sieht nicht gut aus, wenn die erste Zeile eines neuen Absatzes als letzte Zeile auf der Seite steht. Wir haben uns aber heute leider schon daran gewöhnt, obwohl es wesentlich besser aussieht, wenn nach dieser Zeile noch wenigstens eine Textzeile folgt.

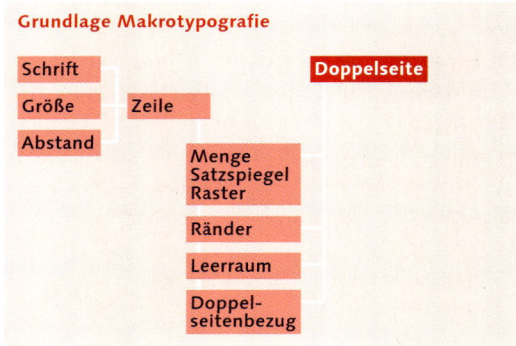

Grundlage Makrotypografie

Schrift
Größe Zeile
Abstand
Menge Satzspiegel Raster
Ränder
Leerraum
Doppelseitenbezug
Doppelseite

Raumeindruck erfassen.

Die stillen, ganz auf sich bezogenen Bildwerke von Ulrich Langenbach sind in einem positiven Sinn hermetisch und radikal auf das bildnerische Medium bezogen, so dass ein Gedanke, sie rationalisierend in Sprache umsetzen zu wollen, ebenso unstatthaft wie vergeblich anmutet. Die alt bekannte Maxime, daß sich ein Werk der bildenden Kunst in erster Linie und hauptsächlich über die sinnliche Wahrnehmung erschließt, hat hier nahezu apodiktischen Charakter.

Da sind etwa in fünf Reihen je 21 weiße Blätter eines schlichten Spiralblocks nachlässig so übereinandergeklebt, daß die unregelmäßigen, plastisch akzentuiert wirkenden Risskanten den jeweiligen Reihenabschluß bilden. Zwei miteinander durch Linien verbundene, aus der Hand ungenau gezeichnete und zum Teil von der Rückseite aufgeklebte geometrische Formen erwecken den Eindruck unterschiedlicher, im Bildgrund schwebender Körper. Auf- und Unteransicht stehen nebeneinander, und bei näherer Betrachtung wird deutlich, daß die vermeintliche Genauigkeit der Konstruktion ein Trugschluß ist.

Wir können weder in der Einzelform noch im

können weder in der Einzelform noch im Bildganzen einen konkreten Raumeindruck erfassen.

Die stillen, ganz auf sich bezogenen Bildwerke von Ulrich Langenbach sind in einem positiven Sinn hermetisch und radikal auf das bildnerische Medium bezogen, so dass ein Gedanke, sie rationalisierend in Sprache umsetzen zu wollen, ebenso unstatthaft wie vergeblich anmutet. Die alt bekannte Maxime, daß sich ein Werk der bildenden Kunst in erster Linie und hauptsächlich über die sinnliche Wahrnehmung erschließt, hat hier nahezu apodiktischen Charakter.

Da sind etwa in fünf Reihen je 21 weiße Blätter eines schlichten Spiralblocks nachlässig so übereinandergeklebt, daß die unregelmäßigen, plastisch akzentuiert wirkenden Risskanten den jeweiligen Reihenabschluß bilden. Zwei miteinander durch Linien verbundene, aus der Hand ungenau gezeichnete und zum Teil von der Rückseite aufgeklebte geometrische Formen erwecken den Eindruck unterschiedlicher, im Bildgrund schwebender Körper. Auf- und Unteransicht stehen nebeneinander, und bei näherer Betrachtung wird deutlich, daß die vermeintliche Genauigkeit der Konstruktion ein Trugschluß ist.

Wir können weder in der Einzelform noch im Bildganzen einen konkreten Raumeindruck erfassen. Alles bleibt in der Schwebe und auch die

Seitenproportion

Die organisierte Fläche ist mit entscheidend für das Gelingen einer typografischen Realisierung. Wie beim Einsatz der Schrift kann hier besonders systematisch geplant werden. Die Zusammenhänge von Elementen auf der Fläche, auf Weißräumen, mit Rändern, Seitenproportionen und Größen machen das Eigentliche einer Gestaltung aus.

Seit langem weiß man aus der Psychologie, dass hochformatige Rechtecke von Menschen als angenehm empfunden werden. Besonders drei Proportionen sind dabei zu nennen:

▶ 1 : 1,5 war schon im Mittelalter bei Handschriften häufig verwendetes Proportionssystem.

▶ 1 : 1,618 ist besser als Goldener Schnitt bekannt und das verbreitetste Proportionssystem in Architektur und Kunst, aber auch in der Natur vielfach zu beobachten.

▶ 1 : 1,414 wurde für die DIN-Formatreihen verwendet.

Schlanke Blattproportionen wirken eleganter. Breitere Formate eignen sich aber besser für die Verwendung von querformatigen Bildern. Es kommt also vor allem auf die Inhalte, die gezeigt werden sollen, an. In der Buchgestaltung sind sehr viele Proportionen bekannt. Natürlich gibt es zahlreiche unsystematische, zufällig entstandene, nicht begründete Proportionen. Dabei sind die Möglichkeiten bei den bekannten harmonischen Systemen völlig ausreichend.

◀
Ausgangs- und Anfangszeilen am Seitenbeginn und Seitenende. Die Setzer nannten dies »Hurenkind« und »Schusterjunge«

◀
Zwei Zeilen des endenden Absatzes am Kopf. Drei Zeilen mit beginnendem Absatz am Fuß

Raùl M. Rosarivo,
Divina Proportio
Typographica.
Scherpe Krefeld,
1961

Otto
Hagenmaier,
Der Goldene
Schnitt. Moos
Heidelberg, 1963

Gabriele Niki
Reichert,
Proportion. HdK
Berlin, 1987

Blattproportionen bei Büchern und Drucksachen		
Proportion	Anwendung	Beispiele
1 : 1	Quadrat, problematisch, wirkt immer breiter	210 × 210 mm Prospekte 240 × 240 mm Imagebroschüren 300 × 300 mm Langspielplatten
1 : 1,118 (8 : 9)	Ruhige Gestaltungsfläche	210 × 234 mm 148 × 165 mm
1 : 1,155 (6 : 7)		200 × 231 mm 150 × 173 mm
1 : 1,18	CD-Packung	120 × 140 mm
1 : 1,2 (5 : 6)	Bildorientierte Bücher	200 × 240 mm 205 × 300 mm
1 : 1,25 (4 : 5)	Kunstbände	160 × 200 mm 200 × 250 mm 240 × 300 mm
1 : 1,335 (3 : 4)	Magazine	210 × 280 mm
1 : 1,414	DIN-Formate	148 × 210 mm 210 × 97 mm 170 × 240 mm 190 × 270 mm
1 : 1,5 (2 : 3)	Bei mittelalterlichen Handschriften Textbücher	110 × 165 mm 120 × 180 mm 140 × 210 mm 160 × 240 mm 200 × 300 mm
1 : 1,538	Rechteck aus dem Fünfeck	150 × 230 mm 195 × 300 mm 130 × 200 mm
1 : 1,6 (5 : 8)	86 × 54 mm Scheckkarten	120 × 208 mm
1 : 1,618	Goldener Schnitt 5 : 8 = Annäherung	100 × 162 mm 111 × 180 mm (Penguin Book) 124 × 200 mm 130 × 210 mm 155 × 250 mm
1 : 1,668 (3 : 5)		100 × 164 mm 125 × 208 mm
1 : 1,732 (1 : V3)	sehr schlank	110 × 190 mm
1 : 1,8 (5 : 9)		100 × 180 mm
1 : 2	LangDIN	105 × 210 mm
1 : 2,236 (1 : V5)	sehr selten	108 × 240 mm
1 : 2,309 (3 : 7)		90 × 210 mm
1 : 2,414 1 : 2,5 (2 : 5)		120 × 300 mm
1 : 2,649 (3 : 8)		75 × 200 mm
1 : 3		100 × 300 mm 109 × 297 mm (halb DIN A4)

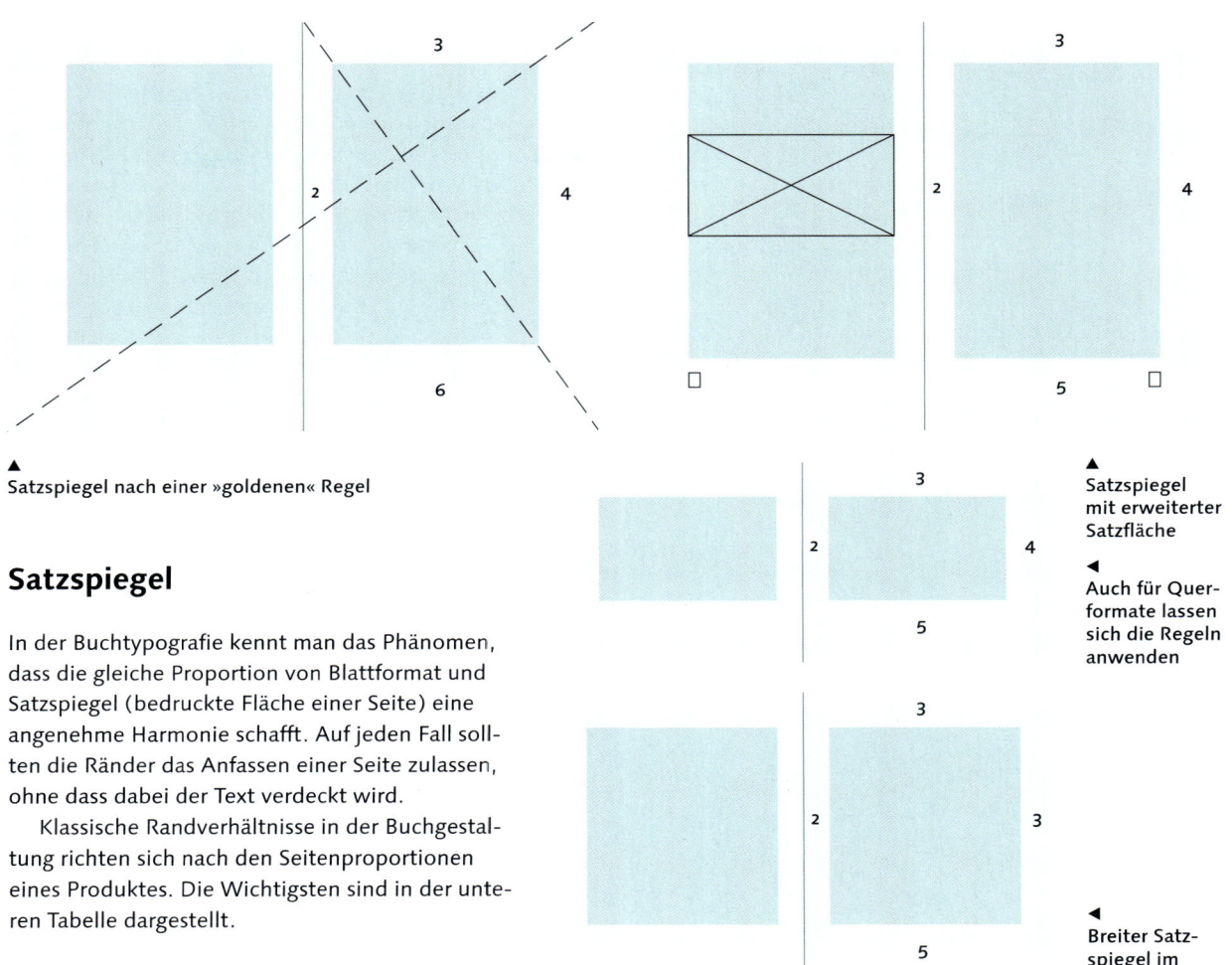

▲
Satzspiegel nach einer »goldenen« Regel

▲
Satzspiegel
mit erweiterter
Satzfläche

◄
Auch für Quer-
formate lassen
sich die Regeln
anwenden

◄
Breiter Satz-
spiegel im
Verhältnis 5 : 6

Satzspiegel

In der Buchtypografie kennt man das Phänomen, dass die gleiche Proportion von Blattformat und Satzspiegel (bedruckte Fläche einer Seite) eine angenehme Harmonie schafft. Auf jeden Fall sollten die Ränder das Anfassen einer Seite zulassen, ohne dass dabei der Text verdeckt wird.

Klassische Randverhältnisse in der Buchgestaltung richten sich nach den Seitenproportionen eines Produktes. Die Wichtigsten sind in der unteren Tabelle dargestellt.

	Klassisch	Splendid	Gratianus	Englisch	Kompress		GS	Morris
Bund	2	2	1	3	3	3	3	7
Kopf	3	3	1	4	3	3	5	8,5
Außen	4	5	2	6	4	4	5	10
Fuß	6	6	3	8	5	6	8	12
Anmerkung	Blattproportion 1 : 1,5	nach Johnston	Tschichold, Fibonacci				GS 2 × gegenüber	

Die Normformate nach DIN. Reihen A und C		
Format	Reihe A Papierendformate in mm	Reihe C Umschlagformate in mm
0	841 × 1189	917 × 1297
1	594 × 841	648 × 917
2	420 × 594	458 × 648
3	297 × 420	324 × 458
4	210 × 297	229 × 324
5	148 × 210	162 × 229
6	105 × 148	114 × 162
7	74 × 105	81 × 114

▶
**System der
DIN-Formate**

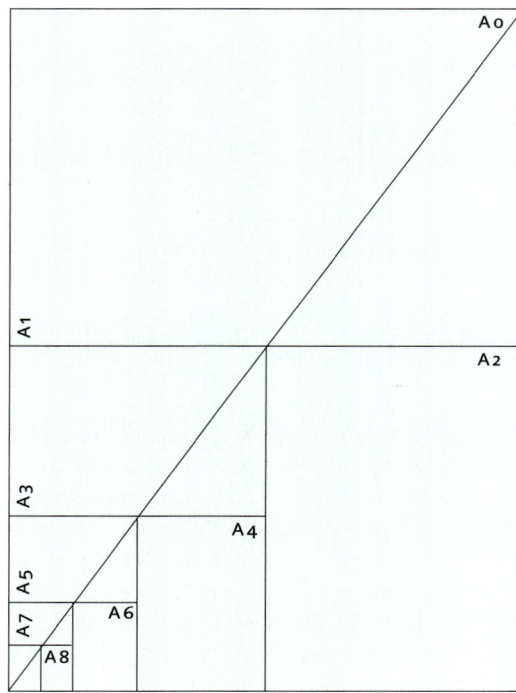

Papierformate

Gemeint ist das Format der einzelnen Seite. Die vielleicht bekanntesten Normen des Deutschen Instituts für Normung sind die Formatreihen nach DIN 476. Diese inzwischen international benutzte Norm ist für den Bürobereich Standard. Die A-Reihe ist für Drucksachen und Schreibpapiere, die B-Reihe für Umschläge (ergänzt durch das so genannte DIN Lang, ein Streifenformat von 110 × 218 mm) und die C-Reihe für Verpackungen gültig. Die laufenden Formatnummern sind jeweils die halbierte Größe der vorhergehenden Nummer.

Welches Format nun verwendet wird, hängt vom Zweck der Druckschrift ab. Die Anwendung soll praktikabel sein. In jedem Fall ist es auch von Vorteil, wenn für den Postversand Gewichtsgrenzen, die wiederum das Porto erheblich beeinflussen können, eingehalten werden.

Es werden kaum andere Briefe als in DIN A4 verschickt. Die Postkarte hat das Format DIN A6, viele Schulhefte das Format DIN A5.

Fachzeitschriften verwenden meistens das Format DIN A4. Weltweit hat sich das Scheckkartenformat von 86 × 54 mm durchgesetzt.

Bücher haben wieder andere Formate. Erzählende Literatur wird häufig in den Buchformaten zwischen 100 × 165 mm und 130 × 210 mm publiziert. Fachbücher findet man im Format zwischen 140 × 210 mm und 180 × 240 mm, Kunst- und Bildbände in Formaten von 200 × 240 mm bis 240 × 300 mm.

Publikumszeitschriften und deren Magazinformate sind ihrem Zweck entsprechend größer. Hier sind oft die großen Rollendruckmaschinen für das Seitenformat die Ursache. Es gibt vielfältige Formate zwischen »Reader's Digest« mit 132 × 189 mm und »Paris Match« mit 265 × 310 mm.

Zeitungen erscheinen in sehr großen Papierformaten. Drei genormte Formate (DIN 16 604) sind hervorstechend:

- ▶ Berliner Format   315 × 470 mm
- ▶ Rheinisches Format   360 × 530 mm
- ▶ Nordisches Format   400 × 570 mm

Voraussetzungen eines Gestaltungsraster
Inhaltliche Struktur des Buches
Zielgruppe
Produktvorstellung
Gestalterische Vorstellung
Buchformat
Mengen der Inhalte
Funktionen von Typografie und Gestaltung
Bildgrößen, Bildproportionen
Verhältnis der Gestaltungselemente

Gestaltungsraster		
Grundlagen	Format Proportionen	Seite, Doppelseite Satzspiegel, Rasterfläche Ränder
Vertikale	Zeilenmodul nach der Grundschrift	Einteilung nach Bildhöhen Funktionsräume für Headlines, Vorspann, Senkungen etc.
Horizontale	Spaltenabstände Spaltenanzahl	Unterteilung der Spalten
Systeme	Typografisches Raster Flächenraster	Zellensystem Proportionsfraktale

Seitenraster

Behindert eine Konstruktion die Freiheit? »Die Freiheit des Entwerfers liegt nicht am Rand seiner Aufgabe, sondern in deren Mittelpunkt«, schrieb Karl Gerstner. »Erst dann ist der Typograf frei, etwas Künstlerisches zu leisten, wenn er seine Aufgabe in allen ihren Teilen versteht und denkt.« Freiheit des Gestaltens bedeutet also zunächst die Möglichkeiten der typografischen Gestaltung zu erkennen, das Handwerk dieser Sparte zu erlernen, zu üben und zu beherrschen. Freiheit und Willkür werden in diesem Zusammenhang oft verwechselt.

Die Anwendung eines konsequenten Gestaltungsrasters wird bei einem fähigen Gestalter nicht die Elemente terrorisieren, sondern als Werkzeug sinnvolle Möglichkeiten der Platzierung bieten; gegebenenfalls darf der Raster auch unterbrochen werden.

Für kompliziertere Druckseiten ist ein Seitenraster sinnvoll und äußerst hilfreich für die Gestaltung. Dieser Raster nimmt Bezug auf die Blattgröße und unterteilt den Satzspiegel in funktionierende Unterfelder. Das ist zwar schon eine »gehobene« Gestaltung, aber anhand eines einfachen Beispiels soll dies hier dennoch demonstriert werden.

Ein Rastersystem lässt sich als ein Modulsystem vorstellen. Für den Aufbau sind folgende Voraussetzungen zu beachten:
In der vertikalen Einteilung:
▶ der Zeilenabstand der Grundschrift
▶ mögliche Bildhöhen
▶ andere zu verwendende Elemente
In der horizontalen Einteilung:
▶ Breite der Satzspalten
▶ Spaltenzwischenraum
▶ Bildbreiten

Auch hier ist die Art der Gestaltung vom eigentlichen Inhalt eines Druckprojekts abhängig. Inhalt, Menge und Lesbarkeit in jeglichem Sinn sind die Basis für eine formale Inhaltsanalyse. Danach müssen die einzelnen Elemente ermittelt werden, die in einer solchen Drucksache vorkommen.

Soll ein Bild oder ein Element auf der Seite bis zum Rand stehen, so ist ein zusätzlicher Beschnitt von 3 mm nötig. Falls nur ein Laserausdruck erzeugt werden soll, ist zu beachten, dass dort nicht bis zum Rand gedruckt werden kann.

Es ist auch zu beachten, dass Drucksachen selten auf das Endformat gedruckt werden. Meistens stehen mehrere Seiten auf einer Druckform. Deshalb gibt es Papierformate, so genannte Rohbogenformate, die auf die verschiedenen Druckmaschinengrößen abgestimmt sind.

Josef Müller-Brockmann, Raster Systeme. Hatje Stuttgart, 1981 und 1988

Hans Rudolf Bosshard, Aufsatzserie über Raster in der Zeitschrift Typografische Monatsblätter

Verschiedene
Beispiele
von Gestaltungs-
rastern:
Geschäftsbericht
für DIN,
297 × 210 mm;
Corporate
Design Weisser
Lotus. Grundras-
ter für DIN A4

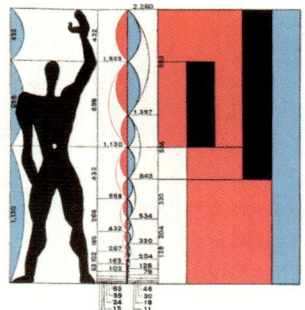

Das auf dem
goldenen Schnitt
basierende
System
»Modulor« von
Le Corbusier

Für typografische
Zwecke umge-
rechnet: Der
untere Bereich
der Modulor-
skalen, die
eigentlich für
Architektur
geschaffen
wurden

Maßzahlen Modulor von Le Corbusier	
Serie Rouge	Serie Bleu
267 mm	534 mm
165 mm	330 mm
102 mm	204 mm
63 mm	126 mm
39 mm	78 mm
24 mm	48 mm
15 mm	30 mm
9 mm	18 mm
6 mm	11 mm
	7 mm
	4 mm

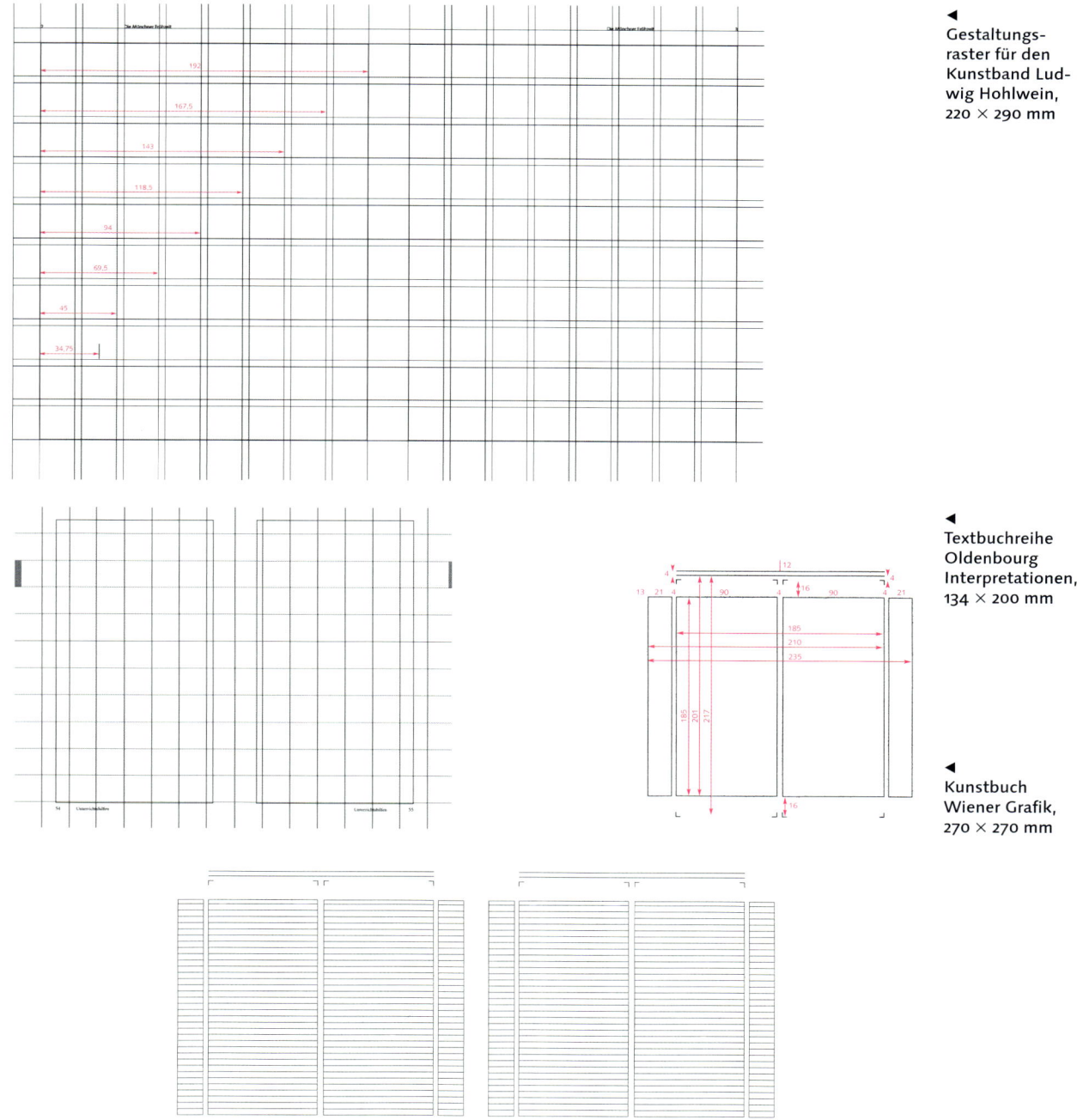

◀
Gestaltungs-
raster für den
Kunstband Lud-
wig Hohlwein,
220 × 290 mm

◀
Textbuchreihe
Oldenbourg
Interpretationen,
134 × 200 mm

◀
Kunstbuch
Wiener Grafik,
270 × 270 mm

Visualisierung

Die vielen möglichen Elemente

Was auf einer Seite dargestellt, hervorgehoben oder »gestaltet« wird, ist von den Inhalten, also dem Text, abhängig. Viele Elemente und Varianten sind möglich. Was aber ist sinnvoll?

Einzug

Die Absätze, die mehrere Sätze oder einen Gedankengang zusammenfügen, werden durch eine ausgehende Zeile kenntlich. Häufig wird die letzte Zeile nahezu voll, im Durchschnitt jede zwölfte Zeile. Damit ist der Beginn des folgenden Gedankens nicht mehr deutlich erkennbar. Die neue Zeile ist zu wenig signalhaft, wenn sie ganz vorne, also stumpf beginnt. Ein Einzug von einem Geviert gibt die richtige Leseaufforderung. Bei einem 10-Punkt-Zeilenabstand wird auch 10 Punkt eingezogen. Dieses Geviert ist ein vernünftiges Maß im Verhältnis zur Schriftgröße. Es ist genau richtig, um den Absatz zu markieren. Bei sehr schmaler Zeilenbreite könnte dies verringert, bei sehr breitem Satz erweitert werden.

Ungünstig ist die oft verwendete Ersatzlösung: der Zwischenraum oder die Leerzeile zwischen den Absätzen. Der Lesefluss wird dadurch zu sehr unterbrochen. Nur bei ganz klarer Absicht, sowie einem neuen Abschnitt im Lesefluss, einer Pause, sollen Leerzeilen verwendet werden.

Am Beginn eines Kapitels, also nach einer Überschrift, ist der Einzug überflüssig. Beim Dialogsatz mag sich der Einzug leicht ins Gegenteil verkehren: Vor lauter Signalen sieht man die Strecke des Textes nicht mehr. Andere Markierungen gibt es für spezielle Zwecke: Ein negativer Einzug, bei dem die Anfangszeile nach vorne herausgestellt wird (häufig in Bibliografien), Sonderzeichen können den Absatz betonen, oder Linien werden für eine verstärkte Abtrennung eingesetzt.

Hervorheben

Wenn wir Sprache in ihrer Lautmodulation in den gesetzten Text übertragen wollen, so bleiben uns nur wenige optische Möglichkeiten. Zwar wird manche Färbung in der Sprache über die Satzstellung erreicht (was eine gute Kenntnis und Bereitschaft zur Aufnahme der Sprache braucht). Andere Akzentuierungen erreichen wir über die Interpunktion. Im Satz gibt es innerhalb einer gleichen Basisschriftgröße die Möglichkeiten:

1. kursiv
2. halbfett
3. kursiv-halbfett
4. fett
5. Kapitälchen
6. Versalien (Großbuchstaben)
7. Versalien kursiv

Visualisisierung

- Textauszeichnungen
- Überschriften
- Andere Hervorhebungen
- Marginalien
- Andere Ebenen

Hierarchie

Architektur und Plastik und Malerei, der aus Millionen Händen der Handwerker einst gen Himmel steigen wird als kristallenes Sinnbild eines neuen kommenden Glaubens.

Beigegeben war diesem Manifest Feiningers berühmt gewordener Holzschnitt einer sternüberglänzten Kathedrale, die zugleich den Bezug herstellte zwischen dem neuen

▲
Ein Geviert als Einzug …

Architektur und Plastik und Malerei, der aus Millionen Händen der Handwerker einst gen Himmel steigen wird als kristallenes Sinnbild eines neuen kommenden Glaubens.

Beigegeben war diesem Manifest Feiningers berühmt gewordener Holzschnitt einer sternüberglänzten Kathedrale, die zugleich den Bezug herstellte zwischen dem neuen

▲
… oder eine Leerzeile. Aber Leerzeile bedeutet Pause.

»Aber wie willst du den Termin halten?«
»Da wird schon noch ein größeres Wunder geschehen.«
»Ja, Hemingway hatte auch so kurze Sätze in seinen Dialogen.«

◀
Dialogsatz

Winfried Nerdinger (Hg.), The Walter Gropius Archiv. An illustrated Catalogue of the Drawings, Prints and Photographs, Busch-Reisinger-Museum / Harvard University, Bd.1, New York – London – Cambridge / Mass. 1990
Eckhard Neumann (Hg.), Bauhaus und Bauhäusler. Erinnerungen und Bekenntnisse, Köln 1985
Offset – Buch- und Werbekunst. Das Blatt für Drucker, Werbefachleute und Verleger, Sonderheft »Bauhaus«, 7/1926

◀
Hängender Einzug in Registern

◀
Möglichkeiten der Auszeichnung im Text

Auszeichnungen in der Schriftfamilie ThesisSerif 4 Semilight.
Achtung: Als Spitzmarke wirkt die Halbfette schon ziemlich hervorgehoben, die **Fette** ist im laufenden Text zu laut. Dagegen wirkt die *Kursive* eher leise und zart, und doch merkt der mit Typographie nicht vertraute Leser, hier ist *etwas anderes*. Hebt man Text mit VERSALIEN hervor, so bekommt man viel Unruhe auf die Seite. Noch mehr wirkt dies bei *KURSIVEN*. Eine kleinere Schrift passt kaum. Auch Unterstrichenes wirkt fremd, dem Schriftsatz unorganisch hinzugefügt. Bei hybriden Schriften könnte auch eine Serifenlose benutzt werden. Als Superspitzmarke könnten auch negative Begriffe Verwendung finden. Das ist aber ganz schön gewaltig. KAPITÄLCHEN für Namen sind prima. Nur gibt es da FÄLSCHUNGEN. Querulanten könnten auch alles durchstreichen oder irgend einen schattierten Unsinn anrichten. Dringend erforderlich ist auch die Konturschrift, um den Untergang des Abendlandes zu erreichen. Noch nicht genug? Sperren t r ä g t a u c h g u t zur Leseverschleierung bei. Ach wie schön ist doch Typogravieh.

► Überschriften in der Größe der Grundschrift mit verschiedenen Abständen. Oben im Abstand von 1 1/2 und 1/2 Leerzeile, unten 2 und 1 Leerzeile. Beispiel ganz unten mit Versalien

Außerhalb des fließenden Textes kann eine Akzentuierung durch Raumgliederung erfolgen. Diese wiederum kann gesteigert werden, indem beispielsweise das hervorgehobene Wort in Versalien oder halbfett gesetzt wird.

Wir sehen also, dass hier der Text durch Heben, Senken und Betonen verändert wird. Während sich die Kursive harmonisch in den Grauwert der Seite einfügt, gibt die Halbfette oder gar Fette schon Signale.

Versalien dagegen sind schwerer lesbar und stören das Schriftbild. Verstärkt wird dies noch durch kursive Versalien.

Auch das Sperren oder Spationieren von Wörtern sieht sehr häßlich aus und führt zu »buchstabierendem« Lesen.

Hervorhebungen, also Auszeichnungen, die über die Textschriftgröße hinausgehen, müssen funktionieren. Das hat auch viel mit den Möglichkeiten der Flächengestaltung der Seite zu tun.

Je mehr Elemente in der Struktur eines Buches oder einer Dokumentation vorkommen, desto schwieriger wird selbstverständlich die Gestaltung selbst.

Das lineare Lesen, also das fortlaufende Aufnehmen des Textes, geschieht bei einem Roman. Er kann deshalb mit recht wenig gestalterischen Elementen auskommen. Je mehr ein Text akzentuiert und geordnet werden kann oder muss, desto mehr muss man sich überlegen, wie die einzelnen Dinge sinnvoll zueinander stehen und vor allem auch funktionieren.

Mehr freier Raum um einen Begriff oder eine farbliche Hervorhebung kann eine Betonung, eine Auszeichnung, aber eventuell auch schon ein Teil einer Inszenierung sein.

Bedeutung

Der Inhalt soll optisch durch die Typografie übertragen werden. Viele Varianten sind möglich. Gibt es mehrere Überschriften in inhaltlicher Abstufung, so soll dies zum Ausdruck kommen.

Bedeutung

Der Inhalt soll optisch durch die Typografie übertragen werden. Viele Varianten sind möglich. Gibt es mehrere Überschriften in inhaltlicher Abstufung, so soll dies zum Ausdruck kommen.

Bedeutung

Der Inhalt soll optisch durch die Typografie übertragen werden. Viele Varianten sind möglich. Gibt es mehrere Überschriften in inhaltlicher Abstufung, so soll dies zum Ausdruck kommen.

Bedeutung

Der Inhalt soll optisch durch die Typografie übertragen werden. Viele Varianten sind möglich. Gibt es mehrere Überschriften in inhaltlicher Abstufung, so soll dies zum Ausdruck kommen.

Bedeutung

Der Inhalt soll optisch durch die Typografie übertragen werden. Viele Varianten sind möglich. Gibt es mehrere Überschriften in inhaltlicher Abstufung, so soll dies zum Ausdruck kommen.

Bedeutung

Der Inhalt soll optisch durch die Typografie übertragen werden. Viele Varianten sind möglich. Gibt es mehrere Überschriften in inhaltlicher Abstufung, so soll dies zum Ausdruck kommen.

BEDEUTUNG

Der Inhalt soll optisch durch die Typografie übertragen werden. Viele Varianten sind möglich. Gibt es mehrere Überschriften in inhaltlicher Abstufung, so soll dies zum Ausdruck kommen.

Überschriften-Gestaltung						
Schrift	**Schnitt**	**Raum**	**Stellung**	**Verstärkung**		
Schriftgrad wie Text	normal	1 Zeile direkt	zentriert	negativ	farbig	Linien
Schriftgrad größer	kursiv	1 ½ ½ Leerzeile	linksbündig	auf Schwarzweiß-Rasterfläche	auf farbige Rasterfläche	Typosignale
Schriftmischung	halbfett	2 1 Leerzeile	eingezogen	senkrecht		Balken
	fett	3 1 Leerzeile	rechtsbündig	schräg		Rahmen
	Kapitälchen	3 ½ 1 ½ Leerzeilen	komponiert	mehrere Ebenen		Bild/Vignette
	Versalien	4 2 Leerzeilen	Auswirkung auf Textbeginn, z. B. Initial			Bild-integration
	unterstrichen	Vorlauf bei Kapitelbeginn				
		Kapitelbeginn mit Leerzeile davor				
		marginal				

Überschriften

Die Gliederung eines Textes muss mühelos in seinem grafischen Ausdruck erkannt werden können. Da Leser in der Regel nicht allzu viel visuelle Signale differenzieren können, kommt es hier auch wieder auf Einfachheit an. Überschriften müssen einem Text übergeordnet sein. Dass dafür oft sehr wenig nötig ist, zeigen die Beispiele auf Seite 84, die sogar von der Textschriftgröße ausgehen. Zu große Überschriften sind im Allgemeinen nicht für Textseiten zu empfehlen. Ob man wiederum die Kursive, Halbfette oder gar Fette einer Schriftfamilie einsetzt, hängt vom Ziel ab, das erreicht werden soll. Während die Kursive durch ihren kalligrafischen Charakter sensibel wirkt, ist die Normale auf jeden Fall sachlich. Die Halbfette wirkt deutlicher, während die Fette sehr markant erscheint. Entsprechend ihres Zeichencharakters wirken dagegen Versalzeilen wichtig, aber manchmal auch nur wichtigtuend.

In der Tabelle »Überschriften-Gestaltung« sind systematisch alle Möglichkeiten aufgeführt. Die Möglichkeiten sind so vielfältig, dass sie hier nicht alle dargestellt werden können. Einige Varianten sind auf den Seiten 86 und 87 abgebildet.

Neue Aktion

Headline ohne Verzweiflung

Versuche zu einer vielseitigen Gestaltung

Eine DTP-Selbsterfahrungsgruppe in Betzigau im Allgäu kam zu dem Schluss, dass Eva auf Sylt nicht mehr Männer jagen sollte. Dies erklärte ihr Sprecher Jakob Fox-Jump der österreichischen Nachrichtenagentur. Gut unterrichtete Kreise vermuten hinter dieser Äußerung einen gewissen Einfluss der Gruppe Semmikolium.

Neue Aktion

Headline ohne Verzweiflung

Versuche zu einer vielseitigen Gestaltung

Eine DTP-Selbsterfahrungsgruppe in Betzigau im Allgäu kam zu dem Schluss, dass Eva auf Sylt nicht mehr Männer jagen sollte. Dies erklärte ihr Sprecher Jakob Fox-Jump der österreichischen Nachrichtenagentur. Gut unterrichtete Kreise vermuten hinter dieser Äußerung einen gewissen Einfluss der Gruppe Semmikolium.

Neue Aktion

Headline ohne Verzweiflung

Versuche zu einer vielseitigen Gestaltung

Eine DTP-Selbsterfahrungsgruppe in Betzigau im Allgäu kam zu dem Schluss, dass Eva auf Sylt nicht mehr Männer jagen sollte. Dies erklärte ihr Sprecher Jakob Fox-Jump der österreichischen Nachrichtenagentur. Gut unterrichtete Kreise vermuten hinter dieser Äußerung einen gewissen Einfluss der Gruppe Semmikolium.

Neue Aktion

Headline-Variante

Versuche zu einer vielseitigen Gestaltung

Eine DTP-Selbsterfahrungsgruppe in Betzigau im Allgäu kam zu dem Schluss, dass Eva auf Sylt nicht mehr Männer jagen sollte. Dies erklärte ihr Sprecher Jakob Fox-Jump der österreichischen Nachrichtenagentur. Gut unterrichtete Kreise vermuten hinter dieser Äußerung einen gewissen Einfluss der Gruppe Semmikolium.

Neue Aktion # Für Headlines

Versuche zu einer vielseitigen Gestaltung

Eine DTP-Selbsterfahrungsgruppe in Betzigau im Allgäu kam zu dem Schluss, dass Eva auf Sylt nicht mehr Männer jagen sollte. Dies erklärte ihr Sprecher Jakob Fox-Jump der österreichischen Nachrichtenagentur. Gut unterrichtete Kreise vermuten hinter dieser Äußerung einen gewissen Einfluss der Gruppe Semmikolium.

Neue Aktion

Headline gesucht

Versuche zu einer vielseitigen Gestaltung

Eine DTP-Selbsterfahrungsgruppe in Betzigau im Allgäu kam zu dem Schluss, dass Eva auf Sylt nicht mehr Männer jagen sollte. Dies erklärte ihr Sprecher Jakob Fox-Jump der österreichischen Nachrichtenagentur. Gut unterrichtete Kreise vermuten hinter dieser Äußerung einen gewissen Einfluss der Gruppe Semmikolium.

Neue Aktion

Headlines mit Mitte

Versuche zu einer vielseitigen Gestaltung

Eine DTP-Selbsterfahrungsgruppe in Betzigau im Allgäu kam zu dem Schluss, dass Eva auf Sylt nicht mehr Männer jagen sollte. Dies erklärte ihr Sprecher Jakob Fox-Jump der österreichischen Nachrichten-

Neue Aktion

Headlines

**Versuche zu einer Gestaltung
mit Vielfalt**

Eine DTP-Selbsterfahrungsgruppe in Betzigau im Allgäu kam zu dem Schluss, dass Eva auf Sylt nicht mehr Männer jagen sollte. Dies erklärte ihr Sprecher Jakob Fox-Jump der österreichischen Nachrichtenagentur. Gut unterrichtete Kreise vermuten hinter dieser Äußerung einen gewissen Einfluss der Gruppe Semmikolium.

Neue Aktion

Head and big

Versuche zu einer vielfältigen Gestaltung

Eine DTP-Selbsterfahrungsgruppe in Betzigau im Allgäu kam zu dem Schluss, dass Eva auf Sylt nicht mehr Männer jagen sollte. Dies erklärte ihr Sprecher Jakob Fox-Jump der österreichischen Nachrichtenagentur. Gut unterrichtete Kreise vermuten hinter dieser Äußerung einen gewissen Einfluss der Gruppe Semmikolium. Eine DTP-Selbsterfahrungsgruppe in Betzigau im Allgäu kam zu dem Schluss, dass Eva auf Sylt nicht mehr Männer jagen sollte. Dies erklärte ihr Sprecher Jakob Fox-

Neue Aktionen

Headline mit Verzückung

Versuche zu einer vielseitigen Gestaltung

Eine DTP-Selbsterfahrungsgruppe in Betzigau im Allgäu kam zu dem Schluss, dass Eva auf Sylt nicht mehr Männer jagen sollte. Dies erklärte ihr Sprecher Jakob Fox-Jump der österreichischen Nachrichtenagentur. Gut unterrichtete Kreise vermuten hinter dieser Äußerung einen gewissen Einfluss der Gruppe Semmikolium.

Headline und Verzückung

Neue Aktionen

Versuche zu einer vielseitigen Gestaltung

Eine DTP-Selbsterfahrungsgruppe in Betzigau im Allgäu kam zu dem Schluss, dass Eva auf Sylt nicht mehr Männer jagen sollte. Dies erklärte ihr Sprecher Jakob Fox-Jump der österreichischen Nachrichtenagentur. Gut unterrichtete Kreise vermuten hinter dieser Äußerung einen gewissen Einfluss der Gruppe Semmikolium.

Neue Aktion

Headlines mit Verzückung

Versuche zu einer vielseitigen Gestaltung

Eine DTP-Selbsterfahrungsgruppe in Betzigau im Allgäu kam zu dem Schluss, dass Eva auf Sylt nicht mehr Männer jagen sollte. Dies erklärte ihr Sprecher Jakob Fox-Jump der österreichischen Nachrichtenagentur. Gut unterrichtete Kreise vermuten hinter dieser Äußerung einen gewissen Einfluss der Gruppe Semmikolium.

Seitenziffern

Die Seitenzahl (Pagina) ist bei umfangreicheren Druckschriften zur Orientierung nützlich. Gezählt wird mit arabischen Ziffern, auf der ersten Innenseite beginnend, wobei die Seitenzahlen auf der Titelseite und dem Inhaltsverzeichnis nicht mitgedruckt werden. Ein vorhandener Umschlag wird nicht mitgezählt. Die Ziffer soll deutlich sichtbar sein. Häufig ist hierzu die Größe der Textschrift ausreichend. Verschiedene Möglichkeiten der Anordnung sind im nebenstehenden Beispiel zu sehen. Meistens beträgt hier der Abstand zum Text eine Leerzeile.

Bei komplizierteren Projekten wird bisweilen die Titelei separat mit römischen Zahlen gezählt. Diese sind ausschließlich aus Großbuchstaben zu erzeugen.

Leere Seiten ergeben sich aus der Anordnung und der Funktion einer Druckschrift. Sie brauchen keine Pagina.

Neben den rein funktionellen Beispielen kann die Seitenziffer auch zum hervorgehobenen Gestaltungselement werden. Aber hier ist auch schnell zu viel getan, und die Ziffern wirken zu wichtig.

◄
Stellung der Seitenziffern:
Unten außen, unten auf Mitte,
oben außen, unten innen,
außen auf der letzten Textzeile,
unten außen eingerückt,
außen Mitte der Satzhöhe,
konsequent im mehrspaltigen Raster.

diesen kleinen Bereich uns näherzubringen.
Deshalb bediente man sich dabei naturwis-

diesen kleinen Bereich uns näherzubringen.
Deshalb bediente man sich dabei naturwis-

diesen kleinen Bereich uns näherzubringen.
Deshalb bediente man sich dabei naturwis-

diesen kleinen Bereich uns näherzubringen.
Deshalb bediente man sich dabei naturwis-

◄
Varianten
von Seitentiteln
(Kolumnentitel)

diesen kleinen Bereich uns näherzubringen.
Deshalb bediente man sich dabei naturwis-

Seitentitel

Der Seitentitel oder Kolumnentitel soll beim
Suchen in einem Druckwerk orientierend helfen.
Es ist wenig sinnvoll, den Titel eines Druckwerkes
auf jeder Seite zu wiederholen. Aber bei Sachtiteln
kann es hilfreich sein, wenn die Kapitel benannt
werden. Oft findet man auch eine Erweiterung,
indem auf der rechten Seite das Kapitel angegeben
ist und auf der linken Seite das Unterkapitel.

Einige Möglichkeiten der Gestaltung sind im
Grundbeispiel dargestellt. Im Sinne einer besser
gegliederten Typografie ist genau zu überlegen,
welche Orientierung auf den Seiten angeboten
werden soll.

Fußnoten

Anmerkungen, die nicht direkt im Text stehen,
können als Fußnote ausgelagert werden. Das soll
natürlich wieder optisch erkennbar sein.

So ist ein kleinerer Schriftgrad für den Text der
Fußnote sinnvoll. Zum Haupttext sollte zirka eine
Leerzeile Abstand sein. Die Fußnote steht gewöhnlich am Fuß der Seite. Wenn nur eine Fußnote pro Seite vorkommt, wird sie mit Sternchen
markiert. Bei mehreren Fußnoten ist die fortlaufende Zählung sinnvoll. Die Ziffer ist im Text kleiner gesetzt und hochgestellt.

Falls Absätze in der Fußnote vorkommen,
richtet sich die Breite des Einzugs nach dem
Haupttext.

Beispiel wird auf einer eher neutralen Fläche
die Wirkung von Texten in verschiedener
Anordnung untersucht. Das Problem ist sehr
ähnlich, ob man nun Bücher, Zeitschriften,
Zeitungen, Prospekte, Anzeigen, Dokumente
gestaltet: Erst kommt die Lesbarkeit und
dann die Attraktivität der Gestaltung einer
Seite. Man kann das Gestalten von Texten in
Mengen auch durchaus als Grundlagengestal-

◄
Fußnoten
auf der Seite

*Die Plazierung von Fußnoten unterliegt den Gestal-
tungsgrundlagen ganz allgemein. Erst kommt die Lesbarkeit und dann die künstlerische Gestaltung.

4

▶
Marginalien
und Leseweiser:
Linksbündig,
tabellarisch,
rechtsbündig,
dem Haupttext
zugewandt,
ein Grad kleiner,
kursiv

Maxime

Annäherung

Balance

Objektbeschreibung

Die stillen, ganz auf sich bezogenen Bildwerke von Ulrich Langenbach sind in einem positiven Sinn hermetisch und radikal auf das bildnerische Medium bezogen, so daß ein Gedanke, sie rationalisierend in Sprache umsetzen zu wollen, ebenso unstatthaft wie vergeblich anmutet. Die altbekannte Maxime, daß sich ein Werk der bildenden Kunst in erster Linie und hauptsächlich über die sinnliche Wahrnehmung erschließt, hat hier nahezu apodiktischen Charakter.

Da sind etwa in fünf Reihen je 21 weiße Blätter eines schlichten Spiralblocks nachlässig so übereinandergeklebt, daß die unregelmäßigen, plastisch akzentuiert wirkenden Rißkanten den jeweiligen Reihenabschluß bilden. Zwei miteinander durch Linien verbundene, aus der Hand ungenau gezeichnete und zum Teil von der Rückseite aufgeklebte geometrische Formen erwecken den Eindruck unterschiedlicher, im Bildgrund schwebender Körper. Auf- und Unteransicht stehen nebeneinander, und bei näherer Betrachtung wird deutlich, daß die vergleiche Genauigkeit der Konstruktion ein Trugschluß ist. Wir

Marginalien

Marginalien können für lesebegleitende Texte oder auch als Überschriften eingesetzt werden. Besonders bei Prospekten ist dies oft vorteilhaft.

Linksbündiger Stand: Er ist häufig zu weit vom eigentlichen Text entfernt.

Rechtsbündig, von oben nach unten: Ein gleicher Schriftgrad wie der Text wirkt oft zu groß. Eine um einen Grad kleinere Schrift ist durch den freien Raum ringsum angemessen groß. Die gleiche Schrift kursiv hat eine zurückhaltendere Wirkung.

Die erste Zeile einer mehrzeiligen Marginalie muss Linie mit der Schriftlinie des Haupttextes halten. Der Raum, der für eine Marginalie zur Verfügung steht, muss groß genug sein. Ein normaler Rand genügt meistens nicht.

▶
Grundformen der
Initialen:
1. Schrift in grö-
ßerem Grad als
die Grundschrift,
eingebaut
optisch zwei
Textzeilen hoch
2. Gleiche Höhe
wie oben, jedoch
auf der Schrift-
linie stehend,
3. Kursive
Schrift, Initial
höher als drei
Zeilen, im Raum
stehend.
4. Wie erstes
Beispiel, Schrift
jedoch Bold.

Was am Anfang eines Kapitels stehen kann, das Initial, ist schon im Mittelalter üblich gewesen und bezeichnet

Was am Anfang eines Kapitels stehen kann, das Initial, ist schon im Mittelalter üblich gewesen und bezeichnet nur zu

*J*edenfalls am Anfang eines Kapitels kann das Initial stehen. Es ist bereits im Mittelalter üblich gewesen. Wir set-

Was am Anfang eines Kapitels stehen kann, das Initial, ist schon im Mittelalter üblich gewesen und bezeichnet

Initialen

Initialen sind das klassische Beginnzeichen der Buchgeschichte. Schon in mittelalterlichen Handschriften wurden solche großen Anfangsbuchstaben benutzt. Sie finden auch in der modernen Typografie weiterhin Verwendung. Für eine einfache Typografie ist ihre Anwendung bisweilen unangemessen. Doch darf man die deutliche Signalwirkung eines solchen Anfangsbuchstabens nicht unterschätzen. Zeitungen und Zeitschriften benützen sie oft als Lesehilfe, aber leider häufig nur zur Dekoration.

Bilder und Bildlegenden

Sind Bilder oder Grafiken in eine Seite einzubauen, so sollen diese organisch im Text stehen. Ratsam ist es, dass für die Bildbreiten die vorhandenen Textspaltenbreiten genommen werden. Bilder, die zwischen oder neben Texten stehen, sollen auch auf das Zeilenmodul ausgerichtet sein. Das heißt: Die Oberkante des Bildes endet parallel zur Oberlänge einer Zeile. Die Unterkante des Bildes endet mit der Schriftlinie und nicht mit der Unterlänge der Zeile.

Bildlegenden oder Bildunterschriften (meist stehen sie sinnvollerweise wirklich »unter« dem Bild) sollen sich vom Text unterscheiden. Die nebenstehenden Abbildungen zeigen zwei Möglichkeiten: Die Bildunterschrift ist einen Schriftgrad kleiner als die Grundschrift, es wurde innerhalb der Schriftfamilie die Kursive gewählt. Im zweiten Beispiel geht es durch die Verwendung der Halbfetten gestalterisch etwas lauter zu.

Texte gliedern

Leerzeilen, Sternchen, Linienstücke sind traditionelle Zeichen der Untergliederung von Texten. Hervorgehoben und markiert werden können diese auch durch Rahmen, Kästen, Farbflächen oder senkrechten Balken. Und es gibt hierfür noch viel mehr Möglichkeiten in der Typografie.

Werden einzelne Sätze oder Texte aufgezählt, so kommt es sehr darauf an, was mit der Gliederung bezweckt werden soll.

Generell lassen sich unterscheiden:

▶ Texte mit Gliederungsstrich (Spiegelstrich)
▶ Nummerierte Texte
▶ Texte mit Sonderzeichen

Sonderzeichen wie ein fetter Punkt, Quadrat oder Dreieck sind markant, manchmal sogar zu sehr. In diesem Buch verwenden wir ein Dreieck oder halbfette Ziffern. Hier ließe sich auch eine Hierarchie der Zeichen einführen, wäre der Text dementsprechend. Wenn ein Quadrat verwendet wird sollte man darauf achten, dass dies nur in der Höhe der x-Höhe der Mittellänge entspricht, damit es nicht zu groß wirkt.

Von der Textlogik her sollten die Folgezeilen nicht eingezogen werden. Wenn aber nur gelegentlich eine zweite Zeile hinzukommt wird diese Zeile dann wichtiger als die erste.

Außer (Body-es auf ng des unter-allge-rnden unse-en Flä-edener mehr sehen. n sich mt es ierung ierung nz all-auern-les. In tralen hiede-l dem mt es ierung ischen

typographischen Realisationen sehen. Außer der Lesbarkeit der Grundschrift an sich (Bodytype, Brotschrift, glatter Satz) kommt es auf

Blindtext für Bildlegenden. Die Plazierung unterliegt den Gestaltungsgrundlagen allgemein.

Zeilenlänge, Durchschuß und Plazierung des Textes auf der Seite an. Die Plazierung unterliegt den Gestaltungsgrundlagen ganz allgemein. Und den über 500 Jahren andauernden Lesegewohnheiten des Abendlandes. In unserem Beispiel wird auf einer eher neutralen Fläche die Wirkung von Texten in verschiedener Anordnung. Satz in Mengen verbindet und so

5

◀
Bilder richtig
passend
einbauen; Bild-
legende kursiv

Außer (Body-es auf ng des unter-allge-rnden unse-en Flä-edener mehr sehen. n sich mt es ierung ierung nz all-auern-les. In tralen hiede-l dem mt es ierung ischen

typographischen Realisationen sehen. Außer der Lesbarkeit der Grundschrift an sich (Bodytype, Brotschrift, glatter Satz) kommt es auf

Blindtext für Bildlegenden. Die Plazierung unterliegt den Gestaltungsgrundlagen allgemein.

Zeilenlänge, Durchschuß und Plazierung des Textes auf der Seite an. Die Plazierung unterliegt den Gestaltungsgrundlagen ganz allgemein. Und den über 500 Jahren andauernden Lesegewohnheiten des Abendlandes. In unserem Beispiel wird auf einer eher neutralen Fläche die Wirkung von Texten in verschiedener Anordnung. Satz in Mengen verbindet und so

5

◀
Bildlegende
bold. Auf den
Text kommt
es an

auf Zeilenlänge, Durchschuß und Plazierung des Textes auf der Seite an. Die Plazierung unterliegt den Gestaltungsgrundlagen ganz allgemein.

Tabellenüberschrift

Schrift	Schnitt	Größe	Plazierung
Stone	schwer	12	17 mm
Trump	kursiv	16	50 cm
Janson	groß	18	12 mm
Didot	leicht	24	46 mm
Univers	fett	72	20 km
Avenir	ultra	48	66 mm
Bodoni	mager	39	40 mm
Frutiger	schmal	11	81 cm
Kabel	breit	32	43 mm

Und den über 500 Jahren andauernden Lesegewohnheiten des Abendlandes. In unserem Beispiel wird auf einer eher neutralen Fläche die Wirkung von Texten in verschiedener Anordnung. Satz in Mengen.

Einfache Tabellen

Eine einfache Tabelle wird hier gezeigt. Waagerechte Linien 0,15 mm, keine senkrechten Linien, da sich die optische Ordnung fast immer durch die Rubrikkanten ergibt. Die Schrift ist hier um einen Schriftgrad kleiner, der Zeilenabstand entspricht aber dem des Grundtextes. Tabellen werden fast immer aus inhaltlichen Gründen in den laufenden Text eingebaut. Sie erhalten deshalb wenn nötig eine Überschrift. Anmerkungen zur Tabelle direkt stehen dann auch unter der Tabelle.

Mehrspaltiger Text

Manchmal ist es sinnvoller, statt einer Spalte mit zu langen Zeilen zwei Textspalten zu setzen. Der Abstand zwischen den Spalten liegt bei normalen Textgrößen zwischen 4 und 5 mm. Es muss sichergestellt sein, dass man beim Lesen nicht versehentlich in die nächste Spalte gerät. Eine Zwischenlinie ist unnötig.

Die stillen, ganz auf sich bezogenen Bildwerke von Ulrich Langenbach sind in einem positiven Sinn hermetisch und radikal auf das bildnerische Medium bezogen, so daß ein Gedanke, sie rationalisierend in Sprache umsetzen zu wollen, ebenso unstatthaft wie vergeblich anmutet. Die altbekannte Maxime, daß sich ein Werk der bildenden Kunst in erster Linie und hauptsächlich über die sinnliche Wahrnehmung erschließt, hat hier nahezu apodiktischen Charakter. Da sind etwa in fünf Reihen je 21 weiße Blätter eines schlichten Spiralblocks nachlässig so übereinandergeklebt, daß die unregelmäßigen, plastisch akzentuiert wirkenden Rißkanten den jeweiligen Reihenabschluß bilden. Zwei miteinander durch Linien verbundene, aus der Hand ungenau gezeichnete und zum Teil von der Rückseite aufge-

Die stillen, ganz auf sich bezogenen Bildwerke von Ulrich Langenbach sind in einem positiven Sinn hermetisch und radikal auf das bildnerische Medium bezogen, so daß ein Gedanke, sie rationalisierend in Sprache umsetzen zu wollen, ebenso unstatthaft wie vergeblich anmutet. Die altbekannte Maxime, daß sich ein Werk der bildenden Kunst in erster Linie und hauptsächlich über die sinnli-

che Wahrnehmung erschließt, hat hier nahezu apodiktischen Charakter. Da sind etwa in fünf Reihen je 21 weiße Blätter eines schlichten Spiralblocks nachlässig so übereinandergeklebt, daß die unregelmäßigen, plastisch akzentuiert wirkenden Rißkanten den jeweiligen Reihenabschluß bilden. Zwei miteinander durch Linien verbundene, aus der Hand ungenau gezeichnete und zum Teil von

Die stillen, ganz auf sich bezogenen Bildwerke von Ulrich Langenbach sind in einem positiven Sinn hermetisch und radikal auf das bildnerische Medium bezogen, so daß ein Gedanke, sie rationalisierend in Sprache umsetzen zu wollen, ebenso unstatthaft wie vergeblich anmutet. Die altbekannte Maxime, daß sich ein Werk der bildenden Kunst in erster Linie und hauptsächlich über die sinnliche

Die stillen, ganz auf sich bezogenen Bildwerke von Ulrich Langenbach sind in einem positiven Sinn hermetisch und radikal auf das bildnerische Medium bezogen, so daß ein Gedanke, sie rationalisierend in Sprache umsetzen zu wollen, ebenso unstatthaft wie vergeblich anmutet. Die altbekannte Maxime, daß sich ein Werk der bildenden Kunst in erster Linie und hauptsächlich

Wahrnehmung erschließt, hat hier nahezu apodiktischen Charakter. Da sind etwa in fünf Reihen je 21 weiße Blätter eines schlichten Spiralblocks nachlässig so übereinandergeklebt, daß die unregelmäßigen, plastisch akzentuiert wirkenden Rißkanten den jeweiligen Reihenabschluß bilden. Zwei miteinander durch Linien verbundene, aus der Hand ungenau gezeichnete und zum Teil von der

über die sinnliche Wahrnehmung erschließt, hat hier nahezu apodiktischen Charakter. Da sind etwa in fünf Reihen je 21 weiße Blätter eines schlichten Spiralblocks nachlässig so übereinandergeklebt, daß die unregelmäßigen, plastisch akzentuiert wirkenden Rißkanten den jeweiligen Reihenabschluß bilden. Zwei miteinander durch Linien verbundene, aus der Hand ungenau ge-

Elemente einer Seite und Gestaltungsprobleme

Je mehr Elemente eine Druckseite umfasst, desto mehr Detailprobleme müssen bei der Gestaltung gelöst werden. Hier werden sechs Stufen mit zunehmender Anzahl von Elementen dargestellt.

1. Bei einem einfachen Projekt gibt es meist den laufenden Text und eine Seitenzahl. Gestaltungsfragen ergeben sich hieraus zu:
Seitenformat
Satzspiegel und Proportion
Schriftart, -größe und Zeilenabstand
Seitenziffer.

2. Es wird eine Überschrift hinzugefügt. Daraus folgen zusätzliche Detailprobleme für die Gestaltung einer Seite.

3. Eine ganze Hierarchie von Überschriften, wie sie beim Sachtext oft vorkommt, muss berücksichtigt werden.

4. Ergänzt wird dies durch Fußnote und Kolumnentitel. Auch hierzu gibt es erprobte Gestaltungsregeln.

5. Jetzt kommen Bild und Bildlegende hinzu. Deshalb sind nun auch Visualisierungsprobleme zu berücksichtigen. Text und Bild müssen miteinander wirken.

6. Ein zusätzliches Element ist hier die Tabelle. Sie lässt sich gestalterisch sehr einfach integrieren, obwohl Tabellen die Vorstufen zur Informationsgrafik sind.

Lesen

Leseprozess und Lesbarkeit von Schrift und Typografie

Sinnvolle und funktionierende Typografie will immer den schwierigen Prozess des Lesens erleichtern. Wie funktioniert Lesen und was ist hierfür beim Gestalten wichtig?

BEI DER LESBARKEIT UND DEM HIERZU GEHÖrenden Aneignungsprozess wird unterschieden:

1. Typografische Makrostruktur des Textes: Gestaltung
2. Typografische Mikrostruktur: u. a. Schrift, Auszeichnung

Sprache, Denken und Wirklichkeit sind als Einheit zu sehen. Die typografische Textstruktur ist durch die inhaltlich-logische und die Sprachstruktur bestimmt. Die Strukturerkennung durch den Leser gilt in der Psychologie als wesentlich für das Gelingen des Aneignungsprozesses.

Hier entstehen die Fragen für die typografische Gestaltung, wie sie im Zusammenhang mit »didaktischer Typografie« bezeichnet wird.

Wenn Lesen den Empfang von Kommunikation oder das Decodieren des geschriebenen Symbols in das gesprochene Wort bedeutet, also das visuelle Erfassen eines zusammenhängenden Textes, so ist wichtig zu wissen, wie Lesen funktioniert. Lesbarkeit könnte nämlich auch der Grad der Geschwindigkeit und die Leichtigkeit des Lesens, um Texte zu erfassen, sein. Erkennbarkeit und Lesbarkeit sind zu unterscheiden und sind nach DIN 1450 (Leserlichkeit) definiert:

Erkennbarkeit ist die Eigenschaft von Einzelzeichen, die es ermöglicht, eine Information unter definierten Darbietungsbedingungen zu erfassen.

Leserlichkeit ist die Eigenschaft einer Folge erkennbarer Zeichen, die es ermöglicht, solche im Zusammenhang zu erfassen.

Lesbarkeit ist die Eigenschaft erkennbarer Zeichen und leserlich angeordneter Zeilenfolgen, die es ermöglicht, die Information zweifelsfrei zu verstehen.

Das bezieht sich zunächst auf eine beschränkte Textmenge. Die Komplexität nimmt zu, aber Lesbarkeit, wie wir sie im Mengensatz verstehen, scheint nicht gemeint zu sein.

Leseprozesse werden nach psychologischen und semiotischen Aspekten untersucht, aber auch nach literarischen, literaturhistorischen und kunstgeschichtlichen Gesichtspunkten. Die menschliche Lesefähigkeit ist erstaunlich komplex, aber auch flexibel. Selbst bei einfachen Texten werden ständig Informationen über Syntax und Semantik aktiviert, aber auch umfassende Gebiete außersprachlichen Wissens. Lesen als Verstehen lässt sich nicht in visuelle und kognitive Elemente aufspalten. Sehen bei Schrift- und auch bei Bildtexten ist gleichzeitig Entziffern und Hypothesenformulierung. Visuelle Eindrücke sind immer auch schon Interpretationen. Kognitive Prozesse der Bedeutungzuweisung finden jedoch unterhalb der Bewusstseinsgrenze statt.

Die Grundmodelle des Lesevorgangs können nach

► Lesertypen,
► Textarten,
► Leseinteressen
eingeteilt werden.

Sabine Gross, Lesezeichen. Wissenschaftliche Buchgesellschaft, Darmstadt 1994

Die Erforschung findet statt durch:

Textlinguistik: Linguistisches Erkenntnisinteresse einzelner Wörter und Sätze wird auf ganze Texte ausgedehnt.

Experimentelle Psychologie: Psychophysiologischer Ablauf des Lesens.

Kognitive Psychologie: Kognitive Abläufe beim Lesen wie überhaupt beim Denken und Verstehen werden analysiert.

Wie funktioniert also Lesen?

Der Leseanfänger muss die Buchstaben einzeln entziffern, er »buchstabiert« regelrecht. Mit zunehmender Übung lernt er »flüssig« lesen, erst Wörter, dann Zeilen. Lesen bedeutet dabei nichts anderes als relativ Bekanntes, nämlich die Buchstaben und schon bekannte Wörter, aufzunehmen.

Dabei »scannt« unser Auge die Zeile ab, ohne dass die ganzen Formen der Buchstaben voll wahrgenommen sein müssen. Das Auge läuft in saccadischen Sprüngen die Zeile entlang und hält kurz an, etwa 1/10 bis 1/4 Sekunde wird der Text in den Fixationspunkten betrachtet. Dies nimmt nach Tinker (1963) 92 % der Lesezeit ein. Die Fixationspunkte haben nicht sehr viel mit den einzelnen Wörtern zu tun. Vielmehr sind markante Formen wie Versalbuchstaben, Unter- und Oberlängen, der i-Punkt oder aber auch Löcher im Satz für diese Stopps entscheidend.

Drei bis zehn Buchstaben werden mit einem Mal erfasst, also ein bis zwei Wörter. Manchmal ist etwas nicht klar, das Auge bewegt sich zurück. 60 Buchstaben je Zeile bedeuten danach ca. sieben bis acht Fixationen je Zeile.

Zum Vergleich: Im deutschen Satz haben wir eine mittlere Wortlänge von neun Buchstaben. Eine Buchspalte hat fünf bis sieben Wörter (bei maximal 63 Buchstaben je Zeile).

Die Augenspanne lässt sich beim Lesen noch erweitern, wenn man die periphere Sicht nutzen kann. Dabei lernt man schneller lesen, als man sprechen kann. Wichtig ist bei dieser Methode, dass das »Subvokalisieren«, das innere Mitsprechen der Lesetexte deshalb unterbunden wird.

Bernd Opp, Dynamisches Lesen. München 1969

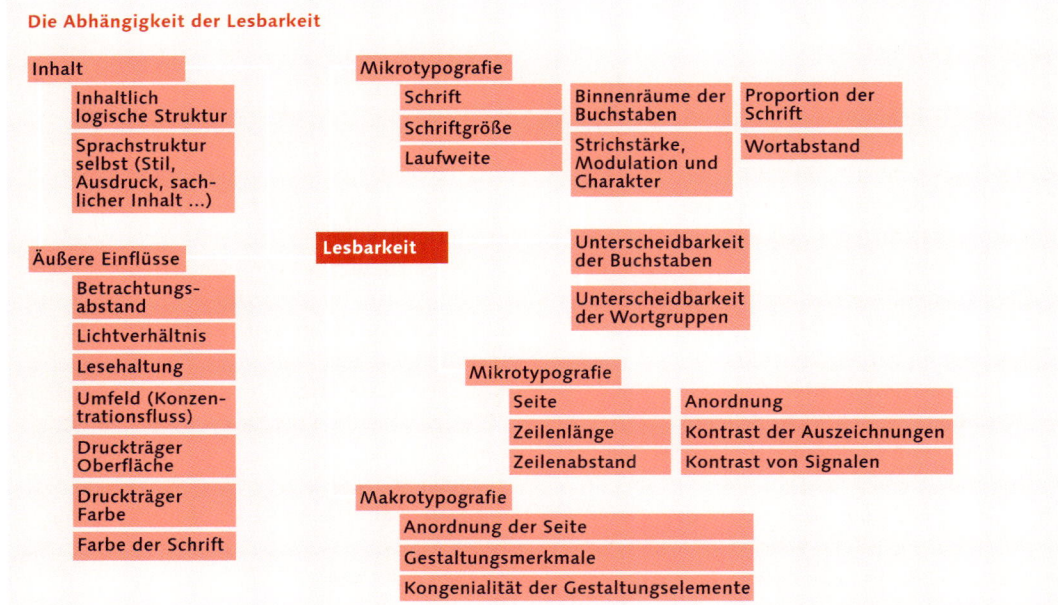

Die Abhängigkeit der Lesbarkeit

Inhalt
- Inhaltlich logische Struktur
- Sprachstruktur selbst (Stil, Ausdruck, sachlicher Inhalt ...)

Äußere Einflüsse
- Betrachtungsabstand
- Lichtverhältnis
- Lesehaltung
- Umfeld (Konzentrationsfluss)
- Druckträger Oberfläche
- Druckträger Farbe
- Farbe der Schrift

Mikrotypografie
- Schrift
- Schriftgröße
- Laufweite
- Binnenräume der Buchstaben
- Strichstärke, Modulation und Charakter
- Proportion der Schrift
- Wortabstand

Lesbarkeit
- Unterscheidbarkeit der Buchstaben
- Unterscheidbarkeit der Wortgruppen

Mikrotypografie
- Seite
- Zeilenlänge
- Zeilenabstand
- Anordnung
- Kontrast der Auszeichnungen
- Kontrast von Signalen

Makrotypografie
- Anordnung der Seite
- Gestaltungsmerkmale
- Kongenialität der Gestaltungselemente

Dies ist ein Beispiel, wie Augensprünge
beim Lesen verlaufen können. Die
Kreise deuten die scharf gesehenen
Teile je Fixation an, gestrichelte Linien
Vorwärtssprünge, durchgezogene Rücksprünge

▲
Gestrichelte Linien: Verlauf beim normalen Lesen; punktierte Kreise:
Fixation und wieviel scharf erkannt wird; Pfeil nach hinten: Rücksprung

Die Augenblicke
Die Augenblicke

▲
»Abscannen« der Zeile in der Höhe der Mittellänge.

E. Javal untersuchte schon 1879 die Mikrostruktur des Lesens und kam zum Ergebnis: Die Augen nehmen Informationen nur während der Fixationsperioden auf, die durch ruckartige vorwärts- und Rückwärtsbewegungen, den Saccaden, unterbrochen und zugleich miteinander verbunden werden; Dauer der Saccaden ca. 15 Millisekunden.

Fixationen dauern durchschnittlich 250 Millisekunden. Dauer und Ort der Fixierungen werden beeinflusst, da die Augen nicht jedes Wort und nicht jeden Buchstaben abtasten. Die Informationen werden peripher zur räumlichen Anordnung des Textes aufgenommen.

Längere Wörter werden eher fixiert als kurze. Die Fixierung liegt meist in der Wortmitte. Um die Fixierung herum ist die Wahrnehmungsspanne asymmetrisch, abhängig von der Leserichtung (im Englischen weiter rechts als im Hebräischen).

Zwei Lesemodelle sind Ende der siebziger Jahre bekannt (Just/Carpenter):

▶ Das ökulomotorische Kontrollmodell: Der Leseinhalt ist hierbei ohne Einfluss auf die visuelle Aktivität des Lesers, eine rein motorische Aufnahme des Textes erfolgt.

▶ Das visuelle Modell: Es besteht eine Abhängigkeit der Augenbewegung vom Text, wobei angenommen wird, dass dies nur optisch-visuelle und nicht semantische Bereiche sind.

Heute (Just/Carpenter) dominiert die Auge-Gehirn-Annahme: Eine unmittelbare Beziehung zwischen Auge und Gehirn besteht. Fixationszeit und Verarbeitungszeit sind zwar nicht identisch, aber korrelierbar.

Hierzu die Unmittelbarkeitsannahme: Vermutungen, Folgerungen und Interpretationen, mit denen die Textbedeutung konstruiert wird, sind fortlaufend und werden so bald wie möglich begonnen; es wird also nicht bis zum Abschluss eines Textabschnittes gewartet.

Die Augenbewegungen sind beim Lesen zwar meist unwillkürlich, werden aber von den Leseinteressen wie selektiv, gründlich oder überblicksweise beeinflusst. Die aufgenommenen Daten und das dadurch aktivierte Wissen bestimmen den nächsten Fixationspunkt. Die Dauer der Fixation ist nicht identisch mit der Wortlänge, kürzere Wörter werden eher länger fixiert. Wichtig sind auch Häufigkeit und Vertrautheit eines Wortes sowie Erwartbarkeit. Verbfixierungen dauern länger, unwichtige Wörter werden übersprungen.

Die Annahme zum Wörterlesen besagt, dass visuelle Muster identifiziert und decodiert werden, die Bedeutung wird im »inneren Lexikon« abgerufen. Wörter werden kurzzeitig als Bilder gespeichert, nach Form, Druckbild und Position, nicht in Buchstaben differenziert. Das Auge behält die jeweilige Position, ein inneres Koordinatensystem wird gebildet. Fehlt dies, so wird der Leseprozess erschwert. Ähnlichkeiten zum Bilderbetrachten sind gegeben, vor allem beim zweiten Durchgang komplizierter Texte.

Die Reihenfolge der Fixationen entspricht nicht immer der Textfolge, womit die Satzlogik aber nicht gestört wird.

Zwei verschiedene Worterkennungsprozesse wurden festgestellt: Identifikation und Interpretation.

Schon 1885 wurde der »Wortüberlegenheitseffekt« gefunden: In zehn Millisekunden werden nur maximal vier einzelne Buchstaben erkannt, aber zwei ganze Wörter.

Die Aufmerksamkeit beim Lesen unterliegt weniger einer gewollten Kontrolle, die Aufmerksamkeitslenkung ist weitgehend automatisch. Die Sinnzuordnung geschieht schneller, als es dem Bewusstsein zugänglich ist. Doch ist die Textverarbeitung von der zuvor aufgenommenen Informationen abhängig.

Durch eine Voraktivierung phonetischer, lexikalischer und semantischer Informationen (Priming) lässt sich ein Verständnis erleichtern oder erschweren. So wurde die Erfassung des Wortes »bellen« erheblich beschleunigt, wenn das Bellen akustisch eingespielt wurde.

Grobe Druckfehler können die Fixationszeit verlängern, obwohl sie zuvor nicht ins Bewusstsein gelangten.

Eine erwartete Wahrscheinlichkeit begünstigt die Fixationszeit. Dazu gehört auch die Leseerfahrung und das Weltwissen des Lesers. Eine mehrdeutige und erschwerte Zuordnung einzelner Wörter führt zu längeren Fixationen und auch zu Regressionen (Rücksprung). Widersprechen ein oder mehrere Elemente der Erwartung, so gibt es oft während einer »Uminterpretation« Rücksprünge. Am Ende eines Satzes entsteht eine Verlängerung der Lesezeit, die als »Satzabschlusseffekt« bekannt ist. Negationen führen ebenfalls zu Verlängerungen, wie »nicht, un-, kein«.

Sinnkonstruktion: Im kognitiven Konstruktivismus wird gesagt, dass Textrezeption nicht nur passives Aufnehmen (Decodieren), sondern auch aktive Textverarbeitung ist. Das bedeutet Lesen als ein Prozess der Sinnkonstruktion, in dem ständig Entscheidungen getroffen und Vermutungen aufgestellt werden. Die Satzkonstruktion trägt ganz entscheidend zum Leseverständnis bei. Die Umwandlung von Mehrdeutigkeit in Eindeutigkeit entlastet das Kurzzeitgedächtnis, das nur zirka sieben Informationshappen gleichzeitig speichern kann.

Folgerungen ergeben sich hieraus für Schrift und Typografie, dass sich

▶ die Buchstaben klar voneinander unterscheiden müssen,

▶ die Buchstaben leicht zu Wortgruppen formen lassen.

Im Detail hängt dies außer von der eigentlichen Form der Schrift davon ab:

1. Größe der Schrift
2. Laufweite einer Schrift
3. Binnenräume der Buchstaben
4. Strichstärke der Zeichen und deren Modulation
5. Proportion der Schrift
6. Wortabstand
7. Zeilenlänge
8. Zeilenabstand (Durchschuss)

1. Schriftgröße

Die Größe der Schrift für fortlaufenden Text gilt als günstig zwischen 9 und 12 Punkt, abhängig von Alter, Sehqualität und Beruf. 10-Punkt-Schriften wurden in einer Studie (Paterson und Tinker) um 5 bis 6 % schneller gelesen als 6- und 8-Punkt-Schriften. Bei 12- und 14-Punkt-Schriftgraden tritt kein Geschwindigkeitsverlust ein, wenn auch die Zeilenbreite dementsprechend vergrößert wird.

Eine Studie von Gyorgy Hegedüs über eine Fibelschrift kommt zum Ergebnis: Lesebeginn mit 36 Punkt. Nach einem Jahr 16 Punkt, im zweiten bis vierten Jahr 14 Punkt bis 12 Punkt, im sechsten Jahr die normalen Lesegrößen. Grotesk eignet sich gut für Sehschwäche.

Für die Beurteilung der Schriftgröße Mustertext   6 Punkt

Für die Beurteilung der Schriftgröße   8 Punkt

Für die Beurteilung der Schrift   10 Punkt

Für die Beurteilung derse   12 Punkt

Für die Beurteilungsd   14 Punkt

Laufweite der Schrift normal.

Laufweite der Schrift zu weit.

Laufweite der Schrift zu eng.

MAGE

Eva wehrt sich auf Sylt gegen

Eva wehrt sich auf Sylt gegen

EVA WEHRT SICH AUF SYLT GEGEN

Eva wehrt sich auf Sylt gegen

Eva wehrt sich auf Sylt gegen

Klug Klug Klug

Richtige Wortabstände gewährleisten gute Lesbarkeit. Richtige Wortabstände gewähr

Richtige Wortabstände gewährleisten gute Lesbarkeit. Richtige Wortabstände gewähr

2. Laufweite

Im Bleisatz hat man die Laufweite von der Schrift- gießerei als fixen körperlichen Wert erhalten. Noch heute ist dies der eigentliche Standard für die Les- barkeit der Schrift. Die Laufweite (Zurichtung) lässt sich verändern, was aber in den wenigsten Fällen sinnvoll ist.

3. Binnenräume

Binnenräume einer Schrift müssen groß genug sein, um die Form eines Zeichens erkennbar zu machen. Sie müssen auch in einem harmonischen Verhältnis zum Buchstabenabstand stehen.

4. Strichstärke/Modulation und Charakter

Schriften haben Stilmerkmale und Gesetzmäßig- keiten in ihrer grafischen Anlage. Strichstärken und deren Modulation sollen deshalb helfen, das Zeichen gut erkennen zu lassen.

Der Versaliensatz ist ein erhebliches Lese- hindernis. Fast 12 % Verminderung in der Lesege- schwindigkeit ist die Folge (Tinker und Paterson), was aber für Headlines oder einen Vorspann Absicht sein könnte. Das gilt auch für das Erken- nen von Zeitungsschlagzeilen.

Kursive erfahren bei kurzen Texten nur eine leichte Einschränkung. Bei längeren Texten aber 4 bis 6 % weniger!

Fette und halbfette Schriften lesen sich bei kur- zen Texten kaum langsamer.

Schwarz gedruckte Schrift (in Wirklichkeit leicht grau) erreicht die optimale Lesbarkeit auf leicht chamois getöntem Papier.

Negative Schrift wird um 10 % langsamer gele- sen, glänzende Papiere, stark farbige Papiere oder manche farbige Schriften können Lesehindernisse sein.

Erstaunlicherweise lesen sich magere Schriften im Test (Wendt) schneller. Vielleicht deshalb, weil sie schmaler laufen.

Deutlich langsamer werden gebrochene Schrift- formen gelesen, nämlich 16 %. Hier darf aber die

Umgewöhnung an solche Formen nicht vergessen werden.

Schreibmaschinenschriften werden um 5 % langsamer gelesen, auch bei der American Typewriter!

5. Proportion der Schrift

So wie die Binnenräume soll auch die Schrift in der Vertikalen gut proportioniert sein. Hier ist das Verhältnis von Mittellänge zu Oberlänge gemeint.

Während Antiqua-Schriften um 1500 in der Proportion von Unterlänge zu Mittellänge zu Oberlänge sehr nahe lagen, wurden im Laufe der Zeit die Mittellängen größer (Beispiel Bitstream Charter 5,45 : 10 : 4,55). Dies geschah bewusst für eine bessere Lesbarkeit. Die Schrift wurde offener.

6. Wortabstand

Dieser ist für die Lesbarkeit ideal bei einem Drittel- bis Viertelgeviert Abstand der Wörter zueinander. Der traditionelle Handsetzer hatte dabei noch die Möglichkeit einer Verringerung oder Erweiterung der Abstände beim Setzen einer Zeile. Das kann mit den modernen Umbruchprogrammen ebenfalls geleistet werden.

7. Zeilenlänge

Besonders gut lesbar gilt eine Länge von 17 bis 22 1/2 Cicero (79 bis 102 mm). Von der Zeichenmenge sollten beim Buch 60 bis 65 Buchstaben je Zeile nicht überschritten werden. Bei der Zeitschrift oder Zeitung funktioniert das Lesen sprunghafter oder kurzatmiger. 38 Zeichen je Zeile sind hier üblich.

8. Zeilenabstand/Durchschuss

9 bis 12 Punkt große Schriften fordern einen Durchschuss von 1 bis 4 Punkt, je nach Schriftcharakter. Gegenüber kompressem (undurchschossenem) Satz geben 2 Punkt Durchschuss eine um

Lesbarkeitsforschung (Neun Methoden)
1. Geschwindigkeit der Wahrnehmung
2. Wahrnehmbarkeit aus der Entfernung (Entfernungsschwellenwert)
3. Wahrnehmbarkeit aus peripherer Sicht
4. Sichtbarkeitsmethode (Helligkeitsschwellenwert)
5. Lidschlagfrequenz (Zwinkertechnik)
6. Arbeitsleistungstechnik
7. Messung der Augenbewegungen
8. Leseermüdungsuntersuchung
9. Kongenialitätsuntersuchung

Rolf F. Rehe, Typografie, Wege zur besseren Lesbarkeit. Frankfurt, 1981

7,5 % bessere Lesbarkeit (Tinker 1968). Sehr charakteristische Schriften (schmale/fette) brauchen mehr Durchschuss. Zusätzlicher Abstand zwischen den Zeilen hat eine funktionelle und ästhetische Basis. Ästhetisch, da die Leerräume, Wortabstand und Zeilenabstand zueinander harmonisieren sollen; funktionell, da die nächste Zeile beim Zeilensprung des Lesens mühelos erreicht sein soll.

Ein Einzug beim Kapitelbeginn ist deshalb der Lesbarkeit dienlich, weil dadurch ein deutliches Signal gesetzt wird.

Eine Grotesk ist bei großen Mengen wahrscheinlich doch noch mühsamer zu lesen als eine Antiqua: Sie braucht deshalb auf jeden Fall mehr Durchschuss (im Gegensatz zur gängigen Praxis).

Bringt es was, Schrift
negativ zu verwenden?

*Bringt es was, Schrift
negativ zu verwenden?*

**Bringt es was, Schrift
negativ zu verwenden?**

Bringt es was, Schrift
negativ zu verwenden?

Bringt es was, Schrift
negativ zu verwenden?

Bringt es was, Schrift
negativ zu verwenden?

▲

Negative Schrift (von oben nach unten):
1. Avantgarde: Die Schrift ist zu dünn, Buchstaben zu
nahe beieinander
2. Kursive antiqua Stone serif
3. Helvetica Bold
4. Helvetica Roman
5. Helvetica Roman mit erweitertem
Buchstabenabstand
6. Helvetica Roman mit 15 % Schwarzanteil als
Blendhemmer

Schrift negativ

Satzschriften sind für die Verwendung der schwarzen Schrift auf weißem Grund geschaffen. Dies lässt sich nicht einfach umdrehen. Negative, also weiße Schriften auf schwarzem Grund wirken intensiver, sie »blenden« leicht. Deshalb sollen Texte in negativer Schrift nicht zu lange und die Schrift nicht zu klein sein. Zarte Serifen eignen sich dafür überhaupt nicht. Verbesserungen können erreicht werden, indem der Buchstabenabstand leicht erweitert wird oder die weiße Schrift einen Blendhemmer durch die Verwendung von 15 % Schwarz erhält.

Farbe und Typografie

Grün und Blau auf Weiß sowie Schwarz auf Gelb werden nur unbedeutend langsamer gelesen. Behindernd wirken Rot auf Weiß, Rot auf Gelb, Grün auf Rot, Orange auf Schwarz, Rot auf Grün und Schwarz auf Violett.

Einfache Typografie darf durchaus Farbe einsetzen. Neben dem klassischen Schwarz des Buchdrucks eignen sich Buntfarben gut zur Hervorhebung einzelner Elemente. Nuancen der Wirkungsmöglichkeiten sollten allerdings bekannt sein, damit beim Druck nicht unerwünschte Effekte entstehen. In der Übersicht auf Seite 101 ist die Wirkung verschiedener Schriften im Zusammenhang mit einer Zweitfarbe Cyan demonstriert.

Auf den Seiten 102/103 sind sieben Farben nach NCS mit der im Farbkreis komplementär gelegenen Schriftfarbe kombiniert.

Farben beeinflussen Stimmungen, wirken physisch und psychisch auf den Betrachter. Deshalb müssen solche Wirkungen und Reize berücksichtigt werden.

Schon bei einfachen zweifarbigen Anwendungen gibt es sehr viele Kontrastmöglichkeiten.

	10 %	20 %	30 %	40 %	60 %	70 %	
Schrift Stone Serif 8 Punkt 10 Punkt	Lesbarkeit Lesbarkeit Lesbarkeit Lesbarkeit	Lesbarkeit Lesbarkeit Lesbarkeit Lesbarkeit	Lesbarkeit Lesbarkeit Lesbarkeit Lesbarkeit	Lesbarkeit Lesbarkeit Lesbarkeit Lesbarkeit	Lesbarkeit Lesbarkeit Lesbarkeit Lesbarkeit	Lesbarkeit Lesbarkeit Lesbarkeit Lesbarkeit	Schwarz negativ
Schrift Stone Sans 8 Punkt 10 Punkt	Lesbarkeit Lesbarkeit	Lesbarkeit Lesbarkeit Lesbarkeit Lesbarkeit	Lesbarkeit Lesbarkeit Lesbarkeit Lesbarkeit	Lesbarkeit Lesbarkeit Lesbarkeit Lesbarkeit	Lesbarkeit Lesbarkeit Lesbarkeit Lesbarkeit	Lesbarkeit Lesbarkeit Lesbarkeit Lesbarkeit	Schwarz negativ
Schrift Stone Serif 8 Punkt 10 Punkt	Lesbarkeit Lesbarkeit	Lesbarkeit Lesbarkeit	Lesbarkeit Lesbarkeit Lesbarkeit Lesbarkeit	Lesbarkeit Lesbarkeit Lesbarkeit Lesbarkeit	Lesbarkeit Lesbarkeit Lesbarkeit Lesbarkeit	Lesbarkeit Lesbarkeit Lesbarkeit Lesbarkeit	Blau 20 % Blau
Schrift Stone Serif 8 Punkt 10 Punkt	Lesbarkeit Lesbarkeit	Lesbarkeit Lesbarkeit	Lesbarkeit Lesbarkeit Lesbarkeit Lesbarkeit	Lesbarkeit Lesbarkeit Lesbarkeit Lesbarkeit	Lesbarkeit Lesbarkeit Lesbarkeit Lesbarkeit	Lesbarkeit Lesbarkeit Lesbarkeit Lesbarkeit	Blau negativ
Schrift Stone Sans 8 Punkt 10 Punkt	Lesbarkeit Lesbarkeit	Lesbarkeit Lesbarkeit	Lesbarkeit Lesbarkeit Lesbarkeit Lesbarkeit	Lesbarkeit Lesbarkeit Lesbarkeit Lesbarkeit	Lesbarkeit Lesbarkeit Lesbarkeit Lesbarkeit	Lesbarkeit Lesbarkeit Lesbarkeit Lesbarkeit	Blau negativ
Schrift Stone Serif 8 Punkt 10 Punkt	Lesbarkeit Lesbarkeit Lesbarkeit Lesbarkeit	Lesbarkeit Lesbarkeit Lesbarkeit Lesbarkeit	Lesbarkeit Lesbarkeit Lesbarkeit Lesbarkeit	Lesbarkeit Lesbarkeit Lesbarkeit Lesbarkeit	Lesbarkeit Lesbarkeit Lesbarkeit Lesbarkeit	Lesbarkeit Lesbarkeit Lesbarkeit Lesbarkeit	Schwarz 20 % Schwarz

▲
Kontrast und Lesbarkeit bei zwei Farben,
Schwarz und Cyan

► **Gelb** S 0570-Y10R 0-16-100-0	Lesbarkeit Lesbarkeit Lesbarkeit Lesbar	Lesbarkeit Lesbarkeit Lesbarkeit Lesbàr	Lesbarkeit Lesbarkeit Lesbarkeit Lesbar	Lesbarkeit Lesbarkeit Lesbarkeit Lesbar	Lesbarkeit Lesbarkeit Lesbarkeit Lesbar	Lesbarkeit Lesbarkeit Lesbarkeit Lesbar	Lesbarkeit Lesbarkeit Lesbarkeit Lesbar
► **Orange** S 0585-Y40R 0-51-100-0	Lesbarkeit Lesbarkeit Lesbarkeit Lesbar	Lesbarkeit Lesbarkeit Lesbarkeit Lesbar	Lesbarkeit Lesbarkeit Lesbarkeit Lesbar	Lesbarkeit Lesbarkeit Lesbarkeit Lesbar	Lesbarkeit Lesbarkeit Lesbarkeit Lesbar	Lesbarkeit Lesbarkeit Lesbarkeit Lesbar	Lesbarkeit Lesbarkeit Lesbarkeit Lesbar
► **Rot** S 1085-Y80R 0-95-100-0	Lesbarkeit Lesbarkeit Lesbarkeit Lesbar	Lesbarkeit Lesbarkeit Lesbarkeit Lesbar	Lesbarkeit Lesbarkeit Lesbarkeit Lesbar	Lesbarkeit Lesbarkeit Lesbarkeit Lesbar	Lesbarkeit Lesbarkeit Lesbarkeit Lesbar	Lesbarkeit Lesbarkeit Lesbarkeit Lesbar	Lesbarkeit Lesbarkeit Lesbarkeit Lesbar
► **Violett** S 3050-R50B 51-70-0-0-	Lesbarkeit Lesbarkeit Lesbarkeit Lesbar	Lesbarkeit Lesbarkeit Lesbarkeit Lesbar	Lesbarkeit Lesbarkeit Lesbarkeit Lesbar	Lesbarkeit Lesbarkeit Lesbarkeit Lesbar	Lesbarkeit Lesbarkeit Lesbarkeit Lesbar	Lesbarkeit Lesbarkeit Lesbarkeit Lesbar	Lesbarkeit Lesbarkeit Lesbarkeit Lesbar
► **Blau** S 3060-R90B 100-45-0-0	Lesbarkeit Lesbarkeit Lesbarkeit Lesbar	Lesbarkeit Lesbarkeit Lesbarkeit Lesbar	Lesbarkeit Lesbarkeit Lesbarkeit Lesbar	Lesbarkeit Lesbarkeit Lesbarkeit Lesbar	Lesbarkeit Lesbarkeit Lesbarkeit Lesbar	Lesbarkeit Lesbarkeit Lesbarkeit Lesbar	Lesbarkeit Lesbarkeit Lesbarkeit Lesbar
► **Grünblau** S 2555-B60G 90-0-54-0	Lesbarkeit Lesbarkeit Lesbarkeit Lesbar	Lesbarkeit Lesbarkeit Lesbarkeit Lesbar	Lesbarkeit Lesbarkeit Lesbarkeit Lesbar	Lesbarkeit Lesbarkeit Lesbarkeit Lesbar	Lesbarkeit Lesbarkeit Lesbarkeit Lesbar	Lesbarkeit Lesbarkeit Lesbarkeit Lesbar	Lesbarkeit Lesbarkeit Lesbarkeit Lesbar
► **Grün** S 2565-G 100-5-100-0	Lesbarkeit Lesbarkeit Lesbarkeit Lesbar	Lesbarkeit Lesbarkeit Lesbarkeit Lesbar	Lesbarkeit Lesbarkeit Lesbarkeit Lesbar	Lesbarkeit Lesbarkeit Lesbarkeit Lesbar	Lesbarkeit Lesbarkeit Lesbarkeit Lesbar	Lesbarkeit Lesbarkeit Lesbarkeit Lesbar	Lesbarkeit Lesbarkeit Lesbarkeit Lesbar
► **Schwarz** 10-0-0-100	Lesbarkeit Lesbarkeit Lesbarkeit Lesbar	Lesbarkeit Lesbarkeit Lesbarkeit Lesbar	Lesbarkeit Lesbarkeit Lesbarkeit Lesbar	Lesbarkeit Lesbarkeit Lesbarkeit Lesbar	Lesbarkeit Lesbarkeit Lesbarkeit Lesbar	Lesbarkeit Lesbarkeit Lesbarkeit Lesbar	Lesbarkeit Lesbarkeit Lesbarkeit Lesbar

▲
Farbiger Fond und farbige Schrift im Kontrast.
Sieben Farben nach NCS und Schwarz mit einer
Schriftfarbe. Die Farbnummern des NCS-Systems
sind in CMYK übersetzt.

Lesbarkeit	Lesbarkeit	Lesbarkeit
Lesbarkeit	**Lesbarkeit**	**Lesbarkeit**
Lesbarkeit	Lesbarkeit	Lesbarkeit
Lesbar	Lesbar	Lesbar

▲
Beispiele der aufgerasterten Farben
mit komplementären Schriftfarben

Die Lesbarkeit von Typografie

Was kann die Typografie über die Funktion der Mikrotypografie hinaus aussagen? In einem funktionalen Stuhl sitzt man besser, in einer funktionierenden Typografie eines Buches liest man besser, fühlt sich wohl. Positive, harmonische Ästhetik hilft zum Wohlfühlen. Lesen ist eine der anstrengendsten Kommunikationsarten. Mit guter Typografie soll diese Anstrengung erleichtert werden. Typografie wirkt dabei oft emotional über den Charakter der Schrift und die Art der Anordnung. Schrift bedeutet zunächst aneinander gereihte Zeichen. Diese können in der Hervorhebung Signale geben, zu etwas anregen oder verführen. Typografie ist aber immer gleichzeitig auch ein »Bild«. Die Lesbarkeit einer Seite ist deshalb nicht nur von der Mikrotypografie, sondern auch von der Makrotypografie, nämlich der Gestaltung einer Seite, abhängig. Hierbei ist die Seiteneinteilung und die Form der Seite gemeint.

Reicht ein Lesetext in seinem Satzspiegel zu weit in den Bund, so sinkt die Lesegeschwindigkeit um bis zu 40 %.

Randproportionierung, Abstände von Überschriften tragen ganz erheblich zur besseren Lesbarkeit bei, wobei allerdings auch die Gewöhnung an eine Typografie zum Leseverhalten oder deren Störung beiträgt, was ja bei der Neugestaltung von Zeitungen immer wieder auffällt.

Flattersatz oder Blocksatz gelten in der Lesbarkeitsforschung nicht als konträr. Je schmaler die Spalten sind, desto mehr empfiehlt sich Flattersatz. Rechtsbündiger Satz oder zentrierte Zeilen sind auf jeden Fall leseerschwerend oder bestenfalls gezielt verzögernd. Mehrspaltiger Satz ist bei DIN A4 großen Seiten dem einspaltigen vorzuziehen (84 zu 177 mm). Bei kurzen Textmengen haben sich aber nur 6 % Verbesserung ergeben.

Absatzkennzeichnungen verbessern die Lesbarkeit. Gegenüber einer fehlenden Kennzeichnung ist der Einzug von Vorteil, bei sehr kurzen Texten aber die Leerzeile.

H. Spencer,
The Visible
World. Royal
College of Art,
London, 1968

Hartley, Burnhill
und Davis in:
Visible Language
12, 1978

Gestalten

Sehen und Wahrnehmen

*Anordnen von einzelnen Elementen bedeutet
Gestalten. Alles, was gestaltet wird, unterliegt Gestal-
tungsgesetzen. Diese werden hier erläutert, wobei
die Grundlagen der Wahrnehmung mit berücksichtigt
werden. Kreativität oder Handwerk?*

Design und Typografie

Design als Begriff wird heute inflationär angewendet. Viele sind aber tatsächlich Designer. Wenn
der Friseur nebenan seinen Laden »Hair-Design«
nennt, so kann er sich durchaus auf Max Bill beru-
fen, der die Designtätigkeit mit der des Friseurs
vergleicht, »womit sowohl ihre Kategorie wie auch
ihr angenehmer Nutzen charakterisiert sein soll«
(Max Bill 1968).

Obwohl Design sogar bisweilen als angewandte
Kunst auftritt, geht es doch mehr um die Form-
gestaltung der Alltagsgegenstände. Hierzu leistet
auch die Typografie einen Anteil.

Design wurde im Internationalen Design Zentrum Berlin (IDZ) 1979 so formuliert:

▶ Gutes Design darf keine Umhüllungstechnik
sein. Es muss die Eigenart des jeweiligen Produkts durch eine entsprechende Gestaltung
zum Ausdruck bringen.

▶ Es muss die Funktion des Produkts, seine Handhabung sichtbar und damit für den Benutzer
klar ablesbar machen.

▶ Gutes Design muss den neuesten Stand der
technischen Entwicklung sichtbar machen.

▶ Es darf sich nicht nur auf das Produkt selbst
beschränken, sondern muss auch Fragen der
Umweltfreundlichkeit, der Energieeinsparung,
der Wiederverwendbarkeit, der Langlebigkeit
und der Ergonomie berücksichtigen.

▶ Gutes Design muss das Verhältnis von Mensch
und Objekt zum Ausgangspunkt machen,
besonders auch im Hinblick auf Arbeitsmedizin
und Wahrnehmung.

Vieles lässt sich davon auf die Arbeit der typografischen Gestaltung übertragen.

Hintergrund und Hilfen für ein zeitgemäßes
Design sind beispielsweise die Methodologie, die
sich mit dem, was geschehen soll, nicht mit dem,
was geschieht, beschäftigt. Erkenntnismethoden
werden aus der Geschichte der Philosophie bezo-

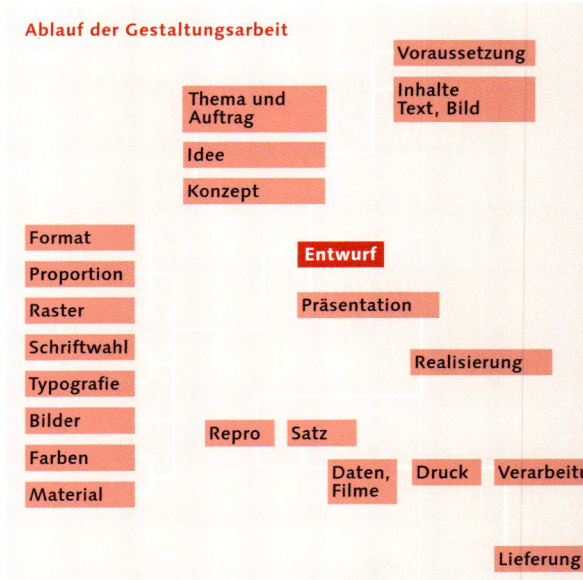

gen. Die Semiotik im Design hilft Funktion und Bedeutung von Gegenständen herauszufinden. Das gab es in der Architektur schon immer, aber für Gegenstände erst heute. Damit haben sich Roland Barthes, Jean Baudrillard und Umberto Eco beschäftigt. Die Kommunikation zwischen

▶ Designer (Sender)
▶ Produkt (Signal)
▶ Benutzer (Empfänger)

funktioniert nach dem klassischen Modell der Kommunikationstheorien:
Semantik – Syntax – Pragmatik

Der Entwerfer muss deshalb den potenziellen Benutzer verstehen und die Technik des Signals beherrschen. Sottsass sagt sogar: »Der Designer ist dazu aufgerufen, ein Objekt zu »beschreiben«, das Objekt muss also sichtbar gemacht werden, damit ein Kommunikationsprozess entstehen kann.«

Die Hermeneutik (das Auslegen, Deuten und Übersetzen von Texten) fungiert als Hilfe, wozu das Anwenden beim Design folgen muss.

Der Zusammenhang zwischen Zeitgeist und Design und dem, was in anderen Bereichen passiert, darf beobachtet werden.

Der Paradigmenwechsel in der Wissenschaft und den Methoden sagt nun, dass nicht mehr nur Problemstellung zur Lösung ansteht, sondern zu ermitteln ist, für welche Zielgruppe sich ein Entwurf und dessen Folgen vermarkten lässt. Das traditionelle Design wechselte zum Human Interface.

Funktionen	
Formalästhetische, Anzeichen- und Symbolfunktion	Gestaltgesetze aus der Wahrnehmung und Gestaltpsychologie
	Wahrnehmen und Denken (Denkfunktion) Ökologischer Ansatz einer visuellen Wahrnehmung heute Formalästhetische Funktion als klassische Methode und Aussage, Funktionalismus als oft langweiliger Nebeneffekt Ordnung und Komplexität
Anzeichenfunktion	Bezug auf praktische Funktion Aus Ordnung und Komplexität abgeleitet Abgrenzung Kontrast Oberflächenstruktur Gruppenbildung Farbkontraste Ausrichtung Standfunktion Stabilität Veränderbarkeit und Einstellbarkeit, Bedienen Präzision Bezug zum menschlichen Körper
Symbolfunktion	Funktionalismus anscheinend ohne Symbolik. Erst in jüngster Zeit Entwicklung zur Symbolik. Produktsprache als langlebige Zeichensprache. Auto, Wohnen, Freizeit und Erlebnis, aber nicht reines Inszenierungsritual!

Bernhard E. Bürdek, Design. Köln 1991

Grundlagen der Gestaltung: Form

Themenübersicht Gestalten		
Fläche	Format Proportion Größe Dimensionen Begrenzung Weite	Statik Gewicht Mitte Grenzbereich
Raum	Raumkonstellation Räumlichkeit Perspektive Fluchtpunkt	Bildebenen Figur – Grundbeziehung
Licht	Stärke Beleuchtung	Schatten Silhouette
Form	Punkt Linie, Linienart Grundformen Zeichen	Gegenform Geometrisches Optisches Organisches
Gliederung	Anordnung Schwerpunkt Symmetrie Asymmetrie Teilung	Winkelbeziehung Klang Konstruktion Integration
Bewegung	Rhythmus Richtung Dynamik Statik	Spannung Erschlaffung Harmonie Dissonanz Akzent Akkord
Farbe	Farbton Sättigung Dunkelstufe	
Textur	Struktur Muster Helligkeit Grauwert Transparenz	Kontraste Polarität Dichte Räumlichkeit

Die vielfältigen Themenbereiche der Gestaltung sind in der nebenstehenden Tabelle aufgeführt. Natürlich kommt nicht immer alles vor, aber empfehlenswert ist der Test, indem man eine beliebige Gestaltung anhand dieser Liste benennt oder analysiert.

Fläche

Darstellungsflächen sind Basis der Gestaltung. Ihre Ausdehnung, Proportion und Form bestimmen die Erscheinungsweise. Grafische Flächen sind in der Regel rechteckig. Andere Flächenformen beeinflussen und reduzieren das Geschehen auf der Fläche erheblich.

Die leere Fläche ist nicht leer, sondern hat verschiedene Gewichte, sagt Kandinsky. Oben und unten werden entsprechend unserem Schwerkraftgefühl unterschiedlich empfunden: Oben die Lockerheit, das Leichte, unten die Verdichtung, Gebundenheit. Aber auch links und rechts sind unterschiedlich (Kandinsky): Links das Leichtere und rechts das Schwerere. Demnach wäre in einem Quadrat das rechte untere Viertel die »schwerste« Zone (Beispiel auf der Seite gegenüber).

Die Seitenproportion bestimmt in diesem Zusammenhang das Leichtere oder Schwerere. Diagonale Achsen sind dabei Spannungsmesser.

Die diagonale Teilung kann harmonisch, von links unten nach rechts oben, oder disharmonisch, von links oben nach rechts unten, sein. Das entspricht auch unserer Leserichtung.

Die Organisation der Fläche, ihre Unterteilung nimmt Einfluss auf die gesamte Fläche. Rastersysteme, Satzspiegel oder das Verhältnis Element zu Weißraum sind für den Gesamteindruck entscheidend, lenken den Blick. Flächen werden in der Fläche gebildet; Flächen bilden sich auch imaginär, in angedeuteter Begrenzung oder in Achsverbindungen.

Wassily Kandinsky, Punkt und Linie zu Fläche. Benteli Verlag, Bern 1969 (6. Auflage)

Armin Hofmann, Methodik der Form- und Bildgestaltung. Niggli, Niederteufen 1965

Theodor Schwenk, Das sensible Chaos. Freies Geistesleben, Stuttgart 1962

▶
Punkt und Fortsetzung als Linie

▶▶
Gestoppte Linie

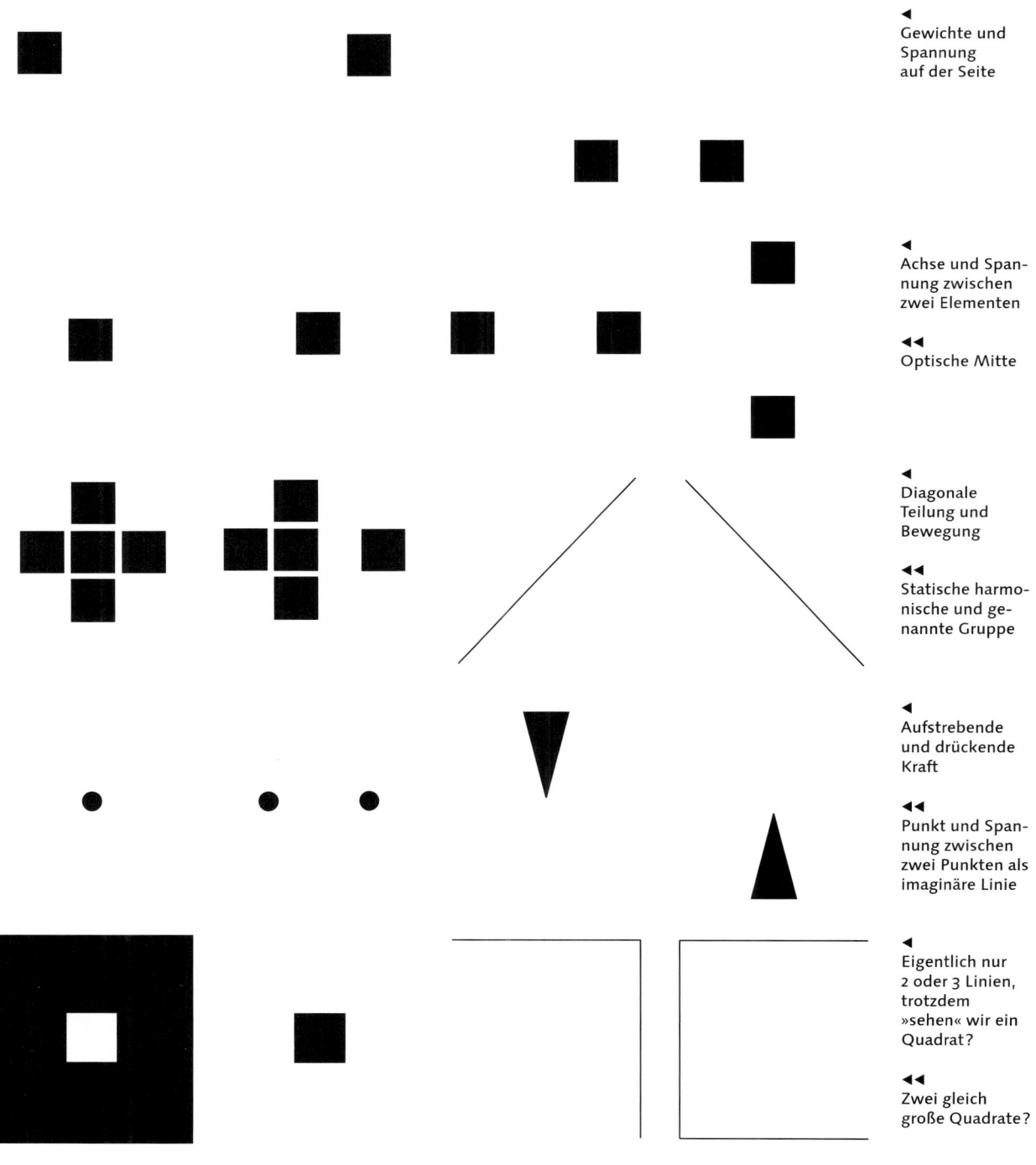

◄
Gewichte und
Spannung
auf der Seite

◄
Achse und Span-
nung zwischen
zwei Elementen

◄◄
Optische Mitte

◄
Diagonale
Teilung und
Bewegung

◄◄
Statische harmo-
nische und ge-
nannte Gruppe

◄
Aufstrebende
und drückende
Kraft

◄◄
Punkt und Span-
nung zwischen
zwei Punkten als
imaginäre Linie

◄
Eigentlich nur
2 oder 3 Linien,
trotzdem
»sehen« wir ein
Quadrat?

◄◄
Zwei gleich
große Quadrate?

► Das Wort und seine Form in gewohntem Einklang

In der Spiegelschrift dominiert die Form

Gestalt ‎**tlatseⅭ**

► Gestürzte Zeilen: Schwierigere Lesbarkeit, die Form wird wichtiger

Gestalt

Gestalt

► Kaum lesbar: das umgedrehte Wort

Form statt Funktion

ꓕꞁɐʇsǝⅭ

G
e
s
t
a
l
t

► Zentrierte Harmonie und Spannung

Gestalt
Ästhetik Luxus und
Intelligenz

Gestalt Ästhetik Luxus und Intelligenz

►► Rechter, spitzer und stumpfer Winkel

Ästhetik
Luxus
und
Intelligenz

Gestalt
Ästhetik
Luxus
und
Intelligenz

►►► Grundelemente Kreis, Dreieck, Quadrat

Gestalt

Punkt und Linie

Der Punkt als kleinste Einheit ist der Beginn einer Form. Seine Größe, auch äußere Form und Stellung auf der Fläche bestimmen den Grundklang.

Die Linie ist der in Bewegung geratene Punkt. In der horizontalen Anordnung ist die Linie tragend, bewegt. Die senkrechte Linie kann bewegter, wärmer wirken. Als Diagonale vereinigt sie beide Eigenschaften. Auf der gebogenen Linie wirken unterschiedlicher Druck und Spannung.

Winkel

Der rechte Winkel gilt als statisch und objektiv, auch eher kalt. Der spitze Winkel ist der spannungsvollste, und der stumpfe Winkel ist der erschlaffte und ruhigste Winkel.

Elemente

Kreis, Dreieck und Quadrat als Elemente geben verschiedene Spannungen wieder: der Kreis in seiner inneren Ruhe Geschlossenheit, das Dreieck mit der bewegtesten Form und das Quadrat in seiner zunächst neutralen Form.

Elemente auf der Fläche

Ein einzelnes Element auf der Fläche schafft Spannung oder auch Ruhe, teilt die Fläche, schafft neue Gewichte. Mehrere Elemente gehen Beziehungen zueinander ein, schaffen Bewegung und, je mehr Elemente es sind, auch komplexere Formen.

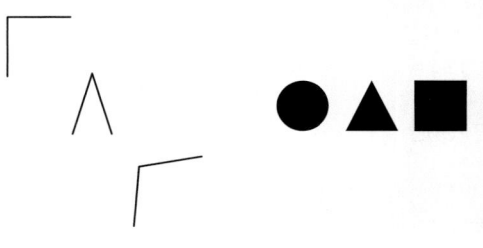

Sehen und Wahrnehmen

Was wir durch unser Gehirn wahrnehmen, gilt als Konstrukt unseres Gehirns von der Welt. Was wäre die Wirklichkeit?

Wir nehmen sinnvolle Einheiten wahr, die nicht bewusst zugänglich sind. Das hängt wohl von komplexen Gehirnoperationen ab. Vieles läuft für das gesamte Gesichtsfeld gleichzeitig und automatisch ab. Mehrere Stufen verarbeiten Merkmale von Gegenständen. Getrennt in verschiedenen Gehirnregionen aufgenommen werden Linien und Kanten, Farben und Bewegungsrichtungen. Diese Analyse von Eigenschaften und Bestandteilen kommt vor einer Synthese. Wenn beide Komponenten identifiziert sind, kommt eine Verknüpfung mit gespeicherten Informationen. Fehler bei dieser Synthese dürften auftreten und zu Täuschungen führen. Das heißt also, dass das Gehirn Informationen über Form, Farbe und Raum getrennt in verschiedenen Kanälen verarbeitet und nicht innerhalb eines einzigen hierarchischen Systems.

Gesteigertes Vorwissen und Erfahrung helfen dabei, eindeutiger wahrzunehmen. Über Gegenstände werden ganze »Akten« gespeichert, die beispielsweise das Erkennen eines Tieres in verschiedenen Tätigkeitsformen ermöglichen.

Sehen und visuelle Kommunikation

Während wir hier den »technischen« Sehvorgang und seine Unzulänglichkeiten voraussetzen, wird beim analytischen Sehen das Blickfeld in seine Bestandteile und Merkmale gegliedert. Sehen ist dabei immer zeitlich und bewegt. Wir sehen Farbe und Helligkeit in wechselnder Anordnung und in Bewegung. Farbe und Helligkeit sind als abgrenzbare Formen zu sehen. Die Form ist durch Farbe und Helligkeit bestimmbar. Aber auch die Größe und die Richtung eines Teils sowie die Textur ergeben Informationen über die Tiefe unseres Eindrucks und damit über die Räumlichkeit.

Mit neun Merkmalen kann eine bildnerische Gestaltung im Blickfeld analysiert werden. Es ist nicht so einfach, da die einzelnen Merkmale ja kaum einzeln auftreten, eher öfters gemeinsam vorkommen. In diesem Zusammenhang werden drei Ausgangspunkte wichtig:
► Unser Blickfeld
► Die Wirklichkeit
► Die bildliche Interpretation

Die visuellen Merkmale sind:
1. Form
2. Farbe
3. Helligkeit
4. Größe
5. Anordnung
6. Textur
7. Richtung
8. Räumlichkeit
9. Bewegung

1. Form

Nach den Proportionen ihres Umrisses und ihrer Ausdehnungen sind die Formen bestimmbar. Sie erscheinen uns unbegrenzt. Der Umriss der Oberflächen der Dinge und Licht und Schatten entsprechen der Wirklichkeit. Im Bild können Formen flächig mittels Punkten und Linien beschrieben sein. Viele Kontraste treten auf, z.B.:
rund – eckig
schmal – breit
einfach – kompliziert

Gerhard Braun, Grundlagen der visuellen Kommunikation, München 1987, dessen Theorien wir hier folgen

▶
Dominante
Form.
Kapelle auf
Sardinien

2. Farbe

Unzählige Nuancen werden wahrgenommen. In der Wirklichkeit ist das Licht der Farbträger, im Bild aber wird die Farbe mit Hilfe der Farbmaterie erzeugt. Der Farbton wird nach

▶ Nuance,
▶ Sättigungsgrad (Trübung, Verschwärzlichung)
▶ Helligkeit
   definiert. Dabei sind die Kontraste zu anderen Farben ausschlaggebend.

▶
Farbe in der
Architektur.
Centre
Le Corbusier in
Zürich (1967)

3. Helligkeit

Art und Intensität der Lichtquelle sind im Blickfeld für die Helligkeit ausschlaggebend. Im Bild können mit der Materie der Farben vielstufige Hell-Dunkel-Skalen erzeugt und bestimmt werden.

4. Größe

Im Blickfeld ist die Größe, die Ausdehnung einer Form, die Form einer Farbe oder eines Schattens. In der Wirklichkeit geht es um wahrgenommene Größenunterschiede oder Entfernungen, die auch durch allerhand Tricks ins Bild übertragen werden können.

▶
Helligkeit.
Landschaft auf
Sardinien

5. Anordnung

Im Blickfeld erscheint subjektiv eine bestimmte Anordnung, die in der Wirklichkeit anders sein kann. Für die Wirklichkeit können Anordnungen mit objektiven Messinstrumenten getroffen werden. Für das Bild ist jede Position mit einem Koordinatensystem definierbar, allein schon mit rechts – links und oben – unten.

◄
Anordnung.
Das Bild folgt
der Wirklichkeit.
Serra Orios

◄◄
Größe.
Dunkelheitsstu-
fen simulieren
eine dreidimen-
sionale Welt.
Ruine bei
Ingurtosu

6. Textur

Die meisten Formen bestehen im Blickfeld aus
weiteren kleinen Formen, die als Textur bezeichnet
werden. In der Wirklichkeit sind dies natürliche
Oberflächenstrukturen. Im Bild sind sie Mittel, um
die Stofflichkeit der Dinge darzustellen in Kontrasten wie

▶ glatt – gekörnt
▶ grob – fein
▶ offen – dicht
▶ matt – glänzend
▶ regelmäßig – unregelmäßig
▶ transparent – nicht transparent etc.

◄
Textur.
Gestapeltes Holz

◄
Richtung.
Plakat
(R.F. Müller)

7. Richtung

Die Blickrichtung des Betrachters bestimmt sein
Blickfeld. Oberflächen, Verjüngung zum Horizont,
einfallendes Licht, Schatten, Bewegung ergeben
auch in der Wirklichkeit eine Richtung. Im Bild
gibt die Darstellung von Formen, Licht und Schatten, Raumtiefe und Bewegung Richtungen wie
nach

▶ links, rechts
▶ oben, unten
▶ vorn, hinten oder
▶ geradlinig, gekrümmt.

voll leer
leicht **schwer**
TⴖNNEL
gestolpeₗt

8. Räumlichkeit

Auf der Waagerechten in Augenhöhe hat das
Blickfeld seinen Horizont. Auf dem Weg dorthin
verliert die Form an Größe, die Kontur der Form an
Schärfe, die Farbe der Formen an Intensität, das
Helldunkel an Kontrast, und die Textur wird sehr
dicht oder nicht mehr wahrnehmbar. Während die
Wirklichkeit wieder vermessbar ist, wird im Bild
die Räumlichkeit interpretiert. Als Kontraste wirken hier

► links – rechts
► oben – unten
► nah – fern

9. Bewegung

Während wir es in der Wirklichkeit mit bewegten
und unbewegten Dingen zu tun haben, messbar
oder ablesbar am Verhältnis der Dinge zueinander,
unterliegt das Blickfeld einer ständigen eigenen
Augenbewegung. Im Bild kann Bewegung interpretiert oder wenigstens angedeutet werden.

Charakteristische Darstellung

Ein Bildzeichen erfüllt seine Aufgabe am besten
dann, wenn das Zeichen vom Empfänger erkannt
wird. Wir sprechen dann von einem Icon, wobei
dies in der Semiotik als Beziehung zwischen Zeichen und Objekt gesehen wird, die gemeinsame
Merkmale durch Ähnlichkeit besitzen. (Dagegen

steht das Zeichen, das zu seinem Bezug nur frei
gewählt ist, also durch Konvention vereinbart ist.)

Ein Bildzeichen soll schnell, störungsfrei und
einprägsam seinen Inhalt vermitteln. Das kann nur
mit einer Beschränkung auf das Wesentlichste
geschehen. Die charakteristischen Merkmale sind
hierbei entscheidend. Schließlich finden sich
bereits in den bildhaften Schriftzeichen der Sume-
rer und Ägypter Ikonizität und Konventionalität
verbunden. Dass Schrift auch heute noch bildhaft
sein kann, beweisen spielerischen Beispiele.

Elementare sinnliche Erfahrungen

Die visuellen Merkmale basieren auf tiefgehenden
Erfahrungen, die unsere Wahrnehmung nicht nur
im visuellen Bereich erheblich beeinflussen.

Schwerkraft und visuelles Gleichgewicht

Die Schwerkraft bestimmt die Statik und Bewegung auf der Erdoberfläche so sehr, dass sie auch
im visuellen Ausdruck ihr oben und unten zwingend anordnet. Dabei wird die Störung des
Gleichgewichts sofort empfunden (schief hängen-
des Bild an der Wand, schräg eingesetzte Bilder
in Zeitschriften). Noch störender wirkt ein Bild,
dessen Waagerechten oder Horizont nicht »im
Lot« sind.

◀
Schräges Bild,
Horizont schräg
oder gerade
(Seminararbeit
mit Zeitungs-
ausriss)

◀◀
Charakteristisch:
Zwar nicht
genormt, aber
sofort erkennbar

Gleichgewicht bedeutet aber nicht zwingende symmetrische Anordnung. Die Balance und Ausgewogenheit einer Komposition sind entscheidend.

1. symmetrisch
2. asymmetrisch
3. Ausgewogenheit klein und groß, Gewicht der Flächen
4. schwerpunktnahe und schwerpunktferne Form

Einzelne Schriftzeichen lassen sich nicht ohne Bedeutungsänderung aus der senkrechten Anordnung bringen. Verschiebungen der Schwerpunktachse einer Darstellung können mit Bewegung interpretiert werden. Gleichgewichte können auch zwischen unterschiedlichen Farben, durch die Balance der Fläche an sich, gefunden werden. So zu beobachten bei Piet Mondrian, wo eine kleine Menge Gelb die Balance zu den starken Vertikal-Horizontal-Gittern und den anderen Farben hält.

Ein gestörtes Gleichgewicht kann aber auch dynamisch wirken, da Teilstörungen von unserem Sehapparat korrigiert werden.

Unsere Schwerkrafterfahrungen sind auch bei der Deutung von Bildern behilflich. Eine diagonale Linie mit einer Kugel erscheinen als abwärts rollende Kugel.

◀
Rollt die Kugel?

Wir kennen auch das Phänomen der optischen Mitte, wobei eine Markierung vertikal um 2 bis 3 % höher als die rechnerische Mitte liegt, je nach grafischem Eigengewicht der Markierung. Erfahrungen mit solchen Schwerkraftphänomenen spielen selbstverständlich auch eine erhebliche Rolle

▶
Was ist vorne?

bei der Gestaltung einer Druckschrift, wo Mittel-
balken (H), senkrechte und waagerechte Balken
unterschiedlich wirken. Dasselbe Zeichen waagerecht oder senkrecht angeordnet kann für den
Betrachter – laut einer jeweiligen Assoziation zur
Wirklichkeit – Unterschiedliches bedeuten.

Die waagerecht-senkrechte Anordnung von
Elementen wird von uns bevorzugt angenommen.
Eine Verschiebung der Achsen bringt Irritationen
mit sich.

▶
Farbgewicht

Lichteinfall in Darstellungen

Die Licht-Schatten-Richtung wird bevorzugt von
links oben nach rechts unten. Dies bezieht sich
nicht nur auf »realistische« Darstellungen, sondern
auch auf geografische Karten und technische
Grafiken.

Die Blickrichtung von links nach rechts hat
sicher entscheidend viel mit unserer Lese- und
Schreibrichtung zu tun. Diagonalen werden dementsprechend gedeutet: Links unten nach rechts
oben als aufwärts und links oben nach rechts
unten als abwärts.

▶
Helligkeit

Räumliches Sehen als Raum-Zeit Erfahrung

Mit den visuellen Merkmalen des Blickfeldes sollen hier die Möglichkeiten des räumlichen Sehens
überprüft werden.

Form: Geschlossenere und einfachere Form erscheint uns vorn, eine vergleichbare und komplexere jedoch hinten.

Farbe: Stärkeres Farbgewicht erscheint vorne.
Durch Trübung und Anpassung an das Umfeld
»verliert« sich die Farbe in der Tiefe des Blickfeldes.

▶
Klein und
entfernter?

Helligkeit: Die dem einfallenden Licht entsprechende Hell-Dunkel-Anordnung verleiht den Formen Körperhaftigkeit.

Größe: Die kleinere Form kann gegenüber der
größeren als gleich groß, aber entfernter empfunden werden.

Anordnung: Fern-Nah-Erfahrung. Die obere kleine Form tendiert zur Ferne, die untere größere zur Nähe.

Textur: Verkleinerung und Verdichtung erwirken Tiefenwirkung. Verlust an Schärfe und Größe bedeutet zunehmende Entfernung vom Betrachter.

Richtung: Konvergierung des Quadrats in Blickrichtung bedeutet räumliche Anordnung.

Räumlichkeit: Aus den acht Merkmalen hervorgehend.

Bewegung: Veränderung der Lage einer Form.

Flächige Bilder räumlich sehen

Unserer Umwelterfahrung entsprechend können wir auch flächige Bilder räumlich sehen. Bisweilen ergeben sich hier zweideutige oder nicht erwünschte Effekte. Hier handelt es sich um ein Figur-Grund-Problem. Beide Elemente stehen miteinander in Konkurrenz.

Bei diesem Beispiel geht nicht klar hervor, ob nun Gläser oder Karaffen gemeint sind. Erst mit einer stärkeren Elementedominanz ergeben sich bevorzugt erkennbare Bilder. Verlässt man den starken Schwarz-Weiß-Kontrast und zeichnet die Bilder linear, so konkurrieren – vibrieren – die Elemente immer noch. Erst in der völligen Trennung wird der jeweilige Formcharakter völlig eindeutig.

Den Effekt des »Kippbildes« erlebt man bei Werken von M. C. Escher, er wirkt aber auch schon in einfacheren Modellen, wo Vorder- und Hintergrund durch einen Wechsel des Bildes um 180 Grad ausgetauscht sind.

Wenn flächige Formen in Konkurrenz zueinander stehen, kann also auch die Binnenform die dominierendere werden.

Während solche Effekte in der Op-Art durchaus willkommen sind, sollte dies bei der Gestaltung von Schriften vermieden werden. Schwarz- und Weißräume dürfen in ihrem Flächenwert also nicht zu nahe aneinander sein, was auch beim Ausgleichen von Schrift eine große Bedeutung hat.

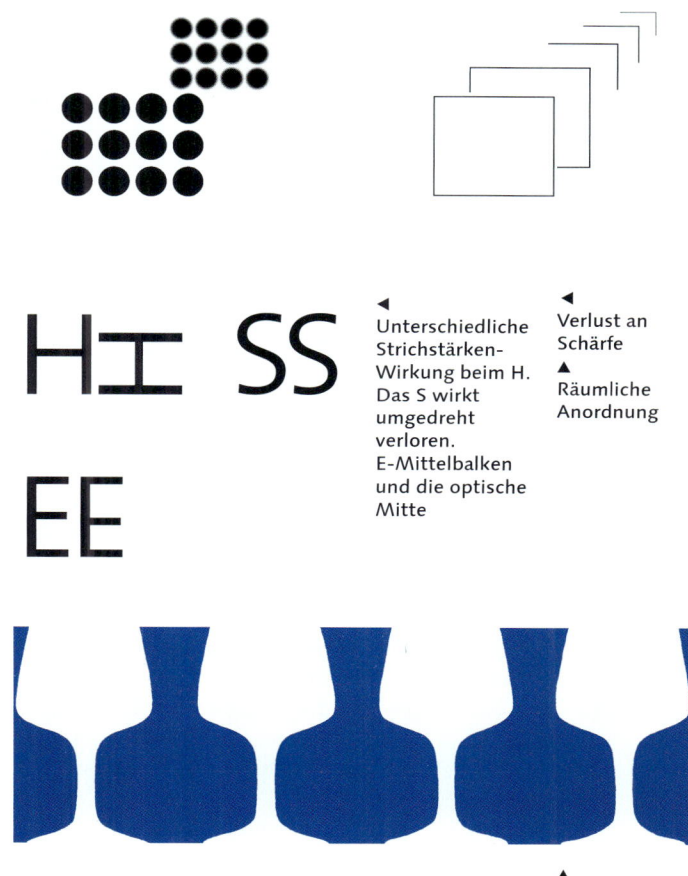

◄ Unterschiedliche Strichstärken-Wirkung beim H. Das S wirkt umgedreht verloren. E-Mittelbalken und die optische Mitte

◄ Verlust an Schärfe
▲ Räumliche Anordnung

▲ Gläser oder Karaffen?

▲
Fünf Ansichten
eines Würfels
1. Frontale
Parallel-
konstruktion
2. Isometrische
Parallel-
konstruktion
3. Frontale
Perspektiv-
konstruktion
4. Perspektiv-
Konstruktion
mit zwei Flucht-
punkten
5. Vogel-
perspektive

Körper und Raum darstellen

Darstellungen sind immer Versuche einer Ähnlich-keit zur Wirklichkeit. Am Beispiel eines Würfels sind fünf Konstruktionen möglich.

1. Frontale Parallelkonstruktion: Die Frontseite als ein Quadrat, Ober- und Seitenteil je ein diagonal-symmetrisch angeordnetes Parallelogramm. Sie dienen der Tiefenwahrnehmung, scheinen sich aber nach hinten zu verbreitern.

2. Isometrische Parallelkonstruktion: Bei gleichen Kantenlängen mit drei gleichen Parallelogrammen ergibt sich ein hohes Maß an Übereinstimmung, jedoch auch eine schwache räumliche Wirkung (ist auch gleichseitiges dreigeteiltes Sechseck als geo-metrische Form).

3. Frontale Perspektivkonstruktion mit einem Fluchtpunkt: Die zentralperspektivische Konstruk-tion hat eine quadratische Frontseite, sich verjün-gende Ober- und Seitenteile. Die Tiefenwirkung ist dadurch gesteigert.

4. Perspektivkonstruktion mit zwei Fluchtpunkten: Die Senkrechten laufen parallel, haben trotz stärk-ster Maßabweichung vom Würfelmaß die ähnlich-ste Wirkung.

5. Betonte Aufsicht (Vogelperspektive): Drei Fluchtpunkte simulieren den ganzen Körper. Auch die senkrechten Punkte konvergieren hierbei.

Die Perspektive, wie sie in der Renaissance wiederentdeckt wurde, führt also auch unsere Betrachtung eines Bildes. Und dies muss beispiels-weise in der Kombination von Bild und Text oder mehreren Bildern häufig berücksichtigt werden. Zweideutige räumliche Konstruktionen, irreale Räumlichkeit oder die Täuschungen bei der Raum-wahrnehmung müssen bekannt sein, um zu einem guten Bildergebnis zu kommen.

Fehleinschätzungen entstehen durch unterteil-te, gegliederte Strecken gegenüber einer ungeglie-derten. Die visuelle Wahrnehmung bevorzugt die Dinge und lässt die Leerräume zweitrangig sein.

Kontext, Reduktion und Ergänzung

Ein einfach und schnell erfassbares Zeichen hat mindestens ein Element, das sofort an den Gegen-stand der beabsichtigten Darstellung erinnert. Natürlich ist die Konvention hierbei mit entschei-dend, der Gegenstand muss genügend bekannt sein. Die fehlenden Elemente werden sofort »mit-gedacht«, also ergänzt.

Ebenso werden Fragmente unseres Blickfeldes zu einem angenommenen Ganzen addiert. Unsere visuelle Wahrnehmung ergänzt bis zur Vollständig-keit. Die Formkonstanz, die Farbkonstanz helfen hierbei, und das zeiträumliche Sehen erhält laufend ergänzende Daten, die sich auf das schon vorhandene Bezugssystem, den Kontext einrich-ten. Bisweilen haben wir es auch mit Ergänzungen zu tun, die etwas zeigen, was gar nicht da ist.

Scheinkanten vervollständigen Figuren, Bewe-gungsspuren entstehen, Helligkeitsunterschiede werden vorgegeben, Brückenlinien entstehen.

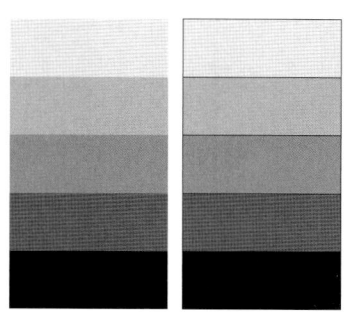
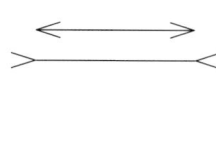
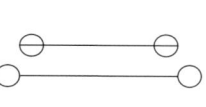
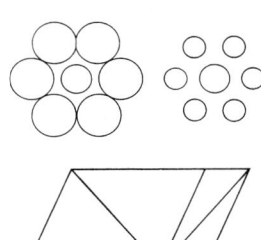

◀
Der mittlere
Punkt ist gleich.
Andere Winke-
lung des gleich-
winkeligen
Dreiecks.

◀◀
Geich lange
Linien

◀◀◀
Täuschungen.
Kontrast-
überhöhung

Konkret vorhandene Grenzlinien werden mit einer Kontrastüberhöhung verstärkt. Während Graubereiche an den aneinander stoßenden Kanten oft heller wirken, sorgt eine Trennlinie für gleichmäßige Grauwirkung der einzelnen Stufen.

Die Linie als in Bewegung geratener Punkt und der damit gezeichneten Umrissdarstellung wird als kulturelle Leistung gesehen, aber auch so bezweifelt. Neuere Forschungen bezweifeln dies und meinen im Gegensatz zur Ansicht Umberto Ecos, dass Kinder von Naturvölkern durchaus sofort mit der Linienzeichnung umgehen können. Linien kommen in der reinen Form in der Natur nicht vor, aber häufig in linienartigen Details, Lineartexturen. Konturverstärkende Phänomene unserer Wahrnehmung lassen aber offen, ob dies mehr auf den vorhandenen Konventionen beruht. Frühe Höhlenzeichnungen oder bildhafte Schriftzeichen waren Umrisszeichnungen. Insofern ist die kulturelle Leistung zumindest sehr alt.

Aber nicht nur als Umrisslinie, sondern auch als Verstärkung von Tonwerten und Tiefenwirkungen wird die Linie in der Zeichnung verwendet.

Während unser Blickfeld immer etwas in Bewegung ist und keine scharfen Grenzen kennt, ist das beim Bild der Fall. Aber das Bild wirkt auch über seine Grenzen hinaus. Der Bildrahmen verdeckt oft etwas, was wir wiederum glauben zu erkennen; wir ergänzen das Bild in unserer Wahrnehmung. Das sind wichtige Überlegungen für den Ausschnitt aus einem Bild. Durch die Vergröße-

rung und die gleiche Endgröße verstärken sich die im Bild noch enthaltenen Teile erheblich und weiten die Grenzen eines Bildes aus. Die dargestellte Bewegung innerhalb eines Bildes kann verstärkt werden, und eine Reihung mit wenigen Exemplaren eines Gegenstandes verstärkt sich.

Manche Elemente eines Bildes erhalten einen erkennbaren Sinn erst im Kontext, so beim Mondgesicht der Kinderzeichnung. Wie auch oft in der Sprache, wo eine Mehrdeutigkeit im Zusammenhang eines Satzes aufgehoben wird, funktioniert dies auch im Bild.

Bei Bildzeichen sind die Kontextbedingungen besonders wichtig. So werden unterschieden:
1. Zeichen und Zeichenelemente, die im Kontext zu anderen Zeichen Veränderungen ihrer visuellen Merkmale aufweisen (syntaktische Kontexte)
2. Zeichen, deren Sinn durch den Kontext zu anderen Zeichen bestimmt wird (semantischer Kontext)
3. Benutzung der Zeichen durch den Zeichenbenutzer und das Umfeld der Zeichen (pragmatischer Kontext)

Visuelle Merkmale sind häufig relativ, und besonders wirkt sich dies im Verhältnis zu anderen Zeichen aus. »Syntaktischer Kontext« heißt dies und bedeutet, dass die visuellen Merkmale im Umfeld relativiert werden. Kreisformen wirken unterschiedlich, die Waagerechte einer perspektivischen Konstruktion, die am Fluchtpunkt näher liegt, wirkt größer. Das gleichwinklige Dreieck

Ernst A.
Gombrich
erwähnt dies in
»Bild und Auge«,
Klett-Cotta,
Stuttgart 1984

dtv-Atlas zur Psychologie; München 1992

ändert seine Wirkung innerhalb einer Rautenform. Damit sind nur einige wenige Phänomene benannt.

Richtungskontrast und Simultankontraste geben einige Rätsel auf, wobei die Farbkontrastarten und ihre Eigenheiten noch gar nicht berücksichtigt sind.

Im Kontext zu anderen Zeichen ist die Deutung oft anders. So erscheinen hier unterschiedliche Bedeutungen mit oft gleichbleibenden Zeichen. Ein Punkt kann zu ganz unterschiedlicher Bedeutung führen.

Die Form kann auch den Sinngehalt einer Farbe beeinflussen.

Schließlich sollte auch noch der Bezug der visuellen Merkmale zu anderen Wahrnehmungsbereichen erwähnt werden. Begriffe des taktilen Bereichs werden verwendet wie kalt – warm für die Farbe, scharf – unscharf für die Form, weich – hart für die Textur. Wir sprechen vom visuellen Gleichgewicht, Bildelemente sind zu leicht oder zu schwer, sie funktionieren oder nicht. Farbton, Farbklang, Bildkomposition lassen auf Bezüge visueller zu akustischen Bereichen schließen. Eine phonetische Ikonizität zeigt sich in den polaren Begriffen wie:

▶ weich – hart
▶ sanft – aggressiv
▶ wellenförmig – spitz etc.

Bisweilen – wie bei Itten – wurden Formen und Farben als typisch zusammengelegt. Diese Zusammenhänge lassen sich aber bisher nicht belegen.

Die auf Max Werteimer und andere zurückgehenden Gestaltgesetze werden heute von der Wahrnehmungspsychologie differenzierter gesehen, wobei Lernerfahrungen und das physikalische Reizgeschehen wichtig sind.

Integrale Gestaltung

Integration hat mit Gestaltungswillen zu tun, mit Komposition, sogar auch mit der Nähe zur Kunst. Gruppierungen sind die Vorstufe zur Integration. Das Gesetz der Nähe, wie es für alles visuell Erfassbare gilt, dominiert. Historische Vorbilder finden wir bereits in der Typografie. Verdichtungen mit Schrift sind nicht ungewöhnlich. Addition und deren Sinn schafft neue Zusammenhänge. Eine konstruktivistische Sicht hat hier viel dazu beigetragen. Aber auch berühmte Titelmarken als Schriftintegration verstärken die Bedeutung im Wort. Karl Gerstner: »Integral heißt: Zu einem Ganzen zusammengefasst. ... sie ist die Kunst, aus vorbestimmten Teilen ein Ganzes zu machen.«

Textgruppierungen sind oft schon Inszenierungen und wurden, typisch für die neunziger Jahre, vorausgesetzt, dass die Betonung stimmt. Die Werkzeuge des digitalen Zeitalters haben die Möglichkeiten integraler Gestaltung verstärkt. Aber werden sie auch benutzt?

Schrift kann auch in unserer abstrakten Antiqua-Schrift bildlich wirken. Diese Tendenzen gab es durch die ganze Geschichte der Typografie immer wieder. So schon in barocken Figurengedichten als auch später bei den Surrealisten. Aber vielleicht haben erst die Dadaisten andere und bildlichere Interpretationsformen angesprochen, die dann Jahrzehnte später in der Werbung weitergedacht und gestaltet wurden.

Zwischen Bild und Text stehen häufig die heute so wichtig gewordenen Logos, wobei genauer gesagt, eine Schrift- oder Bildmarke gemeint ist oder eine Kombination daraus. Ein Wundermittel für die Markenwiedererkennung ist es natürlich nicht immer. Aber in der Kombination von Wort- und Bildmarke als Logo kann bei entsprechenden Produkten eine Zuordnung erreicht werden.

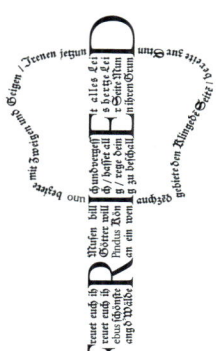

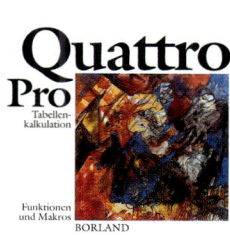

◀ Umschlag von Karl Gerstner, 1959

◀◀ Barockes Figurengedicht von Johann Praetorius (Geige) 1672

Integral, Bild und Typografie: Software, Buch (Langenfaß), Geschäftsbericht und Zeitschrift ▼

Papier und Typografie

Typografie und Papier gehören zusammen, seit man drucken kann. Auch der Druckträger, zu dem Papier gehört, hat auf die Art und Qualität der Druckschrift immer Einfluss genommen. Schrift war natürlich stabiler, als das Papier für den Druck noch befeuchtet werden musste, und die Druckfarbe keineswegs geschmeidig war. Schließlich gibt es ja viele, die der Pracht des Buchdrucks nachtrauern, wo der Anpressdruck der Schrift deutlich mit den Fingerspitzen zu spüren war. Wenn man den Lichteinfall geschickt steuerte, konnte man sogar eine Schattierung erkennen. Bei richtiger knapper Farbhaltung und dem gut »zugerichteten« Druck war die Lesbarkeit der Schrift ideal – auch mit und durch den nicht ganz gleichmäßigen Druck, der an den Rändern der einzelnen Buchstaben immer etwas stärker war.

Doch auch der gesamte Eindruck des Papiers, seine Oberfläche, Stärke, Volumen und Haptik sowie seine Oberflächenfärbung sind für die Anmutungsqualität eines Druckwerks noch heute ganz wesentlich.

Die Drucktechnik vor allem im Offsetdruck leistet heute eine hervorragende Druckqualität. Noch vor zwei Jahrzehnten hätte man nicht gedacht, mit welchem Anspruch heute normale Tageszeitungen gedruckt werden. Dementsprechend ist es nicht mehr unbedingt nötig, für den Druck von Bildern hochgestrichene Papiersorten einzusetzen. Heute dürfen auch Auge und Hand mitbestimmen.

Auch bei Recyclingpapieren, die schon gebrauchte Fasern verwenden, hat sich der Einsatz erheblich erweitert. Das sind keine billigen Papiere, da die Wiederaufbereitung mit dem anspruchsvollen De-Inking (dabei wird ein großer Teil der alten Druckfarbe entfernt) kostenintensiv ist. Aber es ist ein sehr wichtiger Weg, um Ressourcen zu sparen, und deshalb voll gerechtfertigt.

Auch farbige oder leicht farbige Papiere lassen sich sogar für farbigen Bilderdruck verwenden. Die Eigenfarbe des Papiers muss jedoch zuvor für die Reproduktion vom Gesamtwert der jeweiligen Far-

ben abgezogen werden. Manche weiße Stelle wirkt sogar weißer, da der »Trichtereffekt« zur Wirkung kommt, womit eine helle Stelle, die von dunklen eingeschlossen ist, heller wirkt, als sie in Wirklichkeit ist.

Für die Lesbarkeit von Schriften ist zu beachten: Glänzende Papiere eignen sich schlecht für sehr magere Schriften oder feine Striche, wie sie klassizistische Schriften haben. Naturoberflächen sind hierfür am besten. Ist man sich unsicher, sollte man besser auf dem Originalpapier eine Seite andrucken oder wenigstens darauf ausdrucken. Halbmatte Papiere sind für Schrift und Bild gleichermaßen gut. Die Schrift sollte aber über genügend »Körper« verfügen. Da in heutigen Vorstufenverfahren einige Zwischenstufen (Filme) wegfallen, ist auch die zu spitz kopierte Schrift nicht mehr anzutreffen (eine Pest des Offsetdrucks).

Die Papiersorte kann die Gestaltung erheblich beeinflussen. Deshalb sind bei einer sehr differenzierten Gestaltung eventuell Andruckversuche nötig. Nicht alles lässt sich mit einem digitalen Proof simulieren.

Papier und mehr.
igepa, Reinbeck
1998

Lothar
Göttsching,
Papier in
unserer Welt,
Econ, Düsseldorf
1990

Die wichtigsten Papiersorten im Überblick

Sorte	Stoff	Volumen	Gewicht g/qm	Oberfläche	Verwendung
Offsetpapier	Fast immer holzfrei	1 bis 1,05	60 bis 300	Natur Meistens sehr weiß Aber auch farbige Sorten möglich	Konsumpapier für viele Zwecke
Werkdruckpapier	Holzfrei bis leicht holzhaltig	1,2 bis 2,2	60 bis 120	Natur Weiß Gelblich Bläulich	Der Name kommt vom Druck»werk« Text- und illustrierte Bücher
Werkdruckpapier geglättet	Holzfrei	1,2 bis 1,6	60 bis 120	Natur, kalandriert Weiß Gelblich Bläulich	Für edleren Werkdruck, jedoch auch für Druck von Bildern sogar bis 80er-Raster
Bilderdruck	Holzfrei	1	55 bis 400	Weiß	Einfacher Oberflächenstrich, matt oder halbmatt
Bilderdruck (besser)	Holzfrei	1	55 bis 400	Weiß	Doppelter Oberflächenstrich, matt, halbmatt oder glänzend
Kunstdruck	Holzfrei	1	90 bis 350	Weiß auch gelblich	Hochwertiger Strich für optimalen Bilderdruck, matt, halbmatt, glänzend
Schreibpapier	Holzfrei	1	60 bis 90	Kalandriert Weiß Gelblich	Gut geleimt, daher sehr gut schreibfähig
Kopier- und Laserdruck	Holzfrei Fast holzfrei Recyling	1 bis 1,05	60 bis 160	Weiß Leicht gelblich Grau	Für Laserdrucker und Kopierer geeignet; meistens sehr angenehme Oberfläche, als Druckpapier ebenfalls geeignet
Dünndruck-papier	Holzfrei	1	28 bis 60	Stark kalandriert Weiß Gelblich	Für umfangreichere Produkte, vor allem Bücher
LWC	Holzfrei bis leicht holzhaltig	1	35 bis 80	Natur oder kalandriert oder leicht gestrichen	Für Drucksachen, wo es auf das Gewicht ankommt: Kataloge, Verzeichnisse, Zeitschriften
Umschlag- und Ausstattungs-papiere	Holzfrei oder Recycling-Anteil	1 bis 1,2	100 bis 400 g	Meistens Natur; Melierung möglich Farbpaletten oft umfangreich	Umschlag, Schutzumschlag, Mappen und andere Ausstattungen
Zeitungspapiere	Holzhaltig bis Recycling	1,1	36 bis 60	Weiß, leicht gelblich grau	Zeitungsdruck und Ähnliches

Farbe und Stimmung

Gestalten mit Typografie

Was für ein Reichtum, was für eine Vielfalt. Farben als »Klangkörper« gestalteter Elemente wirken physisch und psychisch. Dies und ihre Kontrastarten, aber auch ihr grundsätzliches Verständnis sind Bereiche, die sofort und leider auch sehr subjektiv wahrgenommen werden.

KANDINSKY, DER SICH SCHON 1912 INTENSIV mit der »Wirkung der Farbe« auseinander gesetzt hat, spricht von der Schönheit und bezaubernden Wirkung der Farbe. Er vergleicht dieses Sehen von Licht mit dem Erleben des kleinen Kindes und spricht beim fortgeschrittenen Farbensehen vom Erleben eines inneren Klanges. Hellere, wärmere Farben ziehen das Auge mehr an, und schon spricht Kandinsky in Begriffen von Klängen. Hören und Sehen und die anderen Sinne liegen hier nicht so weit auseinander. Über die psychische Wirkung mutmaßt Kandinsky, dass Farben seelische Vibrationen erzeugen. Und Kandinsky sieht dies als innere Notwendigkeit.

Farbe und Form gehören zusammen. Während die Form allein auftreten kann, tut das die Farbe nicht. Die Möglichkeiten, bei der Visualisierung mit Farben umzugehen, sind noch vielfältiger, als es die Verwendung von Formen bietet. Ein Schwerpunkt liegt dabei auf den Gegebenheiten der verschiedenen Farbstimmungen und der Farbkontraste. Physiologische und psychologische Hintergründe werden in diesem Teil mit einfließen, um zu einem optimierten Aneignungsprozess des Lesers/Betrachters durch farbige Grafik und besonders durch farbige Typografie zu kommen.

Im Farbkurs/Seminar am Bauhaus in Weimar wurde bei Kandinsky die Farbe

▶ nach ihrem Wesen (Physik und Chemie),
▶ nach ihrer Aufnahme durch den Menschen (Physiologie) und
▶ ihrer inneren Wirkung (Psychologie) untersucht.

So wurden untersucht:

▶ isolierte Farben
▶ Farben zueinander
▶ zweckmäßige Zusammenstellung von Farben
▶ Unterordnen von Farben

Hinzu kamen die Forderungen der Flächen- und Raumformen und Eigenschaften des gegebenen Materials.

Farbe als Gestaltungsfaktor

Form und Farbe sind Bestandteile jeder Sinnesempfindung, sie treten immer zusammen auf. Sie sind also Bestandteile des Sehens und damit jeder visuellen Information. Farben haben ein Aussehen, aber sie beinhalten auch eine bestimmte Erlebnisqualität. Ob als Zeichen für Abbild oder Sinnbild oder Hinweis, Farben sind auch Signale. Aber reproduzierte Farben sind auch immer eine Illusion.

Die Aufmerksamkeitsfunktion – Signalwirkung – lässt sich unterteilen in:

▶ Gefühlsfunktion (mit der Polarität)
▶ aktiv – passiv
▶ heiter – schwermütig
▶ hell = groß, dunkel = klein (die Größe)
▶ Vorstellungsfunktion: Assoziationen

- ▶ Illusionsfunktion: Selbstillusion, eigene Farbwertigkeit (z.B. Modefarben)
- ▶ Sinnesempfindungsfunktion:
  bitter, sauer, süß
  glatt, griffig
  schrill, dumpf

In der Werbung, besonders bei der Gestaltung von Produktpackungen, sieht man:
- ▶ Produktadäquate Farben, die zu verpackende Produkte verkörpern.
- ▶ Anmutungsfarben, die eine Stimmung, einen Anreiz geben sollen.
- ▶ Markentypische Farben, Hausfarben; die Wiedererkennung soll gefördert werden.

Was lernen wir daraus für farbiges Gestalten? Welche Möglichkeiten bieten sich uns an? Kreative Farbgestaltung muss aber verstanden werden, dem benutzten Material entsprechen, hat verbrauchsgerecht zu sein.

Die Vielfalt der Nuancen

Drei Grundfarben genügen oder sind eigentlich nur vorhanden. Es haben aber zum Beispiel:
- ▶ Bildschirm 32 000 Farben
- ▶ Pantone-System ca. 900 Farben
- ▶ HKS-System 84 Farben
- ▶ Euroskala (Huber, Hell) 13 824 Farben
- ▶ Hickethier-System 1000 Farben
- ▶ Küppers Farbenatlas 5 500 Farben
- ▶ NCS-System 1750 Farben

  Farbtemperaturen des Lichtes, die für die Beurteilung von Farbdrucken nötig sind, brauchen ein Normlicht von 5 000 Grad Kelvin. Dagegen hat helles Sonnenlicht 6 000 und eine Kerzenbeleuchtung nur 1000 Grad Kelvin.

  Um eine Farbe zu beurteilen, geht man aus von:
- ▶ Farbton
- ▶ Sättigungsgrad
- ▶ Helligkeit

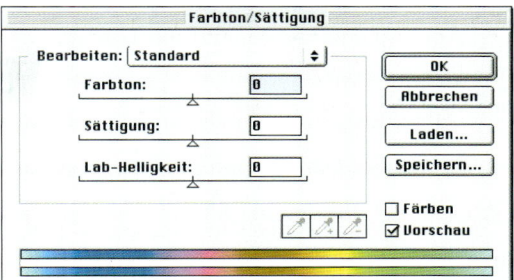

◀ Farbeinstellung in Photoshop

◀ Farben: Produktadäquat und Markenfarbe

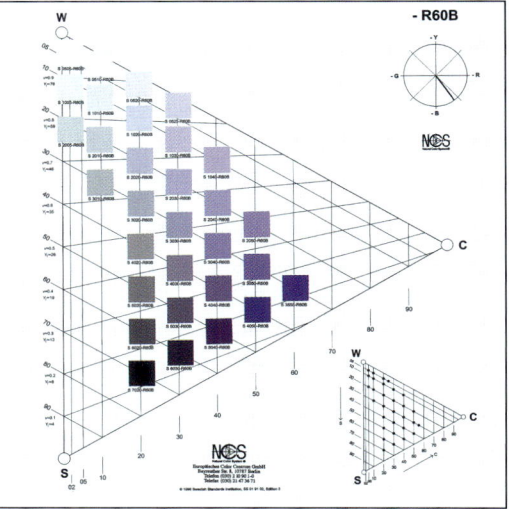

◀ NCS-Farbsystem

Während der Farbton die eigentliche Nuance ausmacht, ist es der Sättigungsgrad, der die Leuchtkraft der Farbe bestimmt. Die Helligkeit ist abhängig von der Lichtmenge, die eine Farboberfläche reflektiert.

Harmonische Farbzusammenhänge sind meist miteinander verwandt. Blasse Töne ganz verschiedener Farben können durchaus miteinander harmonieren. Eine Farbe erscheint aber immer in einer farbigen Umgebung. Die exakte Definition eines Tons ist daher schwierig, wie wir auch anhand einiger Kontrasterscheinungen noch sehen werden.

Farben sehen
Wissenschaftlich wird dies untersucht von der
▶ Physik (Lichtwellen, Eigenschaften des Lichtes)
▶ Biologie mit der Psychophysik, die sich mit der Fähigkeit der Aufnahme von Signalen aus der Außenwelt beschäftigt
▶ Physiologie, welche die Funktionen unserer Sehsysteme untersucht

Mit Isaac Newton, der zum ersten Mal mit einem Prisma das Sonnenlicht brach (1704), sowie dem zeitgleich dagegen arbeitenden Goethe, begann eine sehr interessante Epoche der Farbforschung. Farben sind Wellenlängen, und in dem durch das Prisma gebrochenen Sonnenlicht sehen wir wie im Regenbogen: Purpur, Rot, Orange, Gelb, Grün, Blau, Violett.

Das sichtbare Licht von 350 bis 750 Nanometer steht im Gegensatz zu den unsichtbaren Wellenlängen des ultravioletten Lichtes oder der Röntgenstrahlen, im Gegensatz hierzu liegen darüber Infrarot und die Rundfunkwellen.

Max Lüscher, Farben – visualisierte Gefühle. Gebr. Schmidt, Frankfurt 1978

Licht besteht aus Teilchen, den Photonen; es wird gemessen in Wellenlängen (Abstand des einen Wellenkamms zum nächsten). Der größte Teil des Lichts, das die Augen erreicht, ist weißes Licht.

Erst 1959 hat sich die Theorie der drei Zapfensorten in Harvard bestätigt. Farbsehen gilt allerdings als unterschiedlich zum Farbmischen.

Wenn Licht auf ein Objekt trifft, kann es absorbiert und in Wärme umgewandelt werden, durch den Gegenstand hindurchstrahlen, oder es wird reflektiert. Das findet oft gleichzeitig statt. Eine Substanz, die einen Teil des Lichts absorbiert und den Rest reflektiert, wird Pigment genannt. Welche Farbe wir allerdings wahrnehmen, ist nicht allein durch die Wellenlängen bestimmt, sondern auch von den Eigenschaften unseres Sehsystems.

In unserer Netzhaut gibt es ein Mosaik von vier Rezeptortypen:

die Stäbchen, die für das Sehen bei schwachem Licht ausgebildet sind. Das Farbsehen fällt hierbei weg;

drei Sorten von Zäpfchen, die nach ihrer maximalen Empfindlichkeit mit Blau, Grün und Rot bezeichnet werden. Die Stäbchen enthalten ein Pigment. Wenn darauf Licht trifft, werden umfangreiche Zellaktivitäten ausgelöst, die zu einem elektrischen Signal führen. Die Zapfen reagieren nicht nur auf »ihr« Licht, sondern überlappend.

Ein Vergleich mit einem Akkord in der Musik und in der Farbe: Noten kann ich – falls ich die Grundlagen hierzu erlernt habe – sehr einfach und rasch analytisch definieren. Farbmischungen dagegen kaum. Das hängt mit der Menge der Informationskapazitäten zusammen, die beim Schall geringer ist. Eine komplexe Umgebung wird in einem Augenblick erfasst. Farbnuancen brauchen besonders viele Informationseinheiten, da der Abstand zwischen den Zäpfchen ständig gemessen und an das Gehirn »gefeuert« wird.

Wer Farbfotos macht, kennt das Problem, dass die Kamera die Farben ganz anders »sieht«. Einiges ist dabei zu berücksichtigen: Art der Lichtquelle, Empfindlichkeit und Art des Films, Blende, Zeit. Im Gegensatz hierzu ist unser Sehsystem vollautomatisch. Das Phänomen der Farbkonstanz sagt: Wir sehen die Farben immer noch gleich, obwohl andere Beleuchtungsarten und fotometrische Messungen ganz etwas anderes ergeben.

Neun Grundfarben und ihre Grundstimmungen

Farben können in ihren Nuancen sehr unterschiedlich wirken. Max Lüscher und heute vor allem Eva Heller haben sich damit auseinandergesetzt:

Rot bedeutet psychologisch Aktivität und physiologisch Erregung. In der positiven Annahme wird Rot als kraftvoll empfunden, bedeutet zielstrebige Energie, auch Macht und Eroberung, außerdem Selbstvertrauen. Farbe der Korrektur, Arbeiterbewegung. In der negativen Annahme kann Rot aufregend quälend wirken.

Blau bedeutet physiologisch Zufriedenheit und psychologisch Ruhe. Es ist die beliebteste Farbe. Das dunkle Blau wirkt sich beruhigend auf Puls und Blutdruck aus. Entspannung, einordnen in unabänderliche Notwendigkeiten, Befriedigung und Harmonie, Geborgenheit. Entfernung, Treue, Fantasie.

Gelb, das physiologisch Veränderung und psychologisch Lösung bedeutet, erscheint hell und leuchtend wie die Sonne. Strahlende Wärme. Freie Entfaltung, Suche nach Neuem, aber auch Erleuchtung und Erlösung. Wärme wird oft mit einfachen Mitteln geschaffen, z.B. ein »warmer« Fond.

Grün bedeutet psychologisch Beharrung und physiologisch Spannung. Stabilität und gestaute Energie werden der dunklen Grünwirkung nachgesagt. Aber reines, gesättigtes Grün kann aufregend wirken wie Rot. Standard von Wandtafeln, Notausgängen

Violett bedeutet psychologisch Verwandlung und physiologisch Sensibilisierung. Aus der Rot- und Blaubedeutung, aus der Violett ja gemischt ist, entsteht ein Übergang zwischen Vertrautem und Geheimnisvollem. Violett ist die Farbe der Mystik, Magie, des Zaubers, erotischen Charmes und auch der Frauenbewegung.

Braun, das psychologisch Behaglichkeit und physiologisch Erschlaffung bedeutet, stammt aus dem Orangerot und der entsprechenden Verdunkelung. Ein passiver Vitalzustand entsteht. Warme Behaglichkeit, Modefarben im Herbst und Winter,

Aktivität
Erregung

Zufriedenheit
Ruhe

Veränderung
Lösung

Beharrung
Spannung

Verwandlung
Sensibilisierung

Behaglichkeit
Erschlaffung

Abschirmen
Absterben

Zwang
Stauung

Freiheit
Auflösung

► Farbe-an-sich-Kontrast

► Buntkontrast in Flaggen: Niederlande, Schweden, Andorra, DDR (Emblem Hammer und Zirkel)

► Bunt-Unbunt-Kontrast

spannungsfrei, sinnlich behaglich. Aber auch altmodisch oder unerotisch.

Grau bedeutet psychologisch Abschirmung und physiologisch Absterben. Grau als Grenze und Neutralität, Trennung, Distanz, Verbergung. Die verschiedenen Graustufen in ihrer Tonnähe zu bestimmten Farben oder in ihrem Wärme- oder Kältecharakter sind selbstverständlich sehr unterschiedlich.

Schwarz als Maximum an Dunkelheit bedeutet psychologisch Zwang und physiologisch Stauung. Das Licht ist aufgehoben oder wenigstens abstrahiert. Farbe der Negation und der Vernichtung. Oft ist auch die technische Möglichkeit oder deren Mangel die Ursache für Schwärze, wie in der Schwarzweiß-Fotografie.

Weiß bedeutet psychologisch Freiheit und physiologisch Auflösung. Das helle, blendende Weiß, extrem zum Schwarz, ist also auch bejahend. Aber auch Reinheit und Unschuld (Brautkleid, Farbe der Heiligen) und die weiße Flagge zum Zeichen der Kapitulation.

Farbstimmung im Kontrast

Neben der Grundstimmung von Farben sind die Kontraste und ihr vielfältiges Erscheinen wesentlich für Farbeindrücke.

1. Kontrast der Farbe an sich oder Buntkontrast

Hier sind die Farben in ihrer Wirkung ungetrübt und dadurch in ihrer stärksten Leuchtkraft. Die Wirkung ist bunt, laut, kraftvoll und entschieden.

Am deutlichsten ist das, wenn reine, ungesättigte Farben verwendet werden. Größtmögliche Unähnlichkeit der Farben erzeugen den stärksten Kontrast, auch den härtesten. Kommt hier Weiß als Faktor dazu, wird der Charakter feierlicher.

Buntkontraste sind auffällig, deswegen zur Markierung und Warnung gut geeignet. Qualität und Intensität der Farbe wird durch die Ausdehnung und Gestalt der Form ergänzt.

2. Bunt-Unbunt-Kontrast

Hier entsteht eine erhebliche Stärkung der Bunt-farbe und dadurch ein gesteigerter Signalwert. Im Gegensatz zum Buntkontrast ist die Dunkelstufe entscheidend.

Der Kontrast zwischen dem bunten Eindruck und dem völligen Wegbleiben des Bunten übt den entscheidenden Reiz aus. Abhängig ist dies von der Intensität der bunten Farbe, von den Dunkel-stufen und vom Ausdehnungsverhältnis der Farben. Ein starker Aufforderungscharakter kann damit erreicht werden, was bis zu einer suggesti-ven Beeinflussung der Leserichtung führen kann.

3. Quantitäts-Kontrast

Die Ausdehnung der Farben ist hier ausschlag-gebend; der Gegensatz von »viel zu wenig« oder »groß zu klein«: Es ist also auch ein Proportions-kontrast.

Die Erlebnisse der Farben sind schon durch den eigentlichen Sinneseindruck und die Eindruckser-lebnisse, verbunden mit unterbewusster Verarbei-tung, geprägt. Erfahrungen, bei denen Farben zusammen auftreten, kommen hinzu.

Bei dauernder Einwirkung rufen Farben »Ge-stimmtheiten« aus, bei diffuserer Wirkung aber eine »Anmutung«. Sehr stark lässt sich das beim gezielten Einsatz der Farbdimensionen bemerken. Gleiche Farben und lineare Strukturen, aber unter-schiedliche Farbreihenfolge.

Dadurch entsteht ein völlig anderer Eindruck. Die »Leserichtung« ändert sich vom Bedrückenden ins Heitere, von Leichtigkeit ins Unheimliche. Mit dem Gewicht der Farben ist wahrgenommen, dass Nuancen eine unterschiedliche »Schwere« haben, in der Reihenfolge Rot, Orange, Blau, Grün, Gelb, Weiß.

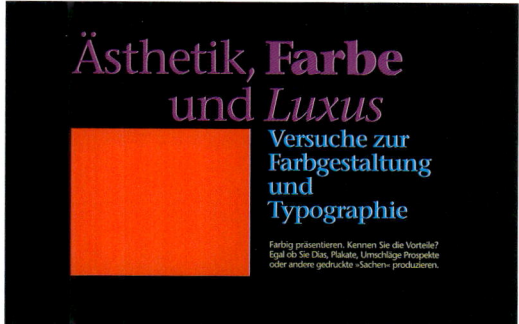

◄ Quantitäts-Kontrast

◄ Farbgewichte

◄ Quantitäts-Kontrast (Kast & Ehinger 1963)

▶
Hell-Dunkel-
Kontrast

▶▶
Farbkreis

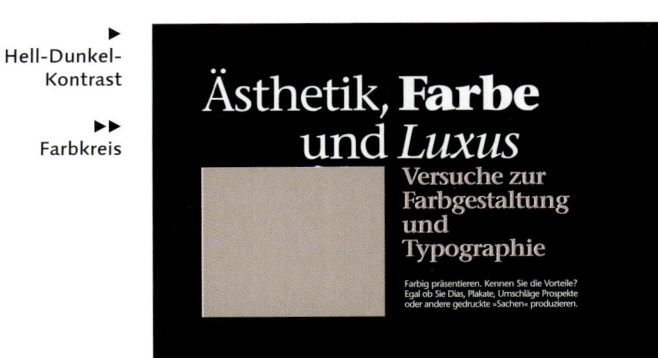

▶
Heligkeits-
täuschung

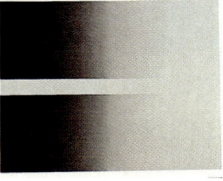

▶
Täuschung bei
grauen Streifen

▶
Gegenfarben-
Kontrast

4. Hell-Dunkel-Kontrast

Verschiedene Dunkel-Stufen nebeneinander verstärken in der Wirkung die Kontraste. Wenn beim Farberleben zuerst der Farbton und dann erst die Sättigung und Dunkelstufe erfasst werden, ist das beim bewussten Gestalten umgekehrt.

Erst wird die Dunkelstufe bedacht. Mit der darauf folgenden Bestimmung der Sättigung wird die Intensität von Buntwirkungen gesteuert. Die Wahl der Farbtöne ist dann mehr die Art der Farberlebnisse und nicht die des bildnerischen Aufbaus.

Licht und Finsternis sind die beiden Pole, und daher die totale Spannung. Dagegen steht der »Verlauf«, der ebenfalls von Pol zu Pol gehen kann, aber jegliche Spannung vermeidet. Maximale Kontraste blenden, mittlere wirken wohltuend. Täuschungen fallen besonders stark im Helligkeitskontrast auf. Gleich graue Streifen wirken auf unterschiedlichem Grund heller oder dunkler.

Flächen wirken auf Weiß dunkler als auf Schwarz. Der Halbkreis wirkt auf Weiß dunkler, der rechte ist aber dunkler (Bild »Helligkeitstäuschung«). Das weiße Umfeld »überflutet« den Eindruck, die Unterschiede sind geringer geworden.

Linie, Form, Rhythmus und Gliederung sind im Hell-Dunkel-Kontrast am deutlichsten zu erleben. Ein wesentlicher Teil der Erscheinungswelt kann somit in der Schwarzweiß-Fotografie wiedergegeben werden. Hohe Grade der Ikonizität (wie es in der Zeichentheorie heißt) sind im unbunten Bereich möglich.

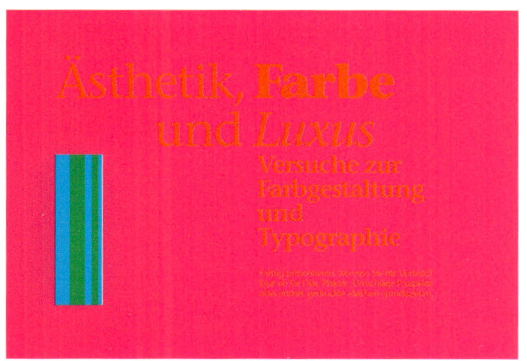

◀
Nah-Fern-
Kontrast

◀◀
Kalt-Warm-
Kontrast

5. Komplementärkontrast (Gegenfarben)

Ein gegensätzlicher Buntcharakter entsteht durch
ein Paar von Gegenfarben, sie wirken lebhaft, ihre
Beziehung scheint stabil zu sein. Die Gegensätze
steigern dabei die Wirkung.

   Im 24-teiligen Farbkreis sind solche Bezüge zu
sehen, dabei sind immer die drei Grundfarben enthalten. Im Test ist der Gelb-Violett-Kontrast auch
gleichzeitig ein starker Hell-Dunkel-Kontrast. In
der Addition ergibt das ein passendes Grau dazu.

◀
Nah-Fern-
Kontrast (Modell
von Hans Andree
für Kast & Ehin-
ger 1961)

6. Kalt-Warm-Kontrast

Im Warmbereich sind es: Gelb bis nahe Purpur; im
Kaltbereich: Blaugrün bis Violettblau. Der Kalt-
Warm-Kontrast ermöglicht Reaktionen im Unbe-
wussten. Wärmeerfahrungen können dabei eine
Rolle spielen, so dass es bisweilen in der Wirkung
in eine nicht beabsichtigte Richtung gehen kann.

7. Nah-Fern-Kontrast

Hier werden räumliche Illusionen durch Kontraste
der Farbwerte hervorgerufen, Täuschungen können entstehen.

   Faustregeln: Gelb bis Rot scheinen eher nahe,
Violett bis Blaugrün eher fern. Bei verwandten
Farbtonbereichen werden hellere Farben neben
den dunkleren als »näher« gesehen.

► Intensitäts-
Kontrast
zwischen Violett
und Gelb

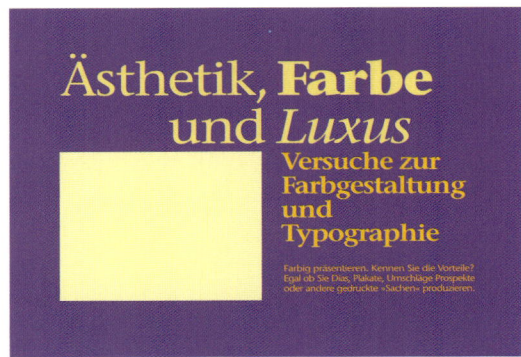

► Intensitäts-
Kontrast
neutraler

► Flimmer-
Kontrast

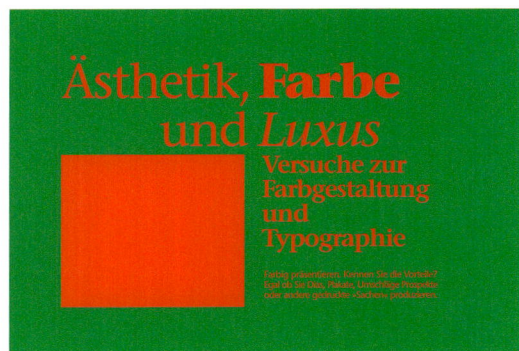

8. Intensitätskontrast (stark zu schwach)

Gelb besitzt die stärkste, Violett die schwächste Farbintensität. Für den Ausgleich ist die Anwendung des Quantitätskontrastes gut, was hier im Testbild auch deutlich wird.

9. Simultankontrast

Flächen verändern scheinbar ihre Größe durch Kontraste. Die Wirkung hat etwas Schwebendes an sich, eine Stimmung kann dabei verstärkt werden. Simultane, also wechselseitige Beeinflussung der Farben ist nahezu in allen Kontrastarten vorhanden. Hier geht es darum, diesen Reiz auszuspielen, wobei das Auge die Gegenfarbe fordert.

10. Flimmerkontrast

Ein Effekt, der z. B. in der Op-Art bewusst eingesetzt wurde, aber in der Anwendung oft eher störend wirkt. Dabei kann aber auch eine Signalwirkung hervorgerufen werden.

Sehr stark tritt Flimmern bei Vollfarben auf. Nimmt die Stärke ab, ist auch die Wirkung schwächer. Das wirkt sehr schnell störend, es sei denn, dass feineres Flimmern nur eine Vibration erzeugt.

11. Sukzessivkontrast

Durch starke Farbreizungen wirken Farben nach, auch wenn sich der Blick schon abgewandt hat. Das ist kaum für eine farbige Gestaltung einzusetzen, eher müssen solche Kontraste aus ergonomischen Gründen z. B. am Arbeitsplatz vermieden werden.

12. Erscheinungskontrast

Dieser tritt auf zwischen strukturierter und unstrukturierter Oberfläche. Ein Minimalunterschied ist schwer einzusetzen, da ein solcher Kontrast von vielen Menschen kaum wahrgenommen wird.

◄
Zweifarbige
Buntfarbenskala
HKS 42 und HKS
28 (Klingler
Wettbewerb,
Seite 163, 239)

◄◄
Simultan-
Kontrast auf
schwarzem Fond
und die andere-
Wirkung auf
Weiß

Visuelle Farbprogramme

Eine einheitliche Farbstimmung bedeutet einen
relativ hohen konzeptionell planerischen Aufwand
in der Visualisierung eines Druckwerks. Hier könnte beispielsweise eine Farbtendenz sichtbar sein,
die entweder mit gezielten Kontrasten arbeitet
oder auch Ton in Ton erscheint.

»Zweifarbigkeit« als rationelle und reizvolle
Möglichkeit gegen die »Vierfarbigkeit« unserer
Welt bietet visuelle Alternativen. Hierzu gehören
auch die in letzter Zeit immer stärker erscheinen-
den Duplexverfremdungen.

◄
Sukzessiv-
Kontrast

Farbharmonie zu behalten, funktioniert oft sehr
einfach, wenn Dominanzen anerkannt werden.
Sicher ist es sinnvoll, ein dominantes Bild erst zu
analysieren und dann die dazu passenden Farben
zu bestimmen. Farbharmonien können aus sehr
vielen angesprochenen Möglichkeiten kommen,
aber auch »Wärmecharakter im Denken« (Beuys)
beinhalten. Schlichtheit ist oft mehr als große
Buntheit.

◄
Erscheinungs-
Kontrast

Ein Diagramm als Darstellung ermittelter Größen in einer vernetzten Fläche stellt wirkliche
Sachverhalte dar. Im Beispiel ist die Farbe nicht
bloßer Effekt, sondern betont den Inhalt.

Farbe ist ein sehr wichtiger Teil der visuellen
Kommunikation. Dabei kann die Bedeutung von
Farben in verschiedenen Kulturen unterschiedlich
sein (Trauer, Schwarz).

► Farben der
Olympiade 1972
(Otl Aicher)

►► Analyse und
Beispiel der
Farbdominanz:
Die Farben des
Fotos wurden
festgestellt und
für Fond- oder
Headlinefarben
verwendet

Farbprogramme oder Theorien kennen wir aus der bildenden Kunst. Wir finden sie wieder in Konzepten zur Gestaltung. Klänge in bestimmten Tendenzen oder Kontrasten werden zu einem Programm erarbeitet. Kein gutes Erscheinungsbild kommt mehr ohne dem aus. Ein Beispiel waren die Farben der Olympischen Spiele 1972. Helle, intuitiv entwickelte Farben waren als Leitfaden charakteristisch.

Kennfarben können Produkte signifikant begleiten. Auch hier ist oft eine einfache Anwendung wirkungsvoll.

Schrift und Farbe

Wenn es um Lesbarkeit statt lautem Effekt geht, ist zu beachten:

◄ 100
Farbe und
Typografie

► Auf verschiedenen Rastern wirken Schriften sehr unterschiedlich.
► Enorme Störung der Lesbarkeit entsteht durch einen unterlegten Linienraster.
► Schwierig sind sich reibende Kombinationen, die eigene Helligkeit der jeweiligen Farbe ist entscheidend.
► Mangelnder Kontrast, Flimmereffekt bei annähernden Komplementärfarben (auch bei Grau und Buntfarbe) reduzieren die Lesbarkeit, sind aber aufregend.
► Farben werden meistens durch ihre Umgebungsfarbe in Richtung des Komplementär beeinflusst. Dunkle Farben lassen graue und farbige Schriftzeilen heller erscheinen; heller Hintergrund wirkt umgekehrt und beeinflusst in Richtung der Komplementärfarbe (Grau auf Grün wirkt rötlicher), leuchtende Farben lassen den Hintergrund stumpf erscheinen – und umgekehrt.

Farbe und Form

Farbe kann also sehr einfach zur Verdeutlichung eingesetzt werden. Bedeutung und Typografie, also zwei Charaktere, könnten miteinander neue Inhalte darstellen. Farbe kann auch künstlerische neue Zeichen geben. Farbe kann auch sehr künstlerische Funktionen begleiten.

Nutzen Sie die Möglichkeiten, aber gestalten, im schöpferischen und handwerklichen Sinne, müssen Sie Ihre Vorhaben durchaus zusammen mit den Formen und vor allem den Funktionen.

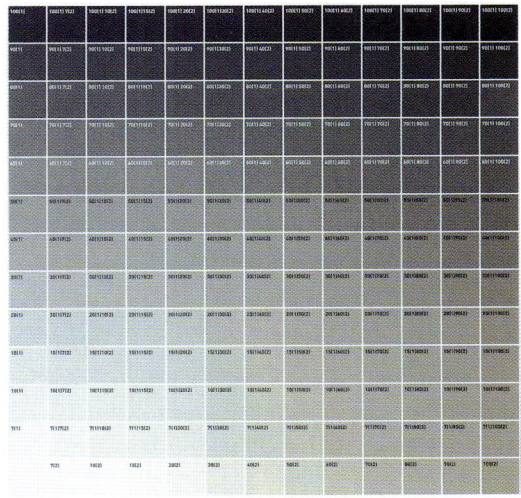

◀
Beispiel in Duplex (Duotone)
und die dafür erstellte Farbskala
aus Pantone 539 und HKS 89
(DIN-Geschäftsbericht 2000)

ABC	Weihnachtszeit	Frühling
Schule	Das Jahr	Sprach- und Denkspiel
Zu Hause	Winter	Lesen, Bücherei
Herbstluft	Bauernhof	Dinosaurier
Miteinander	Märchen	Bewegung
Gesundes Essen	Erreichbar sein	Sommerferien

◀
Farbkonzept
für eine
Schulbuchreihe

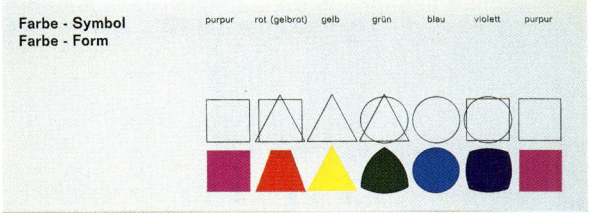

Farbe - Symbol
Farbe - Form

purpur rot (gelbrot) gelb grün blau violett purpur

◀
Zusammenhang
zwischen Farbe
und Form, eine
Annahme

Bilder verwenden

Praxis der Gestaltung von Druck- und Bildschirmprojekten

Text und Bild gehören seit jeher zusammen und sind doch so verschieden. Wie man Bilder auswählt, »sieht« und wie man sie wirkungsvoll einsetzt, erfahren Sie hier; außerdem erhalten Sie eine Beschreibung verschiedener Bildarten.

DIE BILDSPEICHERUNG IM GEHIRN ERFOLGT IN anderen Regionen als Sprache oder Schrift. Diese Speicherung ist sinngemäß, nicht fotografisch mit allen Details, sondern mehr semantisch abstrakt. Assoziation zu Sprache und Schrift sind möglich. Bildhafte Vorstellungen der eigenen Erinnerungen sind üblich. Aber Texte sind in der Erinnerung »sinngemäß« und nicht wörtlich. Durch das Gehirn erfolgt eine ständige Datenaufnahme, die sofort in bedeutungsvolle Inhalte übersetzt wird.

Psychologisch gesehen werden Schemata benutzt, die im Gehirn vorhanden sind. Skripte, als Handlungspläne sind abrufbar. Mentale Modelle sind aus der Erfahrung gebildet, machen aber beispielsweise das Durchspielen von Planungen möglich. Verstehen gilt als neues Einfangen und Lernen als gewusstes Verändern.

Für den Wissenserwerb durch Bilder können Piktogramme benutzt werden. Stark vereinfacht, stilisiert, rufen sie bestehende Schemata ab, müssen aber auch erkennbar sein!

Eine Konstruktionsfunktion von Bildern entsteht in Erklärungen oder Gebrauchsanweisungen.

Die Fokusfunktion von pädagogischen Bildern zeigt, dass teilweise das Bild differenziert wird, um etwas hervorzuheben.

Ersatzfunktionen sind nötig, wenn noch kein Vorwissen vorhanden ist, sie überfordern leicht. Abhilfe schafft hier die Verwendung einer Bildserie.

Ein Informationsvorteil ist dann gegeben, wenn auf einen Blick informiert wird. Dabei ist die Infor-

mation in der räumlichen Beziehung wichtig, sogar in der symbolischen Bedeutung im Diagramm: links gilt als zeitlich früher.

Bilder werden ebenso wie Texte Blick für Blick gelesen. Das heißt, dass Fixationspunkte benötigt werden. Aus der wirklichen oder bildlichen Szene wird ein Informationsskelett entnommen, das sukzessiv zu einem Informationsganzen vervollständigt wird. Die Zeitspanne der Wahrnehmung benötigt hierzu das Kurzzeitgedächtnis.

Die Anordnung der Leserichtung ist modellhaft für das Lesen von Bildern. Der Zeichner kann natürlich durch Gewichte und Formen der Elemente den Aufnahmeprozess steuern. Das ist besonders beim Pfeilzeichen zu erleben.

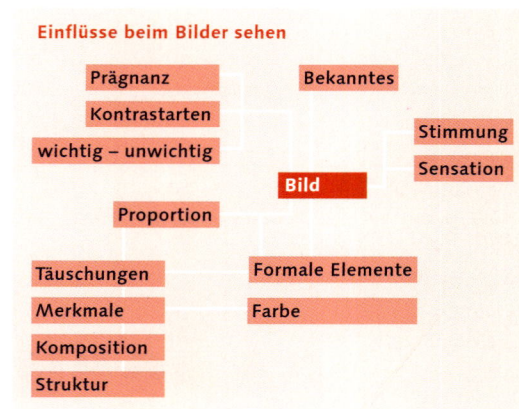

Einflüsse beim Bilder sehen

Prägnanz — Bekanntes — Kontrastarten — wichtig – unwichtig — Stimmung — Sensation — **Bild** — Proportion — Täuschungen — Formale Elemente — Merkmale — Farbe — Komposition — Struktur

Abbilder erkennen: Linien werden als Kontur einer »Wirklichkeit« gedeutet, verdeutlichen sogar und machen die Unterscheidung zwischen Figur und Hintergrund leichter. Informationen über Raumtiefe, Position des Gegenstandes, den Rahmen als Ausschnitt wirken mit (Abbildungskonvention).

Das Bildverstehen anhand unseres Weltwissens ist enorm; Bilder werden in Sekundenbruchteilen erkannt.

Das pädagogische Bild mit Mitteilungsabsicht zielt auf ein indikatorisches Bildverstehen. Das bedeutet, dass eine Mitteilungsabsicht des Bildproduzenten vermutet wird und der Lernende diese Abbildung »befragt«.

Didaktische Maßnahmen werden zur Bildwahrnehmung, zur Sicherung des Bildverstehens und zur Nutzung des Bildes eingesetzt. Für ein eindeutiges Bildverstehen ist wesentlich:

▶ Figur-Grund-Unterscheidung
▶ Schattierungs- und Farbinformationen
▶ vertrauter Blickwinkel
▶ Kontextualisierung

Bildgrammatik

Zur Funktion der Bilder: Die Darstellung in Bildern setzt fast immer den Gebrauchswert von Bildern voraus. Früher war die Umwelt noch überschaubarer. Durch die Zunahme an Schildern und Bildern brauchen wir eine Ordnung des Sehens. Generell selbsterklärend sind im Übrigen noch lange nicht alle Bilder.

Der Begriff der Bildkomposition, der seit Thomas von Aquin als thomistisch bezeichnet wurde, verliert sich seit den fünfziger Jahren zunehmend zu Gunsten eines komplexeren Begriffs. Dabei spielt neben der Abbildfunktion die Bildfunktion eine stärkere Rolle. Schließlich wird von einem kandinskyschen Bildtyp gesprochen, wobei das Abbildfreie gemeint ist.

Man spricht heute von Bildkompetenz und versucht mit den Möglichkeiten der Semiotik, dem

Bilderverstehen näher zu kommen. Begriffe wie Ähnlichkeit, Nahdistanzkonstruktion, ikonografische Metaphern helfen, um Bilder zu definieren. Bilder als Konstruktionen im Kopf werden den Möglichkeiten der »Bildwende« gegenübergestellt, die ja auf eine Überlegenheit der Bildwahrnehmung aufbaut (Ferdinand Fellmann). Die praktische Frage heißt da, wie man bildliche Vorstellungen durch reale Bilder nutzen kann.

Ob es ein Bildalphabet gibt, ist eher unwahrscheinlich, da Bilder dichten Symbolsystemen angehören und unendlich viele Charaktere besitzen können. Ein Bildalphabet braucht aber eindeutige Zuordnungen von konkreten Zusammenhängen.

»Die Bildgestaltung ist durchweg praktisch-pragmatisch ausgerichtet und nutzt zu großen Teilen wahrnehmungspsychologische Konstanten und das kulturell gelernte Wissen. Die gezielte Anordnung der Einzelelemente in Bildern erleichtert die Vermittlung, indem sie den Sehfluss und die Aufmerksamkeit lenkt und so dem Bildthema über die Visualisierung ein Beziehungsschema liefert. Die Komposition soll das inhaltliche Kräftegefüge des Themas visualisieren … die Bildgestaltung selbst produziert noch keine Bedeutung«. Die visuelle Argumentation im Sinne eines funktionierenden Designs steht im Vordergrund.

Aus der Geschichte der Buch- und Mediengestaltung geht hervor, dass Bilder bis vor kurzem etwas Besonderes waren. Das hängt auch vor allem mit der Mühe, dem Aufwand und den Kosten zusammen, die für Bilder eben geleistet werden mussten. Die Mühe, die hinter einem »handgemachten« Holzschnitt oder einer Lithografie stecken, kann man sich ja noch vorstellen.

Aber dass Bildkosten für die Reproduktion und den Druckstock oft gigantisch waren, sei an einigen Zahlenbeispielen bemerkt: (Ein vierfarbiges Bild, etwa DIN A4 groß):

▶ Buchdruckklischee noch 1968: DM 1500
▶ Offsetlithografie ca. 1980: DM 450
▶ Scan mit Bildbearbeitung 2000: DM 130

Es geht hier um Qualitätsarbeit und nicht um »irgendwie eingescannt«. Zudem ist zu berücksich-

Martin Scholz, Gestaltungsregeln in der pictorialen Kommunikation. In: Bildgrammatik, s. S. 277

Checkliste Bildauswahl	
Inhalt	Was soll dargestellt werden? Zielgruppe, Ansprüche Ästhetische Qualität
Umfeld	Abfolge, Gewicht zueinander Komposition Größe Zuordnung
Reproduzier- barkeit	Größen Farbwirklichkeit Kontrast Schärfe/Brillanz Gradation Ausschnitt möglich
Administrativ	Rechte Kosten

tigen, dass die Kaufkraft von 1968 eine etwas andere war. Das entspräche heute einem Preis von fast DM 5000. Der Preis und natürlich die enormen und wunderbaren technischen Möglichkeiten erleichtern es uns heute sehr, Bilder in großen Mengen zu verwenden. Aber auch die Bearbeitungskosten sind so stark gesunken, dass mancher bisher schwer erreichbare Unsinn heute selbstverständlich möglich wird.

Mit Bildern umgehen bedeutet früher wie heute eine sorgfältige Auswahl der Bilder.

Hat man erst die Originalvorlagen als Fotos (Aufsichtsvorlagen), Dias oder Daten, dann sind oft Bildausschnitte zu verbessern, also eine Korrektur des vom Bildautor Gesehenen wird fällig oder nicht. Wenn Ausschnitte aus den Bildern genommen werden, sollte das bereits mit dem Layoutscribble überlegt werden. Zwar muss heute nicht mehr bereits zu diesem Zeitpunkt der Ausschnitt millimetergenau bestimmt werden. Der Gestalter sollte aber wissen, was er beabsichtigt, und im Sinn der Datenmengen die Bilder nur etwas größer als später gebraucht zum Scannen geben.

Veränderungen von Gradation, Farben, Detailveränderungen sind jetzt festzulegen (später sind es Kundenkorrekturkosten), möglichst präzise. Das geht bei Veränderungen von Details leicht, ist aber bei Farbveränderungen schwieriger. Verweisfarben aus der Euroskala, von Sonderfarben oder gegenständliche Farbmuster sind am sichersten.

Jetzt ist auch schon festzulegen, nach welchen Bedingungen der Druckvorstufe und vor allem des Auflagendrucks und des zu verwendenden Druckpapiers gehandelt werden muss.

Unsere normale Wahrnehmung ist nicht so einfach zu durchbrechen. Es stört, wenn der Horizont auf einem Bild nicht gerade ist oder gar, wenn das Bild schräg eingebaut ist. Fotografen setzen Ausschnitte oft genau selbst fest. Die Interpretation der Wirklichkeit hat also schon jetzt begonnen.

Die Qualität, die später im Druck sichtbar wird, ist ein wichtiger Aspekt für die Verwendung eines Bildes. Die Beurteilung der technischen Druckqualität bezieht sich neben der Wirkung auf dem jeweiligen Papier und der eventuellen Oberflächenveredelung in erster Linie auf Leuchtkraft und Gestaltung. Ist aber auch die Farbwiedergabe im Druck gleichmäßig? Schwierigkeiten des Farbsehens und Vergleichens mit dem Originalbild werden durch Normlichtwerte bei der Beurteilung erleichtert. Die Passergenauigkeit ist ganz wesentlich, nicht nur für die scharfe Wahrnehmung eines Bildes, sondern auch für Ton- und Farbwertverschiebungen.

Layout als Inszenierung

Aus der Geschichte der Bildverwendung in den Druckmedien kennen wir das fast lineare Nebeneinander der Text- und Bildwelten. Faszinierend ist deshalb, dass Koberger um 1493 einen genauen Layoutplan für die Schedel'schen Weltchroniken entwickelte. Dabei nahm man es in dieser Zeit mit der Wahrhaftigkeit der Bilder nicht so genau. Abbilder von Personen wurden für verschiedene Personen gleich mehrfach eingesetzt.

Erst im 20. Jahrhundert, nach der Erfindung der Fotografie und vor allem mit der gerasterten Zinkätzung, bekommt das Bild eine neue Bedeutung. Die Seitengestaltung der neuen Zeitschriften orientierte sich allerdings mehr an Tendenzen des 19. Jahrhunderts.

Während in der Gestaltung die Orientierung an das Tafelwerk des 19. Jahrhunderts vorherrschte, ergaben sich neue Aspekte. Eine Gestaltung als »Installation« versuchte Moholy-Nagy am Bauhaus. Hier erhielt erstmalig wohl die Bild- und Textverbindung eine neue Dimension.

Die Möglichkeiten der Fotografie erweiterten sich in den 50er-Jahren. In der Zeitschrift »Life« fand man Fotografien großer Fotografen abgebildet, eine Optimierung und besondere Gestaltung war aber die Ausnahme. Die Zeitschrift »magnum« brachte dagegen in Deutschland einen modernen Zeitbezug sowohl in den kulturellen Ansichten als auch in der Fotografie.

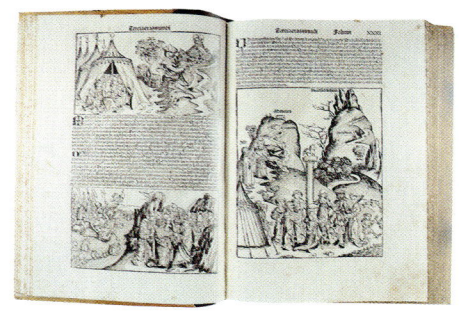

▲
Hartmut Schedel, Das Buch der Chroniken. Nürnberg 1483, Anton Koberger

▲
magnum 1959

◄
Berliner Illustrierte Zeitung 1928

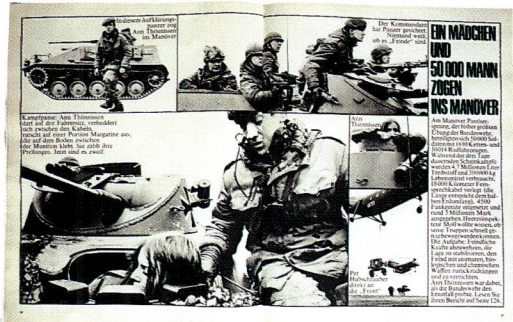

◄
twen 1967 (Willi Fleckhaus)

▶
SZ-Magazin
52/2000
(Internet-Suche)

▶▶
Brand eins 1-2001
(Mike Meiré)

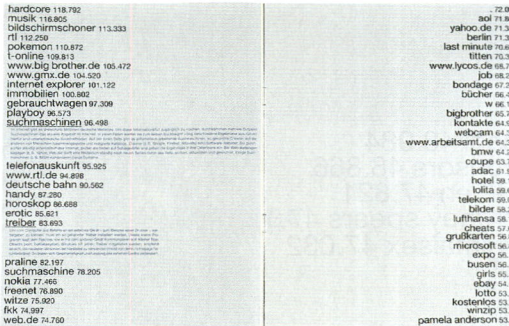

▶
Chaotisches
Layout,
Florenz 1952

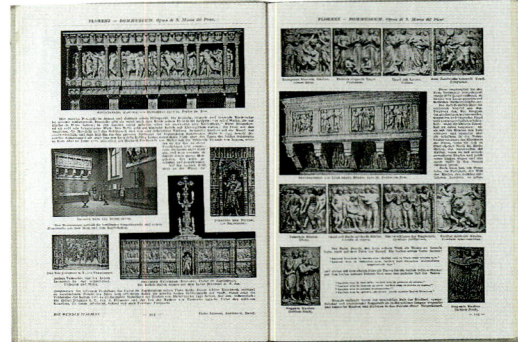

Eine populäre Zeitschrift für junge Leute sollte die Arbeit mit dem Bild und im Layout gründlich verändern: die »twen«, gestaltet von Willi Fleckhaus. Sein Einfluss von amerikanischen Layoutern war offensichtlich, nur hat Fleckhaus sein Layout konsequenter und damit auch interessanter gestaltet. Vor allem seine Bildausschnitte sind zu Vorbildern geworden.

Die so genannte Schweizer Grafik oder der Internationale Stil kamen Ende der 50er-Jahre zum Blühen, wobei das mit einer konsequenten und reduzierten Typografie verbunden war.

An der HfG Ulm wurde diese Tendenz dann verinnerlicht und weiterentwickelt, was nicht zuletzt in der Fotografie von Otl Aicher zu sehen ist.

Keine Bilder zu verwenden ist heute für eine Zeitschrift schon etwas ganz Besonderes, wie es das Magazin der Süddeutschen Zeitung wagte. Aber hier ist eben die Schrift das Bild, das vertraute Bild des Suchenden im Internet.

▶
Scribble
(Philippine
Heering)

Bildverwendung

Fotografie gilt als sorgfältig vorbereitetes Produkt. Wege zur Optimierung werden fast immer gesucht, ob im Kunstband früherer Epochen, wo die Ordnung auf der Strecke blieb, oder ob Titel für Zeitschriftencover in Auftrag gegeben werden. Die Bedeutung des Bildes kann didaktisch unterstützend sein, der bewusste Einsatz ist entscheidend.

◀
Ludwig
Hohlwein,
Klinkhardt &
Biermann
München 1996

◀◀
Natur + Umwelt
Covers

Bilder in Büchern und Zeitschriften

Konzeptionelle Vorbereitungen für eine funktionierende visuelle Gestaltung ist selbstverständlich. Um mit Bild und Text gut arbeiten zu können, sind Rahmenbedingungen wie ein Gestaltungsraster zu schaffen. Bei dessen Anlage sind die möglichen Bildproportionen berücksichtigt. Überhaupt steht am Anfang auch eine Auseinandersetzung mit Proportionssystemen.

Bildplanung kann auch bedeuten, dass Fotos erst in Auftrag gegeben werden. Hierzu sind bisweilen die Vorstellungen des Redakteurs oder Gestalters zu scribbeln, wie es hier für Illustrationen geschehen ist.

Wenn Kunst oder künstlerische Fotografie abgebildet wird, geht es selbstverständlich um eine vollständige Abbildung des Werkes, jeglicher Ausschnitt wäre in der Regel ein störender Eingriff.

Aber allgemein zeichnet sich in Magazinen zurzeit eine Tendenz zum ruhigeren, klareren Bild ab, das gilt auch für die gesamte Gestaltung. Inszenierung, Bespielung der Seiten eines Buches sind eine Möglichkeit, um verwendetes Material nicht aufgemotzt zu zeigen, sondern funktionierend und dem Anlass entsprechend wirken zu lassen.

Eine Anreihung von Objekten zeigt, wie in diesem Fall historische Plakate in unterschiedlichen Formaten aufeinander abgestimmt werden können. Dadurch wird die Rastergestaltung etwas beunruhigt, aber auch der Gesamteindruck spannender.

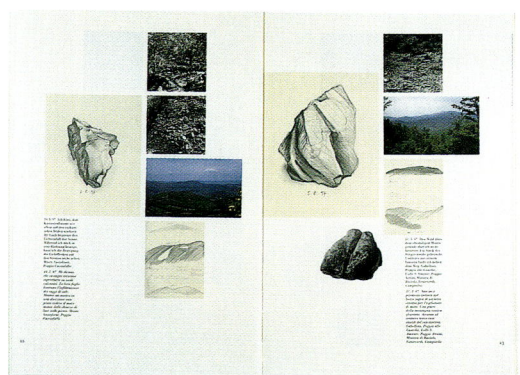

◀
Brentano, Luoghi,
Edition Suter,
Basel 1997

◀
Form vollendet;
HypoVereinsbank
München, 2000

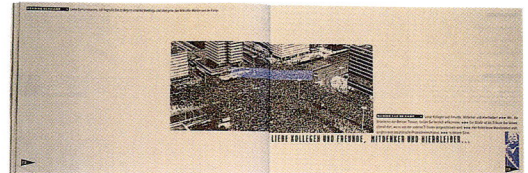

◀
9. November
1989
(Gruppe Grappa)

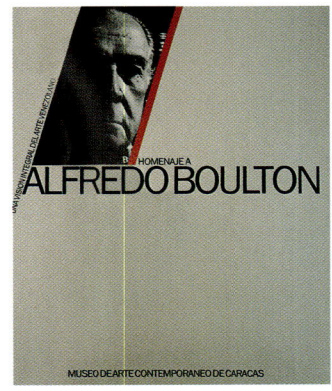

▲
Umschlag IBA 1989

▲
USA Today, Titelseite 1992

▶
DIN und Grafik

◀ 144, 221
Zeitschrift

▶
Internet-
Erscheinung

◀ 148
Infografik

Erzählende Bildfolgen: *Begehungen* von Michael von Brentano mit Fundstücken, Zeichnungen, Orts- und Landschaftsfotografien.

Ein Zwischentitel, der mit Ausschnitten aus kunsthandwerklichen Objekten Neugierde schaffen könnte – oder der weite Eingriff in das Bild mit einer Aufmacherinszenierung in einer Wochenzeitung …

Inszeniert war auch dieses Bildbuch, dessen Texte sogar visualisiert waren, gestaltet von einer der interessantesten Gestaltungsgruppen in den letzten Jahren der DDR: Querformat, dem Demonstrationszug folgend, Farbverfremdung.

Aber jede Zeitschrift lebt von der besonderen Auswahl und Anordnung der Bilder, wie die Beispiele aus der Mitgliederzeitschrift des Bundes Naturschutz zeigen.

Bisweilen gelingt sogar etwas, das Karl Gerstner »Integrale Gestaltung« genannt hat. Bild und Text ergeben in ihrer Verdichtung etwas Neues, was beide allein oder nebeneinander nicht vermocht hätten.

Extreme Formate oder Größen können Stilmittel in der Gestaltung sein.

Verlässt man das für das Bild typische Rechteck, kann die Gesamtgestaltung interessant sein, aber das Bild selbst, dessen »Lesbarkeit«, dürfte eingeschränkt sein.

Diese aus verschiedenen Vorlagen digital komponierten Bilder sind zunächst Kopfbilder, Vorstellungen von Stimmungen. Sie sind in unserer Zeit mit prägend, wenngleich viel zu viel davon in unseren Blickfeldern herumschwirren.

Bilder anwenden bedeutet aber auch die Arbeit mit Infografiken. In den 80er-Jahren begrüßten wir die »USA Today«, vor allem wegen ihres weit in die Zukunft reichenden technischen Konzeptes, aber auch wegen der elektronisch gestalteten Infografiken, die es in anderen Blättern vereinzelt gab, wenn auch, wie in diesem Beispiel gezeigt, anschaulich informativ. Ob in der Zusammenarbeit mit Illustratoren oder als Ausdruck konzeptioneller Planung, die Bilder leben vor allem aus sich und in ihrer Komposition. Der zeitliche Aspekt darf nicht vergessen werden. Manche Tendenz endet und bei vielem sieht oder spürt man viel später noch lange die Spuren.

Die Gestaltung von Bildschirmseiten für Internet oder Multimedia setzt das Handwerk und das Wissen eines Gestalters voraus. Allerdings findet man in diesem Bereich allzu viel, das davon unbeleckt ist, nur die Technik stimmt. Sicher geht es so wie in dem Beispiel auch nicht.

Ein Beispiel nun aus dem Internet. Der Umgang mit Bildern ist hier ganz stark von den technischen Möglichkeiten geprägt. Die Programmierung und der Aufbau sowohl von Multimedia, als auch von Internetauftritten zeigt, dass Schlichtheit oft (vom Nutzer) belohnt wird, nämlich, wenn es funktioniert und man nicht ewig warten muss. Aufwändige Auftritte bringen mich oft zum Staunen, aber der Arbeitsaufwand und die Kosten sind dann auch dementsprechend.

Bildstellung

Bilder auf Textseiten wirken nicht nur von sich aus, sondern können in ihrer Wirkung durch die Platzierung und eine »Interaktion« miteinander eine enorme Steigerung erfahren. Das heißt, dass die Gestaltungsgesetze greifen. Spannung, Ruhe und Symmetrie kommen zur Geltung.

Ist das Projekt einspaltig, so sind die Möglichkeiten der Akzentuierung durch Bilder, zumindest was die Platzierung betrifft, geringer. Das Bildgewicht der einzelnen Bilder zueinander wird entscheidend für den Eindruck durch den Betrachter sein. Setzt man die Bilder auf gleiche Höhe, sozusagen demokratisch, kann zunächst nicht viel Negatives passieren. Aber vereinzelt man die Bilder zu sehr, wird der Gesamteindruck eher zerrissen sein. Die Gestaltungsgesetze der Nähe und auch der Geschlossenheit wirken mit. Ob Spannung erzielt werden kann, hängt natürlich auch von der Größe der Seite ab. Bei kleinen Formaten empfiehlt es sich eher, nur ein Bild je Doppelseite zu nehmen.

Mehrspaltiger Satz bietet dagegen eine große Zahl an attraktiven Gestaltungsmöglichkeiten bei der Verwendung von Bildern. Schwieriger ist es, wenn Bilder in den Text eingebaut werden. Angemessene Ränder und besonders das Gestalten der Seiten wollen gelernt und geübt sein. Falls ein Marginalraum zur Verfügung steht, kann auch dieser viele Möglichkeiten der Gestaltung bieten.

Im Modell auf Seite 142 für eine Bildplatzierung wird eine Fülle von Varianten gezeigt. Natürlich gibt es noch viel mehr Möglichkeiten. Aber anhand dieses Modells sollen die wichtigsten Regeln der Bildstellung erläutert werden.

Das Grundmodell dieses Projektes ist linksbündig flatternd gesetzt. Aus diesem Grund sind die Bilder auch in der Regel auf die linke Satzkante gestellt. Das ist konsequent. Eine Mittelachse würde in diesem Fall eine unnötige visuelle Komplizierung schaffen. Eindeutige Stellungen sind zu bevorzugen.

Einspaltige: Einzelne Bilder sind deshalb vorzugsweise an die obere oder untere Satzkante zu stellen (1, 6). Gleich große Bilder stehen gut auf gleicher Höhe (2). Ganzseitige Bilder, die nicht die ganze Satzspiegelhöhe umfassen, sind nach dem Gesetz der optischen Mitte zu stellen, also unten etwas mehr Raum als oben (3). Zwei oder mehr Bilder nebeneinander sind vorteilhaft, wenn sie die selbe Größe haben (4, 5). Unterschiedliche Bildgrößen sollen deutlich unterschiedlich sein und brauchen eine gemeinsame Achse (7), im Beispiel ist es für die auf der Seite oben stehenden Bilder die Unterkante. Sogar die Überschreitung der eigentlichen Satzbreite kann möglich sein, wie das rechte Bild im Beispiel zeigt. Langweilig wirkt dagegen eine simple Diagonalstellung zweier Bilder (8).

Zweispaltige: Auch hier bringen verbindende optische Achsen eine klare Gestaltung (9). Größenkontraste einzelner Bilder dürfen deutlich sein (10, 14). Spannung tritt ein, wenn Bilder in großem Abstand und in interessanter Konstellation stehen

Abbildungen siehe nächste Seite

1
2
3
4
5
6
7
8
9
10
11
12
13
14
15
16
17
18
19

▲
22 Beispiele von Bildstellungen

20

21

22

(11, 13, 14). Doch nicht weniger interessant können auch gleich große Bilder unmittelbar nebeneinander wirken, wenn die Platzierung auf der Seite die Spannung erhöht (12). Je mehr Bilder auf der Doppelseite auftreten, umso schwieriger wird das Layout. Gleichzeitig kann die Attraktivität noch erheblich gesteigert werden. Rhythmus und eigene Form verstärken sich (15). Eine Spannung entsteht durch überlappende Kanten, wobei diese eindeutig und nicht zu knapp sein dürfen (16).

Zweispaltig mit Marginalspalte: Marginalspalten erhöhen den Schauwert eines Katalogs. Ihre gestalterische Handhabung ist etwas schwieriger als der zweispaltige Katalog, und es bedarf etwas handwerklicher und gestalterischer Übung. Breitere Bilder können nun nicht nur auf zwei Spalten stehen, sondern auch den Marginalraum mitbenutzen (17). Bildlegenden, die wir der Miniaturisierung wegen bei den ein- und zweispaltigen Beispielen weggelassen haben, können im Marginalraum leseunterstützend wirken. Die Anordnung und der Rhythmus werden betont (18). Aber auch kleinere Abbildungen im Marginalraum wären denkbar (19).

Durch die wunderbaren Möglichkeiten des Satzes mit Personal Computern wird man leicht verführt, zu komplizierte Details zu produzieren. In den Text hineinragende Bilder sind so ein Fall. Sie müssen fein eingebaut werden, das heißt, dass der Abstand zwischen Bild und Text harmonisch sein

muss (20). Mit Bildstellungen, die bis an den Rand der Seiten gehen, ist ebenfalls sehr zurückhaltend umzugehen. Was hier im Beispiel (20) im Zusammenhang mit der linken Seite gut wirken kann, wird bei zu häufiger Benutzung rasch verbraucht und wirkt ausgesprochen »billig«. Bilder zwischen Spalten eingebaut (21) sind noch schwieriger in ihrer Wirkung. Nicht nur die Abstände müssen stimmen, sondern auch das Bild selbst muss dieser besonderen Platzierung würdig sein. Auch sehr unterschiedliche Größen können, falls sie eine gemeinsame Achse benutzen, durchaus wirkungsvoll sein. Im Beispiel 21 sind sogar die sonst strengen Spaltenkanten aufgehoben, allerdings eindeutig und nicht nur etwas daneben. Kleine Bilder, die gleich behandelt werden, dürfen mit anderen Formaten konkurrieren (22), die Kombinationsmöglichkeiten, die ein geübter Gestalter einsetzen kann, sind endlos.

Aber über die Platzierung hinaus sind auch die formalen Bildinhalte zu berücksichtigen, sowie Kontraste, Richtungen, Grauwert, Gewichtung. Falsch eingesetzt können Anordnungen auch das Gegenteil bewirken, nämlich Störung. Natürlich lebt die Attraktion einer Bildwirkung zunächst aus dem eigentlichen Bildinhalt. Aber entscheidend ist die Umsetzung auf der zur Verfügung stehenden Gestaltungsfläche und die Rücksichtnahme auf alle anderen vorkommenden Gestaltungselemente. Im ganz gelungenen Fall kann man sogar von integraler Gestaltung sprechen.

▲
Fotografie,
Illustration und
Wissen-
schaftsbild
innerhalb eines
Zeitschriften-
beitrags. Natur +
Umwelt, Sonder-
heft Naturschutz
2001

Wissenschaft-
liches Zeichnen.
Museum für
Gestaltung,
Zürich 1990

Bildarten

Unterschiedliche Bildarten werden – nach ihrer Analyse – auch verschieden eingesetzt. Bei der Verwendung mehrerer Bildarten ergeben sich verschiedene Bildebenen, die bewusst in die Gesamtgestaltung integriert werden müssen.

Fotografie

Fotos sind die häufigsten Bildquellen. Die Sehweise der fotografierten Welt dominiert unsere Wahrnehmung nach der reellen Weltsicht. Zu unterscheiden sind als Originale:

▶ Digitale Fotografie
▶ Durchsichtsvorlagen wie Kleinbilddia, Mittelformate und Großformate (Ektachrome)
▶ Aufsichtsvorlagen (Vergrößerung und Abzüge von Negativen), Drucke
    Während künstlerische Fotografie oder Abbildungen von Kunstwerken in der Regel keine Ausschnitte zulassen, ist dies mit anderen Materialien möglich. Agenturbilder sind oft so angelegt, dass Spielräume für die Gestaltung anderer Elemente (z. B. Schrift) bleiben. Viele Fotografen arbeiten heute aber mit sehr präzisem »Blick«, wobei das Bild im Ausschnitt schon perfekt ist.

Illustration

Illustrationen können sich mehr an künstlerischen Gesichtspunkten orientieren, ihr Stil ist dabei sehr wichtig. Jedoch geht es häufig um die Darstellung eines Zusammenhangs, der durch die künstlerische Arbeit hervorgehoben oder veredelt wird. Das bezieht sich auf Sachobjekte, aber auch auf das Kinder- und Jugendbuch. Die Illustration im literarischen Buch hat andere Gesichtspunkte. Hier geht es nicht um eine Darstellung des Gelesenen, sondern um die Erweiterung auf eine neue »Ebene«. Die Grenzen zur Kunst sind dabei fließend.

Wissenschaft

Für die Wissenschaft kommen alle Arten der Grafik in Frage. Zunehmend hat sich aber beim Nichtsichtbaren eine grafische Darstellungsform entwickelt, die solche komplexen und abstrakten Zusammenhänge mit einer sehr anspruchsvollen Ästhetik versucht zu visualisieren. Hier geht es um spezielle Fotografie oder Mikrofotografie, aber auch in Rechnern erzeugte Bilder.

Grafik

Grafik überschreitet meistens die Leistungen der Typografie, hängt aber oft sehr dicht damit zusammen. Sie kann sehr unterschiedlich auftreten:

1. Als Aufmacherkunst, wobei viele Stilrichtungen möglich sind, realistisch, abstrakt, abstrahierend, also als Illustration.
2. Realistische Darstellung vor allem in solchen Bereichen, wo die Fotografie zu viele für den Bildzweck nicht wesentliche Details wiedergibt.
3. Als witzig gehaltene Verdeutlichung in der Karikatur oder im Cartoon.
4. Als technische Grafik: Von der visualisierten Tabelle bis zur Explosionszeichnung. Den Hauptanteil stellen Diagramme und Infografiken.

Diagramme

Diagramme der schematischen Darstellung sind ein Zusammenspiel aus dem wissenschaftlichen und fachlichen Inhalt und einer künstlerischen Visualisierung. Diese dient der besseren und spielerischen Erfassung der dargestellten Zusammenhänge. Wichtig ist die Wahrhaftigkeit (Walter Herdeg). Verhältnisse müssen stimmen, die Oberflächenschmückung wäre hier eine Täuschung. Der richtige Tonfall der visuellen Mittel muss eingesetzt werden wie Farbe, Proportion und Maßstab, Schriftgröße und grafischer Stil.
Zu unterscheiden sind:

1. Vergleichende statistische Diagramme
2. Ablauf-, Gliederungs- und Wegliniendiagramme
3. Diagramme von Vorgängen und Funktionen

Checkliste Bildanalyse und Gestaltungselemente	
Format	Größe, Abstand, Augenbewegung, Augentäuschung, Eindruck, Quadrat, Rechteck, querstehend, hochstehend, extrem schmal, Seitenverhältnis, Proportion
Figur-Grund-Beziehung	Figur abheben vom Grund, kleines Element eher als Figur zu sehen, Figur und Grund können nicht gleichzeitig wahrgenommen werden, dicht beieinander liegende Elemente werden als ein Element gesehen (Nähe), symmetrische und geschlossene Formen werden bevorzugt als Figur wahrgenommen
Punkt	Formen, Anzahl, optische Linie, optisches Dreieck, optische Form
Linie	Waagerechte, Senkrechte, Diagonale, Gegendiagonale, schräg, Duktus, Begleitlinie, Kontrast, optische Flächen Linienarten: – Objektlinie – Schraffierte Linie – Umrisslinie – Silhouette
Fläche	Dreieck, Kreis, Quadrat, Rechteck, freie Formen, Flächen im Kontrast, Struktur, imaginäre Form, Punkt und Linie, Punkt und Linie und Fläche
Raumaufteilung	Proportionen, Goldener Schnitt, Mengenaufteilung, Mengenkontrast, Horizont, Vorder- und Hintergrund, Unschärfen, Weitwinkel, Teleobjektiv, Bildebenen, Fluchtpunkt, Perspektive
Anordnung	Symmetrie, Asymmetrie, Bewegung, Richtung
Licht	Beleuchtungsrichtung, Lichtstärke, Schatten
Muster	Textur
Farbe	Ton, Sättigkeitsgrad, Helligkeit, Kontrastarten

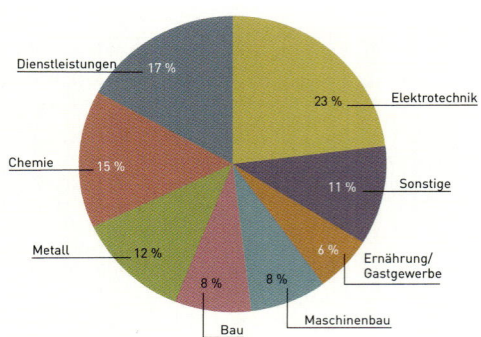

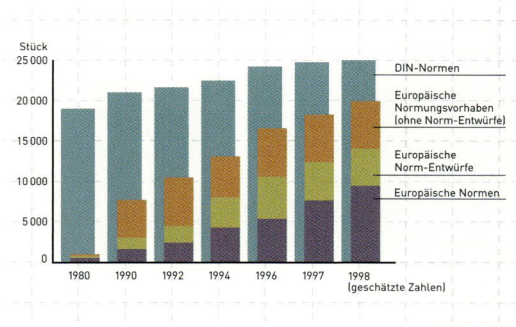

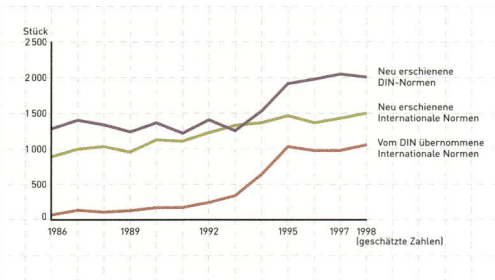

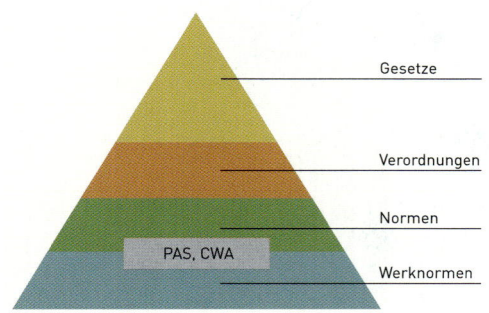

4. Tabellen und Fahrpläne
5. Kartografische Diagramme oder dekorative Karten
6. Diagramme als Gestaltungselemente

Was besser und schneller erfassbar im Bild dargestellt werden kann, soll auch Bild sein. Bestimmte Abläufe können in der Sprache besser ausgedrückt werden, wobei Grafik überflüssig, ja störend wäre. Aber oft ist eine Kombination aus Bild und Text sinnvoll. Typisch hierfür ist auch der Wert einer Bildunterschrift, die im Idealfall ja auch die Verbindung vom Bild zum Fließtext schafft.

Der Entwicklung einer bildlichen Darstellung geht eine Analyse voraus. Was sind die inhaltlichen Fakten, welche Information soll erzielt werden? Dabei enthalten Informationen für Diagramme meistens eine Invariante, die allen ursprünglichen Beziehungen gemeinsam ist und Varianten als Komponenten. Die Komponenten werden sortiert und gleichwertige werden der besseren Anschaulichkeit wegen zusammengestellt.

Die Schrift in der Grafik muss in Größe, Anordnung und Duktus so eingeordnet sein, dass sie die Grafik fördert.

Die Anschaulichkeit einer Grafik wird mit der Anzahl der Komponenten geringer. Komplexe Zusammenhänge bedürfen einer vorherigen sorgfältigen Gliederung.

In der grafischen Semiologie, wie sie besonders auch in der Kartografie als Grundlage gilt, werden als Regeln der Lesbarkeit jene Beobachtungswerte

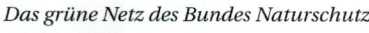
Das grüne Netz des Bundes Naturschutz

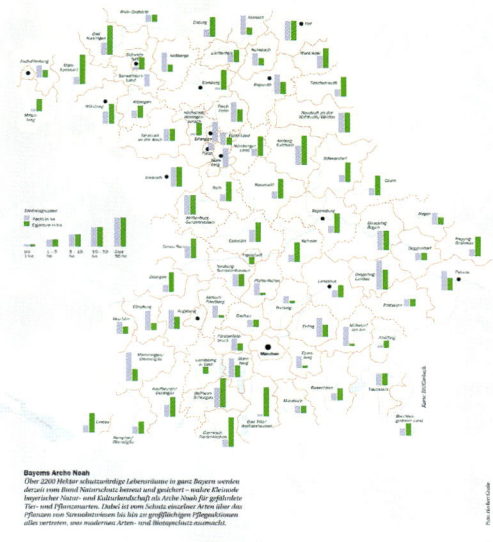

bezeichnet, mit denen die größte Kontrastierung
bei der optischen Wahrnehmung erzielt wird. Sie
wird unterteilt nach:

▶ Grafische Dichte
▶ Winkeltrennung
▶ Farbmustertrennung

Die grafische Dichte wird als optimal bei zehn
Zeichen je qcm gesehen. Der ideale Winkel liegt
bei 70 Grad, wobei die Formen hierbei eine Mini-
mallänge von 2 mm haben müssen. Die Farbmustertrennung gilt als optimal, wenn 5 bis 10 % der
Fläche schwarz sind.

Für jede technische Grafik gilt: Die Gesamtfigur
soll in ein Rechteck eingeschlossen werden (Rand
oder Untergrund). Die Proportion 1 : 2 soll nicht
unterschritten werden. Visuelle Variablen sollen in
ihrer ganzen Länge benutzt werden. Für Farbe
oder Grauabstufung muss die erste wahrnehmbare
Stufe die Form vom Untergrund gut trennen. Zu
farbschwache Zeichnungen »verschwinden« für
den Betrachter.

Strichdicken und Schriftstärken müssen aufeinander abgestimmt werden und sollten möglichst
wenig Varianten haben.

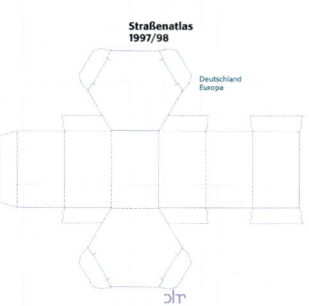

▶
Infografik aus
»Der Spiegel«
vom 25. Juni 2001

▶▶
Infografik aus
»Focus« vom
16. Juli 2001

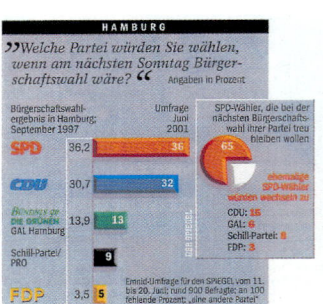

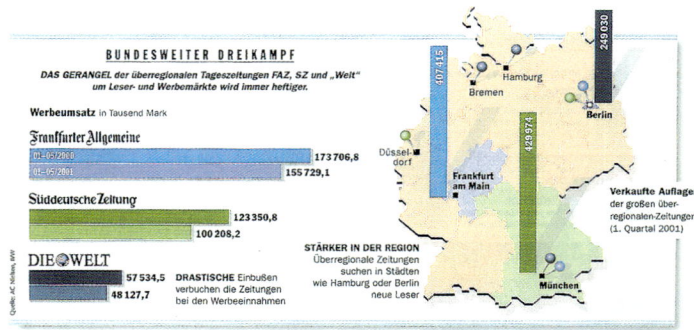

Infografik

Aus dem alten Schaubild und der wissenschaftlichen Darstellung der letzten Jahrhunderte hat
sich eine neue Kombination von Text und Bild entwickelt: die Infografik, welche die jeweiligen Vorteile von Text- oder Bilddarstellung kombiniert
und die Lücke zwischen Foto und Text schließt.
Spätestens 1985 mit dem Erscheinen der Tageszeitung »USA Today«, die Fernsehartiges in die Zeitung bringen wollte, hat sich diese rasch informierende Form immer mehr durchgesetzt. Das hängt
mit den schnelleren Möglichkeiten der Grafik-
erzeugung dicht zusammen. Waren es bei »USA
Today« noch komplizierte Programme und Rechner, so war es wenig später bei der »Cash« bereits
der Mac.

Der Durchbruch in Deutschland kam 1993 mit
»Focus«, was nicht mit inhaltlicher Qualität gleich-
zusetzen war. Diese zeigt sich, wenn auch Menschen mit relativ wenig Bildkompetenz Grafiken
lesen und verstehen können. Hier kommt es auf
eine durchdachte und funktionierende Systematik
an, wie sie beispielsweise für Isotype-Grafiken
1925 von Otto Neurath und Gerd Arntz entwickelt
wurden. Zudem ist verantwortungsbewusstes Handeln nötig, was für alle angewandte Gestaltung
(auch der Typografie) gilt. Wie auch in der technischen Grafik muss der Inhalt klar strukturiert und
gut recherchiert sein, die vorherige Ordnungs-
arbeit entscheidet über den Erfolg. Journalistische
Prinzipien wie Wahrhaftigkeit und die Trennung

von Fakten und Meinungen sind Voraussetzungen.
Der Einsatz eignet sich dann nicht nur für Presse
und Zeitschrift, sondern auch überall dort, wo
Information gefragt ist, also auch in Lehrbüchern,
Geschäftsbroschüren oder im Internet. Der Gestalter muss die Grundlagen der Bild- und Textgestaltung beherrschen, worauf die Infografik aufbauen
kann.

Wenn Bilder informieren sollen, rufen sie ge-
speicherte Schemata ab. Ihre Aufgabe wächst zum
didaktischen Bild, wenn es Wissen erweitern oder
korrigieren soll. Die Infografik erweitert diese Aufgaben, indem sie Merkmale und Beziehungen
zeigt. Dabei ist sie immer einfach und konkret und
kennt durchaus ihre Darstellungsgrenzen. Was
bildlich und was mit Text besser beschrieben wird,
muss sinnvoll eingesetzt werden, wobei die Bilddominanz entscheidend ist, um schnell zu informieren. Kurze Überschriften sind daher zwingend,
nötige Texterläuterungen müssen einfach und
sofort verständlich sein. Die Angabe der Quellen
darf nicht fehlen. Die Kernaussagen sind auch das,
was am markantesten visualisiert werden muss.
Dabei können visuelle Metaphern Hilfe leisten.
Inhalt und Form müssen eine Einheit bilden.

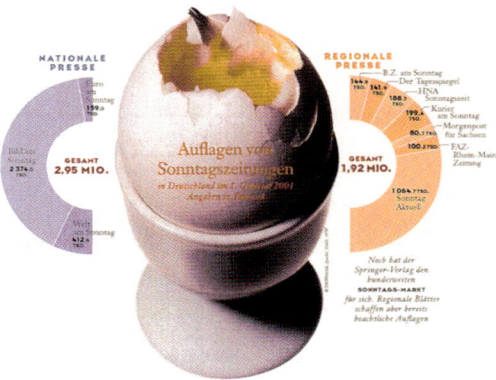

Blickpunkt: Was BASF-Chefs verdienen

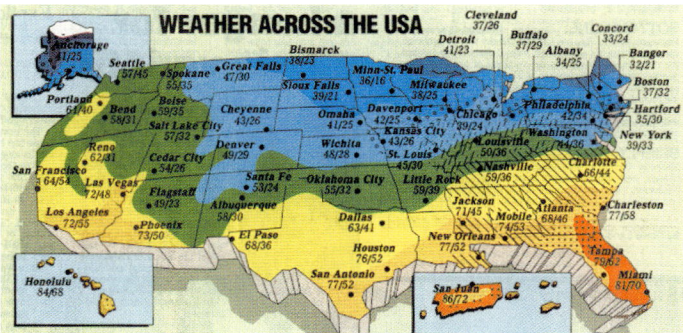

◀

Infografik aus
»Die Woche«,
20. Juli 2001

◀

Typografie ist ein
wesentlicher
Anteil in Infogra-
fiken. Aus »Die
Rheinpfalz« vom
25. April 2001

◀

Infografik aus
USA-Today vom
19. März 1992

Beispiel einer
Isotype von Otto
Neurath (für eine
Einladung der
tgm verwendet
von Markus
Schröppel)

▼

Praktische Anwendung

Produktarten in verschiedenen Medienbereichen sind immer ihrem Zweck verpflichtet. Typografie dient diesem Zweck. Dadurch kann Typografie sehr verschieden aussehen, wobei die Qualitätsmaßstäbe der typografischen Grundlagen Voraussetzung sind.

Drucksachen

Akzidenzen nannten es die Setzer

Die kleinen gestalteten Dinge. Sie sind es wert sorgfältig gestaltet zu werden. Wie gestaltet man einen einfachen Prospekt, wie werden private Drucksachen angelegt oder wie entsteht eine einfache Preisliste? Der Einstieg in die Praxis der Typografie beginnt.

Eine einfache Konzert-Einladung gestalten

Es gibt funktionelle Verwandtschaften zwischen einfachen Dokumenten, beispielsweise einer Einladung zu einer Uni-Veranstaltung, und Büchern, wie es z. B. Dissertationen sind. Wir wollen hiermit und exemplarisch mit einer einfachen Einladung beginnen, bevor wir uns mit komplexeren Dokumenten und deren gestalterischen Hintergründen befassen.

Da es sich im vorliegenden Beispiel um eine außerplanmäßige Veranstaltung handelt, muss diese auch die möglichen Besucher informieren, und zwar attraktiv. Nun könnte man die alten Fehler wiederholen, in denen versucht wurde, möglichst alles ganz anders zu machen. Das kann bisweilen ein Gestalter, aber nicht immer. Dem gestalterischen »Amateur« mag man aber empfehlen, einfach zu bleiben und zu untersuchen, was wirkungsvoll sein könnte.

Wir sehen uns zunächst den Text an, analysieren, was hierbei besonders wichtig für eine Einladung ist. Hier ist es der Titel des Werkes und der Komponist. Man sollte auch finden können, wann und wo die Veranstaltung stattfindet.

Bei der Schriftwahl sind wir hier bei den Möglichkeiten in Windows geblieben. Wir nehmen eine Schrift, die mit dem Betriebssystem schon mitgeliefert wurde. In diesem Fall die Times, die seriös aussieht und eine gewisse klassische Sachlichkeit verkörpert. Die Größe der Schrift soll so sein, dass sie als versandte Einladung und als DIN A4 großer Aushang gleichermaßen positiv wirkt. Die Größe der Schrift hängt aber wiederum mit der Blattgröße, dem Seitenformat und der Anordnung auf der Seite, der Seitengestaltung zusammen. Alle Gestaltungsentscheidungen müssen aufeinander abgestimmt sein.

Für das Papierformat empfiehlt sich hier DIN A4, das ist 210 × 297 mm. Dieses Format ist inzwischen eine weltweite Größennorm und eignet sich gut für den Versand, wenn man es beispielsweise zweimal falzt. Für einen Aushang ist es immerhin eine Dimension, die bemerkt wird und nicht zu viel Platz braucht.

Neujahrskarten

Es ist noch nicht so lange her, dass Neujahrskarten ein prestigeträchtiges Gestaltungsobjekt waren. Typografen bemühten sich, solche Glückwünsche gleichzeitig als handwerklich-ästhetische Botschaft

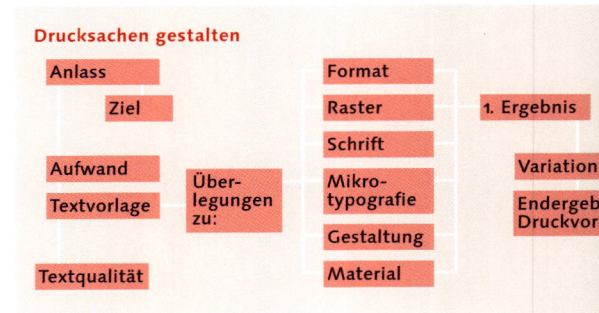

Handzettel DIN A 4, eilt

Benefizkonzert: Für die lebendige Donau
Joseph Haydn: Die Jahreszeiten
Ennoch zu Guttenberg
Chorgemeinschaft Neubeuern
Janacek Philharmonie Ostrava
So. 29. Oktober, 15.00 Uhr
Basilika Niederalteich
Karten zu DM 10,- / 20,- / 30,-
Telefon 0991/32555 - Telefax 0991/342214
Bund Naturschutz, Westl. Zwingergasse 2, Deggendorf -
Tageskasse ab 14.00 Uhr

▲
Textmanuskript

Ideenskizze für
die Gestaltung:
linksbündig oder
Mittelachse?

Dreispaltiger
Gestaltungs-
raster

Benefizkonzert:
Für die lebendige Donau

Joseph Haydn
Die Jahreszeiten

Ennoch zu Guttenberg
Chorgemeinschaft Neubeuern
Janacek Philharmonie Ostrava

**Sonntag
29. Oktober 1995
15 Uhr,
Basilika Niederalteich**

Karten zu DM 10,–; 20,–; 30,–
Telefon 09 91-3 25 55
Telefax 09 91- 34 22 14
Bund Naturschutz
Westl. Zwingergasse 2, Deggendorf
Tageskasse ab 14.00 Uhr

Benefizkonzert:
Für die lebendige Donau

Joseph Haydn
Die Jahreszeiten
Ennoch zu Guttenberg
Chorgemeinschaft Neubeuern
Janacek Philharmonie Ostrava

**Sonntag
29. Oktober 1995
15 Uhr,
Basilika Niederalteich**

Karten zu DM 10,-; 20,-; 30,-
Telefon 09 91-3 25 55
Telefax 09 91- 34 22 14
Bund Naturschutz
Westl. Zwingergasse 2, Deggendorf
Tageskasse ab 14.00 Uhr

Benefizkonzert: Für die lebendige Donau

Joseph Haydn
Die Jahreszeiten
Ennoch zu Guttenberg
Chorgemeinschaft Neubeuern
Janacek Philharmonie Ostrava

**Sonntag
29. Oktober 1995
15 Uhr,
Basilika Niederalteich**

Karten zu DM 10,-; 20,-; 30,-
Telefon 09 91-3 25 55
Telefax 09 91- 34 22 14
Bund Naturschutz
Westl. Zwingergasse 2, Deggendorf
Tageskasse ab 14.00 Uhr

◄
Erstes Ergebnis
Varianten: mit etwas anderer
Textgruppierung; auf Mitte gesetzt

Unterschiedlich in der Gestaltung (sechsspaltiger Raster)
und im Schriftcharakter:
Zweimal mit der Stone Sans,
zweimal mit der Garamond
▼

Benefizkonzert: Für die lebendige Donau

Joseph Haydn
Die
Jahreszeiten
Ennoch zu Guttenberg
Chorgemeinschaft Neubeuern
Janacek Philharmonie Ostrava

**Sonntag
29. Oktober 1995
15 Uhr,
Basilika Niederalteich**

Karten zu DM 10,- 20,- 30,-
Telefon 09 91-3 25 55
Telefax 09 91- 34 22 14
Bund Naturschutz,
Westl. Zwingergasse 2, Deggendorf
Tageskasse ab 14.00 Uhr

Benefizkonzert
Für die lebendige Donau

**Sonntag
29. Oktober 1995
15 Uhr,
Basilika Niederalteich**

Joseph Haydn
Die
Jahreszeiten
Ennoch zu Guttenberg
Chorgemeinschaft Neubeuern
Janacek Philharmonie Ostrava

Karten zu DM 10,- 20,- 30,-
Telefon 09 91-3 25 55
Telefax 09 91- 34 22 14
Bund Naturschutz
Westl. Zwingergasse 2, Deggendorf
Tageskasse ab 14.00 Uhr

Benefizkonzert
»Für die lebendige Donau«

Sonntag
29. Oktober 1995
15 Uhr,
Basilika Niederalteich

Joseph Haydn
Die
Jahreszeiten
Ennoch zu Guttenberg
Chorgemeinschaft Neubeuern
Janacek Philharmonie Ostrava

Karten zu DM 10,- 20,- 30,-
Telefon 09 91-3 25 55
Telefax 09 91- 34 22 14
Bund Naturschutz
Westl. Zwingergasse 2, Deggendorf
Tageskasse ab 14.00 Uhr

Benefizkonzert
»Für die lebendige Donau«

Sonntag
29. Oktober 1995
15 Uhr,
Basilika Niederalteich

Joseph Haydn
Die
Jahreszeiten
Ennoch zu Guttenberg
Chorgemeinschaft Neubeuern
Janacek Philharmonie Ostrava

Karten zu DM 10,- 20,- 30,-
Telefon 09 91-3 25 55
Bund Naturschutz
Westl. Zwingergasse 2, Deggendorf
Tageskasse ab 14.00 Uhr

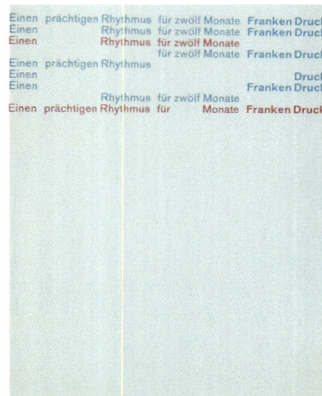

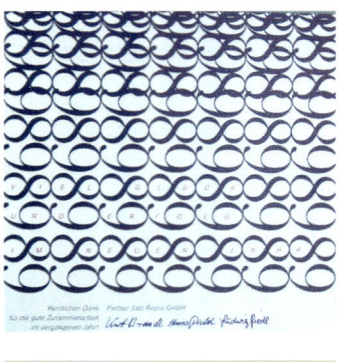

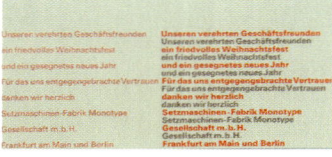

▲
Aus der Sammlung »historischer«
Neujahrskarten

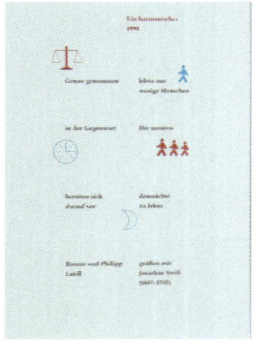

auftreten zu lassen. Bei der alljährlichen Flut recht mittelmäßiger Neujahrskarten könnte heute eine interessante Gestaltung wieder eine Chance für angenehmeres Auffallen sein.

Die auf dieser Doppelseite gezeigten Beispiele sind aus den letzten vier Jahrzehnten und zeigen mit fast nur typografischen Mitteln eine interessante Gestaltungsbreite – zumeist mit einfacher und klarer Anordnung gelöst.

In den 60er-Jahren waren es sehr fortschrittliche Arbeiten. Klar und streng in der Anordnung mit serifenloser Schrift.

Aber auch klassisch anmutende Drucksachen sind in allen Zeiten zu beobachten. Dass die Moderne mit traditionellen Elementen häufig in Einklang steht, ist an den Beispielen zu sehen.

Einladung

Schon mit wenigen Mitteln lässt sich eine vielfältige Gestaltung realisieren. Bei diesem Beispiel einer Einladung handelt es sich um eine Seminaraufgabe, die einfache Vorgaben hatte:

Format 210 × 105 mm als Querformat, für DIN-Lang-Hüllen geeignet. Text nur in einem Schriftgrad, 11/12 Punkt. Zu berücksichtigen war die ganze Skala an gestalterischen Themen.

Die Beispiele auf dieser Seite sind eine kleine Auswahl aus etwa 200 Lösungen. Verschiedenartige Flächenanordnungen beweisen, wie viel Spaß einfaches Gestalten machen kann.

◄
Einladung
zu einer
Ausstellung.
Variationen mit
nur einem
Schriftgrad
(Jahreskurs
Typografie)

Ausstellung Klaus Neizert Bilder »Auf dem Weg«

Ausstellung
Klaus Neizert
Bilder
»Auf dem Weg«

15. Dezember 1990
bis
30. Januar 1991

Atelier-Galerie Punkt 5
Im alten Pfarrhof
Wessobrunner Straße 5
8911 Issing
(9 km westlich von
Dießen am Ammersee)

Geöffnet
Mittwoch bis Sonntag
14 bis 19 Uhr

Zur Eröffnung am
Samstag, 15. Dezember
ab 19 Uhr
laden wir Sie herzlich ein.
Zur Einführung spricht
Carlo Parker
zum Thema »Auf oder
hinter dem Weg«

15. Dezember 1990
bis
30. Januar 1991

Zur Eröffnung am
Samstag, 15. Dezember
ab 19 Uhr
laden wir Sie herzlich ein.
Zur Einführung spricht
Carlo Parker
zum Thema »Auf oder
hinter dem Weg«

Atelier-Galerie Punkt 5
Im alten Pfarrhof
Wessobrunner Straße 5
8911 Issing
(9 km westlich von
Dießen am Ammersee)

Geöffnet
Mittwoch bis Sonntag
14 bis 19 Uhr

Zur Eröffnung am
Samstag, 15. Dezember
ab 19 Uhr
laden wir Sie herzlich ein

Zur Einführung spricht
Carlo Parker
zum Thema »Auf oder
hinter dem Weg«

Ausstellung
Klaus Neizert
Bilder

»Auf dem Weg«

Ausstellung
Klaus Neizert
Bilder
»Auf dem Weg«

Geöffnet
Mittwoch bis Sonntag
14 bis 19 Uhr

15. Dezember 1990
bis
30. Januar 1991

Atelier-Galerie Punkt 5
Im alten Pfarrhof
Wessobrunner Straße 5
8911 Issing
(9 km westlich von
Dießen am Ammersee)

Atelier-Galerie
Punkt 5
Im alten Pfarrhof
Wessobrunner Straße 5
8911 Issing
(9 km westlich von
Dießen am Ammersee)

Geöffnet
Mittwoch bis Sonntag
14 bis 19 Uhr

15. Dezember 1990
bis
30. Januar 1991

Zur Eröffnung am
Samstag, 15. Dezember
ab 19 Uhr
laden wir Sie herzlich ein.

Zur Einführung spricht
Carlo Parker
zum Thema »Auf oder
hinter dem Weg«

Ausstellung
Klaus Neizert
Bilder
»Auf dem Weg«
15. Dezember 1990
bis
30. Januar 1991
Atelier-Galerie Punkt 5
Im alten Pfarrhof
Wessobrunner Straße 5
8911 Issing
(9 km westlich von
Dießen am Ammersee)
Geöffnet
Mittwoch bis Sonntag
14 bis 19 Uhr
Zur Eröffnung am
Samstag, 15. Dezember
ab 19 Uhr
laden wir Sie herzlich ein.
Zur Einführung spricht
Carlo Parker
zum Thema »Auf oder
hinter dem Weg«

Ausstellung
Klaus Neizert
Bilder
»Auf dem Weg« 15. Dezember 1990
bis
30. Januar 1991 Atelier-Galerie Punkt 5
Im alten Pfarrhof
Wessobrunner Straße 5
8911 Issing
(9 km westlich von
Dießen am Ammersee) Geöffnet
Mittwoch bis Sonntag
14 bis 19 Uhr Zur Eröffnung am
Samstag, 15. Dezember
ab 19 Uhr
laden wir Sie herzlich ein.
Zur Einführung spricht
Carlo Parker
zum Thema »Auf oder
hinter dem Weg«

Ausstellung
Klaus Neizert
Bilder
»Auf dem Weg«

Geöffnet
Mittwoch bis Sonntag
14 bis 19 Uhr

15. Dezember 1990
bis
30. Januar 1991

Zur Eröffnung am
Samstag, 15. Dezember
ab 19 Uhr
laden wir Sie herzlich ein.
Zur Einführung spricht
Carlo Parker
zum Thema »Auf oder
hinter dem Weg«

Atelier-Galerie Punkt 5
Im alten Pfarrhof
Wessobrunner Straße 5
8911 Issing
(9 km westlich von
Dießen am Ammersee)

Ausstellung
Klaus Neizert
Bilder
»Auf dem Weg«
15. Dezember 1990
bis
30. Januar 1991
Atelier-Galerie Punkt 5
Im alten Pfarrhof
Wessobrunner Straße 5
8911 Issing
(9 km westlich von Dießen am Ammersee)
Geöffnet
Mittwoch bis Sonntag
14 bis 19 Uhr
Zur Eröffnung am
Samstag, 15. Dezember
ab 19 Uhr
laden wir Sie herzlich ein.
Zur Einführung spricht
Carlo Parker
zum Thema »Auf oder hinter dem Weg«

Ausstellung
Klaus Neizert
Bilder
»Auf dem Weg«

Atelier-Galerie
Punkt 5
Im alten Pfarrhof
Wessobrunner Straße 5
86946 Issing
(9 km westlich von
Dießen am Ammersee)

Zur Eröffnung am
Samstag, 15. Dezember
ab 19 Uhr
laden wir Sie herzlich ein.

Zur Einführung spricht
Carlo Parker
zum Thema »Auf oder
hinter dem Weg«

Geöffnet
Mittwoch bis Sonntag
14 bis 19 Uhr

15. Dezember 1994
bis
30. Januar 1995

Kommen Sie zu meinem Fest?

33

Am 26. Juni ab 18 Uhr
in Leiden, Alkemadelaan, 17
Philippine Hetrany
Telefon 071/26 06 56

Mit Ungewöhnlichem dürfen
Sie wieder rechnen.

Es spielt das Alphens Kammerensemble.
Paul Quadrillo, Bern, hält einen Festvortrag
zum Thema »Postmoderne und Überlieferung«.
Um Antwort wird gebeten.

33 Jahre.

► Vier Variationen
einer privaten
Drucksache

33 Jahre.

Kommen Sie
zu meinem Fest?

Am 26. Juni ab 18 Uhr
in Leiden,
Alkemadelaan, 17
Philippine Hetrany
Telefon 071/26 06 56

Mit Ungewöhnlichem
dürfen Sie
wieder rechnen.

Es spielt das Alphens
Kammerensemble.

Paul Quadrillo, Bern,
hält einen Festvortrag
zum Thema
»Postmoderne und
Überlieferung«.
Um Antwort wird
gebeten.

33
Jahre.

KOMMEN SIE ZU MEINEM FEST?

Am 26. Juni ab 18 Uhr
in Leiden, Alkemadelaan, 17
Philippine Hetrany
Telefon 071/26 06 56

Mit Ungewöhnlichem dürfen Sie wieder rechnen.

Es spielt das Alphens Kammerensemble.
Paul Quadrillo, Bern, hält einen Festvortrag zum Thema
»Postmoderne und Überlieferung«.

Um Antwort wird gebeten.

33
Jahre

Am 26. Juni ab 18 Uhr
in Leiden, Alkemadelaan, 17
Philippine Hetrany
Telefon 071/26 06 56

Kommen Sie zu meinem Fest?

Mit Ungewöhnlichem dürfen Sie
wieder rechnen.

Es spielt das Alphens
Kammerensemble.
Paul Quadrillo, Bern, hält
einen Festvortrag zum Thema
»Postmoderne und Überlieferung«.

Um Antwort wird gebeten.

Festvorbereitung mit Drucksachen

Wer kennt nicht die vielen handgestrickten Scheußlichkeiten, die einen als Einladung zu Geburtstagsfesten von lieben Menschen erreichen? Hier sind einige Vorschläge als Anregung und zum Bessermachen.

Das Beispiel oben ist im Postkartenformat 148 × 105 mm, als Schrift ist die klassizistische Bodoni gewählt, die den festlichen Charakter unterstreicht.

Unten wurde ein Beispiel auf dem Format einer DIN-Lang-Klappkarte (100 × 210 mm) gestaltet. Eine besonders »feierliche« Version auf dem Format 210 × 148 mm (DIN A5 quer) benutzt eine Versalzeile und hat alle Zeilen zentriert angeordnet.

Schließlich wird auf dem letzten Beispiel, als Doppelkarte und ebenfalls auf DIN A5 quer, Schrift in großen Graden zum Klingen gebracht. Dabei werden in den großen Graden die Buchstabenabstände verringert, da sie sonst zu weit wirken.

Briefgut

Für die Gestaltung steht hier die Univers oder die Baskerville zur Auswahl. Die Univers muss für einen solchen Briefbogen nicht unbedingt zu streng wirken. Vorher festgelegt werden muss auch der Stand des Textes. Soll er zentriert oder linksbündig oder gar rechtsbündig sein?

Beim Briefbogen sind funktionelle und genormte Eigenheiten zu beachten. Das einheitliche Format DIN A4 (210 × 297 mm) braucht ein Adressenfeld, das in die Fensterhülle des Umschlags passt. Formatmarken helfen beim Falzen des Bogens. Rechts oben steht auch meist der Name und die Anschrift des Absenders.

Zum Briefbogen soll es auch passende Visitenkarten, Briefhüllen und Aufkleber geben. Wenn wir von der endgültigen Briefbogenform ausgehen, lassen sich die einzelnen Elemente logisch auf den anderen Formaten und Funktionen weiterentwickeln.

Inzwischen gibt es auch Bestrebungen für eine Briefbogennorm, in der das Adressfeld näher am oberen Papierrand steht, und zwar nur 27 mm entfernt (DIN 676).

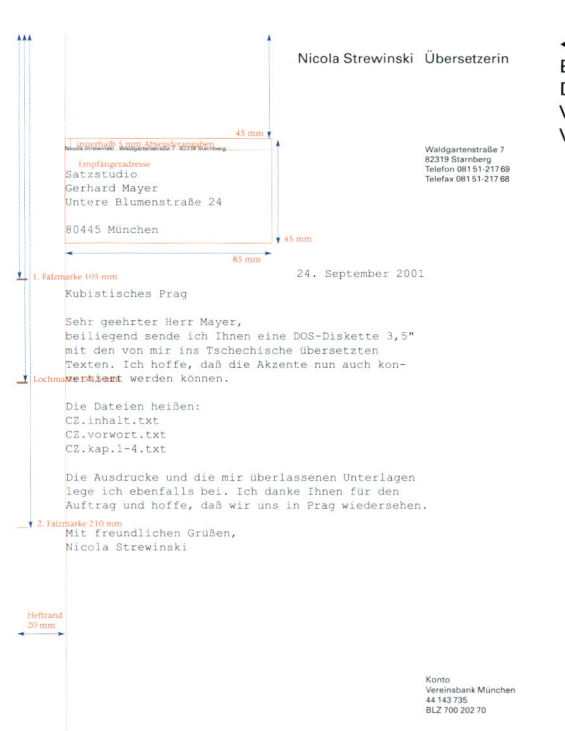

Briefbogen in DIN-Norm, Variationen und Visitenkarte

Prospekte

Jede Menge werblicher Information

In der Flut der täglich auf uns niederprasselnden Prospekte bestehen zu können, anspruchsvolle Produkte oder kulturelle Veranstaltungen wirkungsvoll auftreten zu lassen? Typografie jenseits einer Fastfood-Unkultur.

PROSPEKTE INFORMIEREN ÜBER PRODUKTE, Veranstaltungen, Vorhaben – jedenfalls ist das die eigentliche Absicht. Ihrer Absicht entsprechend sollen sie auch gestaltet werden. Typografie hat dabei einen ganz wesentlichen Anteil. Vom grafischen Stil her ist viel möglich, deshalb zunächst die Fragen an den Auftraggeber:

1. Was ist das Ziel des Prospektes?
2. Wer ist die Zielgruppe?
3. Was sind die Inhalte (Text, Bild, Sonstiges)?
4. Ist ein Corporate Design vorhanden?
5. Sind andere Richtlinien zu berücksichtigen (hausinterne Gewohnheiten, Versand)?

Vereinsprospekt

Ein Verein bemüht sich um neue Mitglieder. Neben dem persönlichen Gespräch ist dazu oft auch ein Informationsblatt nötig, das Fakten und Wissenswertes über den Verein enthält.

Sammelt man Ideen für eine Gestaltung, weiß man oft noch nicht, welcher Text später in einer Drucksache erscheinen soll. Die Vereinsvorstände wissen das häufig auch noch nicht. Fest steht nur:

1. Name des Vereins
2. Headline (Schlagzeile)
3. Textgruppen zur Erklärung

Mit so genanntem Blindtext kann nun eine Form gefunden werden, in die der Text dann eingefügt werden soll, wobei sich durch andere Längen die Form auch wieder ändern kann.

Handzettel

In der Praxis kommt es häufig vor, dass zu einem Detailbereich schnell ein Handzettel gebraucht wird. In diesem Beispiel aus der Imagebroschüre des Deutschen Instituts für Normung sollte für den englischsprachigen Markt eine kurze Information zum Thema »Was ist Norm? Was ist DIN?« herausgegeben werden.

Die verwendete Schrift, die Officina, soll beibehalten werden.

Mehr Platz entsteht durch Wegfall des deutschen Texts. Für den Handzettel kann also großzügiger mit dem Raum und der Schriftgröße umgegangen werden.

Am Beispiel auf Seite 159 wird spielerischer mit den Abbildungen umgegangen, und die Schlagzeile auf der ersten Seite folgt einem kompositorischen Prinzip, indem sie sich vom optischen Gewicht her auf die Textspalte bezieht.

Veranstaltungsheft als kleine Dokumentation

Manche kulturellen Ereignisse entstehen ohne
großen finanziellen Hintergrund und aus dem
Engagement der mitwirkenden und organisieren-
den Personen. So auch bei einem Requiem, das
dem Andenken aller verfolgten Zigeuner gewid-
met ist. Die Texte hierzu sollten in einer einfachen,
aber doch ansprechenden Form veröffentlicht werden. Also mussten auch einfache Möglichkeiten
der Produktion und der Gestaltung gefunden werden. Das Plakat sollte etwas repräsentativer sein,
jenseits einer falschen Zigeunerromantik, aber
auch in einer Eigenwilligkeit, die dem Thema entspricht.

Mit dem DIN-Lang-Format und dem Umfang
von 72 Seiten entstand ein gut zu handhabendes
und preiswertes Produkt. Als Textschrift wurde die
New Century Schoolbook gewählt, die mit ihrem
relativ neutralen Bild gut lesbar ist.

Beim Plakat wurde eine enge serifenlose Schrift
gewählt, die Placard, die bei den Überschriften in
der Broschüre wieder auftaucht.

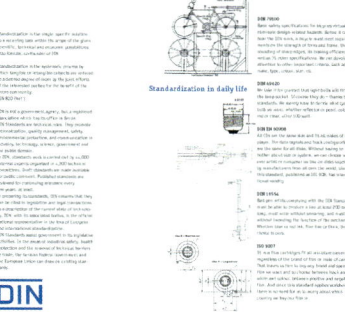

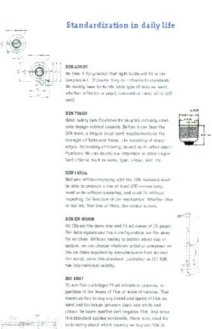

▲
Vereins-
prospekt

Siehe nächste
Seite

Requiem
für
Koza Kathárinna

Dem Andenken und zur Ehre aller
verfolgten

Zigeuner

Textbuch und
Dokumentation

▲
Broschürentitel, Text- und
Innenseiten, Plakat

Requiem
für
Koza Kathárinna

Dem Andenken und zur Ehre aller
verfolgten

Zigeuner

Musik: Gerhard Rosenfeld
Text: Anita Geiges

Mitwirkende: Anita Geiges, Sprecherin; Christina
Ascher, Mezzosopran; Jenny Abel, Violine; Alice Giles,
Harfe; Hermann Naehring, Schlagzeug

Wedili Köhler Trio: Wedili Köhler, Violine;
Elemér Balogh, Zimbal; Peter Gropp, Kontrabaß

Leitung: Gerhard Rosenfeld

Schirmherrin: Cathérine Lalumière,
Mitglied des Europaparlaments,
ehemalige Generalsekretärin des Europarates

Tournee: Baden-Baden, Hannover,
Rostock, Berlin, Weimar, Kreuzlingen

Kreuzlingen, Aula Lehrerseminar, Schulstraße 39
Samstag, 3. Dezember 1994, 20.15 Uhr
Str 25,–/Str 10,–

Fremde und wir e.V.
Gesellschaft für Musik und Literatur Kreuzlingen

Preislisten

Tabellen sind funktionierende Texte. Es kommt dabei darauf an, dass einzelne Elemente rasch gefunden und gelesen werden können. Je einfacher nun eine Tabelle aufgebaut ist, umso klarer ist ihre Wirkung.

Im oberen Beispiel sind alle Felder auf Mitte gesetzt. Das bringt für eine Funktionsaufstellung, die ja eine Tabelle ist, zu viel Unruhe. Die einzelnen Teile und Rubriken werden umständlich gefunden.

Im zweiten Beispiel ist das zum Teil verbessert, da die ersten Rubriken linksbündig gesetzt wurden. Aber mit dem rechtsbündigen Satz der dritten und vierten Rubrik wird der Findeprozess wieder gestört.

Im unteren Beispiel steht die gesamte Tabelle linksbündig, was die ideale Lesbarkeit bringt. Zudem werden der Kopf der Tabelle und das Ende mit Linien abgetrennt.

▶
Drei Formen für
eine Preisliste

Weinpreisliste

Nr.	Sorte	Jahrgang	Weingut	Stückpreis DM
215	Garda Bresciana Rosso Superione	1991	Franzosi Bruno Puegnago del Garda	8,–
216	Bourgogne	1990	Cave de Chardonnay Chardonnay	21,–
217	Bordeaux	1992	Chateau Guillot Gironde	18,–
220	Barolo	1975	Clemtne Guasti, Monferrato	114,–

Weinpreisliste

Nr.	Sorte	Jahrgang	Weingut	Stückpreis DM
215	Garda Bresciana Rosso Superione	1991	Franzosi Bruno Puegnago del Garda	8,–
216	Bourgogne	1990	Cave de Chardonnay Chardonnay	21,–
217	Bordeaux	1992	Chateau Guillot Gironde	18,–
220	Barolo	1975	Clemtne Guasti, Monferrato	114,–

Weinpreisliste

Nr.	Sorte	Jahrgang	Weingut	Stückpreis DM
215	Garda Bresciana Rosso Superione	1991	Franzosi Bruno Puegnago del Garda	8,–
216	Bourgogne	1990	Cave de Chardonnay Chardonnay	21,–
217	Bordeaux	1992	Chateau Guillot Gironde	18,–

Buchkatalog

Anfang des 20. Jahrhunderts, die Buchgestaltung hatte gerade eine hohe Qualität erreicht, spiegeln einzelne Kataloge dieses Schaffen wider. Die Verwandtschaft mit Verlagskatalogen dieser Zeit ist offensichtlich. Während die Doppelseiten eine geordnete Buchwelt vorführen, sind die Umschläge informativ, unauffällig und unspektakulär, was in der Buchgestaltung einmal als Tugend galt. Die Zeitströmung, der ausgehende Jugendstil in der Schrift und der Abordnung sind sichtbar. Wenn dann der Inhalt sich noch ausschließlich mit Inkunabeln befasst, erscheinen solche Kataloge als sehr gelungen.

Kataloge aus den dreißiger Jahren zeigen mitunter eine neue Sachlichkeit. Die Erneuerung der Typografie wirkt sich sogar in solchen Bereichen wie einem Antiquariatskatalog aus. Hier zeigt sich ein typografischer Standard – nicht ganz oben angesiedelt –, dem wir nach 1945, in einer »befreiten« Erneuerungsphase in Deutschland wieder begegnen.

Eine hervorragende Gestaltung seiner Antiquariatskataloge leistete sich das Antiquariat Gunnar A. Kaldewey in Düsseldorf und New York. Schriftwahl, Satzspiegel, Satzqualität und Ausstattung können sich mit den besten Büchern der Zeit messen. Individuell wurden Satzschriften gewählt, die dem Gebiet oder der Zeit entsprechen, deren Bücher im Katalog angeboten wurden.

Wie jede Produktionsgattung spiegeln auch Antiquariatskataloge die gängige technische Entwicklung wider. So zeigen sich neben dem traditionellen Bleisatz auch einige Verfahren des preiswerteren Bereichs. Ob mit Schreibmaschine geschrieben wurde, wie beim Zentralantiquariat der DDR, Folien statt Offsetfilme benutzt wurden, der IBM-Composer zum Einsatz kam oder billiger Fotosatz – Kellersatz – benutzt wurde, es ging auch immer um Kosten. Dabei hat man bisweilen den Kunden und seine Ansprüche vergessen. Der Personal Computer ist heute der Anfang jeder Katalogproduktion. Ob Kataloge in Zukunft nur im Internet stehen werden, müssen wir abwarten.

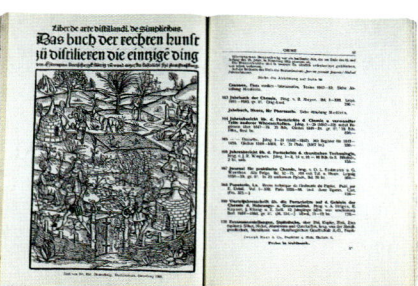

▲
Antiquariatskatalog Bucheinbände, Joseph Baer & Co. Frankfurt a. M. 1927

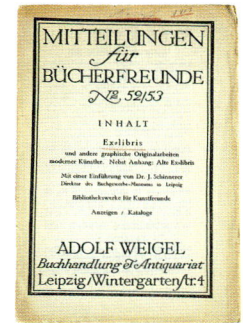

▲
Antiquariatskatalog Exlibris, Adolf Weigel, Leipzig 1913

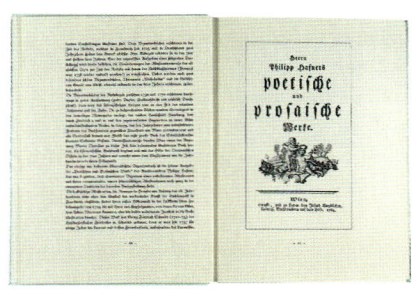

▲
Antiquariatskatalog Kaldewey's Lesekabinett Gunnar Kaldewey, Hamburg o. J.

▲
Antiquariatskatalog Kulturgeschichte, Robert Wölfle, München 1938

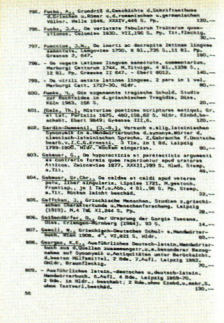

▲
Antiquariatskatalog Zentralantiquariat der DDR, Leipzig 1986

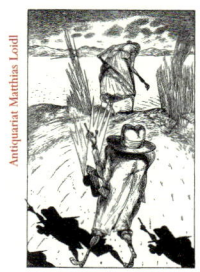

Hin und wieder wird versucht, mit dem Umschlag etwas Besonderes zu gestalten, die
»Packung« soll anlocken und eine bibliophile Botschaft aussenden, was den Inhalten entspräche.
Hier findet sich ein Mikrokosmos der Buchgestaltung: Die feierliche Abbildung wie bei Lange &
Springer, ein Bildzitat bei Georg Sauer, die moderne Anordnung bei Daniel Osthoff oder typografische »Bilder« bei Gundel Gelbert oder Peter Petrej.
Auf Serien- und damit Markencharakter achten
viele Antiquare. Zwei Beispiele der Umschlagvor-
derseiten aus dem Haus Matthias Loidl mit seinen
auch haptisch gelungenen Umschlägen.

Heutige Buchkataloge spiegeln Tendenzen der
Werbung und der gegenwärtigen Kultur. Aber
nicht nur Kataloge für Bücher, Prospekte für allerhand Produkte sind zu gestalten: Ob es sich um
Einzelprojekte handelt oder Kampagnen oder um
den Auftritt für ein bestimmtes Vorhaben: Mit
sorgfältiger Typografie wird der Adressat besser
erreicht.

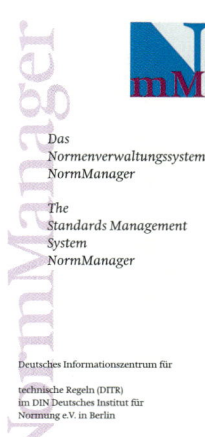

Karl Klingler Stiftung Foundation

6. Internationaler
Wettbewerb
für
Streichquartett
6th International
String Quartet
Competition

Sixième concours
international
de quatuor
à cordes

Berlin
4. 4. – 9. 4. 1998

Amper natürlich

Tolle Tümpel!

Kommt der Berg doch nicht?

Mitglied im
Bund Natur?
Wieso¿

Info-Dienst

Bund Naturschutz
in Bayern e.V.

Nr. 181
März 1996

Wir bauen
auf Natur

Ein praktischer Leitfaden
für ökologisches Bauen

Von Christine und Martin Primbs
und Rainer Schwarz

Was hat das
Prinzip der
Umweltpolitik
mit uns zu
tun?

Kurzinfo

twen

◄

Ausschreibung
für den Karl-
Klingler-Streich-
quartettwettbe-
werb 1999

◄

Konzept für eine
Mitgliederwer-
bung des Bundes
Naturschutz in
Bayern (Entwurf)

◄

Seite für eine
Verlagsvorschau.
Klinkhardt &
Biermann 1996

Formulare

Wo die Form funktionieren muss

Kaum ein Vorgang, der nicht mit Formularen begleitet wird. Formulare ausfüllen muß aber nicht Strafarbeit sein, wenn man auf den Benutzer eingeht. Funktionierende Formulare können sogar sehr schön sein.

ZWISCHEN TEXT UND TABELLEN BEWEGEN SICH Drucksachen, die von Gestaltern häufig nicht besonders geliebt werden. Dabei sind es gerade hier oft Objekte, die unangenehme bis aggressive Assoziationen auslösen können: Formulare. Man denkt an Finanzamt, Polizei und andere Erfreulichkeiten des Lebens, versucht sich in einem unbegreiflichen System zurechtzufinden, was mit erheblicher Arbeit verbunden ist.

Dabei gäbe es doch gerade hier Anlass genug, dem Benutzer das Leben leichter und nicht schwerer zu machen. Formulare sollten zum Ausfüllen, Beantworten und Verwenden einladen und anregen. Ein gut gestaltetes Formular ist also auch ein Stück soziale Leistung. Was aber ist ein gut gestaltetes Formular?

Grundlagen der Formulargestaltung

Inhalt ▷ Funktion ▷ Form = Formular
Ein komplexer technischer Einsatz in der Produktion von Formularen schafft noch keine bessere Gestaltung, gibt nur einen Beitrag zu den Möglichkeiten. Übertriebene Spielereien und Übervisualisierung, wie man sie beispielsweise häufig an Bildschirmoberflächen findet, vernebeln Funktionen mehr, als man ahnt. Vernebelung kostet letztendlich auch mehr, ist also nicht effektiv. Immer mehr Informationen fallen in den Industriegesellschaften an, und immer wichtiger wird dazu die Aufbereitung, also die Gestaltung. In welcher

Ingrid Toebe-Albrecht, Die Gestaltung verständlicher Formulare. Bundesverband Druck Wiesbaden 1989

Technik ein Formular entstanden ist, braucht nicht erkennbar zu sein. Entscheidend ist allein die Qualität der Funktion.

Inhalt

▶ Klarheit des Textes
▶ Prägnanz
▶ Deutliche Absicht
▶ Vollständigkeit

Die inhaltliche Qualität eines Formulares ist wie bei den meisten visuellen Gestaltungen die Voraussetzung, um eine funktionierende und zielgerichtete Gestaltung zu ermöglichen. Die Überarbeitung dieser Grundlagen ist deshalb häufig und dringend erforderlich. Die Analyse zahlreicher Formulare zeigt, dass beim Aufbau schon zu wenig nachgedacht wurde. Ein Formular ist eine reduzierte Art der Kommunikation, weshalb es in jeder Phase auf Genauigkeit ankommt. So muss der Text klar für die jeweilige Zielgruppe sein und prägnant formuliert werden. Die Absicht oder der Grund einer Frage muss deutlich zu verstehen sein. Selbstverständlich darf man die Vollständigkeit aller notwendigen Informationen erwarten. Und damit fängt die Arbeit des Gestaltens erst an.

Funktion

▶ Problemlose Orientierung

▶ Rasches Finden

▶ Schnelles Bearbeiten

▶ Eingehen auf die Ergänzungsmöglichkeiten

▶ Lesen, Erkennen

Erst ein ausgefülltes Formular bestätigt die Qualität der Gestaltung. Das heißt, dass erst dann, wenn alle möglichen Komponenten beieinander sind, das gesamte Bild vorhanden ist. Die Grundlagen der Lesbarkeit, bisweilen einer mehr komplexen Erkennbarkeit, sind ganz wesentlich. Darauf baut eine Orientierung auf der Formularfläche auf, die ein rasches Finden der einzelnen maßgeblichen Positionen ermöglichen soll.

Wichtige Dinge müssen in *wichtiger* Position stehen, Zusatzinformationen dürfen »angemerkt« werden. Schließlich sind nicht zu vernachlässigen die Belange des Trägermaterials, der Kopierfähigkeit und der Faxfähigkeit, die derzeit mit nur 200 dpi noch eine sehr große Reduktion der Möglichkeiten verursacht.

Form

▶ Format des Papiers / Größe des Bildschirms

▶ Schriftart

▶ Typografische Details

▶ Linien

▶ Rasterflächen

▶ Anordnung

▶ Farbe und Farbstimmung

▶ Corporate Design

▶ Material

▶ Zeichen / Symbole

▶ Bild

Echte Funktionalität ist hier gefordert, die Form muss wirklich der Funktion folgen. Spielerische Aspekte kann nur der wirkliche Gestaltungskönner mit einbeziehen. Formulare sind eine Art erweiterte Tabellengestaltung, deshalb sind die Grundlagen einer Tabellengestaltung sehr wichtig.

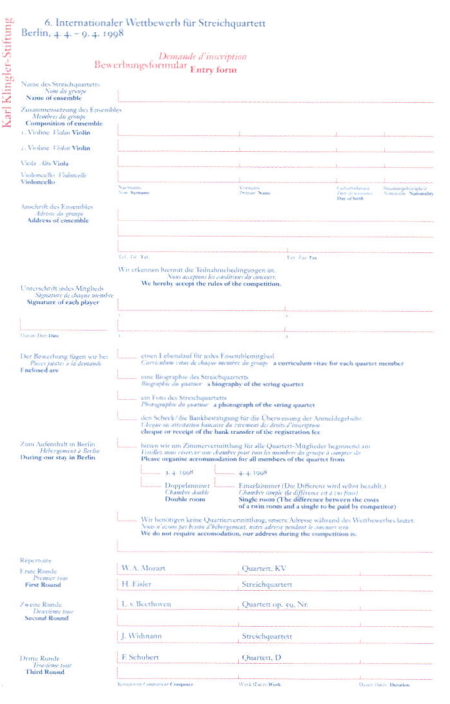

◀ Anmelde-formular zum Klingler-Wettbewerb

◀ Tabelle aus der Zeitschrift »Physikalische Blätter«

Tabelle 2: Infrarot-FEL an Elektronoenlinearbeschleunigern im Bau bzw. im Betrieb. (FEL = Freie-Elektronen-Laser)med.7/9

Undulatoren an ELBE	MIR-FEL (NDFeB + Fe)	FIR-FEL (elektromagn.)
Wellenbereich λ	5 – 30 μm	25 – 150 μm
Undulatorstruktur $N_v \lambda_v$	60 × 27 μm	25 × 80 μm
Bandbreite $\alpha_z N = \surd\lambda_v$	~ 1 %	2 – 3 %
Pulsstruktur 12 MHZ, $\sigma_z \leq N = \surd\lambda_v$	1 – 6 ps	2 – 10 ps
Pulsenergie (ausgekoppelt)	7 μJ	8 μJ7/9reg
zeitgemittelte Leistung	80 W	60 W

Fußnote München nach Basel6/8

► Fertigungs-
protokoll plm,
Landshut

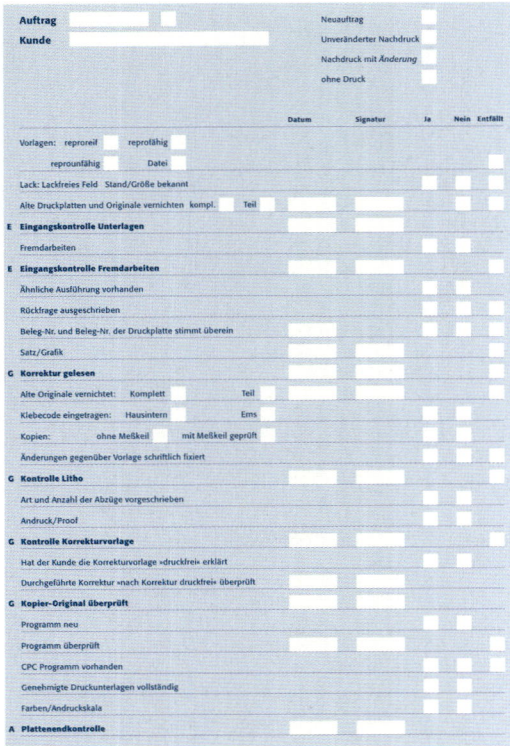

Davidshofer /
Zerbe,
Satztechnik und
Gestaltung
Zürich, 5. Auflage
1966

► Formulare für
die interne
Fertigung bei
plm, Landshut

Grundlagen der Tabellengestaltung

Texte und Zahlen sollen so angeordnet werden, dass sie gut oder besser als im fortlaufenden Text erfasst werden können. Ein stark gegliederter Reihensatz ist schon eine Tabelle, allerdings ohne Linien. Mit Linien sollte man sparsam umgehen. Nur wo eine Linie tatsächlich eine Aussage vertritt, soll sie erscheinen.

Die klassische Tabelle, wie sie Davidshofer / Zerbe in ihrem Standardlehrbuch zeigen, ist in 13 Elemente eingeteilt: Kopf, Fuß, Kopflinie, Randlinie, Kopfabschlusslinie / Halslinie, Querlinie, Unterteilungslinie, Kolonnen-Unterteilungslinie, Längslinie, Kopflängslinie, Fußlinie, Kolonne und Feld. Die Regeln hierzu:

► Kreuzen sich schwache und starke Linien, so wird die schwächere unterbrochen.

► Falls genügend Abstand zwischen den einzelnen Kolonnen besteht, sollen die Längslinien ganz wegfallen.

► Ist der Text im Tabellenkopf zu umfangreich, so kann er auch hoch- oder schräg gestellt werden.

► Falls das Linienbild verschiedene Stärken hat, muss es einer funktionierenden Hierarchie unterliegen.

► Querlinien im Textbereich dürfen nicht fetter als die Kopflinien sein.

► Die Menge der Linien soll mit der durchschnittlichen Strichstärke der Schrift harmonieren, oder im kräftigeren Kontrast stehen.

► Linien sind bei zu wenig Platz eher notwendig als bei zu viel Platz.

Schreibtabelle

Wo etwas hinzugeschrieben werden soll, ausge-
füllt wird, muss auf das mögliche Werkzeug einge-
gangen werden. Die Handschrift braucht natürlich
mehr Platz als die Druckschrift. 6, 7,5 oder 9 mm
(16, 20 oder 24 Punkt) haben sich bewährt (Luidl).

Schreibmaschine

Falls heute noch dafür ein Formular gestaltet wird,
sollte der Zeilenmodul einer Schreibmaschine eingehalten werden.

▶ Einzeilig 4,25 mm
▶ Zweizeilig 8,5 mm
▶ Eineinhalbzeilig 6,33 mm
   Vernünftigerweise sollte die Art des Zeilen-
schritts dann auch auf dem Formular stehen.

EDV-Eintrag

Da diese Anlagen auf dem Zollmaß basieren, sollte
der Zeilenraster dafür kompatibel sein.
Schreibschritte sind:

▶ 1/10 Zoll, ca. 2,54 mm waagerecht
▶ 1/6 Zoll, ca. 4,23 mm senkrecht (= Zeilensprung)

Laserdrucker

Hier sind die Möglichkeiten groß. Natürlich muss
wieder ein Zeilenregister eingehalten werden,
das besser aus geraden Zahlen Pica-Point besteht.
Auch sollte man die Zeilenschritte anmerken,
damit der Benutzer gleich weiß, wie der Eintrag
formatiert werden soll.

Benutzeroberfläche (Bildschirm)

Vielleicht ist es die komfortabelste Art, ein Formular auszufüllen, falls das Formular auch gut programmiert ist. Aber man sollte sich nicht nur auf
das Spiel mit der Tabulatorbewegung verlassen.
Die Lesbarkeit und Übersichtlichkeit steht besonders im Vordergrund.

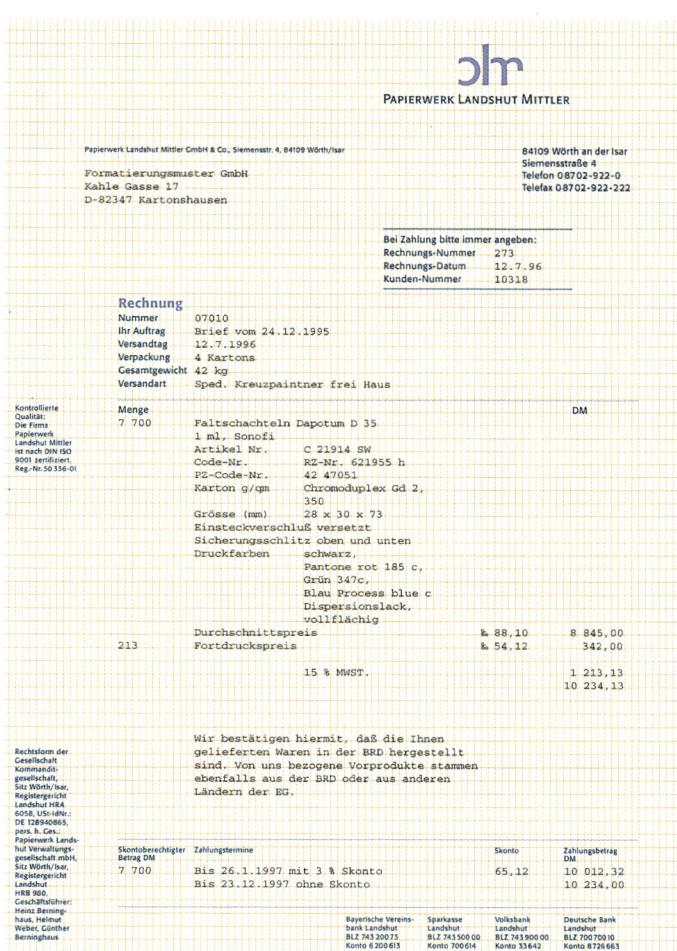

▲
EDV-Formular im Zoll-Zeilenraster

Corporate Design und Identität

Auftritt und Erscheinung

Viel beschworen, leichtfertig behauptet: Corporate Design. Wie es sinnvoll sein kann und wie es in ein Corporate Image oder sogar in eine Corporate Culture mit eingebettet sein kann, als nach innen und außen wirkendes Instrument.

EINEM KOLLEKTIVEN GEFÜHL DER ZUGEHÖRIG-keit zu einem »Unternehmen« und dem Zweck-bewusstsein dienten schon früher religiöse Symbo-le, nationale Flaggen. Traditionen wurden erfun-den, wie beispielsweise zur ersten französischen Republik mit einer neuen Flagge, neuer National-hymne, einem neuen Maß- und Gewichtssystem, einem neuen Kalender mit neuen Monatsnamen. Identität und Bewusstsein der Zugehörigkeit gab es sicher auch schon in frühen patriarchisch ge-führten Firmen. Aber erst nach 1900 erhielten die ersten Firmen umfassende Erscheinungsbilder, so beispielsweise der AEG mit Peter Behrens ab 1907.

Markenbilder, Vorläufer heutiger Logos, finden wir bei großen Firmen wie Siemens oder Reemts-ma mit Domitzlaff; bei der Nordatlantikroute in Frankreich mit Cassandre 1935; der PanAm der vierziger Jahre; den Olympischen Spielen 1972 und der Lufthansa mit Otl Aicher; bei British Rail, IBM, Olivetti oder Miller Collection, um nur einige der berühmten Beispiele zu nennen.

Corporate Culture gilt als übergeordnetes Ziel, ein sichtbar gelebtes Wertesystem liegt dem zu Grunde. Aber nur 3 % der Firmen besitzen und benutzen ein gut gestaltetes Erscheinungsbild, behauptete Helmut M. Schmitt-Sigel noch 1990 in der Zeitschrift »Novum«. Wie sieht die Wirklich-keit heute in den Unternehmen aus?

Zu unterscheiden sind verschiedene Identitäts-arten.

1. Monolithische Identität: Ein Name gilt, und es gibt einen Stil. So bei Shell, BMW, HypoVereins-bank.

2. Gestützte Identität: Eine Reihe von Unterneh-men und Tätigkeiten wird gestützt.DaimlerChrys-ler, General Motors, Philip Morris.

3. Marktorientierte Identität: Alle treten speziell mit ihrer Marke auf. So VW und Tochterfirmen.

Unternehmen mit bemerkenswerter CI sind Sony, Braun oder kleinere bei ERCO, Lamy, Loewe oder Esprit. Das visuelle Auftreten wird immer wichtiger, da sich Preis und Qualität der Produkte oft nur noch wenig voneinander unterscheiden. Faktische Leistungen werden vom Verbraucher oft kaum überprüft, symbolische und psychologische Leistungsfaktoren sind aber ein Kriterium der Un-terscheidbarkeit. Besonders das visuelle Erschei-nungsbild eines Unternehmens wird öffentlich

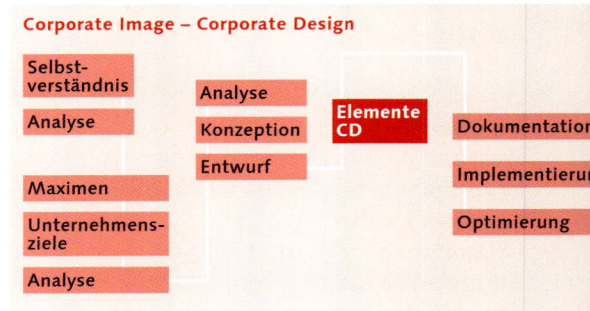

sehr stark wahrgenommen. Allerdings ist die Qualität des Produktes die Voraussetzung für ein verantwortliches Arbeiten.

Ein visuelles Erscheinungsbild besteht zunächst aus:

▶ Zeichen (Bild- oder Wortmarke / Logo)
▶ Typischer Druckschrift
▶ Genereller Gestaltungsaufbau
▶ Typische Farben
▶ Verwendete Materialien

Eine Vorbereitung einer/eines CI/CD braucht eine objektive Sicht und Analyse. Der Gestalter braucht bei der für ein Corporate Design zu entwickelnden Gestaltung eine klare Wahrnehmung des Bestehenden. Wobei er der Spannung verschiedenster Eindrücke ausgesetzt ist. Erkennen, Entschlüsseln, Veränderungsabsichten, aber auch Voreingenommenheit, Betroffenheit, Häme, Zynismus und Unkenntnis.

Corporate Identity kann als Zusammenspiel von Verhalten, Sprache, den Produkten und Dienstleistungen eines Unternehmens oder einer Institution gesehen werden. Das drückt sich im Bewusstsein und in den Handlungen von Mitarbeitern und Kunden, Konkurrenten und der Öffentlichkeit aus.

In Corporate Identity-Kategorien zu denken heißt, im Bewusstsein für die Ganzheit des Unternehmens als Teil der Gesellschaft zu planen, zu entscheiden, zu handeln: Corporate Identity ist ein Prozess. So kann Corporate Identity ein Synonym für Innovation sein, mit der optischen Konzentration eines inhaltlich sozialen Konzeptes, einer Weltanschauung oder eines gesellschaftlichen Auftrags.

Probleme treten auf, wenn der Auftraggeber nicht weiß, was er will. Mittel und Ziele werden verwechselt, und es gibt Notbehelfe und ein Flickwerk anstatt konzeptionellen Denkens. Deshalb muss das Konzept eines visuellen Erscheinungsbildes systematisch erarbeitet werden. Fast immer besteht ein Corporate Design überwiegend aus typografischer Gestaltung, ideal also für Gestalter mit typografischen Schwerpunkten.

Schneider Libretto regular
Kösel GmbH Kempten
Während wir hier über die Planung des Corporate Designs nachdenken, ist auch an das übergeordnete Corporate Image als Ganzes zu denken. Ausgehend von dem, was produziert wird, soll der Auftritt der Firma glaubwürdig erscheinen. Die Prägnanz, die durch die Produkte vermittelt werden kann, soll signifikant vermittelt werden. Dabei soll das Betriebsverhalten sowohl nach außen, aber auch nach innen transparent wirken können. Die eingesetzten Mittel müssen wirtschaftlich verwendbar sein, können Funktionalität ausstrahlen, sollen einheitlich und unverwechselbar, aber auch variable und flexible Möglichkeiten gestatten.

Schneider Libretto italic
Kösel GmbH Kempten
Während wir hier über die Planung des Corporate Designs nachdenken, ist auch an das übergeordnete Corporate Image als Ganzes zu denken. Ausgehend von dem, was produziert wird, soll der Auftritt der Firma glaubwürdig erscheinen. Die Prägnanz, die durch die Produkte vermittelt werden kann, soll signifikant vermittelt werden. Die Dabei soll das Betriebsverhalten sowohl nach außen, aber auch nach innen transparent wirken können. Die eingesetzten Mittel müssen wirtschaftlich verwendbar sein, können Funktionalität ausstrahlen, sollen einheitlich und unverwechselbar, aber auch variable und flexible Möglichkeiten gestatten.

Schneider Libretto medium
Kösel GmbH Kempten
Während wir hier über die Planung des Corporate Designs nachdenken, ist auch an das übergeordnete Corporate Image als Ganzes zu denken. Ausgehend von dem, was produziert wird, soll der Auftritt der Firma glaubwürdig erscheinen. Die Prägnanz, die durch die Produkte vermittelt werden kann, soll signifikant vermittelt werden. Dabei soll das Betriebsverhalten sowohl nach außen, aber auch nach innen transparent wirken können. Die eingesetzten Mittel müssen wirtschaftlich verwendbar sein, können Funktionalität ausstrahlen, sollen einheitlich und unverwechselbar, aber auch variable und flexible Möglichkeiten gestatten.

Kösel Kempten
Kösel Kempten
Kösel Kempten

◀
CD-Handbuch
Kösel: Schrift

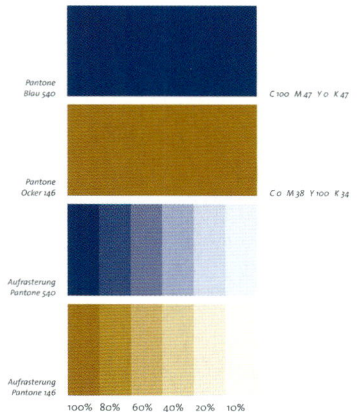

◀
CD-Handbuch
SWP Berlin:
Farben

Pantone Blau 540 — C 100 M 47 Y 0 K 47
Pantone Ocker 146 — C 0 M 38 Y 100 K 34
Aufrasterung Pantone 540
Aufrasterung Pantone 146
100% 80% 60% 40% 20% 10%

Die **Typographie** als Teil einer heutigen *visuellen Gestaltung* ist eingebettet in Tendenzen unserer Zeit. Tendenzen, die sich in der postmodernen Architektur, in Strömungen der zeitgenössischen Kunst und Musik, im »ästhetischen Denken« einer neuen *Philosophie*, aber auch in der Konsumwirtschaft ausdrücken.

Die **Typographie** als Teil einer heutigen *visuellen Gestaltung* ist eingebettet in Tendenzen unserer Zeit. Tendenzen, die sich in der postmodernen Architektur, in Strömungen der zeitgenössischen Kunst und Musik, im »ästhetischen Denken« einer neuen *Philosophie*, aber auch in der Konsumwirtschaft ausdrücken.

Swift Light, 12/14 Punkt, mit Auszeichnungen in kursiv und halbfett

Stufen zu einem Corporate Design
1. Analyse des bisherigen Zustandes
2. Definition der Unternehmensziele und der Firmenphilosophie
3. Überlegung zu ersten Maßnahmen
4. Ein Konzept wird entwickelt
5. Visuelle Entwürfe für eine Präsentation entstehen
6. Alle Einzelheiten werden dokumentiert
7. Umsetzung im Unternehmen
8. Optimierung durch ständige Überprüfung

Die Analyse des bisherigen Zustandes sollte enthalten:

Leitbilder und
unternehmenspolitische Grundsätze
Einstellungen
Werthaltungen
Normen
Tabus
Handlungsweise des Unternehmens
Firmengeschichte
Produkte/Dienstleistungen
Gebäude, Architektur
Kommunikationsmaterial
Umwelt
Unternehmensstruktur
Markenidentität
Strategien
Trend
Wirkung
Konkurrenz
Finanzen
Bisherige Identität

Unternehmensziele
Vorgaben der Unternehmensleitung oder
Ausarbeitung durch Mitarbeiter etc.

Maßnahmenkatalog
Beispielsweise: CI-Workshops im Betrieb, kooperativer Führungsstil, Stabsstelle CI einrichten.

Konzept für die Planung einer CI
Maximen

a. Spezifisch	b. Definiert
Glaubwürdigkeit	Adäquatheit
Signifikanz	Unverwechselbarkeit
Prägnanz	Funktionalität
Transparenz	Einheitlichkeit
Wirtschaftlichkeit	Variabilität
	Flexibilität

Entwurf

a. Extern	b. Intern
Produktdesign	Betriebsversammlung
Geschäftsdrucksachen	Betriebszeitung
Infobroschüren	Formulare
Formulare	Orientierung
Messepräsentation	Arbeitsplatzgestaltung
Anzeigen	Funktionsbezeichnung
Beschriftungen	Jubiläen
Sprache/Verhalten	Feste
Architektur	

Die Elemente eines Corporate Designs
Firmenzeichen
Schriftzug
Farben
Hausschrift
Typografie
Raster, Layout
Foto, Grafik, Illustration
Textgestaltung
Slogan
3-D-Gestaltung
Interneteigenheiten

Eine Dokumentation muss enthalten:

1. Alle Gestaltungselemente
2. Regeln der Anwendung und Verknüpfung
3. Exemplarische Beispiele
4. Organisationsempfehlungen
5. Einführungsstrategie und Mittel dafür
6. Musterdateien oder Templates

Optimierung und Überprüfung

Die Gestaltung muss laufend überprüft werden:

▶ Wie groß ist der Erinnerungswert?
▶ Wie hoch ist die Integrationsfähigkeit?
▶ Lässt sich Logo oder Signet gleich gut klein und groß, farbig oder schwarz-weiß wiedergeben, in allen nötigen Drucktechniken?
▶ Wie hoch ist die Signalwirkung?
▶ Kann es verwechselt werden?
▶ Ist das Erscheinungsbild langlebig?
▶ Wie groß ist der Sympathiewert?
▶ Wie hoch ist der Aufmerksamkeitswert?
▶ Informiert das Erscheinungsbild ausreichend?
▶ Verfügt es über einen Neuigkeitswert, ästhetische Werte? (Stephan Heller)

Vorteile eines guten CD-Programms

1. Ein CD-Programm wirkt in erster Linie positiv nach innen und muss sichtbar gemacht sein
2. Das Unternehmen gewinnt nach außen ein klares Profil
3. Produktneueinführungen setzen sich schneller und leichter durch
4. Das CD-Programm macht Schluss mit den verwässernden Einzelmaßnahmen
5. Werbung auf dieser Basis erzielt größere Effekte
6. Vertrauen wird gewonnen
7. Kultureller Rang und positiver Beitrag zur Alltagsästhetik

Corporate Design und damit die Corporate Identity sind nicht nur für große Unternehmen gedacht. Es ist durchaus für mittlere und kleinere Firmen erschwinglich und bringt viele Vorteile, die sonst einzeln erbracht und auch finanziert werden

◀ Briefbogen mit Raster und Schreibvorlage

▲ Doppelseite einer CD-Dokumentation für SWP Berlin

Image-Flyer für SWP
▼

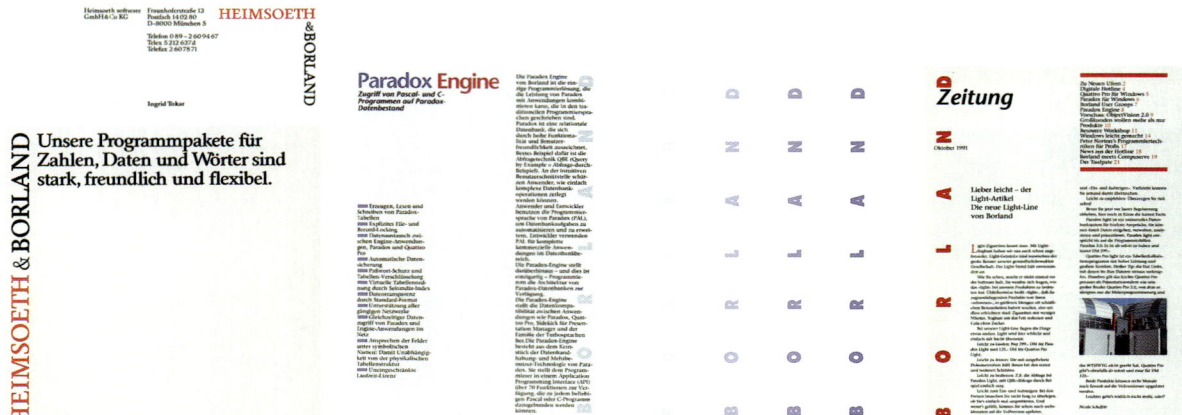

▲
Mappe und
Besuchskarte
Heimsoeth &
Borland

Factsheet für
Borland
Deutschland

Haus-
zeitschrift

Pressemappe

müssten. Konzeptionelles Denken rentiert sich (nicht nur bei der CI). Das setzt aber auch voraus, dass die Mitarbeiter rechtzeitig in den Entstehungsprozess einbezogen werden.

CD-Beispiele

Einige Beispiele aus der Corporate-Design-Praxis demonstrieren die konzeptionelle und oft auch strenge Vorgehensweise der Gestaltung.

Borland

Zum gesamten Auftritt von Borland Deutschland, einem Softwarehaus (Compiler, Datenbanken etc.), gehörten auch Packung und Handbücher für die Software. Kurz hintereinander kamen neue Versionen heraus, die auch die Aufgabe des CD nachhaltig beeinflussten. In der ersten Phase hieß die Firma noch Heimsoeth & Borland, und da die Änderung dann nur noch den Namen Borland vorsah, wurde das gesamte Erscheinungsbild überarbeitet, eigentlich neu gemacht. In der ersten Phase wurde als Schrift die venezianische Antiqua Seneca verwendet; gesetzt noch im Fotosatz, wenn auch schon digital. In der Aufbruchzeit der Personal Computer lag ein Bezug zur Aufbruchzeit der Renaissance nahe.

In der zweiten Phase wurde das amerikanische Logo übernommen, durfte aber modifiziert werden. Gesetzt wurde nun digital aus der Stone-Familie, die als *moderner* galt.

plm

Mit einem neu gebauten Betrieb des Papierwerks Landshut Mittler – einem hervorragenden Verpackungsdrucker für Pharmazie und Kosmetik – wurde ein Corporate Design beauftragt. Der deutliche Schwerpunkt war die beabsichtigte Wirkung nach innen. So sind hier gerade die Formulare von enormer Wichtigkeit. Als Schrift wurde die Formata gewählt. Das Rastersystem bezieht sich auf die Proportion 3 : 5. Für das Wortzeichen gab es das Problem, dass der Firmenname traditionell bedingt aus einem anderen Tätigkeitgebiet kommt, weswegen einem etwas abstrakteren Signet der Vorzug gegeben wurde.

Weisser Lotus

Diese österreichische Stiftung betreibt viele einzelne Firmen in sehr unterschiedlichen Branchen. Für die Logos sollte Eigenständigkeit der einzelnen Bereiche, aber auch die Zusammengehörigkeit zur Stammfirma ersichtlich sein. Dafür schien die Thesis mit ihren drei Schriftbildgruppen (Sans, Serif, Mix) und den zahlreichen Schnitten sehr geeignet. Der jeweiligen Wortmarke wurde eine abstrahierte Bildmarke hinzugefügt. Die Proportionen folgen dem System des Modulors von Le Corbusier.

Neues Haus und neues Design.

Neues Zeichen, bewährte Qualität.

◀
Imagebroschüre
und Karten-
umschlag für
plm, Landshut

Einladung

Martin Blume
Die Veränderung der Wirklichkeit
schafft Wahrheit

I – XII 12 Schwarzweiss-
Photographien

Zur Ausstellungseröffnung am
8. November 1997 um 19 Uhr laden
wir Sie herzlich ein

Zur Eröffnung spricht
Hofrat Marko Feingold,
Israelitische Kultusgemeinde
Salzburg

Erfrischungen
werden gereicht

Um Anmeldung wird gebeten

Lotus
Fine Art
Photography

Lotus
Fine Art
Photography

◀
Weisser Lotus:
Ausstellungs-
einladung,
Beihefter, Com-
pactDisc-Katalog
für drei Tochter-
firmen

Lotus
View Camera

Lotus
Records

Ein Gruß an alle Freunde der
Großformat-Photographie

We are the sound!

Musik für Menschen mit Ohren

Lotus
View Camera

Lotus Records, Salzburg
3 1998

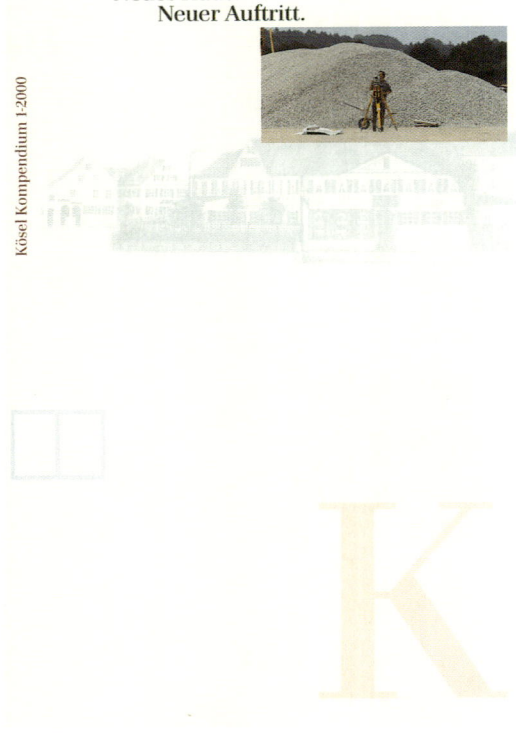

Kösel

Eine bedeutende Qualitätsdruckerei für den Druck von Büchern hat mit ihrem Umzug in ein neues Gebäude (mit neuen Maschinen) ein geeignetes Erscheinungsbild gesucht. Zwischen Tradition (400 Jahre alt) und Moderne (dem voll digitalisierten Betrieb) wurde als Schrift die Schneider Libretto gewählt. Sie hat eine klassizistische Anmutung, wirkt aber in der Lesbarkeit besonders gut. Die Wortmarke erhielt einen visuellen Zusatz mit dem Buch als Fenster und/oder Warenzeichen. Die Proportion 2 : 3 dominiert in den Anwendungen. Sie wurde gewählt als eine der meist verwendeten Proportionen in der traditionellen Buchgestaltung.

Stiftung Wissenschaft und Politik

Wissenschaft sieht typografisch oft sehr müde aus. Die Microsoft-Standards überwiegen leider. Dem wollte die Stiftung etwas entgegensetzen. Eine robuste Schrift, die auch in Word gut aussieht, wurde gesucht und mit der Swift gefunden. DIN A4 ist das bevorzugte Format, weswegen auch auf die hierfür zu Grunde liegende Proportion 1 : 1,414 zurückgegriffen wurde.

HypoVereinsbank

Zwei Schriften (beide von Frutiger), die Centennial und die Frutiger, ergänzen sich hervorragend, sind sogar im Logo kombiniert. Das Proportionssystem wurde aus der Fibonacci-Reihe entwickelt (Gottschalk & Ash, Zürich).

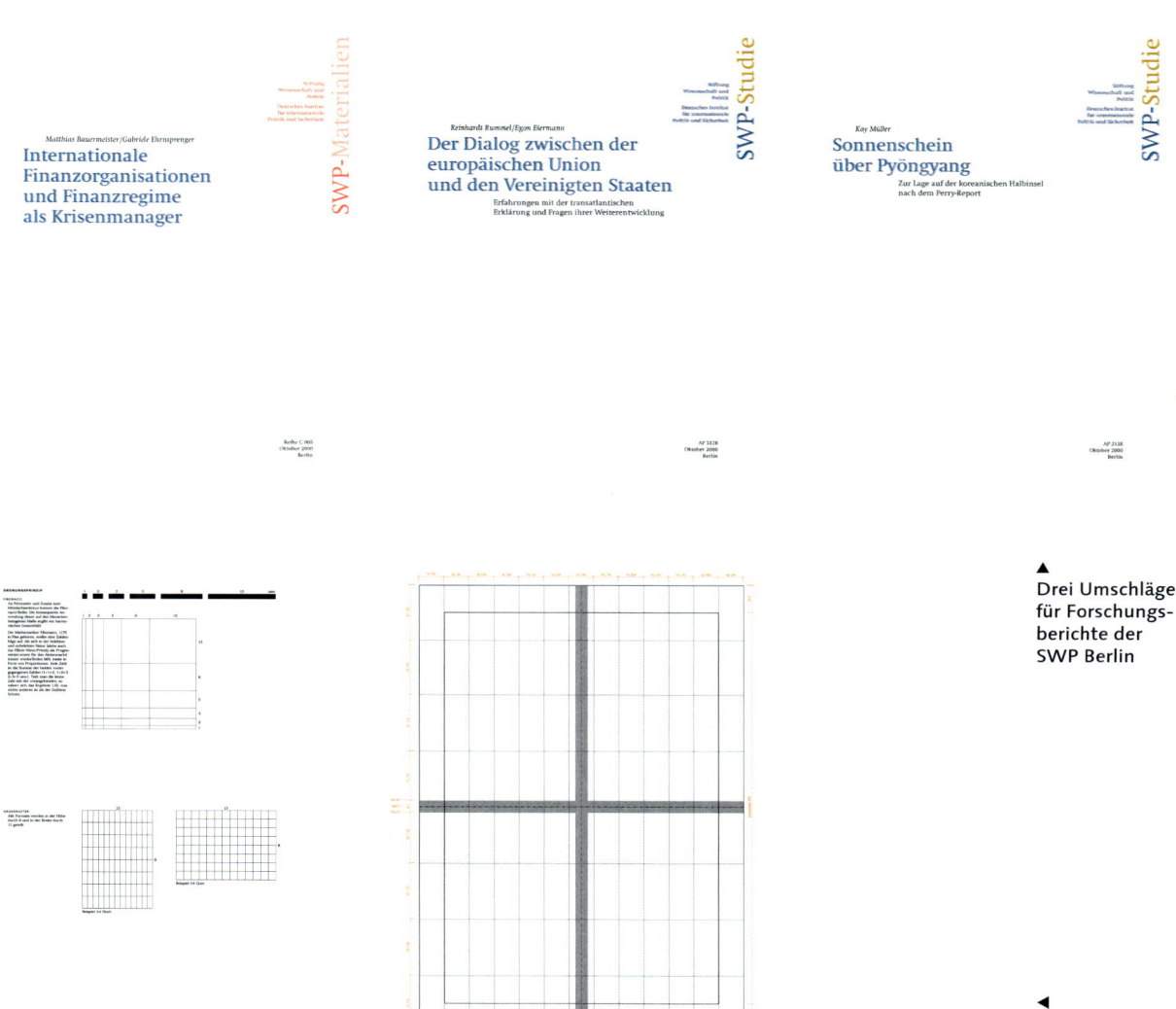

SWP-Materialien

Matthias Bauermeister/Gabriele Ehrnsprenger

**Internationale
Finanzorganisationen
und Finanzregime
als Krisenmanager**

Stiftung
Wissenschaft und
Politik

Deutsches Institut
für internationale
Politik und Sicherheit

SWP-Studie

Reinhardt Rummel/Egon Biermann

**Der Dialog zwischen der
europäischen Union
und den Vereinigten Staaten**

Erfahrungen mit der transatlantischen
Erklärung und Fragen ihrer Weiterentwicklung

Stiftung
Wissenschaft und
Politik

Deutsches Institut
für internationale
Politik und Sicherheit

SWP-Studie

Kay Müller

**Sonnenschein
über Pyöngyang**

Zur Lage auf der koreanischen Halbinsel
nach dem Perry-Report

▲
Drei Umschläge
für Forschungs-
berichte der
SWP Berlin

◄
HypoVereins-
bank: Fibonacci-
Reihe, Raster,
Buchumschlag
und Formular
(Gottschalk und
Ash, Zürich)

Logos

Bild- und Wortmarken: Waren- und Unternehmensmarken sind uralt. Sie finden sich schon in der Frühgeschichte der Schrift, erlebten bereits eine Popularität in der Renaissance und sind natürlich mit der Industrialisierung produkt- und firmenbegleitend geworden. Dabei handelt es sich meistens um einzelne Marken oder Zeichen. Und das findet man auch heute noch häufig, da manche meinen, mit einem Logo (und vielleicht noch einem gestalteten Briefbogen) hätten sie bereits eine komplette CI. Dass das Firmenzeichen aber nur ein Teil hiervon sein kann, resultiert aus dem vorherigen Kapitel. Die Begriffe sind oft verwirrend: Als Logo (von Logotypen = zusammengegossene Buchstaben) wird ein charakteristischer Name bezeichnet. Dagegen wäre ein bildhaftes oder abstraktes Zeichen ein Signet. Da das ineinander übergeht, ist es klarer, von Bildmarken oder Wortmarken zu sprechen. Natürlich gibt es hier auch wieder Wortmarken mit einer Bildergänzung.

Die Entwicklung eines Logos, die langwierig sein kann, setzt eine ausführliche Analyse voraus. Die Fragen dazu:

1. Eignet sich der Firmenname für eine prägnante Wortmarke?
2. Gibt es aus Produkten und Tätigkeiten ein reduzierbares Bild?
3. Welchen Schwierigkeitsgrad kann den Zielgruppen zugemutet werden?
4. Gibt es Zeichen aus der Vergangenheit?
5. Was ist aus anderen Elementen des Corporate Designs verwendbar?

Fallstudie Weisser Lotus: Ein Firmenverbund mit einheitlichem Corporate Design, aber sehr verschiedenen Branchen. Gemeinsame Nenner:
- ▶ Die Thesis als Hausschrift wurde in sehr verschiedenen Schnitten für die jeweiligen Branchen eingesetzt.
- ▶ Fast alle Namen stehen in einer Stufe. Eine imaginäre Mitte gibt den Platz für ein abstrahiertes Bildzeichen.

Fallstudie Steuerkanzlei Curia: Bildhaftes ist kaum zu gebrauchen. Die Abstraktion greift in den gehobenen und fortschrittlichen Anspruch der Kanzleien.

Fallstudie Musikwettbewerb: Aus dem Briefing: Der Wettbewerb ist international, seit 50 Jahren weltweit hoch angesehen, findet immer in München statt, gehört zur ARD, hat in Zukunft vermehrt mit neuer Musik zu tun, wendet sich an internationale junge Musiker mit sehr hohem Anspruch. Mehrere Vorschläge wurden gemacht.

- ▶ Abstraktion, wobei Partituren von Earl Brown Pate standen
- ▶ Zeichen der neuen Musik von Busotti, Cerha, Schaffer, Kugel, Lachenmann und Otte
- ▶ Notenzeichnungen von Stockhausen flossen in die Überlegungen ein

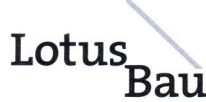

Lotus Bau

Lotus Lokstation

Lotus Verlag

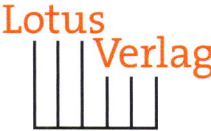

Lotus View Camera

Café–Restaurant
Fernweh nach Mariazell

◀
Logos für eine Österreichische Stiftung mit unterschiedlichen Firmen, aber einem gemeinsamen Auftritt

◀◀
Musikwettbewerb

Anzeigen

Im Dickicht der Magazine und Zeitungen

*Teuer in den Platzierungskosten verdienen Anzeigen,
dass sie auch sorgfältig gestaltet werden. Tendenzen
in der Anzeigengestaltung werden erläutert. Die
Gestaltung, einfach bis raffiniert, hängt mit vielen
anderen Bereichen zusammen.*

DIE MEISTEN ANZEIGEN SIND HEUTE BESTAND-
teile von Werbekampagnen. Nach einer Gestal-
tungstypologie sollen solche Beispiele vorgestellt
werden. Gleichzeitig geht es um Voraussetzungen
für Individualanzeigen sowie um das Beispiel der
Stellenanzeigen. Hingewiesen sei auch auf die so
genannte Alltags-Schweinebauch-Anzeige, deren
Gestalt immer noch erbärmlich aussieht.

Rolf Kloepfer,
Hanne Landbeck,
Ästhetik der
Werbung.
Fischer, Frankfurt
1991

Stellenanzeigen

Das erste Beispiel stammt aus einer Tageszeitung.
Die Anzeige reizt nicht gerade zum Lesen. Alles ist
in Großbuchstaben gesetzt, also schwer zu entziffern. Der Blocksatz schafft zu große Wortabstände.
Die Anordnung wirkt langweilig. Die Rechtschreibung stimmt in der Titelzeile nicht: »ß« wird in der
Großschreibung zu »SS«. Das Firmenzeichen ist viel
zu groß.

Ohne jetzt in den Text einzugreifen (was sinnvoll wäre), wird in den nebenstehenden fünf Beispielen versucht, mehr Ordnung und Spannung in
die Anzeige zu bringen.

Die einzelnen Textgruppen treten in eine stärkere Spannung zueinander. Damit wird die Anzeige interessanter. Im letzten Beispiel sind alle Elemente zentriert. Auch eine solche Lösung kann
ansprechend sein.

Ist in einem Unternehmen ein Corporate
Design vorhanden, wird auch die Stellenanzeige
diese Gestalt vertreten.

Konsumanzeigen

Markenartikelfirmen und Agenturen haben die
Vorteile wirkungsvoll eingesetzter Typografie
längst erkannt. Deutlich treten Texte in Gesellschaft eines Bildes oder der gesamten grafischen
Inszenierung hervor, transportieren ihre Botschaft,
erreichen die Aufmerksamkeit der in den Zeitschriften Blätternden. Gewiss ist Typografie hierbei
nur eine der vielen Komponenten, aber wohl eine
wirkungsvolle. In den Beispielen werden Anzeigen
nach ihren formalen Mitteln wie Bild, Aufbau und
Typografie betrachtet. Im Hintergrund sind hier
Voraussetzungen eingesetzt wie Werbeziel, Zielgruppe, Argumentationsformen, erzählte Ge-
schichten, bildhafte Zeichen oder Schlüsselbilder.

◄
Im Sinne des Corporate-Designs: Personalanzeigen für Borland, Kösel und Sir Joseph Causton (Seite 178)

◄
Personalanzeige vorgefunden und einige Vorschläge zur Verbesserung

► Fast eine Anzeigengeschichte: Klassiker der grafischen Struktur, keineswegs ganz neu: Lufthansa, Volkswagen und Vitra

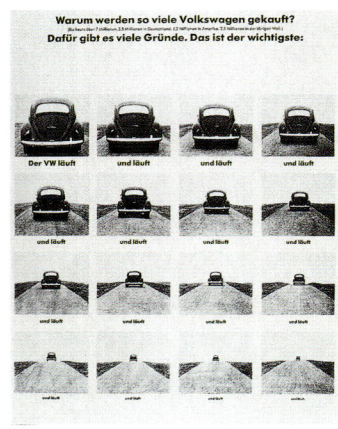

▲ Bilddominanz (Heineken), Bild als Parallele (Borland) und eine Geschichte (Viva)

► Bildvergleich (similor), technische Kompetez (Lancia) und so tun, als ginge es um einen redaktionellen Beitrag (van Gils)

180   Praktische Anwendung

◄
Weite Flächen (Loewe), der Witz des Textes (Saab) und das Bildzitat

◄
Bild-Text-Verwebung (Telekom), Integration (Pro Sieben) und Konstruktion (Augmentin)

◄
Bild-Text-Spiel (brava casa), totale Typografie (Flughafen München) und der Witz des Einfachen (Konkret)

Buchpackung oder mehr?

Buchumschläge

Mit dem Umschlag wird ein Buch verkauft, behaupten – nicht ganz richtig – Marketingexperten. Einige Grundtypen der Umschlaggestaltung finden Sie im Überblick.

EIN BLICK AUF DIE BUCHSZENE, WIE SIE SICH uns in Schaufenstern präsentiert. Zeitströmungen verändern das Gesamtbild. Bücher sind bisweilen langlebig und nicht nur Zweijahresartikel, weswegen es durchaus »altmodische« Umschläge geben kann. Der Bezug vom Buchinhalt zur Außenform ist Voraussetzung, da es sich sonst um Packungen für Bücher ohne ganzheitlichen Bezug handelt.

1. Klassische Typografie
Hier dominiert die Tradition der Buchtypografie, wie sie auch Jan Tschichold in seiner zweiten Schaffensphase postulierte.

2. Typografie der Erneuerung der Jahrhundertmitte
Aus den Reformen und modernen Ansätzen der zwanziger Jahre des 20. Jahrhunderts heraus entstand eine neue Klassik, so zunächst durch Kurt Wolff, Jakob Hegner und andere.

3. Digitales Werkzeug ist sichtbar
Zunächst etwas modisch haben sich inzwischen Gestaltungsrichtlinien entwickelt, die bewusst spielerisch mit den nun nicht mehr begrenzten technischen Möglichkeiten umgehen, die Gesetze der Wahrnehmung und der Lesbarkeit aber durchaus beherrschen.

4. Typografie mit Bildverwendung
Ende der siebziger Jahre begann ein großes Bilderfleddern. Verlage nutzten Bilder der Kunst oder Fotos berühmter Fotografen, wobei der Bezug oft nur analog und nicht direkt hergestellt war. Im Gegensatz dazu stehen Bücher, deren Inhalt hauptsächlich auch Bilder sind.

5. Bild-Text-Integration
Wenn durch beide Elemente, Typografie und Bild, etwas völlig Neues entsteht, spricht man von integrierter Gestaltung.

6. Collagen
Eine noch verdichtetere Bildform, welche die einzelnen Gestaltungselemente fast nahtlos verschmelzt.

7. Grafikverwendung
Jahrzehntelang war es so: Der Titel sollte auffällig gesetzt sein, der Grafiker durfte noch etwas dazu zeichnen oder malen. Ganz anders sieht es aus, wenn es umgekehrt ist.

8. Künstlerbücher
Jenseits aller Vorgaben bewegen sich Künstler gegen die Warenwelt, oder sie ist einbezogen und zur Kunst erhoben.

9. Experimentelle Arbeiten
Das sind Arbeiten, die von bestimmten Typografieschulen ausgehen könnten oder so in der Vergangenheit schon neue Impulse mit sich brachten.

◄

Beispiele für
1
2 (Willi
Fleckhaus)
3

**Form –
vollendet**

Der Bayerische
Kunstgewerbeverein
1851 bis 2001

◄

4
5
6

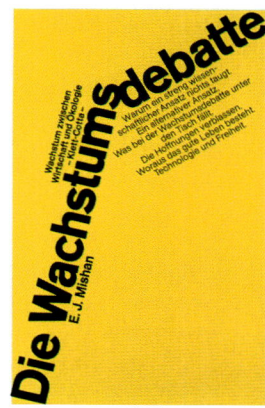

◄

7 (Friederike
Pondelik)
8 (Betina
Müller / Bruno
Bakalovich)
9 (Heinz Edel-
mann)

Textbuch

Basis der Typografie

Was so einfach und selbstverständlich aussieht, steckt voller feiner gestalterischer Erwägungen. Textbücher sind gleichzeitig die Basis jeder Typografie. Wobei die Entwicklung beider eng miteinander verknüpft ist.

DA DIE ENTSTEHUNGSGESCHICHTE DER TYPOgrafie vor allem mit der Geschichte des Buches verbunden ist, sind die Grundlagen für Textbücher in den ersten Kapiteln dieses Buches beschrieben. Wenn hier als Beispiel die Buchproduktion für einen Verlag beschrieben wird, wiederholt sich einiges, was aber als Zusammenfassung dienen kann.

Textbücher des Thauros Verlages

Bücher müssen funktionieren und dem Leser das Lesen erleichtern. Bücher sollen aber auch dazu anregen, benutzt zu werden. Damit sind schon die Ziele für die Arbeit des Buchgestalters gesteckt. Aber wie lässt sich das lösen?

In einem Gespräch, kurz vor Gründung des Verlags, stellte sich heraus, dass der Verleger und der Buchgestalter einige gemeinsame Quellen verehrten: die Bücher von Kurt Wolff aus den zwanziger Jahren, der Bezug zur einfachen Buchgestaltung von Wagenbach und wenig später Franz Grenos im Bleisatz gesetzte Bücher. Entsprach das der Zeit, oder war es »altmodisch«? Modisch war es sicher nicht, aber die Lesefunktion stand im Vordergrund, und die ist auch heute noch nach 500 Jahren Druckgeschichte aktuell.

Lesefunktion also, was heißt das eigentlich? Texte müssen sich mühelos lesen lassen. Ja klar, aber wie geht das? Und was soll davon für die Bücher von Friedrich Weinreb verwendet werden?

Buchformat und Proportion

Buchformate, also die Größe eines Buches, hängen sehr direkt mit der Handhabung zusammen. Klassische Proportionen des Seitenformats und des darauf abgestimmten Satzspiegels finden Anwendung. So der goldene Schnitt und die etwas schlankere Proportion 1 : 1,5. Beide finden wir auch bei mittelalterlichen Büchern. Die Ränder (Stege) folgen solchen Proportionsreihen. Ende der siebziger Jahre waren jene bewusst angewandten Proportionen eher die Ausnahme, und so hoben sich die Thauros-Bücher mit ihrem Erscheinen sofort aus der Masse der produzierten Bücher hervor.

Druckschriften

Der Charakter der Schrift und deren gekonnte Anordnung auf der Druckseite sind nicht allein entscheidend für einen gelungenen Leseprozess. Gestaltgesetze wirken mit, und schließlich ist das Papier, dessen Färbung und Oberfläche stark bestimmend.

Es wurde für klassische Schriften entschieden wie Garamond, Bembo, Baskerville, Caslon, Janson, Bodoni, Walbaum; und neuere Schriften wie die Trump, Zapf oder Galliard, aber für besondere Anlässe auch Ellington und Zapf International. Die Schriftwahl war häufig subtil und richtete sich auch nach dem jeweiligen Thema eines Buches. In den ersten Jahren wurde noch im Bleisatz gesetzt und im Buchdruck gedruckt. Es war nicht mehr üblich, aber man sah in diesen Verfahren eine bessere Lesbarkeit. Als diese Maschinen immer mehr verschwanden und der Fotosatz erheblich an Qualität zugenommen hatte, wurde auf modernen Fotosatzmaschinen gesetzt. Diese Phase dauerte nicht sehr lange, und heute wird der Satz digital mit Apple Macintosh-Computern produziert. Insofern ist in zwanzig Jahren Thauros-Bücher auch Technikgeschichte verborgen. Die Vorteile der neuen Verfahren wurden genutzt, für die Lesbarkeit wurde sich nach den Maximen des Bleisatzes gerichtet.

Typografie und Gestaltung

Hervorhebungen, Überschriften, Kolumnentitel sollten unspektakulär nur ihrem Zweck dienen. Diese gestalterische Bescheidenheit stört den Leser nicht, setzt aber dort ein Signal, wo etwas anders sein soll. Selbstverständlich werden keine Schriften »gemischt«, die Stilreinheit gehört zu den Tugenden guter Lesebücher. Ebenso folgen Titelei, Inhaltsverzeichnis oder Register der Basistypografie des jeweiligen Werkes.

Materialästhetik

Zur sorgfältigen Mikrotypografie wurde immer auf die Wahl der Materialien und ihrer Eigenschaften geachtet. Angenehmes Empfinden beim Anfassen und Benutzen der Bücher wird mit Naturpapieren, leicht geglätteten und holzfreien Werkdruckpapieren gefördert. Der Papierton ist leicht gelblich im Sinn einer besseren Lesbarkeit. Bis auf wenige Ausnahmen wurde auf Gewebeeinbände verzichtet; der klassische, mit Edelpapieren bezogene Band dominiert. Fadenheftung war stets Voraussetzung, und die präzise Einbandform sowie das abgestimmte Vorsatzpapier sind wichtige Glieder des Gesamtprojektes Buch.

◄ Traditionell gestaltetes Hauptwerk neben dem Lesebuch der Jetztzeit

Visualisierung

In der Umschlag- und Einbandgestaltung sind typografische Lösungen bestimmend, die dem Inhalt des Buches Ausdruck verleihen. Typografische Bilder entstehen, während Fotos oder Grafiken selten verwendet werden. In der Übereinstimmung mit den matten, feinen Papieren, deren Farben harmonieren, ergibt sich eine typische »Thauros-Gestaltung«. Gestaltungsmoden verbieten sich zu diesen Texten, jedoch darf der Bezug zur Zeit und zur heutigen Benutzung dieser Bücher bisweilen sanft zum Ausdruck kommen.

Bücher für Leser also. Der Typograf und Buchgestalter ist Diener des Lesers, indem er den Transport besorgt, der für Texte und Inhalte zwischen Autor und Leser notwendig ist. Autor und Verleger wollten diese Qualität und ermöglichten somit eine gute und sinnvolle Buchgestaltung.

Buchgestaltung		
Problem	**Aspekte zur Lösung**	**Technik**
Inhalt	Art und Funktion des Buches? Zielgruppe Gestaltungsrichtung	Auflagenhöhe
Buchformat	Bedeutung des Inhalts Funktion des Buches	Maschinenformate, Rohbogenformate Verarbeitungsmöglichkeiten
Satzspiegel/ Raster	Inhalt und Funktion des Buches Umfang von Text und Bildproportion, Fläche, Rhythmus, Spannung	Können des Gestalters
Schriftwahl	Grundcharakter, Größe, Durchschuss Satzbreite und -höhe Block- oder Flattersatz	Vorhandene Schrift Satztechnik
Elemente der Gestaltung	Lauftext Fotos, Illustrationen Bildlegenden Überschriftenhierarchie Marginalien, Kolumnentitel, Pagina Textvorspann, Initial Tabellen, Kästen, Flächen Linien, Balken, Rahmen Farbanwendung	Satzsoftware Vorstufentechnik
Material	Papierqualität, Oberfläche, Druckfarbe, Veredelung	Drucktechnik Papiermarkt Kalkulation
Produktform	Vorsatzart Einband, Ausstattung Schutzumschlag Verpackung	Binde- und Verarbeitungstechnik

Reihenfolge im Buch (Beispiel)
Schutzumschlag (enthält Vorderseite, Rücken, Rückseite, Klappen) Einband Vorsatz
1 Schmutztitel 3 Innentitel 4 Impressum 5 Widmung 7 Inhaltsverzeichnis 9 Vorwort 10 Textbeginn
Am Ende: Bibliografie Quellen Register

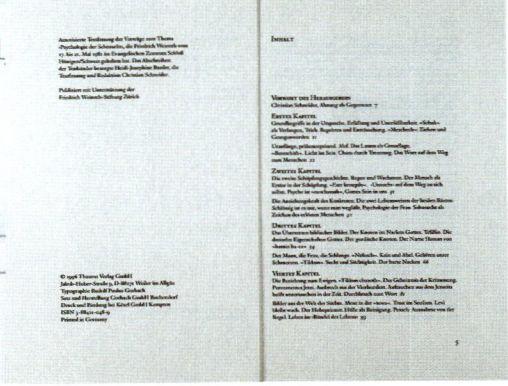

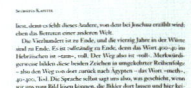

◀ Umschlaggestaltung
für den Thauros-
Verlag 1991, 1988,
1985, 1986, 2001

◀ Textbuch-Beispiel: Schrift Janson
Text, Format 125 × 208 mm im
Goldenen Schnitt. Klassische Auf-
teilung des Buches zum Lesen:
Umschlag, Innentitel,
Impressum/Inhalt, Textseiten,
Kapitelbeginn, Register

Gerarad Genette
Paratexte, das
Buch vom Bei-
werk des Buches,
Campus Verlag,
Frankfurt am
Main 1992

**Modell und Varianten einer Mikrotypographie
für Antiquariatskataloge:**
Zwei Schriftvarianten flatternd

Thesis sans

819 Bitterlich – Leip, Hans u. Roswitha Bitterlich, Eulenspiegel. Abwandlungen eines alten Themas. Elf Gedichte – elf Radierungen. Stuttgart, Cotta 1941. 1.–3. Tsd. Gr. –4°. 107, (3) S., OHlwd. Ohne den fl. Vorsatz, erstes u. letztes Bl. etw. gebräunt, sonst gut. EA WG²47. 80,–

820 Bob – Gyp, Les gens chics. Images en couleurs par Bob. Paris, Charpentier et Fasquelle 1895. Kl.-8°. 196, (4) S., marmor. Pappbd. der Zeit (etw. bestoßen, Rücken nachgedunkelt). Einige handschr. Nrn. Insges. gut erhalten. 140,–
▬ Enthält sehr viele (teils ganz-, teils doppelseit.) chronomolithograph. Illustrationen, meist köstliche Karikaturen.

Thesis Serif

819 Bitterlich – Leip, Hans u. Roswitha Bitterlich, Eulenspiegel. Abwandlungen eines alten Themas. Elf Gedichte – elf Radierungen. Stuttgart, Cotta 1941. 1.–3. Tsd. Gr. –4°. 107, (3) S., OHlwd. Ohne den fl. Vorsatz, erstes u. letztes Bl. etw. gebräunt, sonst gut. EA WG²47. 80,–

820 Bob – Gyp, Les gens chics. Images en couleurs par Bob. Paris, Charpentier et Fasquelle 1895. Kl.-8°. 196, (4) S., marmor. Pappbd. der Zeit (etw. bestoßen, Rücken nachgedunkelt). Einige handschr. Nrn. Insges. gut erhalten. 140,–
↷ chronomolithograph. Illustrationen, meist köstliche Karikaturen.

**Modell und Varianten einer Mikrotypographie
für Antiquariatskataloge:**
Block-, Flattersatz

Blocksatz; Autor, Titel: halbfett

819 Bitterlich – Leip, Hans u. Roswitha Bitterlich, Eulenspiegel. Abwandlungen eines alten Themas. Elf Gedichte – elf Radierungen. Stuttgart, Cotta 1941. 1.–3. Tsd. Gr. –4°. 107, (3) S., OHlwd. Ohne den fl. Vorsatz, erstes u. letztes Bl. etw. gebräunt, sonst gut. EA WG²47. 80,–

820 Bob – Gyp, Les gens chics. Images en couleurs par Bob. Paris, Charpentier et Fasquelle 1895. Kl.-8°. 196, (4) S., marmor. Pappbd. der Zeit (etw. bestoßen, Rücken nachgedunkelt). Einige handschr. Nrn. Insges. gut erhalten. 140,–
☞ Enthält sehr viele (teils ganz-, teils doppelseit.) chronomolithograph. Illustrationen, meist köstliche Karikaturen.

Flattersatz; Autor, Titel: kursiv

819 *Bitterlich – Leip, Hans u. Roswitha Bitterlich,* Eulenspiegel. Abwandlungen eines alten Themas. Elf Gedichte – elf Radierungen. Stuttgart, Cotta 1941. 1.–3. Tsd. Gr. –4°. 107, (3) S., OHlwd. Ohne den fl. Vorsatz, erstes u. letztes Bl. etw. gebräunt, sonst gut. EA WG²47. 80,–

820 *Bob – Gyp,* Les gens chics. Images en couleurs par Bob. Paris, Charpentier et Fasquelle 1895. Kl.-8°. 196, (4) S., marmor. Pappbd. der Zeit (etw. bestoßen, Rücken nachgedunkelt). Einige handschr. Nrn. Insges. gut erhalten. 140,–
↷ Enthält sehr viele (teils ganz-, teils doppelseit.) chronomolithograph. Illustrationen, meist köstliche Karikaturen.

**Modell und Varianten einer Mikrotypographie
für Antiquariatskataloge:**
Auszeichnungsvarianten

Autor, Titel: Kapitälchen

819 Bᴉᴛᴛᴇʀʟɪᴄʜ – Lᴇɪᴘ, Hᴀɴs ᴜ. Rᴏsᴡɪᴛʜᴀ Bᴉᴛᴛᴇʀʟɪᴄʜ, Eulenspiegel. Abwandlungen eines alten Themas. Elf Gedichte – elf Radierungen. Stuttgart, Cotta 1941. 1.–3. Tsd. Gr. –4°. 107, (3) S., OHlwd. Ohne den fl. Vorsatz, erstes u. letztes Bl. etw. gebräunt, sonst gut. EA WG²47. 80,–

820 Bᴏʙ – Gʏᴘ, Les gens chics. Images en couleurs par Bob. Paris, Charpentier et Fasquelle 1895. Kl.-8°. 196, (4) S., marmor. Pappbd. der Zeit (etw. bestoßen, Rücken nachgedunkelt). Einige handschr. Nrn. Insges. gut erhalten. 140,–
▶ Enthält sehr viele (teils ganz-, teils doppelseit.) chronomolithograph. Illustrationen, meist köstliche Karikaturen.

Autor: kursiv, Titel: halbfett

819 *Bitterlich* – **Leip, Hans u. Roswitha Bitterlich,** Eulenspiegel. Abwandlungen eines alten Themas. Elf Gedichte – elf Radierungen. Stuttgart, Cotta 1941. 1.–3. Tsd. Gr. –4°. 107, (3) S., OHlwd. Ohne den fl. Vorsatz, erstes u. letztes Bl. etw. gebräunt, sonst gut. EA WG²47. 80,–

820 *Bob* – **Gyp,** Les gens chics. Images en couleurs par Bob. Paris, Charpentier et Fasquelle 1895. Kl.-8°. 196, (4) S., marmor. Pappbd. der Zeit (etw. bestoßen, Rücken nachgedunkelt). Einige handschr. Nrn. Insges. gut erhalten. 140,–
🖙 Enthält sehr viele (teils ganz-, teils doppelseit.) chronomolithograph. Illustrationen, meist köstliche Karikaturen.

**Modell und Varianten einer Mikrotypographie
für Antiquariatskataloge:**
Textanhang

Textanhang kleiner

819 Bitterlich – **Leip, Hans u. Roswitha Bitterlich,** Eulenspiegel. Abwandlungen eines alten Themas. Elf Gedichte – elf Radierungen. Stuttgart, Cotta 1941. 1.–3. Tsd. Gr. –4°. 107, (3) S., OHlwd. Ohne den fl. Vorsatz, erstes u. letztes Bl. etw. gebräunt, sonst gut. EA WG²47. 80,–

820 Bob – **Gyp,** Les gens chics. Images en couleurs par Bob. Paris, Charpentier et Fasquelle 1895. Kl.-8°. 196, (4) S., marmor. Pappbd. der Zeit (etw. bestoßen, Rücken nachgedunkelt). Einige handschr. Nrn. Insges. gut erhalten. 140,–
Enthält sehr viele (teils ganz-, teils doppelseit.) chronomolithograph. Illustrationen, meist köstliche Karikaturen.

Textanhang kursiv

819 Bitterlich – **Leip, Hans u. Roswitha Bitterlich,** Eulenspiegel. Abwandlungen eines alten Themas. Elf Gedichte – elf Radierungen. Stuttgart, Cotta 1941. 1.–3. Tsd. Gr. –4°. 107, (3) S., OHlwd. Ohne den fl. Vorsatz, erstes u. letztes Bl. etw. gebräunt, sonst gut. EA WG²47. 80,–

820 Bob – **Gyp,** Les gens chics. Images en couleurs par Bob. Paris, Charpentier et Fasquelle 1895. Kl.-8°. 196, (4) S., marmor. Pappbd. der Zeit (etw. bestoßen, Rücken nachgedunkelt). Einige handschr. Nrn. Insges. gut erhalten. 140,–
Enthält sehr viele (teils ganz-, teils doppelseit.) chronomolithograph. Illustrationen, meist köstliche Karikaturen.

Bibliografie

Wo Buchgestalter tätig sind, leben sie auch mit den »Paratexten«. Dazu gehört beispielsweise der Anhang eines Buches. Gerard Genette beschreibt zwar in seinem Buch »Paratexte, das Buch vom Beiwerk des Buches«, noch Anmerkungen als »staubig«, und ihnen käme keine eigenständige Bedeutung zu. Bewegen wir uns also hier auf einem Nebenschauplatz?

Wohl doch nicht, denn Bibliografien gehören ganz häufig zur täglichen Arbeit eines Buchgestalters, und oft sieht man gerade an solchen Details, ob jemand die Materie der Gestaltung und Typografie auch beherrscht. Die Typografie hat den Intentionen und Funktionen des Textes zu folgen, also dem Inhalt – wie fast immer.

Ist die Schriftwahl schon bestimmt, können die Details hierzu festgelegt werden. Flattersatz oder Blocksatz kann – wenn beide sorgfältig gesetzt werden – nur zur Stilfrage werden. Beide sind nämlich gut lesbar. Ich bevorzuge für den meist relativ schmalen mehrspaltigen Satz das Flattern. Die einzelnen Abschnitte sind ja doch recht kurz, oft von vielen bibliografischen Angaben begleitet, und so scheint mir hier der Flattersatz harmonischer, der Form und der Funktion entsprechender zu sein. Die Ruhe des Blocksatzes (durch die rechte gerade Kante bedingt) ist für längere Lesetexte sicher beruhigend. In kurzen Abschnitten kann sie zwanghaft wirken.

Autor und Titel eines Katalogbeitrags können sehr unterschiedlich hervorgehoben werden. Von der sanften Italic oder der hervorhebenden Halbfetten – die Fette, also Bold, ist meistens zu fett – bis zu den feinen Kapitälchen oder anderen ausgedachten Kombinationen ist vieles möglich. Auch diese Details müssen immer zum Themengebiet, zur Schrift und zur gesamten Gestaltung passen.

Auch der Kommentar zu einem Buchtitel kann sehr verschieden auftreten: kursiv oder nur in einem anderen Schriftgrad; gekennzeichnet durch Alinea-Zeichen oder eines aus dem Fundus der jeweiligen Schrift.

Die Beispiele hier sind aus der Thesis gesetzt, die besonders viele interessante Sonderzeichen zur Verfügung hat.

Zwei wichtige Funktionskomponenten im Buchkatalog sind die Bestellnummer und der Preis. Sollen sie hervorgehoben werden, so sollen sie immer noch harmonisch im Gesamtkomplex wirken. Möglichkeiten wären für die Buchnummer, dass sie größer gesetzt wird; der Preis sollte besser nach rechts gerückt, was im Flattersatz eher untergeht, oder mit einer anderen Hervorhebung wie halbfett gesetzt werden.

Natürlich kann auch innerhalb eines Artikels noch mehr differenziert werden. In unserem Beispiel wird versucht, mit Kapitälchen, Kursiven oder Halbfetten variantenreich umzugehen.

Der Einzug bei einem neuen Absatz ist in der klassischen linearen Lesetypografie üblich und sinnvoll. Ist er das auch im Katalogsatz, oder ist die Umkehrung nicht besser, wo die Folgezeilen eingezogen werden? Schließlich wäre es auch möglich, nach der Buchnummer einen größeren Abstand zu benutzen. Auch die aufwändigere Fassung, wo die Buchnummern nach links heraus gerückt wird, ist diskutabel.

Modell und Varianten einer Mikrotypographie für Antiquariatskataloge:
Buchnummer/Preis

Buchnummer größer

819 Bitterlich – Leip, Hans u. Roswitha Bitterlich, Eulenspiegel. Abwandlungen eines alten Themas. Elf Gedichte – elf Radierungen. Stuttgart, Cotta 1941. 1.–3. Tsd. Gr. –4". 107, (3) S., OHlwd. Ohne den fl. Vorsatz, erstes u. letztes Bl. etw. gebräunt, sonst gut. EA WG²47.   80,–

820 Bob – Gyp, Les gens chics. Images en couleurs par Bob. Paris, Charpentier et Fasquelle 1895. Kl.-8". 196, (4) S., marmor. Pappbd. der Zeit (etw. bestoßen, Rücken nachgedunkelt). Einige handschr. Nrn. Insges. gut erhalten.   140,–
Enthält sehr viele (teils ganz-, teils doppelseit.) chronomolithograph. Illustrationen, meist köstliche Karikaturen.

Preis angehängt

819 Bitterlich – Leip, Hans u. Roswitha Bitterlich, Eulenspiegel. Abwandlungen eines alten Themas. Elf Gedichte – elf Radierungen. Stuttgart, Cotta 1941. 1.–3. Tsd. Gr. –4". 107, (3) S., OHlwd. Ohne den fl. Vorsatz, erstes u. letztes Bl. etw. gebräunt, sonst gut. EA WG²47.   80,–

820 Bob – Gyp, Les gens chics. Images en couleurs par Bob. Paris, Charpentier et Fasquelle 1895. Kl.-8". 196, (4) S., marmor. Pappbd. der Zeit (etw. bestoßen, Rücken nachgedunkelt). Einige handschr. Nrn. Insges. gut erhalten.   140,–
Enthält sehr viele (teils ganz-, teils doppelseit.) chronomolithograph. Illustrationen, meist köstliche Karikaturen.

Modell und Varianten einer Mikrotypographie für Antiquariatskataloge:
Schriftdifferenzierung

Kapitälchen/Kursiv

819 Bitterlich – *Leip, Hans u. Roswitha Bitterlich,* Eulenspiegel. Abwandlungen eines alten Themas. Elf Gedichte – elf Radierungen. Stuttgart, Cotta 1941. 1.–3. Tsd. Gr. –4". 107, (3) S., OHlwd. Ohne den fl. Vorsatz, erstes u. letztes Bl. etw. gebräunt, sonst gut. EA WG²47. 80,–

820 Bob – **Gyp,** Les gens chics. Images en couleurs par Bob. Paris, Charpentier et Fasquelle 1895. Kl.-8". 196, (4) S., marmor. Pappbd. der Zeit (etw. bestoßen, Rücken nachgedunkelt). Einige handschr. Nrn. Insges. gut erhalten. 140,–
Enthält sehr viele (teils ganz-, teils doppelseit.) chronomolithograph. Illustrationen, meist köstliche Karikaturen.

Kapitälchen/Halbfett

819 Bitterlich – Leip, Hans u. Roswitha **Bitterlich,** Eulenspiegel. Abwandlungen eines alten Themas. Elf Gedichte – elf Radierungen. Stuttgart, Cotta 1941. 1.–3. Tsd. Gr. –4". 107, (3) S., OHlwd. Ohne den fl. Vorsatz, erstes u. letztes Bl. etw. gebräunt, sonst gut. EA WG²47. 80,–

820 Bob – **Gyp,** Les gens chics. Images en couleurs par Bob. Paris, Charpentier et Fasquelle 1895. Kl.-8". 196, (4) S., marmor. Pappbd. der Zeit (etw. bestoßen, Rücken nachgedunkelt). Einige handschr. Nrn. Insges. gut erhalten. 140,–
Enthält sehr viele (teils ganz-, teils doppelseit.) chronomolithograph. Illustrationen, meist köstliche Karikaturen.

Modell und Varianten einer Mikrotypographie für Antiquariatskataloge:
Variante mit Einzug

Einzug

819 Bitterlich – *Leip, Hans u. Roswitha Bitterlich,* Eulenspiegel. Abwandlungen eines alten Themas. Elf Gedichte – elf Radierungen. Stuttgart, Cotta 1941. 1.–3. Tsd. Gr. –4". 107, (3) S., OHlwd. Ohne den fl. Vorsatz, erstes u. letztes Bl. etw. gebräunt, sonst gut. EA WG²47.
80,–

820 Bob – *Gyp,* Les gens chics. Images en couleurs par Bob. Paris, Charpentier et Fasquelle 1895. Kl.-8". 196, (4) S., marmor. Pappbd. der Zeit (etw. bestoßen, Rücken nachgedunkelt). Einige handschr. Nrn. Insges. gut erhalten.
140,–
Enthält sehr viele (teils ganz-, teils doppelseit.) chronomolithograph. Illustrationen, meist köstliche Karikaturen.

Einzug erste Zeile

819 Bitterlich – *Leip, Hans u. Roswitha Bitterlich,* Eulenspiegel. Abwandlungen eines alten Themas. Elf Gedichte – elf Radierungen. Stuttgart, Cotta 1941. 1.–3. Tsd. Gr. –4". 107, (3) S., OHlwd. Ohne den fl. Vorsatz, erstes u. letztes Bl. etw. gebräunt, sonst gut. EA WG²47. 80,–

820 Bob – **Gyp,** Les gens chics. Images en couleurs par Bob. Paris, Charpentier et Fasquelle 1895. Kl.-8". 196, (4) S., marmor. Pappbd. der Zeit (etw. bestoßen, Rücken nachgedunkelt). Einige handschr. Nrn. Insges. gut erhalten.
140,–
Enthält sehr viele (teils ganz-, teils doppelseit.) chronomolithograph. Illustrationen, meist köstliche Karikaturen.

Modell und Varianten einer Mikrotypographie für Antiquariatskataloge:
Varianten

Buchnummer frei

819   Bitterlich – *Leip, Hans u. Roswitha Bitterlich,* Eulenspiegel. Abwandlungen eines alten Themas. Elf Gedichte – elf Radierungen. Stuttgart, Cotta 1941. 1.–3. Tsd. Gr. –4". 107, (3) S., OHlwd. Ohne den fl. Vorsatz, erstes u. letztes Bl. etw. gebräunt, sonst gut. EA WG²47. **80,–**

820   Bob – *Gyp,* Les gens chics. Images en couleurs par Bob. Paris, Charpentier et Fasquelle 1895. Kl.-8". 196, (4) S., marmor. Pappbd. der Zeit (etw. bestoßen, Rücken nachgedunkelt). Einige handschr. Nrn. Insges. gut erhalten. **140,–**
Enthält sehr viele (teils ganz-, teils doppelseit.) chronomolithograph. Illustrationen, meist köstliche Karikaturen.

Buchnummer mit mehr Abstand

819   Bitterlich – *Leip, Hans u. Roswitha Bitterlich,* Eulenspiegel. Abwandlungen eines alten Themas. Elf Gedichte – elf Radierungen. Stuttgart, Cotta 1941. 1.–3. Tsd. Gr. –4". 107, (3) S., OHlwd. Ohne den fl. Vorsatz, erstes u. letztes Bl. etw. gebräunt, sonst gut. EA WG²47. **80,–**

820   Bob – **Gyp,** Les gens chics. Images en couleurs par Bob. Paris, Charpentier et Fasquelle 1895. Kl.-8". 196, (4) S., marmor. Pappbd. der Zeit (etw. bestoßen, Rücken nachgedunkelt). Einige handschr. Nrn. Insges. gut erhalten. **140,–**
Enthält sehr viele (teils ganz-, teils doppelseit.) chronomolithograph. Illustrationen, meist köstliche Karikaturen.

Kinder- und Jugendbuch

Illustriert

Illustrationen sollten mit der Typografie zusammenpassen. Beispiele in Büchern, für jüngere Leser gedacht, sind ganz eng mit anderen Produktarten verwandt.

KINDER- UND JUGENDBUCH GESTALTEN BEdeutet fast immer Reflexion zur eigenen Jugend. Ich bin mit der Entwicklung des Kinder- und Jugendbuches in den 50er-Jahren in Berührung gekommen. Auf der Suche nach Büchern für jüngere Geschwister sowie im Hunger nach Literatur, aber auch in meiner Arbeit als Buchdrucker bin ich sehr schnell auf inhaltliche Qualität gestoßen.

Später hatte ich als Buchhersteller Kinderbücher mit Fotos zu entwickeln. Die politischen Bewegungen und der Aufbruch nach 1968 brachte mich auch mit einer anderen Denkweise zusammen, wo – vorübergehend – die Gestalt keine allzu große Rolle spielte. Der Inhalt und dessen Entzifferbarkeit standen über allem. Produktionen im Ausland für internationale Koproduktionen und Erfahrungen auf der Kinderbuchmesse in Bologna ließen mich jedoch nachdenken, was für Kinderbücher wirklich wichtig wäre.

Das »klassische« Kinderbuch war immer präsent, wenn Großprojekte wie beispielsweise die Bücher der Sesamstraße geplant und eingeführt wurden. Aktionen, nicht nur Titel, waren zu gestalten.

Im Jugendbuch ging es dann darum, dass eine bessere Typografie zustande kam.

Gestalten und Realisieren/Herstellen sind oft zwei Bereiche: Die Probleme der Technik und die Frage, wie Inhalte transportiert werden können und welche Rolle eine Verwebung von Text und Bild spielt.

Klaus Dodener, Helmut Müller (Hrsg.), Das Bilderbuch. Beltz, Weinheim 1973

Gestaltungsgegensätze entstehen aus den Anforderungen, wie gelesen wird, linear oder differenzierend. Im Bilderbuch ist ein sinngerechtes Lesen von erheblichem Vorteil zum Verständnis des Textes, vor allem dann, wenn Lesen noch im Lernprozess steckt.

Oder es wird differenziert gelesen, wie es im Lehrbuch geschieht. Gestaltbilder der neuen Zeit sind auf solchen Funktionen aufgebaut. Wobei sich sicherlich neuere Magazingestaltung und die Präsenz von Fernsehbildern stark auswirken. Damit ist der Anteil des Bildhaften erheblich gestiegen durch Fotos, Grafiken, Zeichnungen, Diagrammen, Piktogrammen und vielen sekundären Gestaltungsmerkmalen. Visualisierung bedeutet aber mitunter nicht nur Veranschaulichung, sondern auch »Stimmungen« werden transportiert.

Die Postmoderne hat zunächst die typografische Gestaltung stark geprägt, fast wie in den zwanziger Jahren durch den Konstruktivismus (Gerhard Komora, Tschechien). Doch war es mehr der äußere Schein, der solche Buchauftritte prägte.

Sprachklang und Ausdruck brauchen differenzierende Schriften. An der vorhandenen Menge fehlt es bestimmt nicht. Aber was ist passend, stimmen Schriftduktus und die bildhaften Elemente überein?

Oft werden Schriften intuitiv ausgesucht. Auch hier wird Gestaltung, welche die Vorbedingungen analysiert, also konzeptionell vorgeht, bessere Ergebnisse bringen.

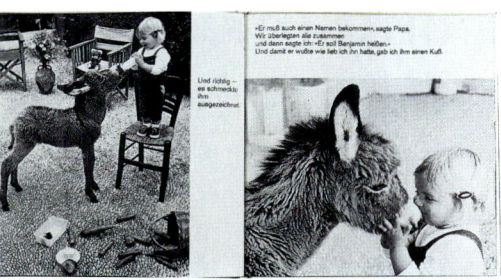

Mein Esel Benjamin

Kinderfotobuch
»Mein Esel
Benjamin«, 1968
Hanns Reich
Verlag München

Die Anordnung der Typografie interpretiert hier ganz besonders den Text: Blocksatz und Ruhe, Flattersatz und Funktionalität, der Gedichtsatz flattert ohnehin funktionell, der Satz auf Mitte bildet Dekor.

Hans Peter Willberg nannte in einem Vortrag (Leipzig 1989) wesentliche Eigenschaften in Kinder- und Jugendbüchern wie angenehme Atmosphäre, ästhetische Maßstäbe einsetzen, gut lesbare Bilder: Erkennbarkeit, überschaubar, Binnenräume der Bilder, sachliche Richtigkeit, das Bild muss dem Text (auch atmosphärisch) entsprechen. Im Jugendbuch darf das Bild nicht immer dem Text die Schau nehmen. Das Bild muss auch typografisch passen (Duktus, Bildinhalt, Linienstärke, Modulation). Gelegentlich kann das Bild den Text begleitend unterstützen oder umgekehrt. Aber im Bilderbuch erweitern Bilder den Text erheblich.

Die Doppelseitengestaltung verlangt auch hier, dass Text und Bild seitenweise aufgebaut werden. Eine grafische Unterstützung durch sekundäre Elemente kann bisweilen hilfreich sein. Und natürlich ist eine integrale Gestaltung vorteilhaft.

Produktdesign und Materialästhetik, Umschlaggestaltung und Funktion wie Handhabung (Mapping) müssen bedacht werden. Ein Anreiz durch besondere Oberflächen kann bewusst eingesetzt werden.

Kinderbuchreihe.
Internationale
Koproduktion
mit Bruna,
Holland und
Stalleing, 1978

Sesamstraße. Bilderbücher.
Bertelsmann 1973

Märchen Partwork; Gruner & Jahr
(Orbis) 1975 / 76

Bild und Text

Sachbücher sind längst keine puren Textbücher mehr

Sachbücher verlangen möglichst plausible Darstellungen – im übrigen natürlich auch ihre elektronischen Gestaltungsgeschwister. Wohl abgewogen zwischen den Vorteilen der Bilder und denen der Texte entsteht überzeugende Gestaltung.

MIT DEN ERWEITERTEN MÖGLICHKEITEN FÜR die Verwendung von Bildern aller Arten hat sich der Charakter von Sachbüchern geändert. Ihre Stellung zwischen dem Bild- und dem puren Textbuch verlangt gestalterische Kompetenz. Hier spielen viele Voraussetzungen mit: Die Lesbarkeit und Attraktivität von Texten, die Qualität der Bilder, das Wirkungsvolle des Bildlayouts, und schließlich steckt fast in jedem Sachbuch auch ein Stück didaktischen Vorhabens. Einige sehr unterschiedliche Beispiele belegen das.

So geht's!

Nach dem Vorbild eines Kochbuchs ein wirklich erklärendes Buch für PC-Anfänger zu machen ist reizvoll. Sich schnell zurechtfinden, ohne lange und für diesen Kreis äußerst langweilige Passagen mitnehmen zu müssen, gelingt durch eine gute Textstruktur, sehr einfache Typografie und einen Fundus an Visualisierungsmöglichkeiten.

Format 190 × 230 mm, Ränder funktionierend 10 10 15 (5) 15 mm, Proportion ca. 5 : 6 (1 : 1,21).

Nach diesem Konzept wurde die Reihe allein von der Redaktion gesetzt.

75 Jahre DIN

Dass das Deutsche Institut für Normung (DIN) für eine Publikation zum 75-jährigen Bestehen der DIN-Normen eine Vorgabe des Formats – DIN-

Format – gibt, ist nicht verwunderlich. Hier war es DIN A5, und aus dieser Proportion und den Zahlenreihen wurde ein visuelles Konzept entwickelt. Es sollte keine starre Reihe werden, sondern spielerisch mit den Proportionssprüngen umgegangen werden.

Selbstverständlich wurde für die Innenseiten ein tragendes Konzept entwickelt. Schließlich sind Bilder, Grafiken, historische Abbildungen, Texte, Anmerkungen und Bildlegenden unterzubringen.

Die Schriftentscheidung fiel auf die damals gerade herausgekommene »Hollander« von Gerard Unger, bestärkt durch einen Aufsatz in den »Schweizer Typografischen Monatsblättern« von Max Caflisch. DIN also keineswegs in DIN-Schriften und Technikgeschichte gut lesbar, wärmer.

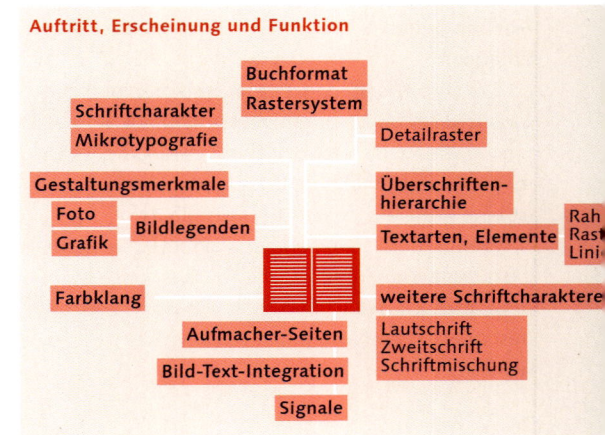

Der Absender und die Adresse

Aus der letzten Übung wissen wir, daß die Position des Absenders durch den oberen Seitenrand festgelegt wird. Im Gegensatz zur Schreibmaschine müssen Sie in Word nicht vier Leerzeilen vor dem Absender (DIN-Norm 5008) einfügen. Vier Leerzeilen entsprechen übrigens ungefähr zwei Zentimetern.

Wie wird der Absender nun eingeteilt? Einen Teil links (z.B. den Namen), den anderen rechts (z.B. die Straße)? Da gibt es verschiedene Geschmäcker. Laut DIN-Norm (an die wir uns aber nicht unbedingt halten, da sich in der Praxis meist andere Layouts durchsetzen) wird der Absender zeilenweise untereinander gesetzt. Also:

Name
Straße
Ort

Das Datum des Briefes könnte rechts außen in der ersten Zeile des Absenders erscheinen. Wir setzen es in diesem Kapitel unter die Adresse, da es für die erste Möglichkeit im Augenblick noch die nötigen Hilfsmittel fehlen.

Absender: Edgar Ehrlich

Kennen Sie ihn noch? Edgar Ehrlich, den Unglücksraben aus dem Kapitel »Zum Aufwärmen«. Eben dieser Edgar Ehrlich wird uns noch ab und zu begegnen, allerdings in seriöser Form.

Edgar Ehrlich, Schreinermeister und begeisterter Word-Anhänger (die Briefe schreibt allerdings normalerweise seine Sekretärin), steht vor dem Problem, daß seine Sekretärin krank ist und er einen wichtigen Brief selbst schreiben muß. Er findet keine Mustervorlage,

an die er sich halten könnte und macht sich deshalb dann, selbst nach zu entwerfen. Also der Absender:

Edgar Ehrlich
Schreinermeister
Hirngasse 33
8321 Aufhausen

»Jamei«, denkt er bei sich, »Schaumermal, des paßt schon«.

Die Adresse des Empfängers

Nun zur Adresse. Diese darf nicht länger als neun Zeilen sein, da sie andernfalls in einem Fensterkuvert nicht mehr Platz hat. Das weiß Edgar Ehrlich. Und in der fünfzehnten Zeile, vom oberen Blattrand gemessen, soll sie beginnen. Er rechnet kurz nach:

Oberer Rand: 4 Zeilen (2 cm)
Absender: 4 Zeilen

Fehlen also noch sechs Zeilen. In der Zeile darunter soll also die erste Zeile der Adresse erscheinen. Da in einer Musterdatei auch das Datum und eventuell die Bezugszeichenzeile enthalten sein soll, weiß man am Ende nicht mehr genau, bei welchem Absatz angefangen werden soll.

Das erkennt auch Edgar Ehrlich und überlegt, wie dieses Problem zu lösen sei. Eine bestimmte Markierung ist nicht sinnvoll, da diese ja auch auf dem späteren Ausdruck zu sehen ist. Und dann glauben wieder alle, die aus Aufhausen könnten nicht rechnen.

Unsichtbare Zeichen

Es müßte einer Markierung sein, die zwar am Bildschirm sichtbar ist, beim Ausdruck aber nicht erscheint. Plötzlich fällt ihm ein, daß

er erst letzte Woche seinen Sohn dabei erwischt hat, daß der in einen Text eine Grafik eingefügt und dabei am Bildschirm nur seltsame Zeichen zu sehen waren, als er ausgedruckt wurde.

»Verborgener Text«, meinte der Sohn ganz lässig.

Ja, das war die Lösung. Im Menü FORMAT ZEICHEN gibt es ganz unten die Option »Verborgen«: (A). Zeichen, die mit diesem Format belegt sind, erscheinen beim Ausdruck nicht.

Vorausgesetzt, bei DRUCK OPTIONEN wurde »Verborgener Text« auf NEIN gestellt, was standardmäßig der Fall ist (B).

Um Zeichen verborgen zu formatieren, müssen Sie nicht den Weg über das Menü ZEICHEN wählen. Mit [Alt]+[V] geht es auch.

Edgar Ehrlich fügt also in der Zeile über der ersten Adresszeile einen beliebigen Text ein, der darauf hinweist, daß es darunter losgeht.

Unter verborgen formatierte Zeichen setzt Word kleine Punkte (B). Übrigens wird der verborgene Text nur deshalb am Bildschirm angezeigt, weil die Option »Verborgener Text sichtbar« im Menü ZUSÄTZE auf JA steht.

Beachten Sie beim Zeichenformat Verborgen, daß sich dieses auch auf Sonderzeichen auswirkt. Formatieren Sie beispielsweise eine Absatzmarke mit dem Format Verborgen, wird diese beim Ausdruck unterschlagen. Das heißt, diese Zeile wird nicht gedruckt.

Noch einmal im Überblick: Um Text verborgen zu formatieren, wählen Sie FORMAT ZEICHEN. Ob dieser am Bildschirm erscheint, und ob er schließlich auch gedruckt wird, hängt vom Menü DRUCK OPTIONEN ab.

Der erste Briefentwurf

55

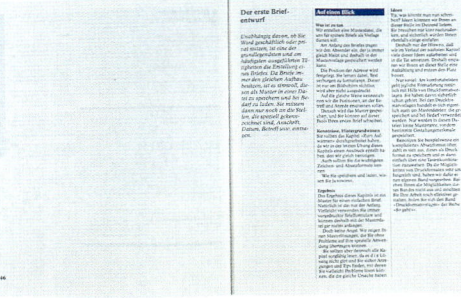

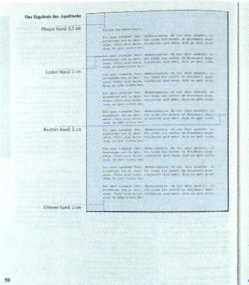

Buchreihe
»So geht's!«.
Lösungen für
Anfänger.
Markt & Technik,
Haar 1990

---

geeigneten Verfahren erfüllt werden, um zu einem vergleichbaren Ergebnis zu gelangen, das im angestrebten Vertrauensbereich liegt. Dadurch wird der Entwicklung neuer Methoden mehr Raum gegeben. Normen mit Leistungsanforderungen gestatten es überdies, nur national, regional oder im Betrieb eingeführte Verfahren zuzulassen: Nicht die eingesetzte Meßtechnik, sondern das unter den festgelegten Leistungsbedingungen erzielte Ergebnis wird als normgerecht ausgewiesen.

Die hohe Geschwindigkeit des technischen Fortschritts in einigen Ländern und die globalen Wirkungen, die sich daraus ergeben, werden verstärkt zur entwicklungsbegleitenden Normung im Umweltschutz führen. Ebenso werden die Fragen des produktorientierten Umweltschutzes in der Normung an Gewicht gewinnen. Viele produktbezogene Normen haben für den Umweltschutz bereits jetzt erhebliche Bedeutung. Die dabei zugrunde gelegten Normen können umweltpolitische Zielsetzungen an Luft-, Boden- und Gewässerreinhaltung, zur Lärmbekämpfung und zur Abfallwirtschaft unmittelbar berühren. Das Konzept der Anforderungsnormen, die Platz für nationale Lösungen lassen, und die entwicklungsbegleitende Normung sowie die Fortentwicklung der produktbezogenen Umweltnormen, lassen darauf hoffen, daß ein nationaler und internationaler Konsens zu Umweltnormen erzielt wird, die ein hohes Schutzniveau auszeichnen.

Klaus Lehmann

34
75 Jahre DIN

Sicherheitstechnik

So, wie das Gerätesicherheitsgesetz in Deutschland die Erarbeitung von Normen mit sicherheitstechnischen Festlegungen nicht nur für technische Arbeitsmittel, sondern auch für den Bereich von Heim und Freizeit beschleunigt hat, so ist die Wirkung der EG-Richtlinien, die nach der Neuen Konzeption der Normung erarbeitet werden, für die westeuropäische Normung von erheblicher Bedeutung. Die Harmonisierung der Rechtsvorschriften beschränkt sich auf die Festlegung der grundlegenden Sicherheitsanforderungen. Der gemeinsamen europäischen Normungsinstitution CEN/CENELEC bleibt es vorbehalten, die Normen zu erarbeiten, die in Übereinstimmung mit den EG-Richtlinien die produktspezifischen Sicherheitsanforderungen festlegen. EG-Richtlinien und europäische Normen (EN) bilden das Technische Regelwerk für die Produktsicherheit.

In Europa ist bereits Anfang der 70er Jahre mit der EG-Niederspannungsrichtlinie über elektrische Betriebsmittel die sogenannte Generalklauselmethode angewandt worden: d. h. die Verweisung auf den Stand der Technik und nachfolgend die Konkretisierung durch harmonisierte Normen. Das Prinzip der europäischen Niederspannungsrichtlinie folgt also dem den deutschen Gerätesicherheitsrichtlinien. Ein Anhang der Richtlinie enthält eine Zusammenfassung der wichtigsten Angaben über die Schutz- und Sicherheitsziele, an denen sich die europäischen Normen orientieren. In den beinahe 20 Jahren seit Bestehen der EG-Niederspannungsrichtlinie sind zu ihrer Ausfüllung etwa 400 europäische Normen und Harmonisierungsdokumente für die elektrotechnische Sicherheit eingeführt worden, die zu knapp 90 % auf internationalen Normen basieren.

Für die EG-Richtlinie über persönliche Schutzausrüstungen sind im Zeitraum von nur zwei Jahren über 60 europäische Norm-Entwürfe erarbeitet worden. Dabei wurden für Schutz-

35
Sicherheitstechnik

75 Jahre DIN. Fünf Bände in einem
Schuber. DIN A5, Schrift Hollander,
Beuth Verlag Berlin 1992

► 75 Jahre DIN.
Umschläge 1992

▲ Buchreihe
über die Alpen
(Entwurf)

Das Spiel mit Details aus alten DIN-Blättern sorgt für ein visuelles Erleben, außerhalb der rationellen Bildwirklichkeiten. Dabei stammen die Bereiche der einzelnen Bände der Jubiläumskassette aus völlig verschiedenen Bereichen wie Wirtschaft, Technik, Technikgeschichte, Kulturgeschichte und Kunst.

Schönheit der Berge

Bergführer und Bildband möglichst in einem Produkt? Zweiteilig zunächst als Bildband und in der Kassette eine Broschur im halben Format. Grundformat 220 × 265 mm, also ein typisches Bildbuch (Proportion 1 : 1,2 bzw. 5 : 6).

Geschichte der Rechenmaschinen

Materialienbuch und Geschichte der Computer. Eigentlich ein Gemisch aus Text- und Schaubuch, nur sind die Bereiche diesmal getrennt gehalten, haben aber trotzdem auf den Seitenpaaren direkte Verbindung zueinander. Mit dem Format 215 × 268 mm stehen die Buchseiten in der Proportion 1 : 1,25 (4 : 5). Satz-, Bild- und Textspiegel haben unterschiedliche Proportionen, die aber Bezug zueinander behalten (Satz 2 : 2,9, Bild 1 : 1,5, Text 1 : 1,37). Mit der Wahl der Schrift Utopia ist hier eine genügend neutrale und genügend charakteristische Schrift gewählt, die zudem auf den Macs wenig optische Probleme bereitet.

▶
de Beauclair,
Vom Zahnrad
zum Chip.
Systhema-Verlag 1993
(nicht erschienen)

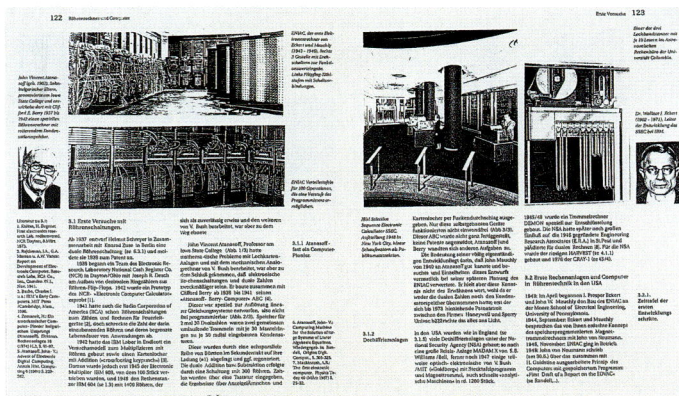

Haus der Bayerischen Geschichte

Für Ausstellungen und Aktivitäten eines Museums ohne eigene Sammlungspräsentation waren Materialienhefte mit großem optischem Anspruch zu gestalten:

DIN A4, aber mit einer 6-spaltigen Basis, wobei zwei Doppelspalten für den Text benutzt wurden. Ränder 4 : 6 : 6 : 9.

Bei den Abbildungen wurde außer dem normalen Vierfarbsatz auch Duplex in verschiedenen Nuancierungen der Zweitfarbe verwendet. Die Grundschrift ist die Walbaum Antiqua. Der verschiedenartigen Abbildungsobjekte wegen ist ein offener Raster in den Höhendetails möglich.

◀
Hefte zur Bayerischen Geschichte und Kultur. Haus der Bayerischen Geschichte, 1985 bis 1992

Lexikonreihe »Physik«

Schrift: Mit der Wahl der Minion als genereller Schrift wird der Bogen aus Tradition, Lesbarkeit und Anmutung geschlossen. Robert Slimbach hat diese Schrift für Adobe geschaffen, nachdem schon erfolgreich seine Schriften Utopia und eine neue Garamond weltweit verwendet wurden. Sie gehört zur Gruppe der französischen Renaissance-Antiqua (nach DIN 16 518) und orientiert sich an Schriften Robert Granjons und Henry du Tours, die der Verleger und Drucker Christoph Plantin im 16. Jahrhundert verwendet hatte. Ein umfangreicher Figurensatz und die neun verschiedenen Schnitte machen sie für eine moderne Buchreihe außerdem sehr praktikabel. Reizvolle Versalien

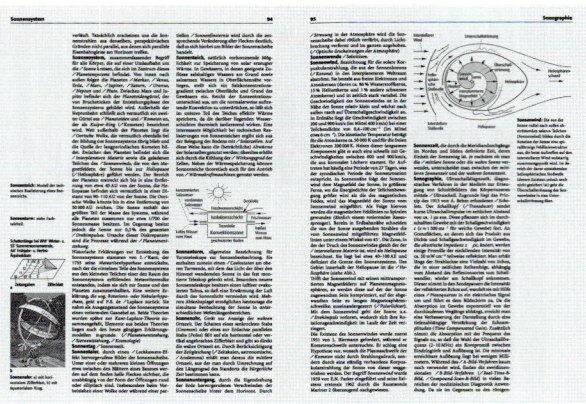

▲
Lexikon der
Physik. Spek-
trum Verlag,
Heidelberg
1998 bis 2000

und ruhige Kleinbuchstaben sorgen für gute Lesbarkeit. Echte Kapitälchen verbinden Tradition mit
der Moderne. Und – die Schrift schiebt sich nicht
in den Vordergrund.

Zur Ergänzung und vor allem als kontrastierende Auszeichnung benutzen wir die Formata
Condensed, die Bernd Möllenstädt 1988 mit der
ganzen Schriftfamilie für Berthold entwickelt hat.
Ihr Kontrast zur Minion ist mikrotypografisch
signifikant.

Typografie: Das Seitenformat 170 × 240 mm
entspricht der vernünftigen Handhabung für
umfangreichere Bücher. Die Proportion ist die gleiche wie die der DIN A-Formatreihe. Für unsere
Wahrnehmung wirkt diese Größe beispielsweise
angenehmer als das kleinere DIN A5. Der Satzspiegel folgt sanft diesen Proportionsvorgaben. Die
Doppelseitenzugehörigkeit wird verstärkt durch
die außenstehenden Marginalspalten. Lexikon-
typografie folgt einfachen Gebrauchsmustern und
kann deshalb im Buch kaum revolutionär sein. Die
Lesbarkeit und der rationale Aspekt müssen optimal sein. Genügend Text soll untergebracht, die
Schrift muss in ihren Proportionen »offen« sein.
Das schnelle Erkennen beim Suchen braucht genügend »Stärke« des Stichwortes, darf aber für den
Gebrauch beim linearen Lesen nicht stören. Die
Schriftgröße muss viele Informationen auf einer
Seite zulassen und trotzdem für den motivierten
und selektierenden Leser angenehm sein.

▲
Lexikon der Biologie. Erster Umschlagentwurf. 1998

Eine fast spielerische Komponente ergibt sich durch die Verwendung der informierenden Grafik und Bilder, die bevorzugt im Marginalraum platziert werden.

Essays im Lexikon werden dadurch erkennbar, dass sie flatternd gesetzt werden.

Umschlag: Vielfalt und (positive) Komplexität werden in der Umschlaggestaltung deutlich. Darauf verweisen die kleinen Abbildungen, die nach kompositorischen Gesichtspunkten auftauchen, aber auch die komprimierten typografischen Gruppen für Titel, Logo, Kurztext. Farbstimmung in veränderbaren Grüngrau-Nuancen und ein sekundäres Gestaltungsmerkmal (Hintergrundbild) harmonieren und kontrastieren mit den roten Balken, der »Spektrum«-Farbe.

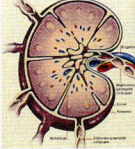

◀
Konzept für eine Medizin-Enzyklopädie. Brockhaus Verlag, Mannheim 1999

Kunst- und Fotobuch

Bilddominanz mit höchster Qualität

Mehr künstlerisches oder gerade nicht? Verschiedene Typen von Kunstbüchern werden gegenübergestellt, sind rein nach ihrer Darstellungsaufgabe zu sehen. Die Kunst darf dabei nicht durch den Gestalter Konkurrenz bekommen.

GEDRUCKTE KUNST HAT GANZ UNABHÄNGIG vom Kunstbuch ihre eigene, große Geschichte, die in der Entwicklung der grafischen Techniken zu verfolgen ist. Die Kunst im Buch hat darüber hinaus nicht nur Aufgaben der Information, sondern auch der Interpretation von Kunst. Der klassische Tafelband des 19. Jahrhunderts zeigte Kunstwerke möglichst gut. Der Text folgte seinen eigenen linearen Leseprinzipien. Die technischen Möglichkeiten des Druckens und der Reproduktion standen dabei im Vordergrund, und aus Gründen der bestmöglichen Bedruckbarkeit von Papier gab es häufig verschiedene Papiersorten: die Werkdruckqualität für den Text, der im Buchdruck erfolgte, eine glattere Papiersorte für die Bilder, kalandrierte oder kreidegestrichene Papiere, je nachdem, ob die Bilder im Hochdruck mit Zinkklischees, im Steindruck oder später im Offsetdruck, im Bogentiefdruck oder aber im Lichtdruck produziert wurden. Die Trennung der Buchteile lag also nahe.

Heute sind die meisten der genannten Druckverfahren verschwunden. Das Hauptdruckverfahren ist auch hier der moderne Offsetdruck. Eine Trennung von Text und Bild aus technischen Gründen ist nicht mehr notwendig. Die Entwicklung der gestrichenen Papiere ermöglicht – jedenfalls bei mattgestrichenen Papieren – beides gleichermaßen: gute Lesbarkeit des Textes und weitgehend originalgetreuen Druck der Bilder.

Die Abbildungen der Kunst, um die es ja eigentlich geht, sind die Hauptsache im Kunstbuch

unserer Zeit. Typografie spielt oft eine Nebenrolle, wobei nicht die »dienende Funktion«, eine typografische Tugend des Nützlichen, gemeint ist, sondern die lieblose Verwendung von typografischen Möglichkeiten. Fast selbstverständlich verwendeten Verlage die annähernd originalgetreue Vorlage als Ektachrome oder Diapositiv. Und fast ebenso selbstverständlich gibt es eine sehr hohe Qualität der Bildreproduktion und des Vierfarbdrucks. Erstaunlich ist, dass die typografische Gestaltung hier nicht selbstverständlich ist.

In der Geschichte der Buchgestaltung des 20. Jahrhunderts wird viel von Funktion gesprochen. Waren dabei immer Funktionen gemeint, oder war es eher der Funktionalismus? Jost Hochuli hatte sich in einem Vortrag intensiv damit auseinander gesetzt. Die Debatte wird in noch schärferer Form in der Architektur und im Produktdesign geführt. Design kann zur Karikatur des Gewollten werden, nämlich dann, wenn die Oberflächengestalt wichtiger wird als das, wofür ein Gegenstand benutzt werden soll. Gerade im Bereich des Kunstbuches spielt das eine wichtige Rolle. Komfortables Lesen, also die Einhaltung aller Bedingungen für optimale Lesbarkeit, aber auch die bestmögliche Bilderkennung der reproduzierten Kunstwerke sind die Ziele der Funktionen. Hinzu kommt noch die Attraktivität für den Markt des Objektes Buch, die durchaus aus den beiden genannten Funktionszielen kommen kann. Aus diesem Grund sind hier in der Folge Buchtypen nach sehr verschiedenen Funktionsvoraussetzungen beschrieben. Bisweilen finden sich in einem Band verschiedene Buchtypen, wobei dieses durch entsprechende Kapitel gerechtfertigt sein kann. Konzeptionelles Denken und die daraus entstehenden Konzepte für die Buchgestaltung sind die Voraussetzung, um eine »richtige« Form zu finden.

Kunst als dominante Abbildung

»Die beste Deutung von Kunst findet sich in der Kunst«, schreibt George Steiner. Aus diesem Grund finden sich im Bereich der Kunstbücher überwiegend Bücher mit möglichst großen Abbildungen. Die Hauptaufgabe ist damit erfüllt. Aber erst die Nebenaufgaben machen die Fülle von Abbildungen zum Buch: Durchgehender Satz- bzw. Bildspiegel, Texte wie Essays oder Bildlegenden sollten sich im Stil der Druckschrift und in der Anordnung der einzelnen Gestaltungselemente der jeweiligen Kunst zu- oder unterordnen. Das Bild steht kaum für sich allein. Zumindest Bild- oder Objektdaten sind für ein bestimmtes Verstehen eines Kunstwerkes Voraussetzung.

Bisweilen ist die Darstellung linear angeordnet. Abbildungen stehen nur auf den rechten Buchseiten. Zwar ist hier eine unabgelenkte Bildbetrachtung möglich. Aber ob das immer sehr einladend ist? Im Museum sind die Bilder doch auch nicht immer allein an einer Wand.

Dagegen stehen Bücher mit gut gelenkter Bilderfolge. Die abgebildeten Bilder folgen dem Gestaltungskonzept und dem Rhythmus des Buches. Dabei steht immer ein Bild auf der Seite oder auch zwei oder mehrere. Die Anordnung ist gleich, folgt einem Prinzip; das vorgesehene Gestaltungsraster wird eingehalten.

Künstlerbücher, also von Künstlern weitgehend selbst hergestellte Bücher, sind in diese Betrachtung nicht einbezogen, da sie ja völlig individuellen Gesichtspunkten folgen.

Zwei Kunstbuchreihen um 1910: Velhagen & Klasings Volksbücher und Meisterbilder in Farben aus dem Harmonie Verlag Berlin

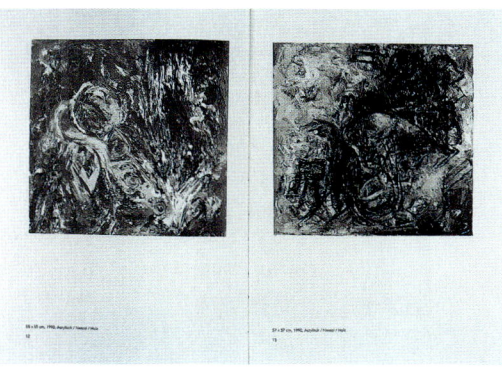

Bild als Hauptsache. Janòs Fischer: Gemalt 1987 bis 1990. Edition Gasser, Bozen 1991

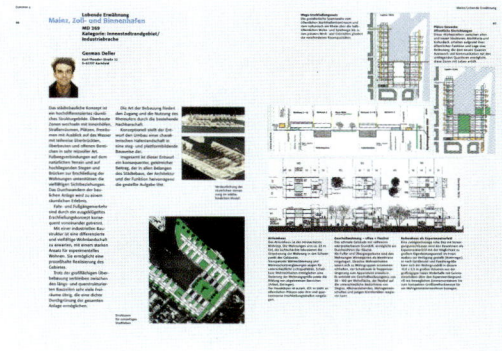

Komplizierter Aufbau auf ein klares Rastersystem. Die Stadt über der Stadt bauen. Wettbewerb Europan 4. Sekretariat Europan 4, München 1996

Kunst als erklärende Beigabe:
Textband mit Illustration

Im Gegensatz zum vorhin genannten Buchtyp ist hier der Text die Hauptsache. Das entspricht dem klassischen Kunstsachbuch. Ein Textbuch wird durch Abbildungen und deren Legenden ergänzt. Das erleichtert die Verständlichkeit, und bisweilen ist es auch nötig, um den Text überhaupt zu verstehen. Dieser Buchtyp entspricht eher dem Kunstfachbuch. Eine visuelle Attraktivität eher selten anzutreffen, obwohl das natürlich möglich wäre.

▶ Bilder erscheinen dort, wo sie im Text vorkommen. Michael Pabst, Wiener Grafik um 1900. Verlag Silke Schreiber, München 1984. Das Format folgt der Zeitschrift Ver-Sacrum von 1898.

Katalogbuch

Im Katalogbuch, wie es sie seit etwa 20 Jahren vermehrt gibt, spielen die geschriebene Analyse, die Hintergründe und die Interpretation eine große Rolle. Bemängeln darf man allerdings oft die geringe Nähe zum Leser, da die Texte nicht ohne weiteres verständlich sind. Manchmal scheint es dabei den Autoren eher um mehr eigene Veröffentlichungen zu gehen. Der Ausstellungsbesucher, der diese Katalogbücher kauft, wird keineswegs gut bedient. Demgegenüber könnte eine sorgfältige Interpretation, womöglich mit didaktischen Ansprüchen an den eigentlichen Inhalt und damit eben auch an die typografische Gestaltung, einiges mehr bewirken.

Häufig finden wir bei Katalogbüchern Bildbücher, deren Typografie zu einem Grauwert-Langweiler führte. Künstler verlangen bisweilen die gnadenlose Unterordnung des Textes. Das wirkt, als wäre der Künstler mit seinen Bildern eifersüchtig auf die Texte. Manifestiert hat sich das in einer Typografie, wo die (serifenlose) leichte Schrift, wenig durchschossen mit viel zu langen Zeilen, geschlossene Blöcke erzeugt. Der Text darf in seinem Textbild keine Eigenstruktur zeigen, der Grauwert hat total zu sein.

Kritisch kann es auch werden, wenn die Gestaltung auf Nummer sicher gehen will und Bewährtes für alles verwenden möchte. Klassische, traditionelle Typografie soll das ewig Gültige und das Edle bezeugen. Diese typografischen Kunsttempel finden wir auch in der postmodernen Gestaltung der letzten 15 Jahre, was bisweilen zu einer Unnahbarkeit bis unantastbarer »Heiligkeit der Kunst« führte.

Bei Katalogbüchern ist meistens ein enger Zeitrahmen gesetzt, da es ja um den Eröffnungstermin einer Ausstellung geht. Eine exakte Planung muss nicht gegen die gestalterische Qualität stehen.

Beim Beispiel Ludwig Hohlwein war nur das Buchformat vom Verlag vorgegeben, 220 × 90 mm, annähernd 3 : 4. Das Raster hat 9 × 12 Felder über die ganze Seite, wobei 8 × 10 für den eigentlichen Satzspiegel benutzt wurden. Die Randprogression beträgt 12, 24, 16, 24 mm. Es wurde keine Schrift des beginnenden Jahrhunderts gewählt, sondern eine modulierte Serifenlose, die 1968 erschienene Syntax von Eduard Meier (deren gute Konzeption mir damals schon imponierte). Das hat seine Gründe vor allem in der Lesbarkeit, aber auch deswegen, dass Futura oder Gill erst erschienen sind, als das wesentliche Werk von Hohlwein bereits abgeschlossen war. Hohlwein hatte seine Schriften selbst geschrieben und bezog sich dabei auf vorhandene Vorbilder. (Eine Semesterarbeit an der Akademie an der Einsteinstraße in München befasste sich mit Schriftrecherche zu Plakaten von Ludwig Hohlwein.)

Das Wesentliche dieses Kataloges ist aber die lebendige, nicht starre, neugierig machende Anordnung der Bilder. Obwohl ein strenger Raster dahinter steht, passiert auf jeder Seite etwas Neues.

Bild-Text-Integration im Kunstbuch
Selbstverständlich bleibt im Kunstbuch die Dominanz beim Bild. Eine Bild-Text-Symbiose kann aber durch starke Integration eine Steigerung der Wirkung und der Inhalte verursachen. Die intensiv und gezielt aufeinander abgestimmte Gestaltung durch das Einfügen der Texte in den Zusammenhang der Bilderwelt könnte unter Umständen mehr von der Kunst offenbaren.

◀
Spannung und Abwechslung im Katalogbuch. Duvigneau/Götz: Ludwig Hohlwein. Klinkhardt & Biermann, München 1996

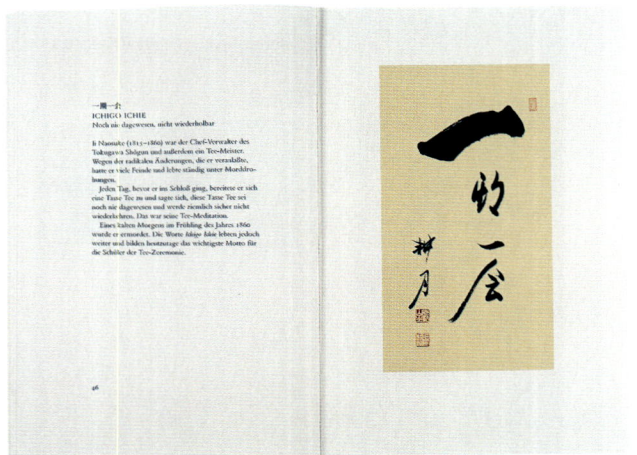

▲
Das Hand-
tuchformat
der Bilder kor-
respondiert
mit der 2 : 3
Proportion des
Buches.
Tai/Shimano,
Zen Wort,
Zen Schrift.
Theseus
Verlag, Zürich
1990

▲
Sammlung der
HypoVereins-
bank. Von der
klassischen
Moderne bis
zur Gegen-
wart. Hypo-
Vereinsbank
München,
2000

Dazu gehört auch die Möglichkeit der Inszenierung der Bilder unter sich. Die Bilder schaffen
Bezüge zueinander. Im positiven Fall steigern sie
ihre Wirkung. Schlechte Bilder könnten dabei aber
auch maßlos langweilig werden.

Typografie als eigenständige Interpretation des Inhalts

Das ist sicher eine der schwierigsten Aufgaben und
bedarf viel gestalterischer Erfahrung. Nicht gut
wäre es beispielsweise, wenn der Gestalter sich
selbst als Künstler fühlt und damit Konkurrenz
zum abzubildenden Kunstwerk zu schaffen versucht. Für die Bilder ginge es schlecht aus und
damit auch für das Buch. Das trifft auch bei mancher modernistischen Gestaltung zu, wo die Typografie der Mittelpunkt wird und die eigentlich zu
überbringende Botschaft im Hintergrund bleibt.
Solche Moden mussten wir die letzten zehn Jahre
des Öfteren erleiden.

Die typografische Interpretation kann aber auch
fruchtbar sein und die Wirkung steigern. Dazu
muss die Kunst in den Abbildungen durch den
Gestalter verstanden sein. Ein behutsames Eingehen auf Inhalte und formale Elemente kann sogar
die Bilderkennung steigern.

Einfluss durch andere Medien

Inzwischen ist auch der Einfluss der Gestaltung
durch andere Medien im Kunstbuch sichtbar
geworden: Zeitschriften mit ihren aktuelleren und
oft erfrischenden Formen, Fernsehen mit einer
ganz anderen Vorgehensweise, CD-ROMs und
Online-Gestaltung mit den enorm vielfältigen
Möglichkeiten der Darstellung und Interaktion.

Michael von Brentano

Fundorte
Luoghi

Edition Suter-Pongratz

◄
Mehrere Bild-
arten auf der
Seite. Michael
von Brentano,
Fundorte.
Edition Suter-
Pongratz, Basel
1997 und 2000

◄
Bilder können in der Folge und in
ihrem Zueinander erzählen. Raum
und Zeit. Entstehungsprozess einer
Skulptur von Ludwig Stocker.
Edition Suter-Pongratz, Basel 2000

Didaktische Typografie

Lehr- und Schulbücher sind heute ganz anders

*Man denkt an Schule, Fortbildung, Studium. Dabei
ist der didaktische Aspekt für alle gestalterischen
Vorhaben wichtig. Anhand von Lehrbüchern werden
grundsätzliche aber auch sehr weitreichende
Denkweisen für das vermittelnde Buch untersucht.*

»SOMIT NEHME BEI DER BILDUNG DES GEISTES
vor allem die Sorge um die Sinnesorgane und
deren Bewahrung die erste Stelle ein. … Es wird …
lebenslänglich von Vorteil sein, wenn sie ihre
Sinne an die Dinge heften. Denn auf diese Weise
gewöhnen sie sich daran, nur einer gewissen
Wahrheit zuzustimmen und in allem dem eigenen
Urteil zu vertrauen.«

Jan Amos
Komensky
(Comenius),
Informatorium
der Mutterschul,
1632, Reclam
1987

Wie ist es aber möglich, in einem Lehrwerk
sinnliches Empfinden zu ermöglichen oder Lust am
Lernen zu fördern? Wenn Frederic Vester 1975
Schulbücher kritisierte, die das Lernen verhindern,
so hat das leider immer noch Aktualität. In einem
Beispiel wird der Unterschied zwischen einem
Schulbuch und einem populärwissenschaftlichen
Werk gezeigt. Im ersten Fall: abstrakt, fremd, ver-
worren; im zweiten Fall: Neugier, Spaß, vertraute
Erfahrung. Die Aufnahmefähigkeit, das Behalten
und Wiedererinnern steigt um ein Vielfaches.

Frederic Vester:
Denken,
Lernen,
Vergessen,
dtv 1975
und 1997

Vester zieht aus seinen Untersuchungen 13
Regeln zur Lernbiologie:

1. Lernziel kennen
2. Sinnvolles Curriculum
3. Neugierde kompensieren (fremdeln)
4. Neues alt verpacken
5. Skelett von Details
6. Interferenz vermeiden
7. Erklärung vor Begriff
8. Zusätzliche Assoziationen
9. Lernspaß
10. Viele Eingangskanäle

Fachlexikon der
sozialen Arbeit.
Kohlhammer
Stuttgart, 1986

11. Verknüpfung mit der Realität
12. Wiederholung neuer Information
13. Dichte Verknüpfung

Bedeutung für die Typografie?

Diese Art von Kommunikation braucht die volle
Unterstützung des visuellen Gestalters. Wissen
von und über Dinge kann sehr verschieden sein
(Sprache kennen und etwas über die Sprache wissen, s. Watzlawick: Menschliche Kommunikation,
Bern 1969), auch darauf ist aufzubauen. Der Teil
des visuellen Sehens und Denkens kommt uns
dabei entgegen.

Nach dem »Fachlexikon der sozialen Arbeit«
bedeutet Didaktik das grundsätzliche, jedes inten-
tional (absichtsvoll) geplante Lernen betreffend.
Dies ist weit gefasst: Es kann die Wissenschaft
vom Lehren und Lernen, aber auch eine Steuerung
von Lehr- und Lernprozessen beinhalten. Sie ist
aber nicht nur eine Berufswissenschaft der Lehrer,
sondern auch als instrumentell funktionierend zu
sehen, wobei Modelle für den Unterricht entworfen werden. Neuerdings werden vor allem in der
Praxis Rezepte und ihre Wirksamkeit untersucht.

Didaktische Typografie benutzt und erweitert
die Möglichkeiten der Gestaltung, die der Theorie
und Praxis der Didaktik dienen. Die Übermittlung
von Texten und Bildern muss funktionieren, nämlich den Empfänger optimal erreichen. Das Ziel

wird allerdings nur erreicht, wenn Wirkungskriterien und die Gesetze der Wahrnehmung demjenigen, der die Übermittlung entwerfen soll, bekannt sind.

Der Rahmen, in dem das möglich ist:

▶ Inhalt, der zu übermitteln ist
▶ Methoden, um den Empfänger zu erreichen
▶ Visuelle Werkzeuge
▶ Wahrnehmung beim Empfänger

Dieses funktionierende Zusammenspiel ist nicht nur auf Lehrbücher und Ähnliches bezogen. Fast alle Realisationen, die etwas bewirken wollen, müssen funktionieren, brauchen also eine didaktische Typografie. Das sind Lehrbücher für Schule, Erwachsenenbildung, Selbstlerner; Fachbücher, Fachzeitschriften, populäre Sachbücher; wissenschaftliche Literatur. Es gilt aber auch für Imagebroschüren, Produktprospekte, Geschäftsberichte und sogar Anzeigen. Natürlich darf auch das Screen-Design für Multimedia oder Internet nicht ausgenommen werden.

Die Mittel hierzu sind:

▶ Inhaltliche Deutlichkeit
▶ Grundstimmung der gesamten Botschaft
▶ Lesbarkeit von Schrift und Typografie
▶ Erkennbarkeit und Wahrnehmung der diversen Bildsorten
▶ Leserführung
▶ Strukturierung der inhaltlichen Elemente

In der Schulbuchgestaltung ein diskutiertes Thema, wenn auch bisweilen mehr Oberfläche als Inhalt gestaltet wird. Die internationale Akzeptanz, welche die notwendigen Koproduktionen im Sachbuch erfordern, können mitunter hinderlich sein. Oft entsteht ein Einheitsdesign mit dem kleinsten ästhetischen Nenner der diversen Verlage. Wobei der stärkste der Partner oft sein gewünschtes Bild aufprägt. Chancen böten sich dabei in mehr Kooperation und nicht nur Koproduktion. Die Jugendbuchredakteurin Almuth Sieben verweist auf ihre eigene Richtschnur:

1. Sachliche Richtigkeit ist Voraussetzung.
2. Fakten werden nicht isoliert dargestellt, sondern treten in Bezug.

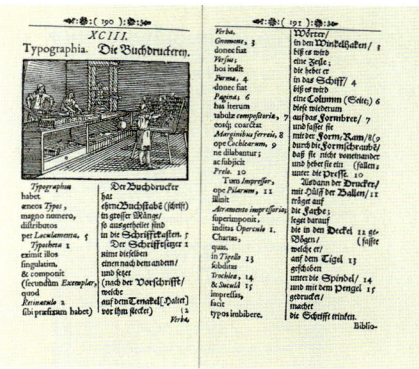

3. Wissen ist nicht endgültig. Platz muss für die persönliche Erweiterung des Lesers bleiben.
4. Ein Thema endet nicht, wenn ein Buch ausgelesen ist.
5. Ganzheitliche Zusammenhänge sind zu schaffen, Fakten und Informationen wollen »erzählt« sein.
6. Bücher machen Menschen, deren Geschichte für das jeweilige Buch wichtig ist.

Wir sehen, dass wir bei einer didaktischen Gestaltung »dienend« sein müssen. Allerdings mit einem deutlichen und klaren Konzept. Konzepte wollen wiederum erarbeitet sein. Dem zuvor geht oft viel Recherchearbeit. Kreativität wird gefordert, aber was ist das? Eine spezifisch menschliche Tätigkeit der gesellschaftlichen Produktion, die mit Entdecken und Erfinden zusammenhängt. Der kreative Prozess als Denkprozess und Problemlösungsprozess. Neu und brauchbar muss das Ergebnis sein. Die Theorien des Denkens und Erkennens könnten als begreifendes Erkennen (Hegel, Marx) bezeichnet werden. Die Kenntnis von elementaren kognitiven Prozessen, wie sie die Gehirnforschung heute zeigt, ist vorteilhaft.

Entwerfen und Lernen

Wie beim Lernen wird ja auch beim Entwerfen typenspezifisch gearbeitet. Der eine wird vielleicht im Gespräch Gesetzmöglichkeiten und Möglichkeiten der Gestaltung erörtern und entwickeln. Der andere könnte skizzieren, probieren. Dritte

► Schweizer Sprachbuch 2. Sabe Verlagsinstitut, Zürich 1972 (Atelier Blumenstein & Placherel)

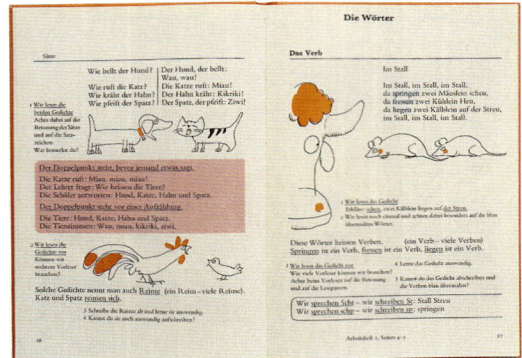

► Welcome. Hueber Verlag Ismaning, 1979 bis 1981

► Die Suche. Das andere Lehrwerk für Deutsch als Fremdsprache. Langenscheidt Verlag, München 1993 (Klaus Meyer und Simone Fischer)

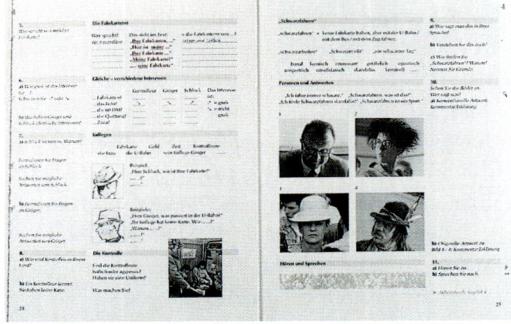

wiederum arbeiten bevorzugt mit Formeln, Tabellen, also konzeptionell. Wieder andere müssen die Probleme erfühlen, das Haptische begreifen. Ideal wäre ein Konglomerat aus allem oder noch besser ein hierzu fähiges Team.

Interaktion könnte mitunter auch zwischen Buch und Benutzer erfolgen und nicht nur bei der Anwendung elektronisch realisierter Lern- und Informationsprogramme. Dass eine Motivation dem Ganzen vorausgehen muss, erscheint uns logisch. Welches »Motiv« hat jemand, um etwas zu tun, und wie und warum kann sich das ändern?

Wie sieht nun die Praxis aus? Erleichtern Schulbücher das Lernen, oder wird in Sachbüchern, bedingt durch die starke Konkurrenz auf dem Markt, das Optimale geleistet? Im Schulbuch herrscht ein nicht zu großer ästhetischer Nenner vor, und allgemein scheint gültig zu sein, dass eine Mischung aus Biederkeit und Zeitgeistfolgen das Bild einer Buchgattung prägt: Aktionismus und Bilder als Lärmmittel gegen die zu hohe Dezibelzahl der Lautsprecher; Textfragmente, der Tendenz zum Weniglesen folgend. Zeitschriften der letzten 15 Jahre ermüdeten mit einer Typografie der Überbetonung. Im Fachbuch – mit Ausnahme der technischen Dokumentation – sind erfreulichere Tendenzen in zurückhaltender Art zu sehen.

Lernen in »Medien«?

Geschäftsberichte und Imagebroschüren bestechen durch meist hohe gestalterische Qualität. Aber ist sie jeweils sinnvoll, und funktioniert sie?

Gesättigte Märkte bringen Verdrängungskämpfe wie bei Reiseführern oder Ratgeberbüchern. Schade, dass dieser Wettkampf nicht mit inhaltlicher und visueller Qualität bestückt und ausgetragen wird. Der heimliche Bestseller in Deutschland heißt aber Otto-Katalog und ist nicht besser geworden als der Neckermann-Katalog vor 25 Jahren. Leider aber offensichtlich prägend. Ulrich Greiner hat den Otto-Katalog rezensiert und Hans-Magnus Enzensberger damals den Neckermann-Katalog.

Die Kritik an den heutigen alten und neuen Medien ist umfangreich und, wenn man genauer hinsieht, auch ziemlich intensiv. In der Wahrnehmungsforschung weiß man, dass Lesen auf Papier und auf dem Bildschirm ganz andere Hirnregionen aktiviert. Demnach werden Texte auf dem Bildschirm sogar eher als Bilder wahrgenommen. Viele befürchten bereits die Zweiklassengesellschaft Bücherleser – Bildergucker. Die Mehrheit wird sicherlich auf den Film als Quelle der Fantasie, als Medium bezogen sein. Innerhalb der Kulturindustrie sorgt ein kräftiges Echogewerbe (Gert Heidenreich) mit Kritik, Reklame und Hitlisten für eine Angleichung von Büchern an die populäreren Medien. 5 000 Bücher könnte ein Dauerleser in seinem Leben verschlingen, wir haben um die 90 000 Neuerscheinungen pro Jahr. Aber ein amerikanischer normaler Fernsehzuschauer verschlingt 3 Millionen Werbespots in seinem Leben.

Die Konkurrenz zum Buch zeigt sich jetzt als Multimedia-Realisierung, kann so viel, könnte so viel und darbt doch häufig inhaltlich und auch funktionell und ästhetisch. Eifernde Container-Unterhaltung ist hier kein Maßstab. Schrift bedeutet oft nichts mehr, da viele Menschen nicht einmal wissen, welcher Unsinn auf ihren T-Shirts steht, von der gräßlichen Typografie ganz zu schweigen.

Oldenbourg Interpretationen

Die neue Gestaltung geht vom Inhalt und der Lesefunktion aus. Gleichzeitig soll das »Zeitgemäße« mit einfließen, eine moderne Form soll sich mit der traditionellen Funktion verbinden, was auf der Mikrotypografie aufgebaut wird. Mit dem Charakter der Schrift, der Anordnung auf den Seiten und dem verwendeten Material kann eine Einheit erreicht werden, die nicht den Kostenrahmen sprengen muss.

Otto-Katalog 2001

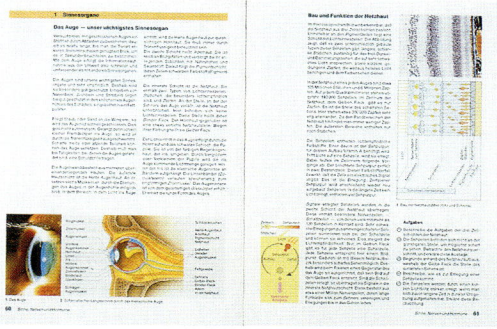

Natura, Biologie 10./11. Ernst Klett Verlag, Stuttgart 1995 (Jürgen Wirth, FH Darmstadt)

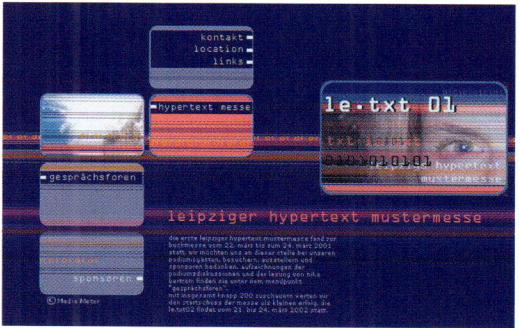

Internetsite zur Hypertext-Messe 2001 (webcreativ, Leipzig)

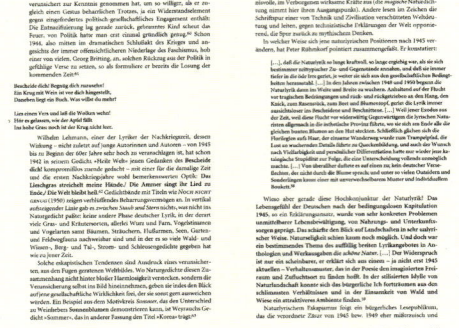

Schrift: Mit der Wahl der Minion als genereller Schrift wird der Bogen aus Tradition, Lesbarkeit und Anmutung geschlossen. Über die Schrift berichtete ich bereits im Kapitel Bild und Text.

◄ 61
Schrift

Format, Satzspiegel und Proportion: Das Format ist mit 133 × 200 mm exakt in der Proportion 2 : 3 vorgesehen. Ein Rastermodul teilt die Seite in der gleichen Proportion in 8 : 12 Felder mit einer Seitenlänge von 16,6 mm ein. Das ist die Basis, auf der die einzelnen Elemente stehen. Gegebenenfalls werden die Felder in halbe und viertel Einheiten unterteilt. In den Tabellen sind ebenfalls die Breiteneinheiten bindend. In der Höhe richtet sich die Teilung nach dem Zeilenspiegel.

Material: Das Inhaltspapier entspricht der Tätigkeit des Lesens am besten als leicht getöntes Werkdruckpapier, der Handhabung wegen mit einer leichten Glättung. Gestrichene Papiere sind hierfür nicht nötig. Die Druckfarbe des Innenteils soll Schwarz sein.

Das Umschlagmaterial unterstützt die Gestaltungshaltung: Der melierte Countryside-Karton in der Farbe Quarz unterstreicht die Anmutung durch ausgeglichene Harmonie mit den beiden Farben des Drucks, Pantone Rot 186 U und Blau 274 U.

Typografie: Nach der Analyse der vorkommenden Textsorten bzw. Elemente mit unterschiedlicher Struktur wurde eine funktionierende und aufeinander abgestimmte Doppelseitenstruktur entwickelt.

Lehrbuch der Softwaretechnik

Ein komplexes Lehrwerk erhielt auch eine komplexe Typografie. Dabei war die hervorragende didaktische Aufbereitung durch den Autor Ansporn für eine dem Zweck »dienende« Form der Typografie zu gestalten.

Mit der Schriftwahl der Lucida, einer der frühen digitalen Schriften, gibt es einen inhaltlichen Bezug zur Softwaretechnik. Die Typografie berücksichtigt und unterstützt eine vielstufige Überschriftenhierarchie, Hervorhebungen, Beispiele, Zitate, Spitzmarken, leserführende Marginalien, biografische Marginalien. Außerdem gibt es mehrere Grafiksorten mit entsprechenden Legenden, Tabellen, Piktogrammen, Zusammenfassungen, Aufgaben, ein Glossar, Literaturhinweise, selbstverständlich mehrere Register.

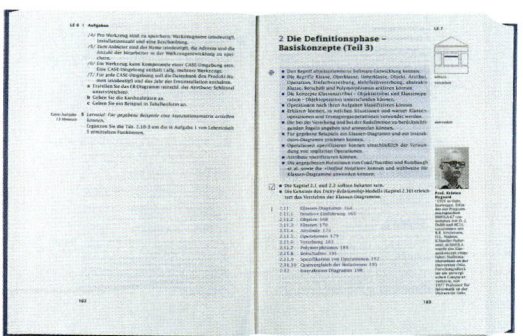

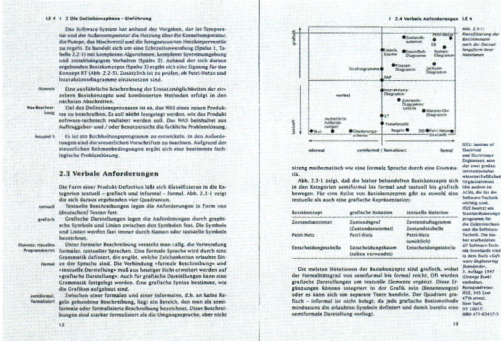

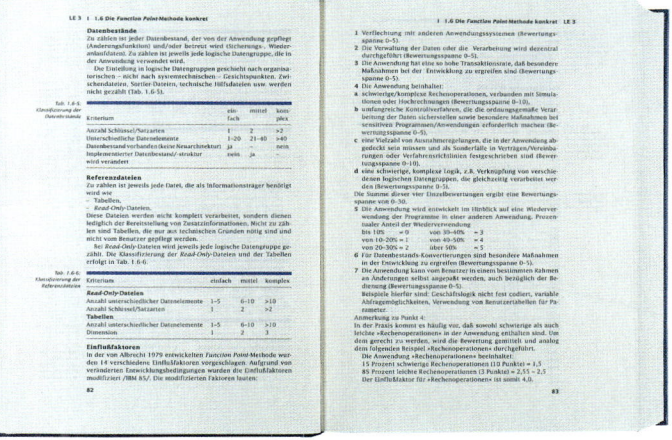

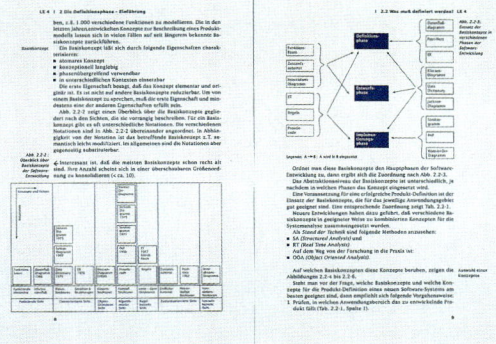

Helmut Balzert,
Lehrbuch der
Softwaretechnik.
Spektrum-
Verlag, Heidel-
berg 1996

Selbstlernkurs Englisch

Die Tendenz, Lehrbücher auch für Erwachsene immer stärker zu visualisieren, bringt es mit sich, dass bisweilen Formen von Zeitschriftengestaltungen für eine Brauchbarkeit im Bereich der Bücher untersucht werden. Das Magazinformat von 210 × 280 mm (Proportion 1 : 1,334, ca. 3 : 4) lässt viele Möglichkeiten zu.

Das Farbsystem hatte auf Duplex mit Pantonefarbe und den vierfarbigen Euroskalenbereich Rücksicht zu nehmen, und die Kennfarbe durfte sich natürlich nicht unterscheiden.

Die kleinen Geschwister des Selbstlernkurses sind die Expresskurse. Hier soll in knapper Form auf kleinem Format – ähnlich wie im Reisebereich die Polyglott-Führer – eine knappe Spracheinführung stattfinden.

▲
Selbstlernkurs
Englisch.
Langenscheidt
Verlag,
München 1991

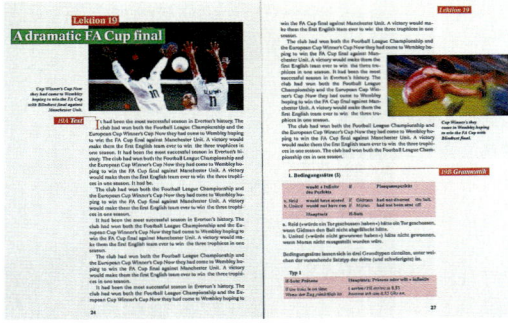

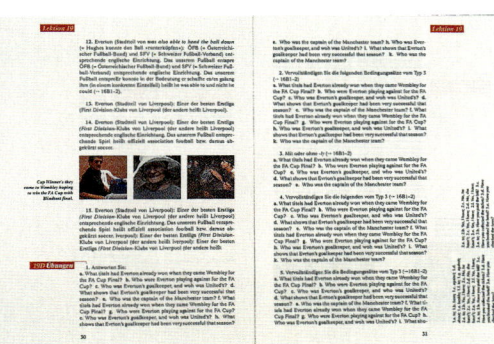

▶
Expresskurs
Englisch.
Langenscheidt
Verlag 1993
(Entwurf)

Schulbücher für die Grundschule

Sehr verschiedene Zielgruppen machen die Arbeit für den Gestalter spannend: Der Verlag, die Kultusministerien als Genehmigungshoheit, die verschiedenen Lehrergenerationen, die Eltern und – die Kinder, um die es doch eigentlich und vor allem geht. Die Beispiele auf der gegenüber liegenden Seite sind ein Entwurf für die zweite Grundschulstufe. Zu beachten ist besonders die Schriftwahl, zunächst eine Schulbuchschrift und für das fortgeschrittenere Jahr eine »normale« Textschrift, hier die Utopia. Die Seitenstruktur mit sechs Seiten je Lerneinheit sollte »navigierbar« sein. Ein Gestaltungsraster verhilft auch hier zu Beständigkeit und einer visuellen Konstanz. Textsorten sollen für die Kinder klar zu unterscheiden sein, Lernen soll Spaß machen, was nicht nur über die Art der Illustrationen vermittelt wird.

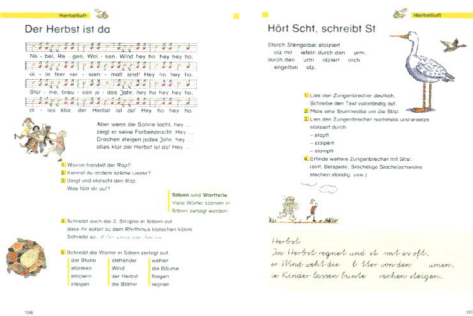

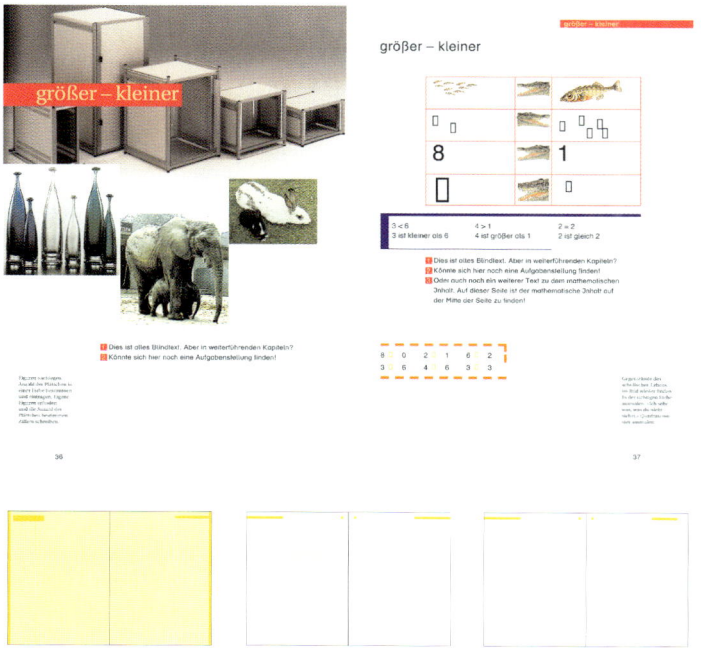

Kritische Figuren im Vergleich:

Nord	Süd	Helvetica
a	a	a
K	K	K
k	k	k
R	R	R
M	M	M
G	G	G
t	t	t
u	u	u

▲
Gestaltungs-
system für eine
Schulbuchfamilie
anhand eines
Sprach- und
eines Mathe-
matikbuches.
Präsentation
2001 beim Dies-
terweg Verlag
Frankfurt

Technische Dokumentation

Bücher zur Gebrauchsanleitung

*Wer hat nicht schon über Gebrauchsanweisungen
geschimpft oder gar unter ihrer schlechten Qualität
gelitten? Eine kritische Untersuchung leitet über
dazu, wie man es besser machen kann.*

Frederic Vester:
Denken,
Lernen,
Vergessen,
dtv 1975
und 1997

»In Gebrauchsanweisungen manifestiert sich nämlich nichts weniger als eine ständige Drohung, die über der Welt der Industrieprodukte lastet. … Die Dinge sind uns über den Kopf gewachsen«, steht im Katalog einer Ausstellung über Gebrauchsanweisungen, die im Museum für Gestaltung in Zürich 1993 zu sehen war.

Komplexe und schwer zu bedienende Geräte erschweren unser Leben. Donald A. Norman spottet über Designer, wenn wieder etwas nicht funktioniert: »Sicher hat er dafür einen Designpreis bekommen.« Und über Benutzerhandbücher schreibt Norman im Buch »Dinge des Alltags«:

»Benutzerhandbücher sind oft weniger hilfreich, als sie sein sollten. Sie werden oft in Eile, unter Zeitdruck und ohne ausreichende Geldmittel verfasst, nachdem das Produkt bereits entworfen ist, und zwar von Menschen, die überarbeitet sind und für ihre Bemühungen wenig Lob ernten … Leider kann man sich nicht einmal auf die besten Handbücher verlassen; die Benutzer lesen sie gar nicht. Natürlich kann man nicht erwarten, komplexe Geräte ohne jegliche Anleitung bedienen zu können, doch die Designer von solchen Geräten sollten der menschlichen Natur Rechnung tragen, so, wie sie ist.« Dabei ist Interface-Design ein viel diskutierter Bereich. Da Designer und Typografen hier durchaus an denselben Objekten arbeiten, wünscht man sich eine positive Zusammenarbeit.

Bemühungen um eine bessere Verständlichkeit von Anleitungen treten verstärkt auf, wo Zusammenhänge immer komplexer werden. Schon 1975 spricht Frederic Vester von Schulbüchern, die das Lernen verhindern. Diese Tradition scheint auf die Technische Dokumentation übergegangen zu sein. Und schon 1969 stand in der Zeitschrift »Format« über die Typografie von Gebrauchsanweisungen zu lesen: »Die Typografie spielt in der Gestaltung nur die Rolle eines instrumentalen Mittels der Information. D. h. sie dient in erster Linie den Gestaltbildern zu Gunsten einer systematisch geordneten Übersicht, und damit einer gelenkten Wahrnehmung, und erst dann der Gestaltungswut ornamentliebender Gebrauchsgrafiker.«

Es ist ratsam, dass technische Geräte, Apparate, Maschinen, Anlagen oder Software richtig und zum Vorteil des Anwenders bedient werden. Dazu gibt es Anweisungen zum Gebrauch, und dies reicht vom beigepackten Zettel beim Kauf eines Weckers bis zur mehrbändigen technischen Dokumentation eines Verkehrsflugzeugs. Ein großer Markt für die grafische Industrie und das Grafikdesign? Wohl eher nicht oder nur zum Teil.

Die visuelle Gestaltung ist häufig hausgemacht, ohne gestalterische Funktion, ohne Kenntnisse einer dem Inhalt dienlichen Typografie. Technisch ist dieser Markt zumindest in der Druckvorstufe an der grafischen Industrie weitgehend vorbeigegangen. Das liegt sicher auch daran, dass Ingenieure schon zu Großdatenbank-Zeiten zielsicher versuchten, Texte direkt zu Satz zu machen. So war auch keine Scheu gegenüber DTP vorhanden, und

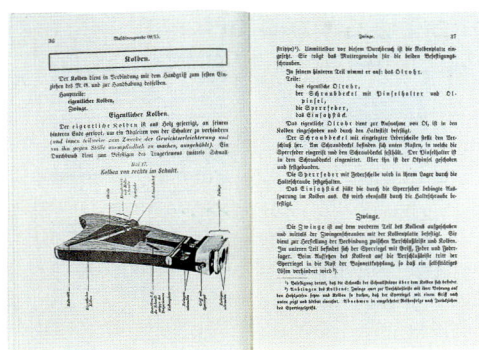

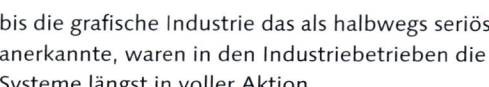

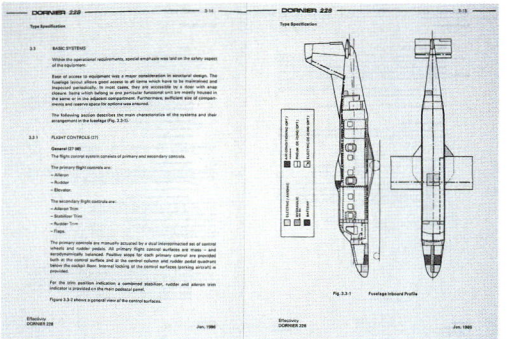

bis die grafische Industrie das als halbwegs seriös
anerkannte, waren in den Industriebetrieben die
Systeme längst in voller Aktion.

Historischer Bezug

Je mehr die Industrie im beginnenden 20. Jahrhundert wuchs, desto mehr mussten ihre technischen
Aggregate beschrieben werden. Gebrauchsanweisungen waren zu erstellen, die zunächst einfache
Beschreibungen der Geräte und deren Handhabung waren. Typografisch sah das aus wie eben
technische Bücher dieser Zeit auch im Verlag aus-
sahen.

In der Zeit nach 1960 hatten technische Doku-
mentationen den Charme der Schreibmaschinentypografie. Das reichte von durchaus gestalteten
Seiten bis zum Chaos des unbewussten Schreibens. Manche Dokumente waren auch gesetzt,
aber selten gut; manche benutzten später den
IBM-Composer, und viele – gerade die Umfangreicheren – kamen direkt von großen Datenbanken
mit völlig unzureichenden visuellen Möglichkeiten. So hätte DTP eine Lösung sein können, war es
aber, jedenfalls was das Visuelle betraf, nicht.

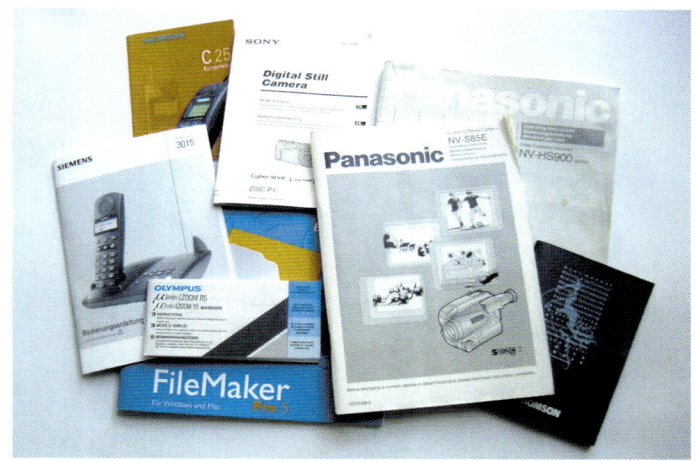

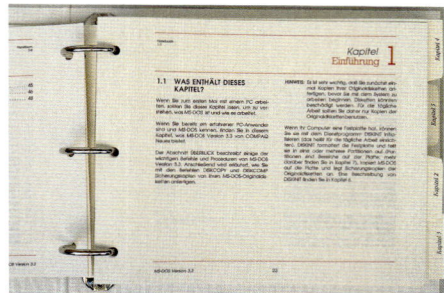

Schwierig zu
handhaben,
schwierig zu
lesen: Ein
Handbuch für
einen PC

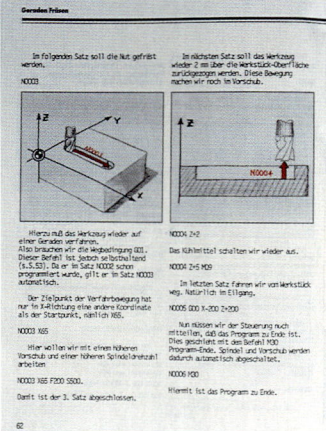

Wenn die
Schrift zu viel
»Charakter« hat,
wird das Lesen
zur Qual

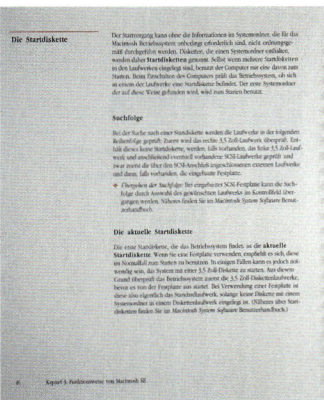

Modifizierte
Schrift bei Apple

Mängel in der technischen Dokumentation

Noch immer ist eine typografisch sauber gestaltete Dokumentation eher die Ausnahme. Technische Zwänge oder falsch verstandene Zwänge haben selbst Fachleute mit Setzervergangenheit oft zu schaurigen Ergebnissen kommen lassen.

▶ Mit Typografie wird nicht oder schlecht umgegangen.

▶ Vorzüge und Regeln der Mikrotypografie sind unbekannt.

▶ Rudimentärste Kenntnisse über Satzschriften fehlen.

▶ Was wichtig wäre, um eine Seite zu gestalten, ist nicht präsent.

Schrift

Man kann zufrieden sein, wenn wenigstens eine »bewährte« Standardtextschrift als Grundschrift genommen wird. Es gäbe ja noch mehr Schrift-möglichkeiten als Times, Helvetica, Univers oder – seit einigen Jahren – Palatino. Sind serifenlose Schriften wirklich für die adäquate Lesbarkeit bei einem Handbuch mit 1500 Seiten die richtige Wahl? Die Kombination aus Größe der Schrift, Abstand der Zeilen und der Zeilenbreite bringt die Schrift erst zur Wirkung. Oft findet man zu eng gesetzte, in der Laufweite zu geringe Schriften. Von der Mikrotypografie muss oft abgesehen werden. Ein Teil der Schuld trifft aber auch die Schrifthersteller, die so häufig Schriften, die der Benutzung zum Lesen nicht entsprechen, auf den Markt werfen. Doch vor allem ist der Umgang mit Schriften eben auch eine Haltungsfrage. Man kann hierbei schon von einer ästhetischen Hygiene sprechen. Bisweilen werden Schriften extrem »gefoltert«.

Dass ausgerechnet Schriftklassiker wie die Garamond kondensiert werden müssen – wie es bei Apple geschieht –, ist schwer einzusehen.

Bisweilen liegt es auch am sehr schlechten Druck der Schrift, der die Lesbarkeit verdirbt.

Schriftschnitte, die zu dünn sind, dienen natürlich auch nicht gerade einer guten Beispieldemonstration.

Seitengestaltung

Die Seitengestaltung folgt oft irrealen Standards, die vor allem aus der typografenlosen Softwareindustrie stammen. Der Kick der nach links versetzten Überschrift ist häufigst anzutreffen. Liegt es daran, dass man außer solchen Softwarebüchern nie andere Bücher angesehen hat? Hierarchische Überschriftstrukturen sind selten eindeutig. Im Grunde hat man sich vom linearen, nicht strukturierten Text nicht getrennt. Akzentuierungen finden wenig statt.

Tabellen

Tabellen sind visuell gesehen Zwischenstufen von Text und technischer Grafik. In der technischen Dokumentation sind sie besonders wichtig, da viele Informationen hierdurch komprimiert und – falls gut angewendet – komfortabel sind oder wären.

Grafik

Je weniger jemand von Gestaltung versteht, desto mehr versucht er, in seinen Bemühungen auffällig zu werden. Das trifft dann vor allem auf technische Grafik, Fotos und darstellende Grafik zu.

Inhaltsverzeichnisse, Register

Hier ereignen sich typografische Funktionstragödien. Im Prinzip ist es allerdings bisweilen eine extreme Steigerung der Verschleierung von Informationen.

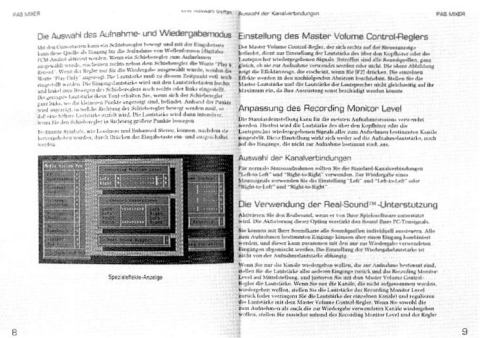

◄ Mangelhafte Mikrotypografie und schlechte Seitengestaltung

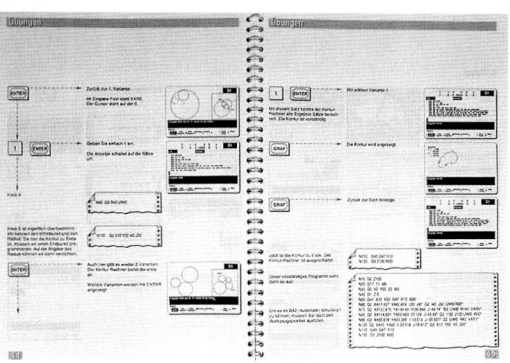

◄ Schwer entzifferbare Tabellen

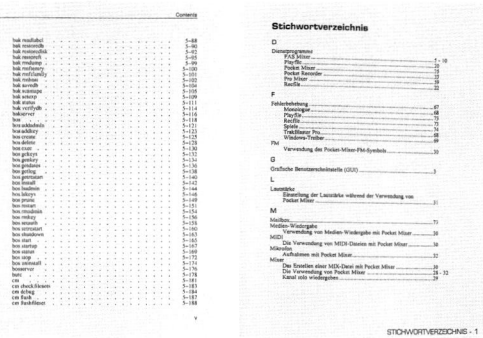

▲
Sowohl das Inhaltsverzeichnis als auch das Register machen dem Benutzer das Suchen und Finden schwer. Kein Wunder, wenn Handbücher nicht benutzt werden

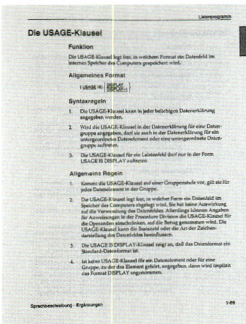

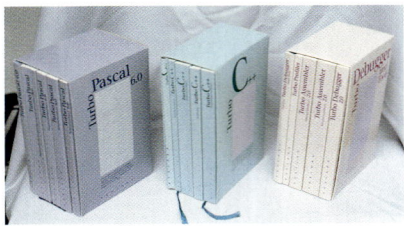

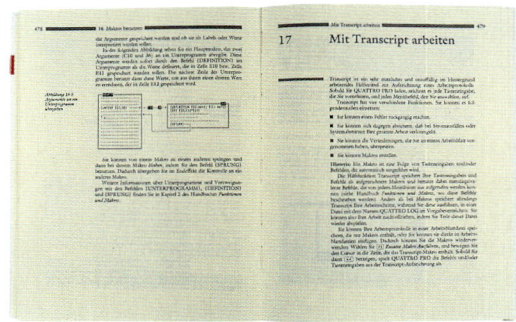

▲
Siemens Cobol-
Handbuch 1995.
Von der Redak-
tion nach inten-
siven Typogra-
fie-Seminaren
erarbeitet

Kassetten für
Compiler-Hand-
bücher bei Bor-
land, 1990/92

Benutzerhand-
buch für die
Datenbank
Quattro Pro,
Borland, 1989

Aspekte zu einer besseren Handbuchgestaltung

In diesem – wenn es hoch kommt – halbprofessio-
nellen Gestaltungsbereich steckt aber durchaus
auch der Wille zu einer besseren Gestaltung. Nur
ist die Frage eben: Wie? Oft sind auch die Verhin-
derer einer funktionierenden Gestaltung auf oberer Managementebene auszumachen, oder ein
völlig quer gehendes Corporate Design hindert die
bessere Gestaltung.

Ein Siemens-Bereich leistete sich zusätzliche
Fortbildung für Redakteure und Handbuchmacher.
Es hat sich ausgewirkt, wie man an vielen Details
sehen kann.

Vorteilhaft wäre es für Handbuchmacher, dass
sie sich ein genau definiertes Grundkonzept von
einem typografischen Gestalter machen lassen.
Natürlich muss es sich dabei um sehr ausgearbei-
tete Details handeln. Eine »nette« Oberflächenge-
staltung nützt hier nichts.

Borland Deutschland leistete sich einige Jahre
eine durchdachte Handbuchgestaltung. Das lag
eben daran, dass von einigen führenden Mitarbeitern der Vorteil einer guten Gestaltung erkannt
war und die Redaktion ihren Qualitätswillen gefördert sah.

Die Schriftfamilie Stone Serif und Stone Sans
eignet sich hierfür sehr gut und gibt der ganzen
Reihe den richtigen Charakter in einer traditionell
verankerten Modernität.

Die Anmutung eines Handbuches und deren
breitere Publikumswirkung lebt nicht zuletzt von
der Basisschrift (Galliard). Für die Gestalt der Seiten orientiert man sich hier in der grafischen Qualität an guten Wissenschafts-Sachbüchern. Die
Aspekte einer didaktischen Typografie sind dabei
hilfreich.

Für eine neue Handbuchgeneration der Compiler war eine andere typografische Einrichtung zu
finden. Ein weltweit einheitliches Buchformat
wurde für Borland-Produkte eingeführt.

Die EDTZ in Ottobrunn versuchte es mit einem
einfachen Prinzip: Eine typografische Grundstruk-
tur für individuelle Schulungsunterlagen, die in
sehr kleinen Auflagen und immer aktuell den
Seminarteilnehmern übergeben wurden. Hier handelt es sich um Laserausdrucke mit relativ niedriger Schriftauflösung, was nicht negativ auffiel.

Berthold AG Berlin hielt seinen guten Ruf in der
Typografie mit handlichen Begleitbüchern. Schma-
les Seitenformat, dünne Einzelhefte zu bestimmten Themen unterstützten das Vorhaben. Und
wenn man die typografische Struktur analysiert,
merkt man, dass diese relativ einfach und gut
nachvollziehbar ist.

Linotype kann sich von den recht schwer zu
handhabenden Ordnern nicht trennen. Aber die
Typografie entspricht einem gut informierenden
Standard.

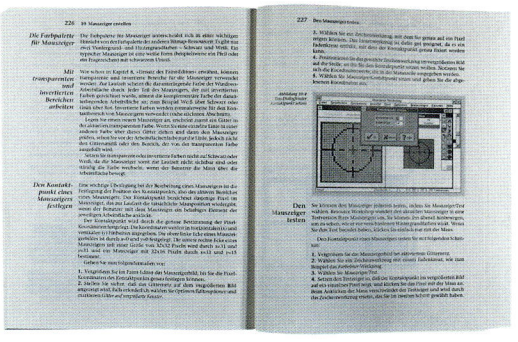

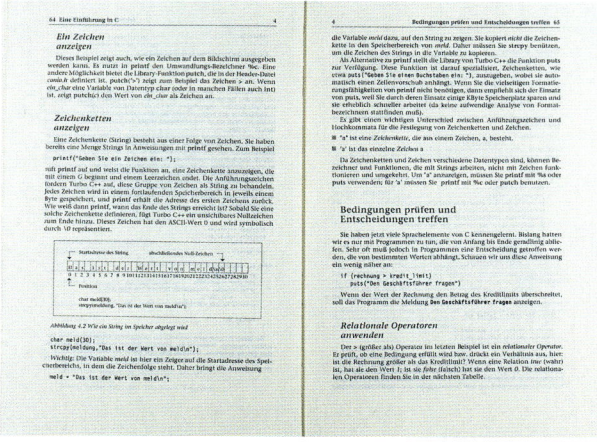

Normung

Der VDI startete einen Versuch zu einer Empfehlung. Mit der VDI-Richtlinie 4500 ist sicher über die Produktion der technischen Dokumentation einiges Bedeutende angesprochen und formuliert. Aber die visuelle Gestaltung ist dabei auf der Strecke geblieben. Da ich selbst in diesem Ausschuss saß, musste ich miterleben, wie Textmenge und Textdichte über die Gestaltung von einer klar vorgegebenen Minimalempfehlung zu recht unverbindlichen Allgemeinplätzen wurden. Mein Ziel war eine einfach nachvollziehbare und brauchbar funktionierende Typografie, die jeder Redakteur selbst machen kann. Vielleicht wäre die Formatierung sogar als Datei anzubieten. Aber vom ganzen Text dieser Empfehlung sind es lediglich 5 %, welche die Gestaltung betreffen.

Handbücher sind Bücher, die verschiedene Funktionen innehaben: Dokumentation, Nachschlagewerk, Anleitung und Bedienung erleichtern, Funktionen erläutern, Pflege und Wartung. Sicher steht die Information hierbei an erster Funktionsstelle. Aber gleichzeitig ergibt sich ein erheblich didaktischer Anspruch, wobei motiviert, informiert und überzeugt werden soll.

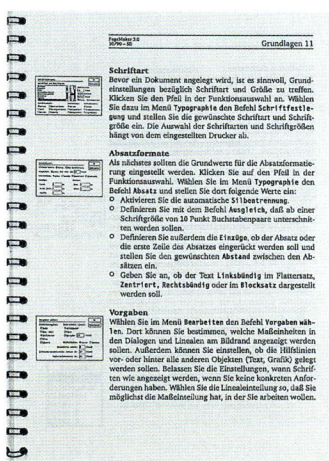

▲

Benutzerhandbücher bei Borland für Turbo Pascal, C++

◀

Individuell gedrucktes Schulungsmaterial, EDTZ, Ottobrunn

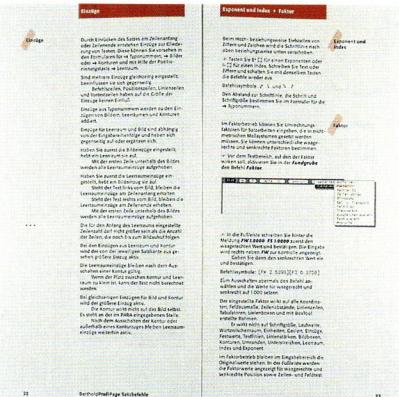

◀

Benutzerheft bei Berthold (Hans-Werner Holzwarth)

Zeitschriften

Serien der Unterhaltung und des Wissens

Schnell gelesen, schnell produziert. Doch nicht schnell gedacht. Zeitschriften benutzen die ganze Skala von Gestaltungsmöglichkeiten, können funktionell, aber auch modisch sein. Ihr Dasein heute: Zwischen Fernsehen und Internet?

DIE VISUELLE ENTWICKLUNG EINER ZEIT-schrift geht von der Doppelseite aus. Bevor mit einer solchen Gestaltungsgrundlage begonnen wird, müssen Voraussetzungen geklärt werden:

1. Aufgabe und Ziele der Zeitschrift
2. Wen soll die Zeitschrift erreichen/Typ des Lesers? Zielgruppenanalyse
3. Höhe der Auflage, Erscheinungsweise, Format
4. Mitarbeiter der Zeitschrift
5. Inhalt des Redaktionskonzeptes, Tendenz der Zeitschrift
6. Inhalt wichtiger und typischer Beiträge
7. Hintergrundinformationen über Autoren
8. Visualisierungswünsche des Verlags und Corporate Design
9. Foto- und Grafikmöglichkeiten
10. Technische Voraussetzungen wie Satz, Repro, Druckverfahren und Farbmöglichkeiten, Papier, Bindung

Ein Konzept ist zu entwickeln. Konzeptionelles Denken verlangt aber nicht nur die speziellen Produktinformationen, sondern fordert weit darüber hinaus die grundsätzlichen Einstellungen des Gestalters heraus.

Auf der Doppelseite einer Zeitschrift kommen verschiedene – zu gestaltende – Elemente zusammen. Ihre Anordnung, ihre Spannung untereinander ist ein wichtiger Teil der Gestaltung. Viele Möglichkeiten, die natürlich nicht immer alle vorkommen, geben Anreiz, um Signale zu setzen, den Leser zu leiten und zum Lesen zu animieren.

Fließtext und Schriftwahl

Die Wahl der Grundschrift gibt dem Gestalter auch einer Zeitschrift heute – nach zwei Times-Jahrzehnten – viele neue Möglichkeiten. War die Times früher in über 70 % der Zeitschriften als Grundschrift eingesetzt, so kam bei Fachzeitschriften gerade noch die Helvetica hinzu. Das spricht zwar nicht gegen die Lesbarkeit dieser beiden Schriften, bedeutete aber doch eine Verarmung der Ausdrucksmöglichkeiten in einem so wichtigen und grundlegenden Bereich.

Warum aber verschiedene Schriftcharaktere bei der Grundschrift? Im Headline-Bereich sah man das schon immer ein. Man weiß und sieht: Schrift hat Charakter, also einen bestimmten Ausdruck.

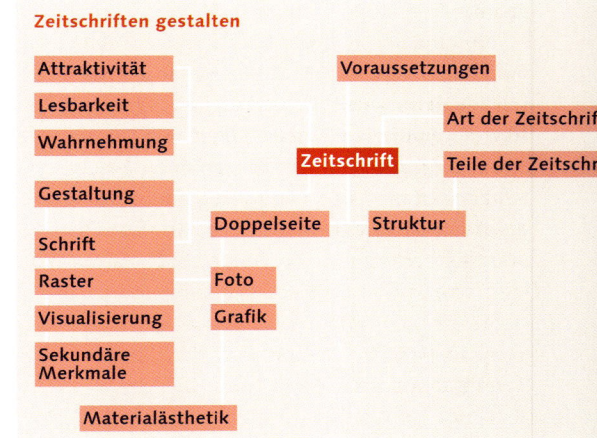

„one way"-Funktionen, die in einer Richtung – der Verschlüsselung – leicht, in der umgekehrten Richtung – der Entschlüsselung – jedoch sehr schwer zu berechnen sind. Das bekannteste Beispiel dafür ist das von Ronald Rivest, Adi Shamir und Leonard Adleman 1977 entwickelte „RSA-Kryptographieverfahren", welches auf der Faktorisierung großer Zahlen beruht: Jeder von uns kann innerhalb kürzester Zeit ausrechnen, daß 107 mal 53 den Wert 5671 ergibt. Die Aufgabe jedoch, die Primfaktoren von 5671 zu finden, läßt sich nur durch viel Probieren lösen, ein effizienter Algorithmus ist bisher nicht bekannt. Nur Bob, der die beiden Primfaktoren im voraus kennt und aus diesen – seinem privaten Schlüssel – den öffentlichen Schlüssel berechnet, kann auf die Originalnachricht schließen. Die Rechenzeit für die Primfaktorenzerlegung wächst exponentiell mit der Anzahl der Eingabebits. Ein solches Rechenproblem

Dipl.-Phys. Wolfgang Tittel, Dr. Jürgen Brendel, Prof. Dr. Nicolas Gisin, Dipl.-Phys. Grégoire Ribordy, Dr. Hugo Zbinden, GAP-Optique, Université de Genève, 20 rue de l'Ecole de Médecine, CH-1211 Genf, Schweiz

Graue Grube
Charakteristisch für die Muggenbacher Tongruben sind farbige Tone, die vielen Arten mit einem Anspruch auf offenen Boden einen idealen Lebensraum bieten.

hunderts wurden in diesem Area schwarze, graue und rote Tone abgebaut und in der Steinzeug-, Steingut- und Porzellanindustrie verwendet Der Abbau vollzog sich, von Norder her mit grauen Tonen beginnend fortlaufend in südliche Richtung. Sc entstand zuerst die Graue Grube, ar deren südlichen Rand sich die Rote Grube anschließt. Noch bis in die heutige Zeit wurden hier in extensive Weise rote Tone gewonnen.

Die Farbtöne der Tongruben
Der Tonabbau zum Ende des letzter

◄
Schrift in der Zeitschrift: Concorde in Physikalische Blätter, Utopia in Natur + Umwelt, Stone in Konturen, Bitstream Charter in Microsoft System Journal

Traditionelle Textschriften behaupten sich nach wie vor oder erneut. Neue, auf die Digitalisierungsmöglichkeiten eingehende Schriften erweitern die mögliche Gestalt einer Zeitschrift erheblich.

Für Zeitschriften gut geeignete neuere Schriften wie die Concorde, die für »Natur + Umwelt« der achtziger Jahre oder die Neugestaltung der »Augsburger Allgemeinen Zeitung« benutzt wurde; die Edison mit ihren winzigen Oberlängen, im Druckspiegel bis 1992; die Centennial, wie sie in den Zeitschriften der HypoVereinsbank benutzt wird, die Frutiger als Generationsablösung der Helvetica und Univers, die Stone in den Konturen, die Utopia in der »Natur + Umwelt«; die Bitstream Charter im Microsoft System Journal, um nur einige zu nennen.

Visualisierung mit Headlines, Gestaltungsraster und prägnante Gestaltung, Bild und Grafik

Überschriften sind die Ankünder eines Beitrags und deshalb – neben dem Bild – oft die Nummer 1 auf der Seite. Während klassische Buchtypografie für die Überschriften die Grundschrift oder zumindest eine Schrift aus der Schriftfamilie verwendet, ist bei der Zeitschriftengestaltung die Schriftmischung häufig. Dass man mit der eigenen Schriftfamilie viel Wirkung und auch Harmonie erzeugen kann, ist bei Grafikdesignern vielleicht nicht immer bekannt.

»Freunde des Bummelfahrens«

In allen berühmten und weniger bekannten Städten Italiens, die die »Freunde des Bummelfahrens« aufsuchen, stehen im Mittelpunkt des Interesses der mitunter seitenlangen, andächtigen Beschreibungen die lokalen Sehenswürdigkeiten, besonders die reichlich vorhandenen Kirchen, Klöster, Galerien und Museen. Bei den Rundgängen durch die Städte spart Bierbaum allerdings nicht mit bissigen, ironischen Anmerkungen und kulturkritischen Beobachtungen.

► 62
Schrift

►► Listing 1: DEMO.BAS – ein TSR-Programm in Basic.

Gerade sort zeigt übrigens sehr sch nicht der Wechsel auf eine andere Progr sprache die wesentliche Geschwindigke rung bringt, sondern der bessere Algorith gibt sehr viel Literatur zu dem Thema rung, aus der hervorgeht, daß die intel Methode wesentlich mehr Tempo bring Umsetzung eines langweiligen Algorithn Assembler. Aus der Dokumentation gel nicht hervor, was sort eigentlich in macht.

Ein gut programmiertes Basic-Progran durchaus schneller sein als ein schlecht ; benes Assembler-Programm. Das P.D.C buch enthält daher auch einen Abschnitt

Schriftmischungen müssen zueinander passen, also im Kontrast zur Grundschrift stehen. Je größer aber die Headline wird, desto weniger problematisch wird die Mischung, da der Größenkontrast dominiert.

Zwischen der Ankündigung und der Basis müssen vielfältige Verbindungen geschaffen werden. Mit Übertitel, Subtitel, Zwischenüberschriften sind Hierarchien zu beachten, Kontraste und stilistische Einheiten zu vollziehen.

Pagina, Kolumnentitel, Rubriktitel und Hinweise auf die Zeitschrift und das Erscheinungsdatum sind für Zeitschriften immer wichtiger und selbstverständlicher geworden.

Aufmerksam machen mit Signalen fängt schon bei der Textauszeichnung an. Darüber hinaus kann der Leser aber geführt werden durch eine systematische Signalhierarchie.

Das klassische und traditionelle Signal der Typografie heißt Initial, das gerade in der Zeitschriftengestaltung sehr vielfältig angewendet wird.

Leseanreize und Marginaltexte oder Leseweiser eignen sich besonders gut, um komplexere Zusammenhänge transparenter zu machen.

Textkästen geben Ausnahmen wieder, können aber eine zweite Ebene in der Zeitschrift bilden.

Tabellen sind eine einfache und streng typografische Vorstufe der Informationsgrafik. Ihre Lesbarkeit ist von ihrer klaren Gestaltung abhängig.

Weitere Visualisierungsmöglichkeiten, die eher sparsam eingesetzt werden sollten, sind Linien, Rahmen, Balken, Typosignale.

Ein komplexes Gebilde wie eine Zeitschrift kommt ohne visuelle Programme nicht gut aus. Programme kann man sich erstellen, sie denken. Statt Lösungen für Aufgaben sind Programme für Lösungen möglich. Programme inhaltlicher Art geben wieder, was man beispielsweise in einer Zeitschrift bringen will, oder sind eine Projektion, was man mit einer Zeitschrift erreichen will. Ein optisches Programm für eine Zeitschrift liegt nahe. So ist ein Erscheinungsbild, ein Corporate Design für eine Zeitschrift meist Teil eines solchen Programmes. Ein Teil davon ist wiederum ein visuelles Rastersystem.

Josef Müller-Brockmann im Kapitel über »Das Rastersystem als Hilfsmittel bei der Gestaltung von Drucksachen: »Das Rastersystem teilt eine zur Verfügung stehende Fläche in eine Anzahl von proportionierten, der Aufgabe dienlichen Teilflächen auf und bildet die optische Struktur als Grundlage für die Gestaltung. Die Rasterung erleichtert es, sämtliche Gestaltungselemente, Schrift, Fotografie, Zeichnung und Farbe in eine formale Beziehung zueinander zu bringen – das Rastersystem wird zum Ordnungssystem.

Eine bewusst komponierte Gestaltung wirkt klarer, übersichtlicher und eindringlicher als ein zufällig entstandenes Bild. Das Rastersystem ist eine Hilfe, keine Garantie. Es lässt eine Vielzahl von Möglichkeiten zu …

Aber man muss sich des Rastersystems zu bedienen wissen, sein Gebrauch muss geübt sein.

Jede Aufgabe verlangt das speziell für sie geeignete Rasternetz. Es muss dem Gestalter ermöglichen, die Bildlegenden, die Fotos, die Zeichnungen so unterzubringen, dass sie, ihrer Bedeutung entsprechend, optisch wirksam sind und trotzdem ein geordnetes Ganzes bilden …«

Die Arbeit mit einem Rastersystem erleichtert die Gestaltungsarbeit, aber auch die Arbeit mit anderen Organisationsmitteln:

Ministruktur: In der Rohform dient sie nur der Inhaltsbelegung, in einer zweiten Form werden bereits Seitenanteile grob skizziert.

Detailstruktur: Jeweils für einen Bogen oder ein Kapitel werden etwa in der halben Größe der Zeitschrift schon mehr Details der Gestaltung skizziert.

1 : 1-Scribble: enthält nun die genau berechneten Elemente; diese führen zum Layout.

Josef Müller-Brockmann, Gestaltungsprobleme des Grafikers, Teufen 1960

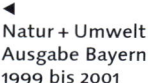

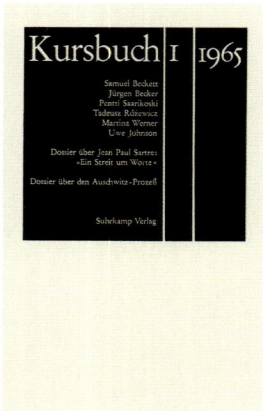

▲
Gestalttypen: Textzeitschrift,
Kursbuch 1965 (Willi Fleckhaus)

▲
Textzeitschrift mit visuellem Anreiz,
Konturen 1993

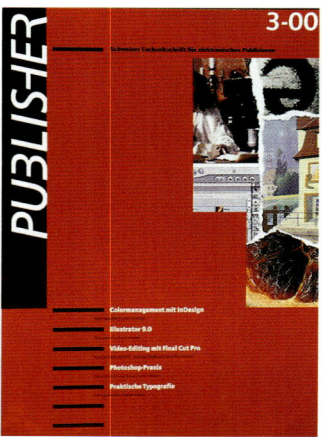

▲
Fachwissen, Publisher 2000
(Ralph Turtschi)

▲
Spezialwissen, brand eins 2001
(Mike Meirè)

Bild und Grafik

Bildunterschriften sollen die Informationen des
Bildes unterstützen, können aber die Aussage
erheblich erweitern.

Bilder können sehr verschieden auftreten, als
Einzelbild, in den Text eingefügt, zur »Stimmung«,
Integration.

Die Wichtigkeit der Bilder oder die Bildüber-
flutung lassen nach der Überbewertung der Bilder
fragen.

Gerade in der Zeitschrift ist die Frage, wie Bilder gesehen werden, ob langsam, schnell, welche
Inhalte dabei erfasst werden, wobei die ästhetisch-
subjektiven Möglichkeiten zur Aufnahme bedacht
werden müssen. Schließlich gibt es Sichtgrenzen,
die mit Hörbarkeitsgrenzen verwandt sein können.

Was dominiert auf der Seite: Bild, Text, Headline, Farbe oder Struktur?

Die Bildwertigkeit, die »Gebrauchseigenschaft«
von Bildern können informativ, plakativ oder dekorativ sein. Aber »Grauwertbilder« ohne innere
Bedeutung sollten vermieden werden.

Ein großer Teil der Zeitschriften wird auf leicht
mattgestrichene Papiere gedruckt, zunehmend auf
chlorfrei gebleichte Stoffe. Glänzende Papiere eignen sich wegen der durch den Glanz bedingten
Lese- und auch Erkennungshindernisse nicht sehr.
Oberflächenreflex, angenehme Griffigkeit und Färbung werden wieder mehr beachtet, geglättete
Naturpapiere werden wieder eingesetzt. Wie einige Zeitschriften (»Öko-Test«, »Natur + Umwelt«
u. a.) es längst bewiesen haben, eignen sich Recyc-
lingpapiere sehr gut für farbige Zeitschriften. Dabei geben hier Papier- und Buntfarbe eine reizvolle
neue Sicht. Farbige Papiere eignen sich ebenfalls
gut, wenn ganze Bogenteile als Spezialteile einer
Zeitschrift laufen können.

Gestalttypen von Zeitschriften

Eine Typisierung ergibt sich zunächst aus dem
Inhalt, der in einer Zeitschrift transportiert werden
soll.

1. Textzeitschrift
Nur lineare Textinformation. Bilder und Grafiken
nur dort, wo es unbedingt nötig ist, ähnlich wie
beim wissenschaftlichen Buch. Eine strenge
Gestaltung ist angebracht. Eine Animation findet
nicht statt.

2. Textzeitschrift mit visuellen Anreizen
Kann erreicht werden durch Headline-Gestaltung
oder durch eine spezifische Visualisierung.

3. Fachwissen
Bereits mehr aufbereitet, Wege zur Anregung.

4. Sachwissen, Spezialwissen
Klarheit, aber auch Verlockung in der Gestaltung,
Auflockerung. Viele Spezialmagazine gehören
dazu.

5. Information allgemeiner Art
Stärkere Leser- und Benutzeranreize, da die Informationen nicht unbedingt gebraucht werden.

6. Marketingprojekte
Die übermittelten Informationen werden eigentlich nicht gebraucht. Viel Aufwand für den Anreiz,
die Form steht vor dem Inhalt.

7. Informationen für bestimmte Kreise
Szeneblätter, meist expressives Layout mit einem
Anspruch an den Leser.

8. Elitäre und luxuriöse Information
Edle Gestaltung, meist perfekt.

▲
Allgemeine Information, Magazin
der Süddeutschen Zeitung 2001
(Michael Weies)

▲
Marketingabhängig, Elle 1984
(Roberto Burroni)

▲
Szene, i-D 1987 (Neville Brody)

▲
Elitär, du 1992 (Franz Herzog)

▲
Zeitschriftenteile:
Cover der Erstausgabe art 1979

▲
Inhaltsverzeichnis mit Editorial,
Natur + Umwelt 2000

▲
Textintensive Beiträge, Kulturstrecke 1994

▲
Reportage im ZeitMagazin 1996
(Dierk Arnold)

Zeitschriftenteile

Die für den eigentlichen Inhalt unlogische Struktur
von Zeitschriften bringt große Probleme für den
Gestalter. Durch das andauernde Unterbrechen
durch Anzeigenerscheinungen ist im Gegensatz zu
Büchern der Informationsfluss behindert. Dem
muss natürlich entgegengewirkt werden.

Cover: Publikumszeitschriften werden oft über
das Aussehen des Covers verkauft. Hier haben es
Fachzeitschriften leichter. Das sollte aber kein
Grund sein, untätig zu sein oder der Langeweile
Platz zu lassen. Blickfang und Botschaft können
eben auch bei Fachzeitschriften funktionieren.

Wesentlich ist heute sicher das Bild. Aber die
gesamte Gestaltung, Titellogo, Ankündigungen
und Detailinformationen müssen zueinander passen und den Inhalt »anpreisen«. Das grafische oder
typografische Gesicht einer Zeitschrift darf sich
hier zeigen. Die Handschrift des Gestalters soll
durchaus erscheinen, wenn der Bezug zum Inhalt
klar ist. Am besten sind integrale Lösungen,
wo Bild, Text, Logo etc. zu einem neuen Ganzen
kommen.

Inhaltsseiten: Rasch und deutlich will der Leser
erfassen, was ihn in einem Heft erwartet. Die Bedeutung dieser Seiten wird wohl auch von Blättern
erkannt, die sonst wenig oder sogar falsch visualisieren.

Editorial: Herausgeber, Chefredakteure wollen
über ihr aktuelles Heft informieren. Was gesagt
wird, ist natürlich entscheidend. Gleichzeitig

◀

Inszenierung
durch Typografie
in Amica 1996
(Helmut Kruse)

◀◀

Bilddominanz in
Avenue 1985

haben sich hierfür verschiedene Möglichkeiten
herausgebildet, ob klassisch (Text und Portrait-
foto) oder in Kombination mit dem Inhaltsverzeichnis.

Textintensive Beiträge: Berichte oder Essays
bringen eine Textdominanz mit sich. Lange Wort-
beiträge brauchen ebenfalls Akzentuierungen.

Bilddominanz: Das sind die Hauptstrecken
einer Zeitschriftennummer, ihre Aufmacherseiten,
Berichte, Reportagen, die dem Gestalter am meisten abverlangen.

Inszenierung: Wo dies gelingt, werden Wahr-
nehmungs- und formale Gesetzmäßigkeiten beachtet. Integration der Gestaltung führt zu einem
besonderen Auftritt mit außergewöhnlichem
Anreiz.

Magazinteile: Hier ist der Einfluss von Zeitungen deutlich. Kurze Meldungen unterschiedlicher
Längen müssen miteinander verbunden werden,
sollen ebenfalls attraktiv wirken. Nach Jahren, in
denen man den Eindruck hatte, dass diese Teile
»eingerührt« wurden, finden wir heute wieder sehr
gute Ansätze.

Vorschau: Auf das nächste Heft hinweisen;
den Leser vorbereiten, hinführen und binden soll
die Vorschauseite; auf das nächste Heft; die Verwandtschaft und stilistische Nähe zum Inhaltsverzeichnis ist gegeben.

▲

Magazinteil,
Natur + Umwelt

▲

Vorschau, Natur
+ Umwelt 2000

Fachzeitschriften

Wissensspeicher und Aktualität

*Spezielles Wissen in einer Zeit, wo kaum mehr
zusätzliche Informationen Platz haben. Was kann
man tun, um Leser zu interessieren und zu motivieren,
was, um die Leser an ein Produkt zu binden?
Welche Gestaltungsmittel sind wann sinnvoll?*

Neugestaltung der »Physikalischen Blätter«
Die Aufgabe war die Neugestaltung einer wissenschaftlichen Zeitschrift, der Mitgliederzeitschrift
der Deutschen Physikalischen Gesellschaft. Die
Wahl fiel auf unser Büro, und ziemlich entscheidend war wohl, dass wir uns für Klarheit und
solide Lesbarkeit in einer wissenschaftlichen Zeitschrift einsetzten. Der Zeitablauf war eng bemessen: Auftrag im August und Fertigstellung mit
allen Musterdateien bis Mitte Dezember.

Mit der »gewachsenen« Form schien niemand
mehr so richtig glücklich zu sein. Kein Wunder, da
sich die Gestaltung auf einem recht konventionel-
len Niveau bewegte. Auch wenn die »Times«
eigentlich eine recht gute Leseschrift ist, hat sie
sich doch »visuell verbraucht«. Die Einordnung der
diversen Seiten war nicht klar. Die Gewohnheit
stand wohl über der Klarheit. Das Cover war zwar
erst kürzlich visuell revidiert worden und dadurch
auch erheblich besser als früher, aber ein Ganzes,
ein konzeptionell Deutliches war noch nicht sichtbar. Zudem regt die schwierige und zu ruhige Seitenstruktur nicht gerade zum Blättern und Lesen
an.

Eine bessere Seiteneinteilung, eine strengere
Ordnung, die Gestaltungsdetails eindeutig, so soll-
te sich das neue visuelle Bild der »Physikalischen
Blätter« präsentieren.

Mit der Neugestaltung geht auch eine Neu-
ordnung der Zeitschriftenteile einher. Manche
Vorschläge folgten aus der visuellen Sicht der

Gestaltung, konnten sehr konstruktiv mit dem
Chefredakteur abgestimmt und erneuert werden.

Mit nur einer Schriftfamilie als Lese-, Konsulta-
tions- und Schauschrift hat man den Vorteil einer
Stilreinheit und verstärkten Eindeutigkeit. Wichtig
war für die Schriftwahl nicht nur die rationale Verwendung (die Buchstabenanzahl je Seite war uns
mehr oder weniger vorgegeben worden) und die
vorzügliche Lesbarkeit, sondern auch die dementsprechend homogene Verwendung von Sonderzeichen, wie mathematische und andere wissenschaftliche Zeichen. Nach einigen Recherchen,
wobei auch andere Schriften probiert und erwogen wurden, wie Lucida, Minion, Quadraat, Documenta von Blockland, Concorde, Gulliver, Baskerville, aber auch Akzidenz-Grotesk, Univers und
zum Vergleich natürlich immer die Times und die
für Tex geschaffenen Fonds von Knuth, entschieden wir uns für die Concorde von Berthold. Man
muss aber gleich hinzufügen, dass die Concorde
eigentlich aus zwei Familien besteht, der Concorde und der später hinzugefügten Concorde Nova,
die enger läuft und für manche Zwecke auch
»moderner« aussieht.

Die erste der beiden Schriftfamilien, die so neu
gar nicht ist, entstand bereits 1969, sowohl noch
für Bleisatz als auch für Berthold-Fotosatz. Der
Erfolg war die ersten Jahre sicher nicht so riesig,
wie sie es aufgrund ihrer grafischen Qualität ver-
dient hätte. Ich selbst habe sie immer wieder für
verschiedene Zwecke eingesetzt und erfolgreich

erprobt (Langenscheidt Selbstlernkurs Englisch, »Natur + Umwelt«-Zeitschriftenkonzept von 1988, Zeitschrift »Konturen« 1991 und andere).

Die vorliegende digitale Form für Mac und DOS folgt im Wesentlichen der Fotosatzversion, zeigt aber viele der Berthold-Qualitätsvorteile. Entworfen wurde sie von Günter Gerhard Lange, dem langjährigen künstlerischen Leiter und Mentor für Schriftqualität der Berthold AG. Die Realisierung besorgte Bernd Möllenstädt, der nicht nur für diesen Teil der Arbeit steht, sondern auch mit eigenen, sehr schönen Schriften (Formata) bekannt wurde. Die Concorde gilt als pragmatische Leseschrift, dem Charakter der Times eigentlich nahe, nur besser lesbar oder zeitgemäßer. Sie ist ja auch vierzig Jahre jünger.

Die Laufweite wurde erprobt. Wir folgten dabei der Empfehlungsliste von Berthold, in der aufgeführt ist, wie die einzelnen Grade am besten wirken und die Lesbarkeit besser funktioniert. Die Grundschrift von 8,5 Punkt ist mit 2,5 Punkt durchschossen. Der Einzug bei einem neuen Absatz beträgt dementsprechend 4 mm (1 Geviert). Spationiert wurde die Schrift mit + 4,7.

Basierend auf dem Format DIN A 4, das für Fachzeitschriften heute Standard geworden ist, wurde ein variables Rastersystem entwickelt.

In der Breite besteht es aus sieben Grundeinheiten à 24 mm, in der Höhe aus sieben Grundeinheiten à 33,5 mm. In der Breite ergeben zwei Teile die Proportion 3 : 2 und damit eine exakte Möglichkeit zur Einbindung von Abbildungen im Kleinbildformat. Selbstverständlich spielt der Zeilenmodul eine entscheidende und passende Rolle. So finden sich die Zeilenvorschübe auch wieder in den Grenzlinien des Rasters.

Bilder, die anderen Proportionen folgen, werden an der jeweils oberen Kante eines Feldes aufgehängt.

Dieses Rastersystem lässt mehrere Varianten zu:

▶ Dreispaltiger Satz (z. B. Aktuell)
▶ Zweispaltiger Satz (Hauptteil)
▶ Dreispaltig mit »Kleindruck«

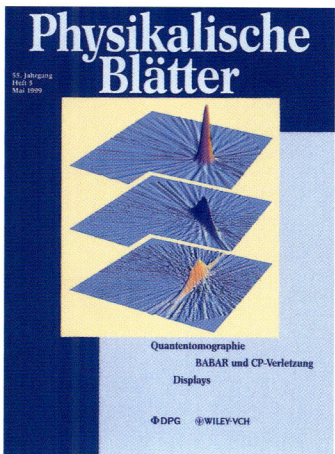
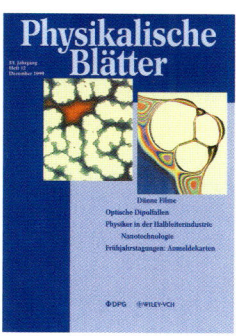

◀ Umschlagvarianten Physikalische Blätter 1999

◀ Grundraster für Physikalische Blätter

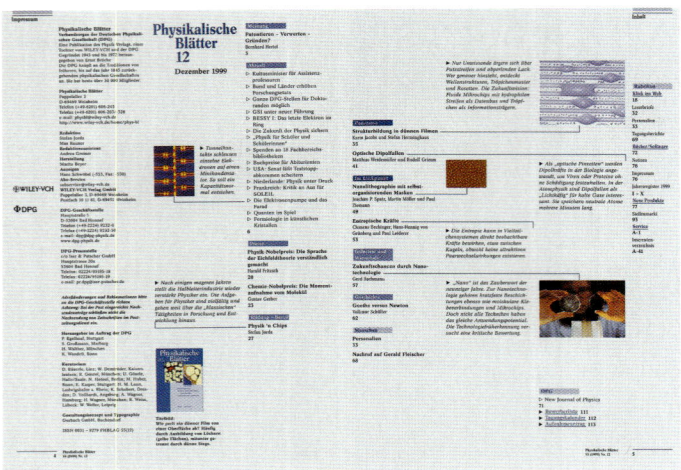

▲

Physikalische Blätter, Inhaltsseite

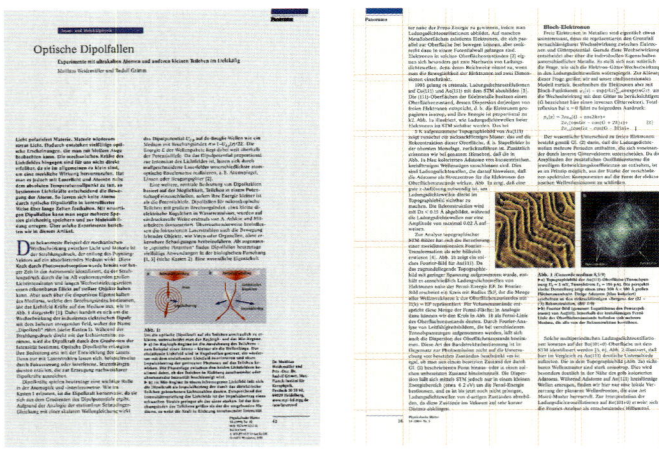

▲

Einzelseiten aus der Präsentation

Für eine wissenschaftliche Zeitschrift ist die eindeutige Überschriftenhierarchie wesentlich. Der Verbund von Headline und dazugehörigen Details wie Dachzeile, Untertitel, Vorspann etc. sowie die Unterscheidung zu den nächsten Hierarchiestufen bedarf einer selbsterklärenden Eindeutigkeit.

Mit der Leseführung ist die gesamte typografische Feinarbeit gemeint. Das fängt bei den Auszeichnungsmöglichkeiten im Fließtext an (kursiv, halbfett, Kapitälchen), ist entscheidend für den Seitentitel und für das System der Konsultationstexte in der Marginalspalte außen.

In einer wissenschaftlichen Zeitschrift werden Bilder fast ausschließlich zum Zweck einer besseren Darstellung hinzugefügt, eine Auflockerung oder ein visueller Anreiz fallen weg. Umso wichtiger ist, dass Bilder hierbei in der Größe relevant eingesetzt werden, nicht zu klein, aber auch keinesfalls zu groß.

Bei den Informationsgrafiken soll auf eine einfache und übersichtliche Darstellung geachtet werden. Deswegen werden einheitliche Strichstärken, Farben und Raster sowie Schriftgrößen der Bildinschriften empfohlen.

Oben außen befindet sich als Seitentitel zur Orientierung der jeweilige Rubriktitel. Mit der Neugestaltung hat die Zeitschrift auch eine Straffung ihrer Rubriken erfahren, die dem Leser sicherlich zum Suchen und Finden nützlich sind.

Der vorgegebene Farbwert der Deutschen Physikalischen Gesellschaft wurde auf dem Umschlag beibehalten und im Innenteil anstatt des ziemlich häßlichen Cyans eingeführt. Dabei wird diese Echtfarbe (stammt aus keinem Farbsystem) auch im vierfarbigen Bereich simuliert. Die Farbanlage ist sehr zurückhaltend und damit sehr wirkungsvoll.

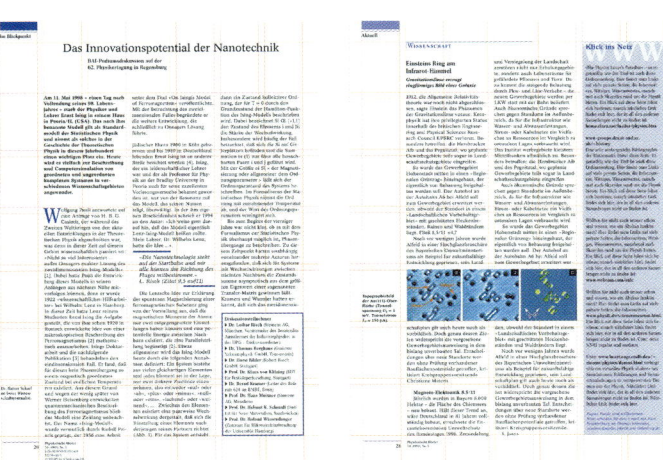

◄ Physikalische Blätter, 1999

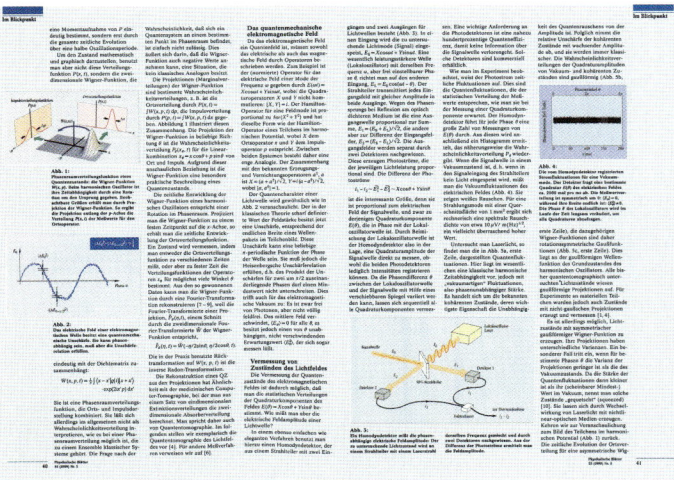

Microsoft System Journal 1990 ▼

◄ Cover Microsoft
System Journal

Text- und Kulturzeitschriften

Edel in der Erscheinung

Auch für spezielles Wissen, aber edler, aufwändiger in der Gestaltung, luxuriöser. Wie ein kultureller Anspruch auch im Äußeren präsentiert werden kann. Beispiele von Kulturzeitschriften, wo die Funktion der Gestaltung das Ästhetische fördert.

TEXTZEITSCHRIFTEN VERRATEN AM STÄRKSTEN ihr eigentliches Herkommen: das Textbuch. Hier sind die Unterschiede von der Buch- zur Zeitschriftengestaltung fließend, es sind ja fast dieselben Voraussetzungen und Ansprüche an das Layout.

Für die Gestaltung der Zeitschrift »Konturen« sollte – entgegen dem Trend der neunziger Jahre, der in der Zeitschriftengestaltung viel Unruhe auf den Seiten verursachte – eine ruhige und lesbare Typografie gefunden werden. Insofern ist die Typografie dieser Zeitschrift »einfach«, wenn auch diese Einfachheit nicht so ganz leicht zu realisieren ist. Schließlich muss darauf hingewiesen werden, dass professionelle Typografen und Gestalter ihre Arbeit lange studieren und einüben. Das Zeitschriftenbeispiel zeigt, wie, trotz einfacher gestalterischer Anlage viele Details aufeinander abgestimmt sind und dies zum Ziel eines harmonisch zu lesenden und interessant zu betrachtenden Druckprojekts.

Schriften, die in ihrer Familie sowohl Serifen als auch keine haben, eignen sich gut für ein vielfältiges und subtiles typografisches System. Der Text läuft zweispaltig und in aktuelleren Teilen dreispaltig. Bilder finden dort Platz, wo über sie geschrieben steht, sie sind also auf der jeweiligen Doppelseite zu finden. Die Aufmacher der Beiträge wurden jeweils auf einer rechten Seite eigenständig gestaltet.

Auch die Gestaltung hat ihre Geschichte und so gibt es immer wieder Projekte, die als entferntes Vorbild gelten oder die die Denkweise beim Ge-

▲
Cover der Zeitschrift Konturen,
die beim Hueber Verlag erschien, von 1992 bis 1994

staltungen mit beeinflussen oder beflügeln. Hier waren es die Zeitschriften »TransAtlantik«, »Der Alltag«, »Freibeuter«, natürlich »du«, sowohl in der alten als auch in der neuen Form.

Yvonne Schwemer-Scheddin

Buchkultur in Leipzig:

Die Offizin Haag-Drugulin

Eine Chance für die Buchkunst: Der Münchner Satz- und Druckexperte Eckehart SchumacherGebler überführt seine einmalige Sammlung an Blei-und Holzlettern, an Stahlstempeln, Matrizen und Schriftschablonen in die traditionsreiche Leipziger Druckerei Offizin Haag-Drugulin. Geplant ist auch die Errichtung eines arbeitenden Buchdruck-Museums.

Kerstin Eckstein

Ein Stück Orient an der Elbe

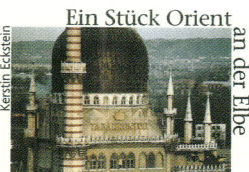

Yenidze und die Geschichte der Zigarette

Ein ungewöhnliches Bauwerk mitten in Dresden: Eine Moschee beherbergte das einst zu den erfolgreichsten Dresdner Zigarettenfabriken gehörende Unternehmen »Yenidze« von Hugo Zietz. Nach einer denkwürdigen Ära als vielbestaunte Produktionsstätte der Marke »Salem Aleikum« wurde der im Zweiten Weltkrieg beschädigte und anschließend nur notdürftig reparierte Prachtbau zu DDR-Zeiten als Kontor des in Dresden angesiedelten staatlichen Tabakkombinates genutzt. Mit privaten Mitteln soll die Moschee nun in den nächsten Jahren saniert werden: Happy-End für das Märchen aus »Tausendundeiner Nacht«?

Wolfgang Hoffmann

Die sächsische Weinstraße
Aufbruchstimmung im Elbtal

Mitten durchs Elbtal führt die Sächsische Weinstraße. Obwohl schon vor Jahrhunderten als einzigartige Kulturlandschaft berühmt, ist sie in den letzten Jahrzehnten in Vergessenheit geraten. Vor rund einem Jahr wurde sie offiziell wiedereröffnet. Neben den allemal lohnenswerten Weinproben gibt es, am Rande der Straße, noch weitere »Schätze« zu entdecken.

Straßen dienen heutzutage meist nur noch als Verbindung zwischen zwei Punkten. Dabei scheint der Weg eine eher lästige Zwischenetappe zu sein. In möglichst kurzer Zeit eine möglichst lange Strecke zu bewältigen, so heißt das Ziel. Aus dem Blickfeld gerät dabei, daß der Weg an sich bereits Teil des Ziels sein kann. Für Reisende mit einem Sinn für die Langsamkeit dagegen kann die Straße zu einem Zeittunnel

werden, der die behutsame Annäherung an Menschen und Dinge, an Gegenwärtiges und Vergangenes möglich werden läßt.

In Deutschland gibt es einige Straßen, die sich zu entdecken lohnen: Die Burgen- oder die Märchenstraße, die Romantische Straße, Silberstraße oder die Bierstraße bis hin zu den Weinstraßen, von denen es mittlerweile sieben an der Zahl gibt. Eine davon liegt

Michael Töteberg

Marieluise Fleißer
Die Fröste der Freiheit

Nicht daß sie die Provinz zum Thema gemacht hat, sondern wie sie dieses Thema literarisch verarbeitet hat und daß man ihr dieses »wie« nie verziehen hat: das sind die entscheidenden Merkmale des ungewöhnlichen Lebens der Marieluise Fleißer.

Reisebilder von Giorgio Manganelli

Manganelli furioso. Dieser Buchtitel ist auch Programm für Manganellis Art zu schreiben: phantasievoll und leidenschaftlich, ein Spezialist für das Skurrile und Aberwitzige. Seine Eindrücke während einer Reise nach Deutschland schildert der italienische Autor auf den folgenden Seiten und bleibt auch hier sich selbst treu, ein sensibler Beobachter, ironisch und selbstkritisch, aber nie bösartig.

◄
Aufmacherseiten
Konturen

Elemente der zweispaltigen Seiten

Pagina 10 Punkt Stone Serif

Zeitschrift/Ausgabe

Rubrik im Kolumnentitel

Nach der Überschrift kein Einzug

Zwischenüberschrift 10/12 Punkt Stone Sans halbfett

Abstand oben 2, unten 1 Leerzeile

Grundschrift 10/12 Punkt Stone Serif zweispaltiger Blocksatz, Spaltenbreite 85,5 mm

französische Anführungszeichen, mit Spitze nach innen

Kolumnentitel des jeweiligen Beitrags 7 Punkt Stone Serif

Linie 0,15 mm, Breite der Drittelspalte

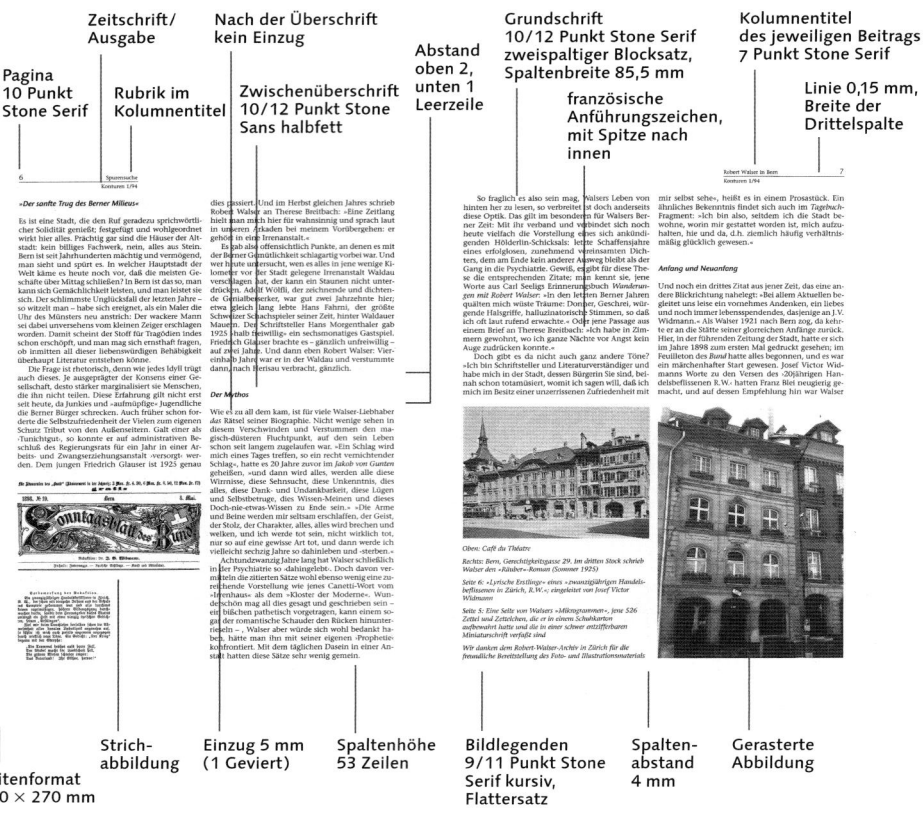

Seitenformat 210 × 270 mm

Strichabbildung

Einzug 5 mm (1 Geviert)

Spaltenhöhe 53 Zeilen

Bildlegenden 9/11 Punkt Stone Serif kursiv, Flattersatz

Spaltenabstand 4 mm

Gerasterte Abbildung

Dreispaltige aktuelle Seite und Inhaltsverzeichnis. In den späteren Heften wurde als Marginalie immer eine Druckschrift vorgestellt, die spielerisch im Heft verwendet wurde

◀
TransAtlantik, Erstausgabe 1980:
Cover und Doppelseite
(Josef Müller-Brockmann)

▲
Der Alltag, 1992 (Hans-Werner Holzwarth)

▲
Freibeuter, Wagenbach Verlag
1988 (Verlag)

◀
du, Tages Anzeiger Zürich 1998
(Franz Herzog)

Geschäftsberichte

Zwischen Image und Information

Imagebroschüren und Geschäftsberichte gelten heute als sehr wichtiger Bestandteil eines Firmenauftritts. Zusammenhänge mit der Kultur eines Unternehmens und damit dem Corporate Design werden wesentlich. Eine Umschau durch unterschiedliche visuelle Vorgehensweisen.

IMAGEBROSCHÜREN HÄNGEN – WENN VOR-handen – mit dem Corporate Design des Unternehmens zusammen. Gleichzeitig stehen sie an besonders repräsentativer Stelle, weswegen sich in jedem Fall eine sorgfältige und auch etwas aufwändigere Gestaltung rentiert.

In unseren Beispielen werden sehr verschiedene inhaltliche Ansätze gezeigt. Es mag für Gestalter ganz reizvoll sein, wenn keine Inhalte zu transportieren sind, sondern nur pures »Image«. Geht man vom Zweck der Dinge aus, ist diese Aufgabe eigentlich nicht mehr reizvoll, da hohler Inhalt keine noch so gute Form rechtfertigt.

Dagegen reizt es, ein Unternehmen auch durch die Gestaltung positiv darzustellen.

Geschäftsberichte

Der Umgang mit Geschäftsberichten hat auch in Deutschland an Bedeutung gewonnen, seit sich 1986 das Bilanzrichtliniengesetz geändert hat. Damit haben sich auch der Inhalt und die Anzahl der Geschäftsberichte erweitert. Information statt wohlgesetzter Blindtext ist nicht mehr die Ausnahme. Auch mit kleineren Etats lässt sich Profil finden. Verständliche Sprache, klare und interessante Optik ergeben eine Qualität, die aber wahrhaftig sein muss. Im Zweifelsfall ist der reduzierte Einsatz von optischen Mitteln die bessere Lösung als das gewaltsame Überstylen.

Gute Strukturierung der inhaltlichen Kapitel, ihre Eindeutigkeit sprechen für das Unternehmen. Natürlich ist das Bilanzzahlenwerk im Grunde das Wichtigste, darf also nicht als Anhang nach hinten verbannt werden. Gerade diese Teile sind wegen ihrer Komplexität und inhaltlichen Bedeutung sehr sorgfältig zu gestalten.

Also im besten Fall ein Spiegelbild des Unternehmens? Dazu gehört auch die konsequente Anwendung des Corporate Designs, das hoffentlich vorhanden ist.

Es gibt zahlreiche Ausschreibungen und Wettbewerbe auf diesem Sektor. Damit wird festgestellt, bei wie viel Prozent der jeweilige Geschäftsbericht in der Liga der Besten liegt (und damit auch der Gestalter). Papierindustrie, Großdruckereien, Verarbeiter und Schrifthersteller engagieren sich für diesen Zweck. Dabei könnte man getrost erst einmal auf gute und attraktive Gestaltung setzen, die Basisarbeit eben.

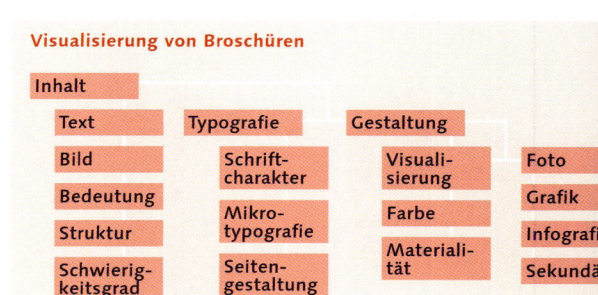

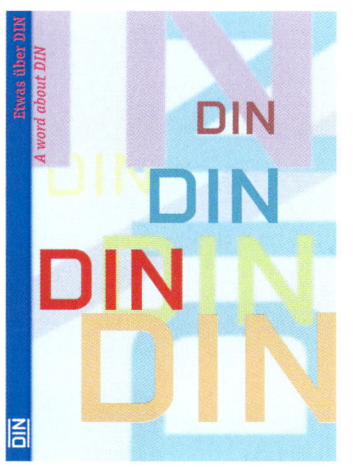

▲
Image-
broschüren für
verschiedene
Zielgruppen
von DIN,
Berlin, 1993
bis 2001

Mitgliedschaft
Membership

Satzung
Präsidium
Beitragsstufen
Beitrittserklärung

Statutes
Presidial Board
Subscription rates
Declaration of membership

◄
Zwei Buchkataloge für die
DIN-Tochter Beuth-Verlag

► Imagebroschüre
für das
Zertifizierungs-
unternehmen
CERTCO, Berlin
1996

►► Imagebroschüre
für die Normen-
Datenbank
DITR, Berlin 1992

► Buch zum
50jährigen
Jubiläum des
Beuth-Verlags

►► Titelseite für eine
Berichtsreihe
(6 Bände und
1 CD-Rom)
2001

► Imagebroschüre
für TVA, Gotha
(Langenscheidt)
1995

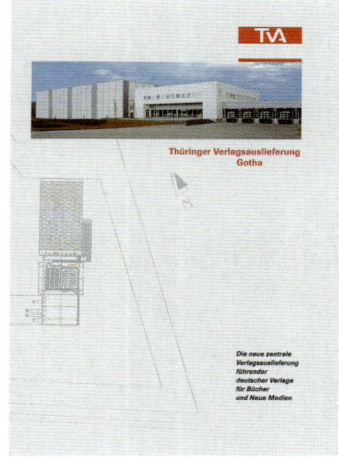

► Imagebroschüre
für die Druckerei plm
in Landshut, 1996

Schwerpunkte der Normungsarbeit

Normen für das neue Jahrtausend

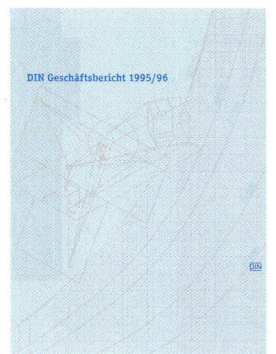

DIN Geschäftsbericht 1995/96

DIN Geschäftsbericht
1997/1998

DIN Geschäftsbericht
2000

Geschäftsberichte **237**

Konzerte, Kongresse

Kulturwerbung

Einladungen, Ausschreibungen und Programme zu kulturellen Themen verlangen ein Eingehen auf die entsprechende Sensibilität eines Bereichs, wie Musik, Malerei oder anspruchsvollen Symposien oder auch Vorträgen. Eine Herausforderung für den Gestalter!

▶
Mappe für Jugend musiziert 1994 mit Urkunde, Preisbeschreibung (für eine Originalgrafik) und Preisträgernadel. Satz aus der Bodoni

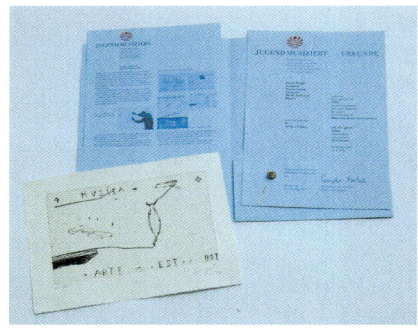

MIT DEM OBERFLÄCHENDEKOR HAT ES WENIG zu tun. In Wirklichkeit werden wir aber auf diesem Gebiet davon belästigt und es ist besonders traurig, wenn kein Bezug zu den Inhalten gefunden wurde und etwas Modisches darüber gestülpt wurde. Haben die Auftraggeber es nicht bemerkt? Für Kulturwerbung ist wichtig:

Information. Die Daten einer Veranstaltung sind deutlich und in systematischer Ordnung darzustellen. Das bedeutet, daß zu dieser Information nicht ein detektivisches Geschick eingesetzt werden muss.

▶
Mappen für Bundes-, Landes- und Regionalwettbewerb Jugend musiziert 2000

Atmosphäre. Wie viel ist möglich, um Inhalte zu begleiten? Was vermag zum Beispiel Typografie um die Stimmung eines Konzertes in Einladungen, Programmen und Veranstaltungsplakaten auszudrücken?

Um auf die Beispiele der nächsten Seiten einzugehen, werden hier Fragen wiederholt, die zum Beginn dieser Arbeiten gestellt wurden.

Soll ein Musik-Wettbewerb (Klassische Musik) für Kinder und Jugendliche auf die Popkultur oder mehr auf die klassische Musik (auch die der Zeitgenossen) eingehen?

Welche Typografie kann Kunst und ihre Richtungen fördern? Jahrelange Beobachtungen bestätigen, dass sehr viele Einladungen von Kunstgalerien überhaupt nicht attraktiv sind.

Können einzelne Vorträge und Vortragsreihen überhaupt ansprechend gestaltet werden oder kommt es nur auf den Inhalt und sonst nichts an?

Braucht oder bräuchte eine Kunstgalerie ein Corporate Design oder genügt die Kunst an sich?

Wie kann ein internationaler Wettbewerb auch in ganz anderen Kulturkreisen verstanden werden? Welcher gemeinsame Nenner ist nötig, welche visuelle Sprache ist nicht nur auf das eigene Land bezogen?

Micro Oper München

8. bis 13. Juni / 17. bis 20. Juni 1993 22.30 Uhr

Unterhaltsame E-Musik in drei Bildern

Musikalischer
Nachtsalon
Lustspielhaus

Rita Mühlbauer lebt als Malerin und Illustratorin in München. Sie veröffentlichte u. a. »Das Eß- und Kochbuch für Kinder« (Frankfurt 1975), mit Hanno Rink »Himmelsmilt und Schneckenhaus« (Aarau, Frankfurt 1979), illustrierte und gestaltete Bücher von Adolf Hungry Wolf »Der Rabe weiß, wo die Sonne wohnt«, »Das Land, in dem es immer Sommer ist« und »Dessen Stimme ist im Wind hörte« (Aarau, Frankfurt 1983, 1984, 1985) und malte schließlich die Bilder für »Büffel und Beeren. Die Küche des Blackfoot-Indianers«, von Beverly Hungry Wolf und Rita Mühlbauer (Nördlingen 1988). Als Malerin Ausstellungen u. a. in Zürich, München, Hamburg und Rosenheim.

Konzepte und Skizzen zu den »Büffel und Beeren«-Bildern entstanden während eines längeren Aufenthalts bei den Hungry Wolfs in Britisch Columbien. Beverly Hungry Wolf, als Autorin von Büchern über die Kultur ihres Stammes in Kanada und in den USA bekannt geworden, ist eine leidenschaftliche Köchin. Die Malerin auch. So verbandelten sich trotz unterschiedlicher Lebenswelten – Rita Mühlbauer stammt aus Bayern – auf sinnliche Weise kulinarische Neigungen und kulturhistorische Interessen in einem gemeinsamen Buchprojekt.

Im Gegensatz zu den Bildern von der wildromantischen Kriegerkultur der Prärie-Indianer sollten bewußt stille Bilder vom unspektakulären, aber kulturbildenden Alltagsleben indianischer Frauen entstehen. Einer Kultur, die nur noch bruchstückhaft erhalten und erinnert wird, sollten collageartig komponierte, in verschiedenen Mischtechniken ausgeführte Stilleben entsprechen, Collagen aus »verblassenden« Aquarellen, Fundstücken mit Trompe l'œil-Effekt in Eiweißlasur und Öl gemalt, Farbstift- und Tuschzeichnungen, um auch den »ethnologisch-naturwissenschaftlichen Blick« noch mit abzubilden.

Galerie für Indianerkunst
Nordamerikas

SANDIA

zeigt

BÜFFEL UND BEEREN
Bilder von Rita Mühlbauer
zu Texten von Beverley Hungry Wolf

Einladung zur Vernissage
am Donnerstag, 16. November 1989
von 18 bis 20 Uhr

Die Künstlerin wird bei der Vernissage anwesend sein. In Ergänzung zu ihren Bildern zeigen wir schöne neue und alte Schmuckstücke indianischer Künstler.

Dauer der Ausstellung:
16. November bis 23. Dezember 1989

Karin Isernhagen
Auf der Lyss 20, 4051 Basel/Switzerland
Telefon 061/250459

Fondation **Foundation**

Karl **Klingler** Stiftung

6. Internationaler
Wettbewerb
für   *Sixième concours*
Streichquartett   *international*
6th International *de quatuor*
String Quartet   *à cordes*
Competition

Gesamtpreise in Höhe von
DM 100.000 **Prizes amounting**
Montant des prix: **to DM 100.000**
100.000 DM

Berlin
4.4.–9.4.1998

In Verbindung mit der Hochschule
für Musik »Hanns Eisler« Berlin
En collaboration avec l'Hochschule
für Musik »Hanns Eisler« Berlin
In collaboration with Hochschule
für Musik »Hanns Eisler« Berlin

Inscription et renseignements
Anmeldung und
Information   **Application and Information**
Karl-Klingler-Wettbewerb
c/o Hochschule für Musik
»Hanns Eisler« Berlin
Charlottenstr. 55, D-10117 Berlin
Telefon ++49/30/203 09-2487
Fax ++49/30/203 09-2402

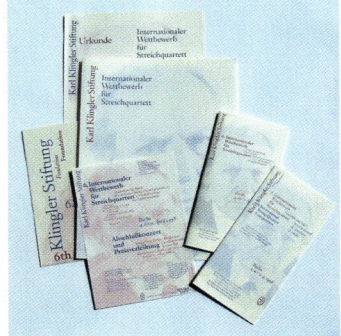

◀
Flyer für die
Micro Oper
München 1993
(Bildmotiv Colin
Walker)

◀
Realismus in der
Kunst, Rita
Mühlbauer. Ein-
ladung 1989

◀
Plakat und
Ausstattung für
einen Streich-
quartettwett-
bewerb, 1997/98

► Vorderseiten von Einladungen der Galerie Josephski-Neukum, Issing 1985 bis 1995

► Symposiums-einladung für DIN, Berlin 1995

►► Einladungen für die Universität München, Sprechwissen-schaft und Psycholinguistik, 1997 und 1998

►►► Einladung Ganz Ohr, Universität München, Grundschul-didaktik 2001

►►► Einladung tgm 1997, Stefan Engelhardt

► Anzeige, Tages-programm und Eintrittskarte zum European Software Festival 1991

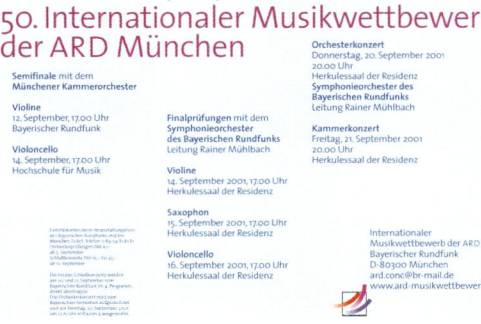

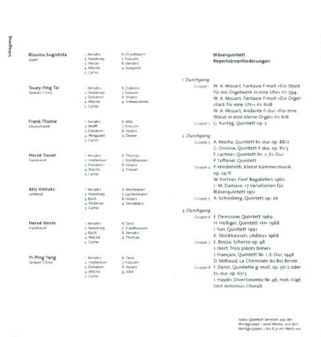

◄

Internationaler Musikwettbewerb
der ARD, München 2001 und 2002
Plakat
Ausschreibung
Programm
Einladung
Buch
CompactDisk

Wissenschaftliche Publikationen

Dokumentation, Diplomarbeit und Dissertation

Alles wird auf Computern geschrieben und gestaltet. Aber wie? Sind die Standard-Einrichtungen von Word gute Typografie oder irrt hier Bill Gates? Aber in jedem Fall finden Sie hier Rezepte für Ihre eigenen Arbeiten.

WER VIELE TEXTE, SEMINARARBEITEN, DIPLOM-arbeiten, Dissertationen lesen muss, leidet häufig – wenn auch nach einiger Zeit unbewusst – an der nicht lesegerechten Form solcher Publikationen. Dabei ist es unter heutigen Voraussetzungen nicht mehr sehr schwierig, solche Arbeiten klar und lesbar zu gestalten. Das spart Zeit, lenkt die Aufmerksamkeit auf das Wesentliche des Textes und hebt die Arbeit gegenüber Mitbewerbern hervor.

Während sich im wissenschaftlichen Bereich der PC als Mittel für die Abfassung von Textdokumenten etabliert hat, ja eigentlich dominiert, erinnert die visuelle Form mehr an Typoskripte der Schreibmaschinenzeit. Dissertationen und Diplomarbeiten wurden bis zur Jahrhundertmitte durchaus im herkömmlichen Bleisatz gesetzt und im Buchdruck gedruckt.

Mit der Flut der immer mehr werdenden Arbeiten und den steigenden Kosten kam die Form des schreibmaschinengeschriebenen Dokuments auf. Das war allerdings nicht im Sinne einer guten Lesbarkeit, die schon eingeschränkt lesbare Schreibmaschinenschrift wie »Courier« wurde durch die Verkleinerung von häufig DIN A4 auf DIN A5 zu klein.

Ihre Unregelmäßigkeiten, die aus dem absolut gleichen Buchstabenabstand kamen, verstärkten sich dabei. Enge Ränder, die aus falsch verstandener Papiersparsamkeit und auf Senkung des Seitenumfangs beruhen, sorgten für eine Schwärzungsdichte, welche die Lust am Lesen senkte.

Dünnes grellweißes Papier, mäßiger Druck oder Kopien sorgten für die restlichen Unattraktivitäten.

Typografen und manche Grafikdesigner beschäftigen sich mit einer besseren Lesbarkeit von Schrift und Gestaltung. Dieses Wissen ist vorhanden und wird in diesem Buch verwendet. Aus der Gestaltung von gut funktionierenden Textbüchern, die durchaus Abbildungen mit einbeziehen, werden hier Gesetzmäßigkeiten und handwerkliche Rezepte für die Gestaltung wissenschaftlicher Publikationen abgeleitet. Dabei wird nicht nur die »Hochtypografie« befragt, sondern Erfahrungen spielen eine Rolle, die mit den Randtechniken, wie dem IBM-Composer der sechziger Jahre oder den ersten Dokumenten, die mit Hilfe von Word 1.0 schon 1985 produziert, gemacht wurden. Im Mittelpunkt steht also das visuell besser lesbare Produkt, das so einfach wie möglich erzeugt werden soll.

Lesbarkeit von Dokumenten

Die Erforschung der Lesbarkeit von Texten und der Seitengestaltung sowie der Erkennbarkeit von Bildern hat einige handwerklich angewandte Traditionen und Gewohnheiten bestätigt. Danach ist, seit man Bücher drucken kann, auch immer wieder darauf geachtet worden, dass diese der Zielgruppe und ihren Bedingungen entsprechend aufbereitet, gestaltet wurden. Was ist nun wesentlich für eine gute Lesbarkeit:

1. Größe und Charakter der Schrift
2. Abstände, wie die der Buchstaben voneinander, Wortabstände, Zeilenabstände
3. Anordnung auf der Seite, Ränder, Bildabstände, Aufteilung der einzelnen Elemente
4. Größe und Deutlichkeit von Bildern, Tabellen etc.

Es sind also nur wenige Dinge, die eine gute Lesbarkeit ausmachen. Im weiteren Verlauf wird versucht, diese herauszuarbeiten.

Ein einfaches Dokument gestalten

Im Kapitel über einfache Typografie wird der Aufbau eines simplen Beispiels beschrieben. Das kann hierfür als Grundlage herangezogen werden. Basis aller Gestaltung von mehrseitigen Publikationen ist nicht die einzelne Seite, sondern die stets sichtbare Doppelseite. Die gestalterischen Elemente folgen gewöhnlich der inhaltlichen Struktur des Textes. Falls die Textstruktur nicht konsequent stimmt, gibt es in der Folge natürlich Probleme mit der Gestaltung. Unklarheiten wären damit programmiert.

Basis ist bei Textbüchern der laufende Text, Fließtext genannt. Dieser wird akzentuiert durch Hervorhebungen und unterbrochen, also strukturiert durch Überschriften. Überschriften gliedern den Text hierarchisch, das heißt, dass es Kapitelüberschriften und darunter Zwischenüberschriften gibt.

Hervorhebungen passen am besten, wenn sie aus der gleichen Schriftfamilie stammen, beispielsweise eine Kursive (italic) oder eine Halbfette (semibold) oder eine Fette (bold). Namen in Kapitälchen schreiben sollte man nur, wenn die Schrift auch über echte Kapitälchen verfügt.

Anmerkungen, Fußnoten, Marginalien sind für wissenschaftliche Publikationen erforderlich. Anmerkungen oder Fußnoten können entweder auf der Seite stehen, wo sie erwähnt werden, oder gesammelt am Ende der Publikation oder jeweils nach dem Kapitel. Damit diese gut zu erkennen sind, sollten die Anmerkungen etwas kleiner als

Seminarkatalog
Gorbach
Seminare 2001

▶ 24
Einfach

Pressemitteilung
Borland 1990

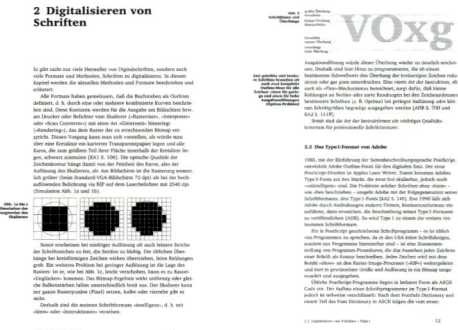

► **Vortragsmanus-kript von Victor Malsy, publiziert von der Typo-graphischen Gesellschaft München 1992 (Viktor Malsy)**

►► **Diplomarbeit FH München, Druckereitechnik 1997 (Matthias Hauer)**

► **Semesterarbeit HdM Stuttgart (Stefanie Silber)**

der Text gesetzt werden. Im Text werden sie mit einer hochstehenden Ziffer gekennzeichnet. Diese Ziffer wird in der Note wiederholt, dabei aber nicht hochgestellt. Stehen die Anmerkungen auf derselben Seite, muss ein Abstand von etwa einer Leerzeile dazwischen stehen.

Bilder brauchen eine erklärende Bildunter-schrift. Auch wenn es so üblich ist, dass diese oft nur »Abb. x« heißen, der Lesbarkeit und dem Ver-ständnis eines Textes dient das nicht.

Tabellen dagegen werden anders gelesen als Bilder, eher linear wie Texte, weswegen sie besser eine Tabellenüberschrift erhalten.

Schriftwahl unter Windows

Mit Windows werden Ihnen zwar viele Schriften mitgeliefert, aber viele eignen sich nicht, um darin umfangreiche Texte zu lesen. Ihr Charakter ist oft zu auffällig, das Zeilenband daher unruhig.

Für längere Texte eignen sich: Book-Antiqua, Bookman Old Style, Century Schoolbook, Garamond, Bookman, Lucida, New Century Schoolbook, Palatino, Rockwell, Verdana und Times New Roman, aber auch die Arial.

Agenda
»Grenzen, Verfassung und Identität Europas«

SWP-Gesprächsrunde
mit Referenten der Bundestagsfraktion und Parteivostände
Berlin, 8. bis 9. März 2001

Dienstag, 8. März 2000

bis 12.30	Ankunft im: Hotel ›Seeresidenz‹ am Müggelsee
12.30–13.30	Mittagsimbiß
13.30	**Beginn der Konferenz und Begrüßung** *Leitung der SWP*
13.45–15.15	**Einstieg: Die großen Entwicklungsaufgaben der EU und ihre Bedeutung für ihre institutionelle Entwicklung**
	□ WWU
	□ Inneres und Justiz
	□ Sicherheit und Verteidigung
	□ Die Erweiterung nach Osten und Süden
	Michael Kreile, Humboldt Universität Berlin
	Rüdiger Altmann, SÖ München
	Christian Deubner, SWP Berlin
15.15–15.45	Kaffeepause
15.45–18.30	**Institutionelle Reformen – der Minimalansatz des Kölner Gipfel**
	1. Der Stand der Verhandlungen/der Regierungskonferenz *Wilhelm Schönfelder, Brüssel, oder Reinhard Schweppe, AA Berlin*
	2. Die zentrale Machtfrage der Stimmenwägung im Rat der EU *N.N.*
	3. Der Umfang und die Zusammenarbeit der Europäischen Union *N.N.*
19.00	Abendessen im Hotel Seeresidenz

SWP

Deutsches Institut für internationale Politik und Sicherheit Stiftung Wissenschaft und Politik

Ludwigkirchplatz 3–4
10719 Berlin
Telefon 030/111 22 33
Telefax 030/111 22 34
www.swp.ivbb.bund.de

Protokoll
BR-Sitzung vom 14. Dezember 2000
10.00 bis 12.15 Uhr

Anwesend:
Bro, Hld, Plt, Ryn, Tdt

Tagesordnung:
Top 1 Protokoll der BR-Sitzung vom 21. November 2000 und Aussprache
Top 2 Personalia
Top 3 IT-Rahmenvereinbarungen
Top 4 BuD-Arbeitsplätze in Berlin
Top 5 Verschiedenes

zu Top 1

Die Typographie als Teil einer heutigen visuellen Gestaltung ist eingebettet in Tendenzen unserer Zeit. Tendenzen, die sich in der postmodernen Architektur, in Strömungen der zeitgenössischen Kunst und Musik, im ›ästhetischen Denken‹ einer neuen Philosophie ausdrücken.

Stimmungen werden wiedergegeben in sehr verschiedenen Qualitätsstufen, die vom ahnungslosen Möchtegern-Produzieren bis zur Meisterschaft reichen. Wir können dabei sehr differenzierte und komplizierte Gestaltungsbilder, aber auch einfache Strukturen sogar: eine neue ›Klassik‹ beobachten. Dabei lenken ›mehrschichtige‹ Arbeiten den Betrachter und Leser oft von Inhalten ab und fesseln ihn zu sehr an die Form. Mit einer neuen Klassik zeigt sich manches Bild eines postmodernen Gestaltungsverständnisses, häufig ist hier die Tradition der guten Lesbarkeit einbezogen.

Bisweilen gibt es Lösungen, die den postmodernen ›Tempeln‹ gleichen. Eine Wichtigkeit wird oft und völlig überzogen vorgetäuscht. Dagegen werden neben vielen komplexen Bildern, die ihre Ursache durchaus in einem komplexeren Denken haben, durch die Möglichkeiten der leichter bedienbaren Computer Banalitäten produziert.

Wenn man Demokratie wünschenswert findet, muß man sich in öffentliche Diskussionen einmischen. Mit einer Demokratisierung! der Typographie verhält es sich noch etwas anders. Funktionierende politische Demokratie setzt immer eine Mündigkeit voraus. Anwender von Software für PCs und Macs haben jedoch oft nicht die nötigen Grundlagen für eine typographische Gestaltung.

Vollgepackte Seiten erinnern bisweilen an Stadtbild-Situationen wie zum Beispiel in Berlin, wo jede öffentliche Fläche – sei sie noch so klein – vollgeschmiert mit meistens banalen Graffiti ist.

zu Top 2

Im Blei- und Fotosatz konnten nur ausgebildete Setzer Maschinen und Geräte bedienen. Schrift setzen war an ein Handwerk gebunden. Als vor einigen Jahren die Ablösung der Fotosatzmaschinen durch Personal-Computer begann, hat die Situation der jetzt möglichen Typographie für alle auch eine lebhafte Diskussion zu diesem Thema gebracht. Viele Typographie-Kurse entstanden, der Bedarf war (und ist) offensichtlich. Typographie-Kongresse werden veranstaltet, welche nicht nur eine elitäre Schicht von Typographen und Schriftgestaltern anlocken.

Aber, schaut man sich heute die Landschaft von Typographie-Anwendungen an. Chaos und handwerkliche Mängel dominieren bei den Amateurarbeiten. Ausnahmen zeigt sich, daß aus Amateuren Profis wurden. So hängt die Möglichkeit der typographischen Gestaltung doch wieder sehr vom Können des Anwenders ab. Professionelles Durchdringen der Materie Typographie ist notwendig, um hier etwas sinnvolles zu

SWP

Deutsches Institut für internationale Politik und Sicherheit Stiftung Wissenschaft und Politik

---

Kolumnentitel Hauptspalte

Nichts ist wie es war

Die Typographie als Teil einer heutigen visuellen Gestaltung ist eingebettet in Tendenzen unserer Zeit. Tendenzen, die sich in der postmodernen Architektur, in Strömungen der zeitgenössischen Kunst und Musik, im ›ästhetischen Denken‹ einer neuen Philosophie ausdrücken. Stimmungen werden wiedergegeben in sehr verschiedenen Qualitätsstufen, die vom ahnungslosen Möchtegern-Produzieren bis zur Meisterschaft reichen.

Funktioniert eine Demokratisierung in der Typographie?

Wir können dabei sehr differenzierte und komplizierte Gestaltungsbilder, aber auch einfache Strukturen und sogar: eine neue ›Klassik‹ beobachten. Dabei lenken ›mehrschichtige‹ Arbeiten den Betrachter und Leser oft von Inhalten ab und fesseln ihn zu sehr an die Form.

Tradition der guten Lesbarkeit

Mit einer neuen Klassik zeigt sich manches Bild eines postmodernen Gestaltungsverständnisses, häufig ist hier die Tradition der guten Lesbarkeit einbezogen.

Bisweilen gibt es Lösungen, die den postmodernen ›Tempeln‹ gleichen. Eine Wichtigkeit wird oft und völlig überzogen vorgetäuscht.

Möglichkeiten der leichter bedienbaren Computer

Dagegen werden neben vielen komplexer Bildern, die ihre Ursache durchaus in einem komplexeren Denken haben, durch die Möglichkeiten der leichter bedienbaren Computer Banalitäten produziert.

Wenn man Demokratie wünschenswert findet, muß man sich in öffentliche Diskussionen einmischen.

Anwender von Software für PCs und Macs haben jedoch oft nicht die nötigen Grundlagen für eine typographische Gestaltung

Mit einer Demokratisierung! der Typographie verhält es sich noch etwas anders. Funktionierende politische Demokratie setzt immer eine Mündigkeit voraus. Mit einer Demokratisierung der Typographie verhält es sich noch etwas anders. Funktionierende politische Demokratie setzt immer eine Mündigkeit voraus. Anwender von Software für PCs und Macs haben jedoch oft nicht die nötigen Grundlagen für eine typographische

Kolumnentitel Unterspalte

phische Gestaltung. Vollgepackte Seiten erinnern bisweilen an Stadtbild-Situationen wie zum Beispiel in Berlin, wo jede öffentliche Fläche – sei sie noch so klein – vollgeschmiert mit meistens banalen Graffiti ist.

Viele Typographie-Kurse entstanden

Im Blei- und Fotosatz konnten nur ausgebildete Setzer Maschinen und Geräte bedienen. Schrift setzen war an ein Handwerk gebunden. Als vor einigen Jahren die Ablösung der Fotosatzmaschinen durch Personal-Computer begann, hat die Situation der jetzt möglichen Typographie für alle auch eine lebhafte Diskussion zu diesem Thema gebracht.

So hängt die Möglichkeit der typographischen Gestaltung doch wieder sehr vom Können des Anwenders ab

Viele Typographie-Kurse entstanden, der Bedarf war (und ist) offensichtlich. Typographie-Kongresse werden veranstaltet, welche nicht nur eine elitäre Schicht von Typographen und Schriftgestaltern anlocken.

Aber, schaut man sich heute die Landschaft von Typographie-Anwendungen an. Chaos und handwerkliche Mängel dominieren bei den Amateurarbeiten. Bei den angenommen Ausnahmen zeigt sich, daß aus Amateuren Profis wurden. So hängt die Möglichkeit der typographischen Gestaltung doch wieder sehr vom Können des Anwenders ab. Professionelles Durchdringen der Materie Typographie ist notwendig, um hier etwas sinnvolles zu erreichen.

Lesbarkeit und neue Schriftkünstler

Schrift dient zuerst als Kommunikation, der Übermittlung einer Sprache. Schriftzeichen müssen deshalb gut lesbar sein. Ihr purer Formgehalt ist erst in zweiter Linie von Bedeutung. Nicht ganz zufällig lassen Schriftentwerfer unserer Zeit starke Bezüge zu den gut lesbaren klassischen Schriften erkennen.

Schließlich ist die ›Holländer‹ von Gerard Unger eine klare Aufnahme der Tradition der barocken Leseschriften. Schließlich ist die ›Holländer‹ von G. Unger eine klare Aufnahme der Tradition der barocken Leseschriften, wie sie vor allem in Holland und England entstand. So beredt sich Summer Stone mit seinen beiden Schriften Stone serif und Stone sans auf seine kalligraphische Verbildung. Carter gibt mit der Galliard kurz sie! auf französische Vorbilder zurück. Lange hat nur die Concorde zwei Neuland betreten, aber aus ihrer Absicht heraus, eine halb und gut lesbare Schrift herauszugeben.

2 Funktion und Systematisierung müssen eine werden. Natürlich wären es zwischen Wirkungen, sorge man sich zur auf spröde Funktionen zurück. Gleichzeitig gibt es auch in der Gestaltung um eine neue Form von Mehrheit und Mehrheitssicherung. Schriftsteller zwischen Typographie, zu im hohen eine Mündigkeit und eine Reglementierung durch diese erfolgen.

2001
Stiftung Wissenschaft
und Politik
Berlin
© 2001

64

2001
Stiftung Wissenschaft
und Politik
Berlin
© 2001

65

Plakate und Schilder

Typografie hat auch draußen ihre Aufgabe

Draußen herrschen andere Bedingungen. Sichtweiten, Zerstreuungen erfordern eine ganz andere Typografie. Und gerade mit ihr sind Informationssysteme, aber auch die täglichen werblichen Botschaften, Bild der Straße: Plakate.

WIE SCHON IM ERSTEN KAPITEL ERWÄHNT: Typografie umgibt uns überall auf Straßen und Plätzen, auf Plakaten, Schildern und Wegweisern. Nicht immer sieht sie dabei erfreulich aus, und die Frage ist manchmal berechtigt, wo denn die Typografen geblieben sind. Doch gibt es auch zahlreiche »designte« Plakate, deren Lesbarkeit schlichtweg nicht vorhanden ist. Manches wird mit einer »Plakatsprache« begründet, sieht auch oft recht gut und interessant aus. Aber die Funktionen …

Für Typografie draußen ist zu beachten:
- ▶ Die Größe der Schrift (nach Versalhöhen gemessen)
- ▶ Möglichst Schnitte der Display-Versionen, die kräftiger gezeichnet sind
- ▶ Engere Buchstabenabstände gebrauchen

Ganz wichtig ist bei der Vorbereitung die Frage, aus welcher Entfernung die Schrift gelesen oder erkannt werden muss. Die Verarbeitung der Buchstabenkörper und die Beleuchtung sind zu klären, weswegen rechtzeitig mit dem ausführenden Schilderhersteller gesprochen werden sollte.

Schrift erkennen	
Entfernung in Meter	Schriftgröße Versalhöhe in mm
1,5	5
3	10
5	15
10	35
15	50
20	70
30	100
60	200
120	400
210	700
240	800
300	1000

Quelle: Informationstechnik meng, Birkenfeld, 1987

▶
Schilder für eine Kanzlei
1992

◀
Gebäudelogo,
Türschild und
Anfahrtsschild
für Kösel,
Krugzell 2001

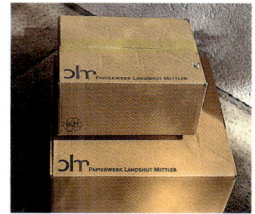

Leiter Grafik und
Reproduktion

Reinhard Meier

◀
Empfangstafel,
Umverpackung
und Türschild für
plm, Landshut
1996

2415

Café in einem
Eisenbahnwag-
gon, Nachbil-
dung eines
österreichischen
Bahnhofschildes
der 20er Jahre
▼

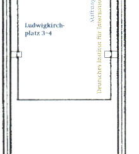

4–123

SWP

Gruppe Bewegung
Dr. Susanne Topologgio
Dr. Karl-Johann Heinsen
Mara Krämer-Lichtenfelser
Ingeborg Krause

◀
Entwurf für eine Stele, Türschild für SWP, Berlin 2001

◀
Typografie für
eine Messe-
gestaltung, CEBIT
1988

Lokomotive der
DB, 2001
▼

► Plakate mit
Bilddominanz:
Ausstellung
Stadtmuseum
München 1996

►► Ausstellung im
Badischen
Kunstverein
Karlsruhe 1983

►►► Haus der Kunst,
München 1991

► Filmplakat 1982

◄ Anläßlich einer
Weinmesse.
Meleta,
Roccatederighi
1999

► Umkarton für
Meleta 1999

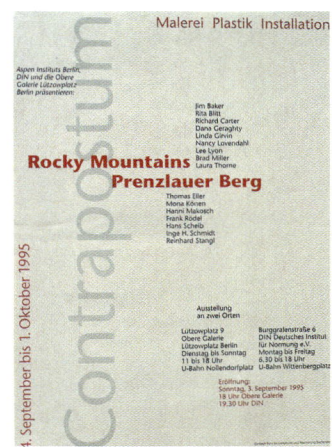

◀
Kunstausstellung
Berlin 1995

◀◀
Architektur-
Wettbewerbs-
ausstellung,
Berlin 1997

◀◀◀
Ausstellungs-
serie der
Philip Morris
Kunststiftung,
Dresden 1993

▲
Konzert Micro Oper 1993
(Bildmotiv Colin Walker)

▲
Ausstellung amnesty international,
Stadtmuseum München 1982

▲
Haus der Fotografie, Burghausen
1999

◀
Vor Ort: Versa-
lien ausgleichen
ist manchmal
sehr hart. Rocca-
tederighi 1999

Multimedia und Internet

Typografie im Screen-Design

Neue technische Möglichkeiten, gleichzeitig arge Beschränkungen von gestalterischen Mitteln der Typografie im Internet. Gutes Design hat sehr viel mit dem, was zuvor schon da war, zu tun. Die digitale Revolution darf skeptisch betrachtet werden.

SO VIEL GESTALTUNG, VISUELLE GESTALTUNG wohlgemerkt, wie im Internet, war bisher noch nie möglich. Programme, Inszenierungen, Aufführungen, Möglichkeiten des Dialogs stehen uns zur Verfügung. Und was mit Desktop-Publishing begann, setzt sich erst einmal fort: Alle visuellen Komponenten werden möglichst gleichzeitig eingesetzt. Erweitert mit Sound, Musik, bewegter Grafik und Videoeinblendungen ergibt sich zunächst ein Brei von Rauschen, Störungen, Verwirrungen; die wunderbaren Möglichkeiten der Verbesserung von Information sind nicht ohne weiteres zu finden.

Mit fünf Thesen plädiere ich für Klarheit, Funktion, nachvollziehbare Logik, Anschaulichkeit und durchaus Lust verbreitende Animation.

1. Das Lesen in gedruckten Büchern seit 500 Jahren befreit uns noch nicht vom linearen Denken und dem Lesen auf dem Bildschirm.

Ich muss hier aus gegebenem Anlass etwas wiederholen. Das klassische Textbuch war von Funktionen geprägt. Funktionen, die aus dem Sammeln der Seiten entstanden und aus dem Aufnehmen des Schriftcodes beim Lesevorgang. Ordnung und Gesetz entstanden daraus; die Schriftzeichen, ihr Charakter, die Zeilen, die Druckseite und als jeweilig stationäre Wahrnehmung die Doppelseite.

Schon mit dem Beginn des Druckens, also im 15. Jahrhundert, spielte die Abbildung ergänzend zum Text eine wichtige Rolle. Man war bestrebt, zwischen Text und Bild visuelle Harmonie zu erreichen. Der Charakter der Textschrift, die Art der Typografie sollte der Anlage der Illustration entsprechen. Als im 20. Jahrhundert das Bild auch im Buch und nicht nur in der Presse immer dominierender wurde, versuchten Gestalter bewusst verschiedene Elemente richtig, also sinnvoll einzusetzen.

Bildbücher, Zeitschriften, Lehrbücher beweisen die Bemühungen um eine den Inhalten gerecht werdende visuelle Sprache. Neben den linearen Büchern, die Seite für Seite fortlaufend funktionieren, kam das Prinzip der Doppelseite hinzu. Die beiden nebeneinander liegenden Seiten sollten als Ganzes gesehen werden.

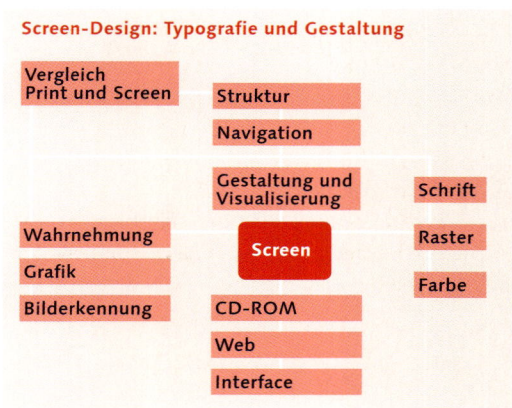

Zwar ist der Bund des Buches hierbei etwas störend, deshalb wurde versucht, diese Störung möglichst zu unterdrücken. Die aufgeschlagene Fläche wirkt als Einheit. Dieses Prinzip findet sich heute in den meisten Zeitschriften, in vielen Lehrbüchern und auch in den meisten populärwissenschaftlichen Bild-Text-Büchern.

Von einfachen Funktionen bis zu raffinierten »Verwebungen« reicht diese Entwicklungsphase der visuellen Gestaltung. Und damit sind auch schon einige Voraussetzungen geschaffen, die nicht nur an die Lese- und Sehgewohnheiten der Bücher anschließen, sondern etwas vorweg nehmen, was erst auf dem Bildschirm zur vollen Wirkung kommen kann.

Allerdings – und das ist einschneidend – steht der Darstellung auf dem Bildschirm eine Konkurrenz in den Printmedien gegenüber, die ihr in der Qualität der Lesbarkeit und Bilddarstellung bisher noch überlegen ist.

Oft wird aber nur die schlechte visuelle Qualität der Print-Vorbilder fortgesetzt. Dagegen stehen Realisierungen von Gestaltern, die schon vor einigen Jahren in stationären Anschauungssystemen versucht haben, die Bedürfnisse des Benutzers zu treffen.

2. Texte sind selten nur visuelle Elemente. Sie wollen auch auf dem Bildschirm gelesen werden.

Bei einer Auflösung von 72 dpi auf dem Bildschirm ist schnell erzählt, wo die Probleme liegen und wo die Grenzen sind. Aus der Tradition des Lesens heraus sind wir sehr fein gestaltete, scharfe und klare Schriftbilder gewöhnt. Im Printbereich fängt die bessere Lesbarkeit bei 300 dpi an, und wir sind in Büchern, Zeitschriften und Drucksachen 1200 und 2400 dpi gewöhnt.

Für die Darstellung auf dem Bildschirm bedarf es deshalb besonders einfacher und »stabiler« Schriftformen, die eben gut lesbar sind.

◄
Powerpoint-Präsentation für SWP Berlin, 2001

◄
CD-ROM eines Readers von Spotlight, Gräfelfing. Systhema Verlag 1996

◄
Orientierung innerhalb eines Kapitels

3. Je einfacher die Basis eines inhaltlichen, visuellen Programms auf dem Bildschirm ist, desto besser wird die Lesbarkeit von Text und Bild funktionieren.

Ausgehend von den traditionellen Lese- und Sehgewohnheiten, die die inzwischen starken und uneinheitlichen Sehgewohnheiten beim Fernsehen mit einschließen, müssen zuvor untersucht und entwickelt werden:

1. Aufteilung des Bildschirms. Proportionen, Eintei-lung, also ein Rastersystem. Bedienungsbuttons müssen deutlich angeordnet sein, aber sie sind im Ganzen nicht das Wichtigste.

2. Die Möglichkeiten einer Schrift, die überall unter Windows vorhanden ist.
Es wird häufig die Arial als die bisher geeignetste gewählt. Diese Schrift steht auf dem Bildschirm relativ stabil, was bei früheren Versuchen sowohl für Bildschirmeignung als auch für die Eignung von Laserausdrucken festgestellt wurde.

3. Die typografische Struktur der Bildschirmseite. Hier geht es primär um Übersichtlichkeit und eine vertraute Ordnung oder sogar Anordnung. Nach den in der typografischen Drucksachengestaltung üblichen Maximen, dass Gleiches auch gleich behandelt wird, soll eine verständliche Klarheit vermittelt werden. So verbieten sich in einer sol-chen Gestaltung vordergründige Sensationen. Interessantes muss begründet und logisch aufge-baut werden.

4. Der Einfluss der verknüpften Elemente auf die Gestalt der Abhandlung.

4. Die Überfütterung mit Einzelelementen ist zwar als »Rausch« der Werkzeugbediener verständlich, »nützt« dem Benutzer aber wenig.

Sicher gibt es auch Berechtigung für Program-me, die so viel an Informationen oder sogar Infor-mationsnebel bieten, dass der Benutzer nur einen beliebig kleinen Teil wahrnimmt oder annimmt. Je mehr aber Information ernst genommen wird, desto ungeeigneter erscheint mir dieser Weg. Im schlicht angelegten Beispiel wird auf die mögliche Differenzierung der Wahrnehmung geachtet. Andere Beispiele tun das nicht. So finden wir auf vielen Screens Elemente, die ineinander überge-hen. Nicht alles ist dabei klar.

Eine Übervisualisierung ist häufig üblich und ich meine fast, es gäbe einen Standard der Verwirrun-gen auf CD-ROMs oder im Fernsehen oder in Videos mit extrem kurzen Schnitten.

5. Die Macht der Bilder ist nicht mehr unbestritten, nachdem die Manipulierbarkeit allenthalben bekannt ist.

Verdrängt das Bild den Text, oder ist eine Symbiose möglich? In der technischen oder infor-mierenden Grafik weiß man genau, wann ein Bild sinnvoll und wann der Text die bessere und ra-schere Ausdrucksweise ist. Die abgedroschene Phrase, dass ein Bild mehr als tausend Worte sagt, stimmt eben nicht ohne weiteres.

Vergleiche und Analysen der Wirkungsweisen und ihrer Anteile sind nötig. Für seriöse Informa-

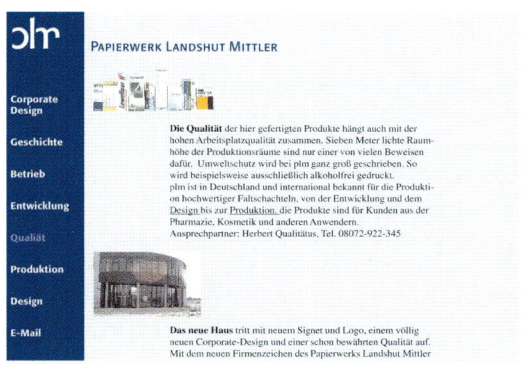

◀
Alpha Langen-
scheidt-Sprach-
computer 1993

◀◀
Raster und
Screen-Design
für plm Landshut
2001

tionsgrafik gibt es beispielsweise die Voraussetzung, dass eine Darstellung wahrhaftig sein muss.
Das lässt sich auch auf das Bild an sich übertragen.
Da wir heute Bilder fast unbeschränkt – positiv
gesehen – verbessern können, ist die Verantwor-
tung des Gestalters und natürlich vor allem des
Redakteurs gefordert.

Bild und Text in ihrer visuellen Bestform sollten
gleichberechtigt sein und nicht gegeneinander
ausgespielt werden. Das spricht also gegen Bild-
manipulation jeglicher Art, was schon bei der
Kommentierung eines Bildes innerhalb der Bildlegende anfängt. Sekundäre Gestaltungselemente
wie Hintergründe, Rahmen oder schwächer einge-
blendete Fotos (»gesoftet«) und Grafiken können
die Stimmung einer Information gut unterstützen.
Aber das Maß für die Relativität muss vorhanden
sein. Das Sekundäre darf sich nicht aufspielen.

Im Folgenden werden vor allem Unterschiede
zur Print-Typografie behandelt. Die Realisierung
bleibt außen vor und man sollte sich endlich daran
gewöhnen, dass Gestaltung und Typografie (oder
Design) nicht einfach in der technischen Anwendung aufgehen können. Zahlreiche Kurse und
Seminare mit dem Titel »Screen-Design« scheinen
vergessen zu haben, dass Gestaltung ein komplexes Gebiet ist. Leider merken viele der Akteure das
nicht einmal. Aber diese Problematik und die
Überziehung des Planeten mit visuellem Schrott
haben wir schon mit der Einführung von DTP erleben müssen.

Bilder

Ohne in die Realisierungstechniken einzusteigen:
Bilder brauchen Speicher und Aufbauzeiten auf
dem Bildschirm. Aus diesem Grund sollten sie zunächst in ihrer Abmessung kleiner gehalten werden, und natürlich sollten grundsätzlich wenige
Bilder eingesetzt werden. Vektorgrafiken für
Strichzeichnungen sind für jede Größe geeignet,
während Rasterbilder (Bitmaps) mit zunehmender
Größe auch mehr Speicher benötigen. Da die
meisten Benutzer mit 8 Bit Farbtiefe arbeiten,
muss der Gestalter für das Internet sich leider auf
256 Farben beschränken.

Siteplan für
Kösel, Kemp-
ten 2001
▼

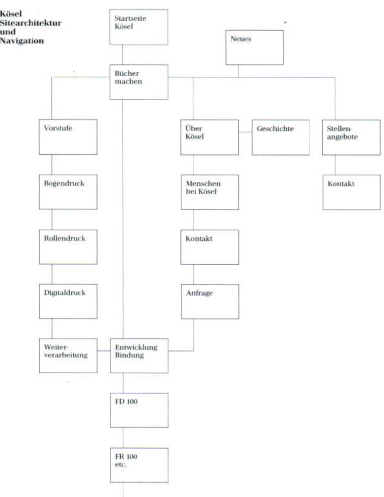

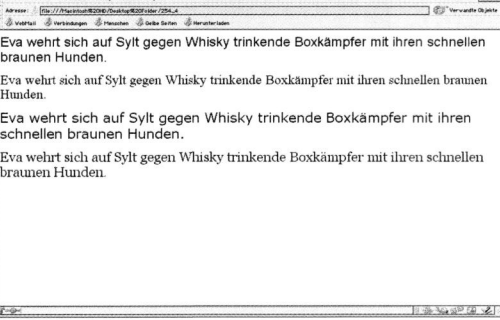

Schrift auf dem Bildschirm

Die Problematik der Schrift kann an folgendem Beispiel beschrieben werden: Auf ganz einfache Weise sollte für einen kleinen Übersetzungsrechner, den Alpha 120 für Langenscheidt, eine möglichst gut lesbare und den Schriften der analogen Druckwerke ähnliche Display-Schrift geschaffen werden. Viele Möglichkeiten hat man bei 160 × 80 Pixel nicht. Pro Zeile ergab sich eine Höhe von nur 13 Pixel. Die Breiten wurden differenziert angelegt. Beim Testtext waren es sechs Zeilen mit einer maximalen Breite von 24 Buchstaben. Auf Serifen, diese für Druckschriften wichtige Hilfe, musste verzichtet werden. Aber es gibt eine kursive und eine halbfette Schrift dazu. Alle drei Schriftschnitte haben trotz dieser schon primitiven Einfachheit »Charakter«. Ein Phänomen, über das ich selbst erstaunt war. An einzelnen Figuren erkennt man die Problematik aber besonders stark.

Für ein anderes Projekt versuchten wir Schriften für die Bildschirmeignung zu testen. Sehen Sie hier handelsübliche Postscript-Schriften. Es sind:

Arial Regular
Stone Serif
Stone Sans
Bodoni
Utopia

Auf dem Bildschirm wurden die jeweils am besten lesbaren Größen ermittelt. Freilich schieden einige Charaktere wegen ihrer für den Bildschirm zu komplizierten Figurenstruktur sofort aus. Der Unterschied zum Laserausdruck mit nur 300 dpi ist ziemlich groß. Außer der Arial hätte das für die geplanten Multimedia-Projekte bedeutet, dass die Schrift mitgeliefert werden müsste. Das war aus rechtlichen Gründen nicht möglich. Bei 72 dpi sind bei kleinen Schriftgraden nur wenige Pixel in Funktion. Und je weniger Pixel, desto gröber wird die Schriftdarstellung.

Gut geeignete Schriften für Screens sind natürlich die Standards. Beim Mac sind das Chicago, Geneva, Monaco und New York. Unter Windows waren es bisher die für Browser geeigneten Schriften Arial und Times, die heute von der Verdana und der Georgia abgelöst wurden. Beide Schriften stammen von Matthew Carter und Tom Rickner, laufen auf Mac und Windows und sind kostenlos bei Microsoft zu haben.

Tests haben gezeigt, dass von regulären Schriften die Univers und Frutiger ab 14 Punkt brauchbar, dagegen sind Arial, Verdana und auch die Georgia generell bildschirmtauglich. In großen Graden gibt es natürlich viel mehr mögliche Schriften, weil die Pixelverteilung dann nicht so kritisch ist. Je magerer nun ein Schriftschnitt ist, desto zerrissener wird das Bild der Schrift aussehen.

Aber die Diskussion um die Eignung von Schriften wird sehr eingeschränkt durch den Umstand, dass eine verwendete Schrift beim Benutzer auch vorhanden sein muss. Außer den Standards ist das eher zufällig der Fall und fällt damit praktisch aus.

Man kann nun, wie geschehen, die Eignung von Schriften, die als »Bild« (GIF oder JPEG) eingeführt sind, betrachten. Aber weil sie dann nicht editierbar sind, widersprechen solche Texte dem Sinn von Hypertexten, und keine Suchmaschine kann sie finden. Für Typografen heißt es also noch etwas leiden, bis Schriften »mitgegeben« werden können, in HTML eingebettet und von Browsern erkannt. TrueDoc von Bitstream und Open Type von Adobe heißen die Lösungen.

Textschrift auf dem Bildschirm braucht eine etwas weitere Laufweite als auf Papier. Die Satzbreite zum Lesen sollte nicht den Printmaximen mit 60 Zeichen je Zeile folgen, sondern etwa 35 Zeichen je Zeile besitzen, also etwas mehr als die Hälfte. Auch der Zeilenabstand sollte größer bemessen werden, beispielsweise bei 14 Punkt Buchstabengröße 4 bis 6 Punkt, also 14/18 oder 14/20 Punkt.

Die Darstellung der Schriftgröße ist allerdings zwischen Mac und Windows unterschiedlich. Um 14 Punkt auf Windows anzuzeigen, sollte auf dem Mac eher mit 16 Punkt gearbeitet werden.

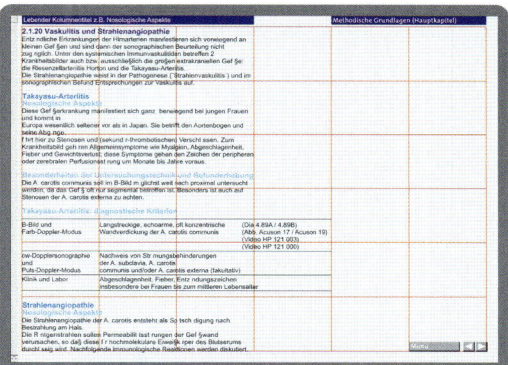

◄
CD-ROM Medizin-Software, Entwurf 1999

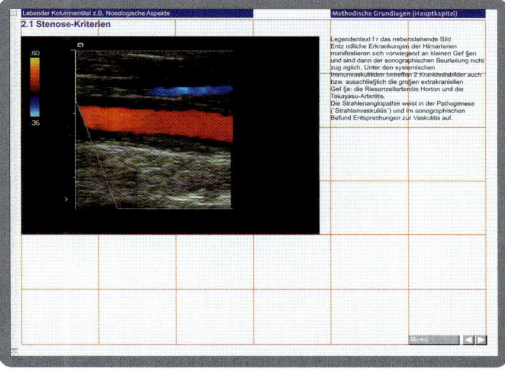

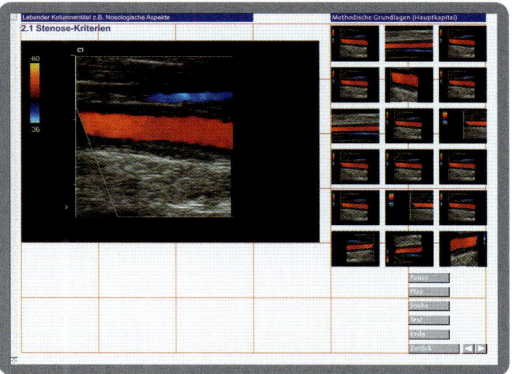

► Raster und
Screen-Design
für Kösel,
Kempten 2001

◄ 122
Farbe

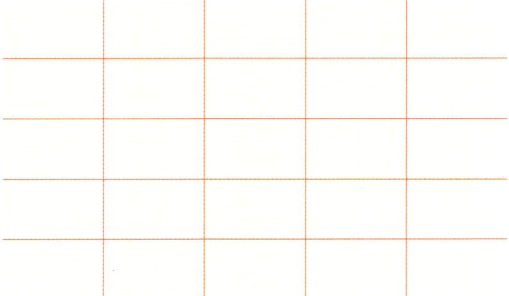

Farbe und Hintergrund auf dem Bildschirm

Was das Grundsätzliche über Farben und Wirkungen betrifft, ist auf das Kapitel »Farbe«, hinzuweisen. Aber Lichtfarben können noch mehr, sind intensiver, sind auch anders definiert, nämlich nach RGB. Auch diese Farben können mit dem NCS-System definiert und verglichen werden.

Planung eines Internetauftritts

Für eine schon 400 Jahre alte Qualitätsdruckerei hatten wir den Internetauftritt zu entwerfen, der die bisherigen »gewachsenen« und von der Gestaltung her unbefriedigenden Sites ablösen sollte. Da auch das Corporate Design des Hauses und eine informierende Werbekampagne von uns entwickelt wurden, waren viele Vorgaben bereits bekannt. Wir entwickelten folgende Grundlagen: Übernahme einiger Gestaltungselemente wie

► Logo
► Headline-Schrift (Schneider Libretto)
► Formulierung der Headlines
► Raster und Proportion

Da die Redaktion hauptsächlich in unseren Händen lag, war es problemlos, auch die Struktur der Site zu erstellen. Diese Arbeit ist inhaltlich bedingt und gehört daher mit zur Gestaltung und keineswegs in die Hände der Realisierer.

Damit die Geduld der Benutzer nicht zu sehr beansprucht wird, sollen Texte kurz und Bilder klein gehalten werden. Versucht wird hierbei, möglichst konkret zu informieren. Für die Gestaltungsgrundlage wurde ein Flächenraster mit 5 mal 5 Feldern zugrunde gelegt. Die Felder entsprechen der Proportion 1 : 1,5 (eine alte Buchproportion), die auch im gesamten CD-Auftritt immer wieder vorkommt.

Die Entwürfe, die zunächst mit QuarkXPress gemacht wurden, zeigten Zusammenhänge und Gesamtstruktur.

Eine der angenehmsten Überraschungen für den Londonbesucher ist die neue britische Küche. Früher dachte man mit wenig Begeisterung an *fish and chips* in Zeitungspapier; *Roastbeef mit Yorkshire Pud ......* etc. bla, blau Überraschungen für den Londonbesucher ist die neue britische Küche. Früher dachte man mit wenig Begeisterung Überraschungen für den Londonbesucher ist die neue britische Küche. Früher dachte man mit wenig Begeisterung Überraschungen für den Londonbesucher ist die neue britische Küche. Früher dachte man mit wenig Begeisterung Überraschungen für den

Wohin gehen wir essen?

Londonbesucher ist die neue britische Küche. Früher dachte man mit wenig Begeisterung Überraschungen für den Londonbesucher ist die neue britische Küche. Früher dachte man mit wenig Begeisterung Früher dachte man mit wenig Begeisterung Überraschungen für den Londonbesucher ist die neue britische Küche. Früher mit wenig Begeisterung Überraschungen für den Londonbesucher Die Pubs suchen Sie hier vergeblich – da in ihnendas Trinken wichtiger ist, haben wir sie in das Kapitel der Abendvergnügungen aufgenommen

◄
Zwei Versionen für einen Reiseführer. Es wurde sogar versucht, das Projekt auf eine Diskette zu pressen.

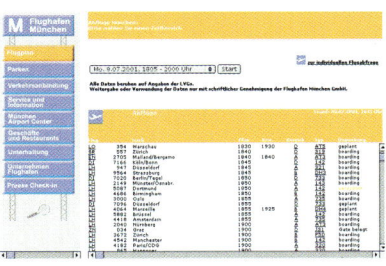

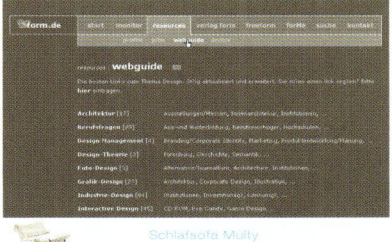

▲
Unterschiedliche Textdichten beim Flughafen, Schriftanbieter oder bei einem Verzeichnis

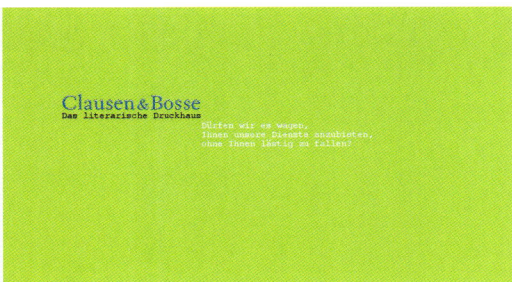

◄
Ein ruhiger, aber interessanter Auftritt einer Druckerei

Die Regierung ▶

Eine Universität ▶▶

DaimlerChrysler ▶

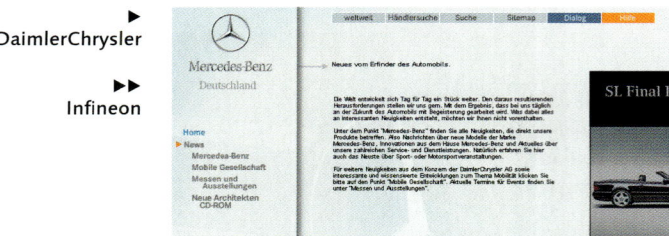

Infineon ▶▶

**Museum für
Gestaltung,
Zürich** ▶

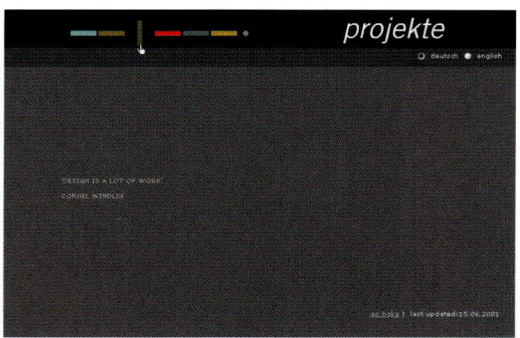

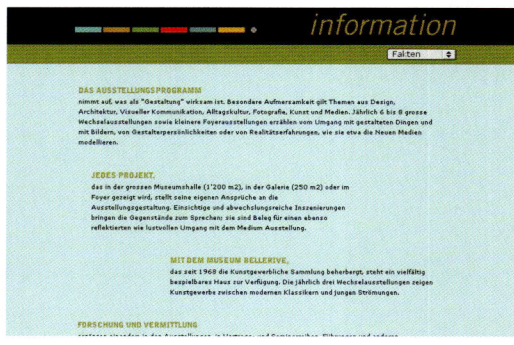

Deutsche Post ▶

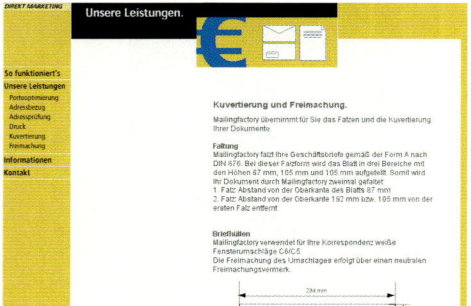

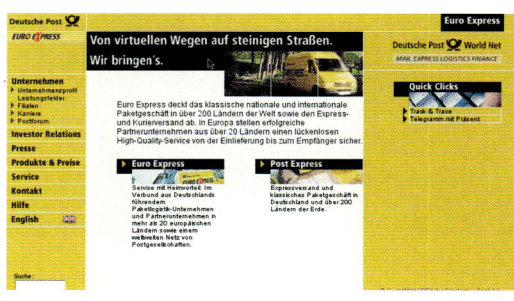

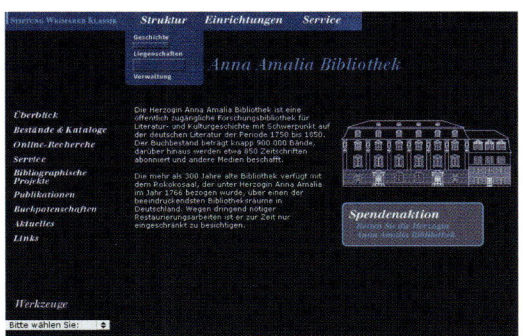

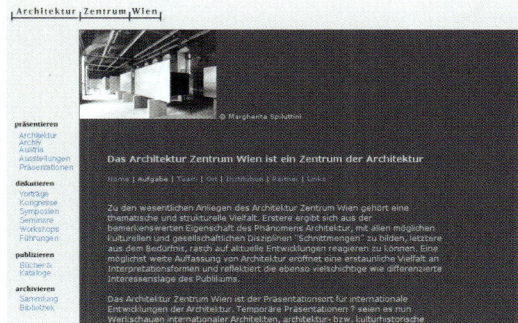

◀
**Stiftung
Weimarer Klassik**

◀◀
**Architektur
Zentrum Wien**

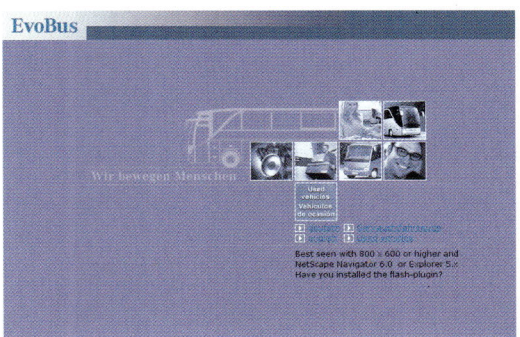

▲
**Audi
Bregenz
Gebr. Klingen-
berg**

◀
EvoBus

◀◀
BMW

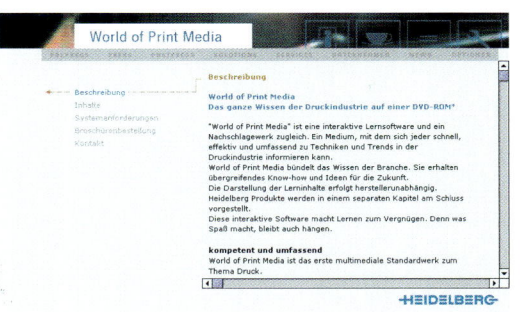

◀
**Heidelberger
Print-Akademie**

◀◀
MAN Roland

Danach

Wenn die Gestaltung vom Kunden genehmigt ist, was kommt dann? Ist ihre Durchführung für den weiteren technischen Prozess geeignet? Einige Hinweise folgen als Checklisten und Tabellen.

Checklisten

Bewertung von Gestaltung

Idee
- Inhaltsbezug
- Originalität
- Evidenz
- Universalität

Wirkung
- Aufmerksamkeit erregen
- Intensität
- Assoziation
- Signalwirkung
- Soziale und kulturelle Normen
- Akzeptanz
- Eindruck
- Stimmigkeit

Zielgruppe
- Information
- Anreiz
- Beabsichtigte Handlung
- Identifikation
- Abgrenzung
- Funktion

Elemente
- Text
- Grafik
- Fotografie
- Visualisierung
- Dekor/sekundäre Elemente

Schrift
- Lesbarkeit
- Schriftwahl
- Schriftgröße
- Schriftmischung
- Mikrotypografie

Papier/Trägermaterial
- Stoff
- Oberfläche
- Färbung
- Stärke
- Volumen

Farbe
- Farbwirkung
- Farbwahl (Palette)
- Harmonie
- Kontrast
- Farbanzahl
- Funktion und Farbe
- Assoziation

Gliederung
- Hierarchie
- Transparenz
- Wertigkeit
- Lesereihenfolge
- Inhaltliche Logik
- Syntax

Proportion
- Format
- Satzspiegel/Raster
- Harmonie
- Spannung
- Raumaufteilung
- Bildgrößen
- Bedruckt – unbedruckt
- Bild-Text-Verhältnis

Kontrast
- Grauwert Text
- Hervorhebung
- Bedruckt – unbedruckt
- Text – Bild
- Hell – Dunkel
- Negativ – Positiv
- Größenkontrast
- Farbkontraste

Rhythmus
- Wort-Rhythmus
- Zeilenrhythmus
- Textgruppenrhythmus
- Flächen-Rhythmus
- Bildverteilung
- Seiten-, Kapitel-Rhythmus (Struktur)

Ausführung
- Sauberkeit
- Präsentationsform (Aussehen)
- Klarheit
- Termintreue
- Einhaltung der Vorgaben (Re-briefing)

Kosten/Rechte
- Kosten
- Realisierbarkeit
- Urheberrechte und andere Rechte
- Laufzeit des Produkts
- Zeitaufwendung

Auftrag
- Kommunikation (Verlag – Gestalter)
- Produkt und Verarbeitung
- Umweltverträglichkeit
- Schwierigkeitsgrad des Auftraggebers
- Achtung der gestalteten Arbeit

Produktion von Printmedien

Stadium	Technik	Organisation	Kosten	Gestalt	
Planung	Technisches Konzept	Zeitermittlung	Kosten (Vorkalkulation)	Scribble	
Vorbereitung 1. Phase				Entwurf	Text Foto Grafik
Vorbereitung 2. Phase	Konzeptdaten sicher?	Terminplan Materialdisposition	Vorkalkulation 2	Layout/ Reinzeichnung	Korrekturen
Durchführung 1. Phase Druckvorstufe	Aufträge definieren Andruckkontrolle Satzkontrolle			Andruckkontrolle Satzkontrolle	Filme fertig Repro Satzproduktion
Durchführung 2. Phase Serienproduktion	Druckabnahme	Abwicklungskontrolle	Kostenüberprüfung		Druck Verarbeitung
Fertigstellung	Qualitätskontrolle	Endterminkontrolle Verbrauchsüberprüfung	Kostenkontrolle Nachkalkulation		

Abhängigkeit der Qualität für ein ästhetisches Druckprojekt

1. Richtiger Einsatz der technischen Möglichkeiten
2. Klar definierte Vorgaben
3. Technisch einwandfreie Vorlagen
4. Sinnvolle (realistische) Zeitorganisation
5. Einsatz geeigneter Lieferanten
6. Wirkungsvolle Kontrolle
7. Ästhetisches Bewusstsein
8. Grundlegende Kenntnis der Materie:
   technisch
   organisatorisch
   kaufmännisch
   künstlerisch

Checkliste Satzdaten

Projekt	Verlag / Klient	
Format (in mm)	Satzspiegel / Raster	Breite, Höhe
	Rastereinheiten	
	Zeilenzahl + Pagina	
	Spaltenanzahl	
Schrift	Grundschrift	Name, Hersteller,
		Größe, Zeilenvorschub,
	Position	
	Einzug	
	Laufweite	
	Auszeichnungen	Kursiv, Halbfett
	im Text	Kapitälchen, weitere
Überschriften	Schrift	Größe, Schnitt, Position,
		Raum oben und unten
	Initialen	
	Anführungszeichen	
	Pagina	Schrift, Größe, Schnitt, Position
	Leerzeilen	
	Bildlegenden	
	Fußnoten	
	Marginalien	
	Tabellen	Schrift, Größe, Schnitt,
		Position, Linien
Rechtschreibung	Manuskript / Datei	
Herzustellende Produkte	Rohumbruch	
	Umbruch / Layout	
Film	Datenart / PDF	
Kosten	Angebot	
	An wen zu liefern	
	An wen zu berechnen	
Bei Büchern	Titelei	
	Inhaltsverzeichnis	
	Anhang	
	Register	

Indra Kupferschmid hat auf dem Forum Typografie in Weimar einen Kompromiss für die neue Klassifikation nach DIN 16518 vorgeschlagen. Zu finden in: Indra Kupferschmid, Buchstaben kommen selten allein. Universitätsverlag Weimar 2000 und 2001

Schrifteinrichtung

Zeichensatz prüfen

Schriftschnitte prüfen

Laufweitentest in Lese-, Konsultations- und Schaugrößen

Gibt es eine Displayversion?

Versuche mit Laufweitenveränderungen

Individueller Buchstabenabstand, reicht das vorhandene?

Stimmt Tastaturbelegung?

Vorschlag Indra Kupferschmid Klassifikation der Schriften

1	*Serifenschriften mit Strichkontrast*
1.1	dynamisches Formprinzip
1.1.1	venezianische Renaissance-Antiqua
1.1.2	französische Renaissance-Antiqua
1.1.3	Barock-Antiqua
1.1.4	mit kräftigen Serifen
1.2	statisches Formprinzip
1.2.1	klassizistische Antiqua
1.2.2	mit käftigen Serifen
1.3	geometrisches Formprinzip
1.4	Dekorative
2	*lineare Serifenschriften*
2.1	dynamisches Formprinzip
2.2	statisches Formprinzip
2.2.1	linear
2.2.2	mit Strichkontrast
2.3	geometrisches Formprinzip
2.4	Dekorative
3	*Serifenlose mit Strichkontrast*
3.1	dynamisches Formprinzip
3.2	statisches Formprinzip
3.3	geometrisches Formprinzip
3.4	Dekorative
4	*lineare Serifenlose*
4.1	dynamisches Formprinzip
4.2	statisches Formprinzip
4.2.1	ursprüngliche Grotesk
4.2.2	amerikanische Gothic
4.3	geometrisches Formprinzip
4.4	Dekorative
5	*Geschriebene Schriften*
5.1	dynamisches Formprinzip
5.2	statisches Formprinzip
5.3	geometrisches Formprinzip
5.4	Dekorative
	Gebrochene Schriften

Pica Pt	LWA (p)	LWA (mm)	Quark in 200/Teile
4	0,271	0,096	13,5
5	0,250	0,088	10,0
6	0,229	0,081	7,6
7	0,208	0,074	5,9
8	0,188	0,066	4,7
9	0,167	0,059	3,7
10	0,146	0,051	2,9
11	0,125	0,044	2,3
12	0,104	0,037	1,7
13	0,083	0,029	1,3
14	0,062	0,022	0,9
15	0,042	0,015	0,6
16	0,021	0,007	0,3
17	0,000	0,000	0,0
18	-0,021	-0,007	-0,2
19	-0,042	-0,015	-0,4
20	- 0,063	-0,022	-0,6
21	-0,083	-0,029	-0,8
22	-0,104	-0,037	-0,9
23	-0,125	-0,044	-1,1
24	-0,146	-0,052	-1,2
25	-0,167	-0,059	-1,3
26	-0,188	-0,066	-1,4
27	-0,209	-0,074	-1,5
28	-0,229	-0,081	-1,6
29	-0,250	-0,088	-1,7
30	-0,271	-0,096	-1,8
31	-0,292	-0,103	-1,9
32	-0,313	-0,110	-2,0
33	-0,334	-0,118	-2,0
34	-0,355	-0,125	-2,1
35	-0,375	-0,132	-2,1
36	-0,396	-0,140	-2,2
38	-0,438	-0,154	-2,3
40	-0,480	-0,169	-2,4
42	-0,521	-0,184	-2,5
44	-0,563	-0,199	-2,6
46	-0,605	-0,213	-2,6
48	-0,646	-0,228	-2,7
50	-0,688	- 0,243	-2,8
52	-0,730	-0,257	-2,8
54	-0,771	-0,272	-2,9
56	-0,813	-0,287	-2,9
58	-0,855	-0,302	-2,9
60	-0,897	-0,316	-3,0
62	-0,938	-0,331	-3,0
64	-0,980	-0,346	-3,1
66	-1,022	-0,360	-3,1
68	-1,063	-0,375	-3,1
70	-1,105	-0,390	-3,2
72	-1,147	-0,405	-3,2
74	-1,188	-0,419	-3,2
76	-1,230	-0,434	-3,2
78	-1,272	-0,449	-3,3
80	-1,314	-0,463	-3,3
82	-1,355	-0,478	-3,3
84	-1,397	-0,493	-3,3
86	-1,439	-0,508	-3,3
88	-1,480	-0,522	-3,4
90	-1,522	-0,537	-3,4
92	-1,564	-0,552	-3,4
94	-1,605	-0,566	-3,4
96	-1,647	-0,581	-3,4
98	-1,689	-0,596	-3,4
100	-1,731	-0,610	-3,5

Laufweiten-Ausgleich für Berthold-Schriften

Zwischengrößen werden mathematisch gerundet.

Formel: $\dfrac{\text{LWA Berthold}}{\text{Punktgröße in pica pt}} \times 200$

Diese Berthold-Tabelle wurde 1996 von Gorbach Büro für Gestaltung und Realisierung, Buchendorf um die Xpress-Werte erweitert. Einen Sonderdruck davon widmeten wir den Mitgliedern der tgm.

Vorlagen für die Reproduktion

Durchsichtsvorlagen	Diapositive
	Kleinbilddias
	6 × 6
	größere Formate
Aufsichtsvorlagen	Farbfoto, Papier
	S/W-Vergrößerung
	Strichvorlage
	Feinstrichvorlage
	Artwork
	Mehrfarbige Strichvorlagen
	Kolorierte Federzeichnungen
	Blauandruckvorlagen
	Ölgemälde etc.
	Kolorierte Fotos
	Drucke aller Verfahren
	(Rasterstruktur bei
	Vergrößerungen; Moirégefahr)
Digital	Daten
	Fotos
Bildauswahl	Inhaltliche Rangfolge
	Abfolge
	Aufmacher
	»Schmückende Beigabe«
Ästhetische Qualität	Größen
	Zuordnung
	Gewicht zueinander
Reproduzierbarkeit	Farbwirklichkeit
	Kontrast
	Schärfe/Brillanz
	Gradation
	Ausschnitt möglich
	Rechte/Kosten

Vorbereitung zur Reproduktion

Vorlagen-beurteilung	Eignung nach der Größe der Vorlage
	(Biegsamkeit, Stärke,
	Dreidimensionalität)
	Verkleinerungs- und
	Vergrößerungsmöglichkeit
	Beschädigungen
	Schärfe
	Gradation
	Motiv
	Retusche
Vermaßung	Maße in mm
	Maße in %
	Ausschnitt
Veränderungen	Farbe
	Gradation
	Kontrast
	Seitenverkehrt
	Retusche
Farbskala oder Einzelfarben	
Farbfolge	
Raster/Auflösung	
Punktzunahme	
Andruckpapier	
Bilddaten	Name
	Freisteller mit Pfad
	Freisteller auf Weiß
	Speicherung/Datenformat
	Feindaten
Layoutdaten	Steuerdaten/Grobdaten
Prüfung des Andrucks	Maße
	Ausschnitt
	Schärfe
	Farbrichtigkeit
	Tonwertumfang
	Originalpapier
	Tonveränderungen
	Retuschen
	Gesamteindruck
	Eindruck im Verhältnis zu
	den nebenstehenden Bildern

Daten der Vorstufe		
Datenübergabe	Offene Dateien	Umbruchdateien
		Grafikdateien
		Bilddaten
		Logos
		Schriften
	Postscript	Parameter
	PDF-Dateien	Parameter
Vorgesehener Druck	4-c	
	Schmuckfarben	
	Schwarzweiß	
Auflösung		
Raster		
Produktdaten		
Zugehörige Abzüge		
Zugehörige Proofs oder Andrucke		
Tonwertstufen im Druck	Offset 6 bis 96 %	
	CTP 1 bis 99 %	
	Digital 10 bis 95 %	

Checkliste Satzqualität	
Schriftcharakter	Charaktereignung
	Größe
	Lesbarkeit
Zeichen	Sind Kapitälchen, Mediävalziffern, Eurozeichen, Diakritische Zeichen (Akzente) vorhanden?
Mikrotypografie	Laufweite
	Wortabstand
	Zeilenabstand
	Zeilenbreite
	Trennungen
	Schreibweisen
	Hervorhebungen
	Leerraum
Seitengestaltung	Spalten
	Menge auf der Seite
	Visualisierung
	Gestaltung
Erweiterung	Zentral-Europa-Fonts schon vorhanden?
	Kyrillisch?

Druckqualität	Prüfung	Kommentar
Beurteilung	Papiereignung Oberflächenveredelung Leuchtkraft Gestaltung	
Farbwiedergabe	Gleichmäßig	Schwierigkeit des Farbsehens Genormter Farbauftrag Normlichtwerte Sicherheit für Nachdrucke
Rasterpunkt	Konstanz, Form	Veränderung des Punktes kann Farbverschiebung ergeben »Schnittstellen« als Gefahrenpunkte: Film – Druckplatte Druckplatte – Papier
Normung	Stimmen die Densitometer-Werte?	Normung und messtechnische Steuerung, zusätzliche Kontrollstufen laufen mit
Doppelseiten-Bilder	Stimmt Farbanschluss?	Ausschneiden, anfügen
Technische Fonds	Farbflächen gleichmäßig?	2 bis 4 Farbanteile Produktfarben oder besser Echtfarben/Schmuckfarben
Passer	Passergenauigkeit	Platzierung auf Druckbogen: Mitte – Anlage Rolle: Mitte
Druckschwierigkeiten	Dublieren	Punktversetzen (über Gummituch) Ausgelöst durch instabile Umstände, nicht ausreichende Papierbahnumschlingung
	Abliegen, Abziehen	Farbe des nächsten Bogens kommt auf die Rückseite
	Tonen	Nicht druckende Stellen nehmen Farbe an
	Butzen	Unsaubere Farbführung
	Blasen	(Rolle) Papier zu feucht zu hohe Trocknertemperatur
Satz	Schriftbild im Druck	Schrift nicht zu viel Farbe? Gleichmäßiger »Grauwert« der Textschrift

Maßeinheiten

Bezeichnung	Name	Wert	Verwendung
mm	Millimeter	1 mm	Seitenmaße Layout Breiten/Höhen
pt	DTP-Punkt	0,3528 mm	Heute gängiges typografisches Maß; Schriftgrößen, ZAB
dd	Didot-Punkt	0,375 mm	Schrift- und Maßsystem im Blei- und Fotosatz
cc	Cicero	4,5 mm	1 Cicero = 12 Didot-Punkt
in oder "	Inch	25,4 mm	Für Formulare in Gebrauch

Verarbeitungsqualität

Falz	Exakt Stimmt Stand?
Schnitt Buchblock	Stimmt Format? Saubere Schnittkanten
Heftung	Aufschlagverhalten Rückenstieg akzeptabel
Produktform	Rillung Falzeinbrennung Rücken
Cover/Umschlag	Stand Veredelung Scheuerfestigkeit
Verpackung	Packungsform Buchschuber Transportschutz Rillung
Bindung	Falzprodukt Klammerheftung Spiralbindung Klebebindung Dispersion Hotmelt Fadensiegel Fadenheftung
Einband	Pappenstärke Bezug Kaschierung Vorsatz Rückenform Scharniere Exakte Produktform Deckelkanten

Materialästhetik bei Druckprodukten

Satzqualität	Reproqualität Gestaltung Druckqualität Werkdruck Bilder schwarz-weiß Duplex Vierfarbig Sonderverfahren
Papier	Stoff Oberfläche Färbung
Farben	Prozessfarben vierfarbig Sonderfarben
Ausstattung	Bindearten Umschlag- und Bezugsmaterialien Veredelung Pappen Vorsatz Schutzumschlag Ausstattungserweiterung Verpackung

Glossar

Abführung
Abführungszeichen = schließendes Anführungszeichen; für die direkte Rede bzw. Hervorhebung besonderer Begriffe: ...«, Ggs. Anführung

Adobe Type Manager
Dient zum Anzeigen, Verwalten, Drucken von Type 1-Schriften

Akzente
Zeichen für Buchstaben zur Bestimmung der Aussprache; z. B. ´ Akut, ` Gravis, ^ Zirkumflex, ~ Tilde, ¨ Trema

Akzidenz
Druck- und Satzarbeit mit geringem Umfang (Anzeigen, Formulare, Briefbögen)

Andruck
Probedruck zur Farb- und Rasterkontrolle bei Abbildungen

Anführung
Öffnendes Anführungszeichen; für die direkte Rede bzw. Hervorhebung besonderer Begriffe: »..., Ggs. Abführung

Antiqua
Serifenschrift, abgeleitet von der römischen Capitalis; neben den Serifen ist das typische Merkmal die wechselnde Strichstärke

ASCII
Engl.: American Standard Code for Information Interchange; eine 7-Bit Kodierung (128 Zeichen), die als Code in der Rechnerwelt unter UNIX der Abspeicherung von Standardtexten dient. Europäische Sonderzeichen sind im 8-Bit-Code (256 Zeichen) enthalten

Auflösung
Die Auflösung eines Bildes bestimmt die Anzahl der Bild- oder Druckpunkte (Pixel) je Streckeneinheit, gemessen in dpi (dots per inch) oder P/cm (Punkte pro Zentimeter)

Aufsichtsvorlage
Scanvorlage auf nicht transparentem Material (z. B. Fotoabzug)

Auslauf
Ausgangszeile, letzte Zeile eines Absatzes

Ausschiessen
Anordnung der Seiten auf einem Druckbogen, damit das gefalzte Produkt in der Reihenfolge der Seiten steht

Ausschliessen
Die Art, wie der Text eines Satzes ausgerichtet wird; links- oder rechtsbündig, Blocksatz oder zentriert auf Mittelachse

Auszeichnen
Satzangaben zu einem Manuskript werden bestimmt, siehe Seite 264

Auszeichnung
Hervorhebung von Textteilen durch differente Schrift; neben unterschiedlichen Möglichkeiten sind die üblichen: fette oder kursive Schrift, Sperren oder Kapitälchen

Beschnitt
1. Teil einer Abbildung, der im Layout über den Seitenrand ragt und beim fertigen Druckprodukt weggeschnitten wird. Der in der Regel verlangte Überstand beläuft sich auf 3 mm
2. Teil des Druckbogens, der beim Schneiden nach dem Falzen wegfällt

Bildlegende
Text zu einer Abbildung (Bilduntertext)

Bildmarke
Bildhaftes Firmenzeichen

Bindung
Gefalzte Druckbogen werden durch verschiedenen Verfahren zusammengefasst: Fadenheften, Klebebinden, Klammerheften

Blindtext
Neutraler Text, dient der Visualisierung für ein Layout, wobei es nicht um Inhalte, sondern um den ersten visuellen Eindruck eines Entwurfes geht

Blocksatz
Text wird links- als auch rechtsbündig im Satzspiegel so gesetzt, dass beidseitig eine geschlossene Textkante entsteht, wobei die Wortzwischenräume in den einzelnen Zeilen unterschiedlich sein können

Bold
Engl., Begriff für einen fetten Schnitt

Broschur
Dünnes, einfach gebundenes Buch oder Heft mit oder ohne einfachem Einband

Brotschrift
Schriftart des gesetzten Grundtextes (Werkschrift, Bodytype) einer Publikation

Buchblock
Die gehefteten oder gebundenen Druckbogen. Der Buchblock wird nach dem Beschneiden in den Umschlag/Buchdecke eingehängt

Buchdecke
Besteht aus der Pappe und dem Bezugsmaterial

Buchstabe
Auch lat. Letter (littera); einzelnes Zeichen des Alphabets

Buchstabenbreite
Siehe Dickte

Caps
Engl., Abkürzung für Capitals d. h. Großbuchstabe bzw. Versalie

Chamois
Franz., gelb-bräunliche (beige) Farbe

Charakter
Engl., Begriff für Buchstabe oder Zeichen

Cicero
Typografisches Maß; 1 Cicero = 4,52 mm, entspricht 12 Didot-Punkten

CMYK
Engl., sind die vier Druckfarben: Cyan, Magenta, Yellow (Gelb), Key (Schwarz) des Vierfarbdruckes. Die drei farbigen Komponenten CMY ermöglichen durch subtraktive Farb-

mischung zwar die Darstellung, ergeben aber in der Summe kein reines Schwarz. So wird als vierte zusätzliche Farbe Schwarz eingesetzt.

Condensed
Engl., Schmale Schrift

Corporate Design
Engl., Visuelles Erscheinungsbild eines Unternehmens durch formale Gestaltungskonstanten: Logo, Typografie, Hausfarbe, Verpackung, Briefbögen, Anzeigen etc.

Decodieren
Informationen aus Codierungen (engl., franz.: code – auf Vereinbarungen beruhendes Zeichensystem) mit Hilfe eines Schlüssels entschlüsseln und zusammensetzen

Derivat
Lat. (derivato – abgeleitetes Wort); aus einem Ursprungswort abgeleitetes Wort (z. B. Schönheit – schön). In der Schrift ist die Ableitung aus einer Stamm-Schrift gemeint.

Dickte
Breite eines Buchstabens, bestehend aus der Breite des Zeichens selbst, sowie der Vorbreite und der Nachbreite des Buchstabens

Didot-Punkt
Typografisches Maß auf französischem Fußmaß basierend; der alte Didot-Punkt beträgt ca. 0,37601 mm, der neue wurde auf 0,375 mm abgerundet

Digitalisierung
Umwandlung von Informationen (Bild, Ton) in digitale Informationen, punktweise oder linienweise mittels Digitalisierungstableaus oder durch Einlesen mit einem Scanner

Digitalproof
Hochwertiger Farbdruck ohne Filmvorlage, der das spätere Druckergebnis simuliert

Divis
Trennstrich eines Wortes am Zeilenende oder bei Verbundwörtern, z. B. Nordrhein-Westfalen

DPI / dpi
Engl., Dots per Inch; gibt die Auflösung eines Druckers/Scanners/Bildschirms über die Anzahl der Bild- bzw. Druckpunkte pro Inch an. Die Einheit dpi wird auch als Maß für die Auflösung von Pixelbildern verwendet

Druckbogen
Großformatiger Papierbogen, auf den mehrere Seiten gedruckt werden. Dieser Bogen wird gefalzt und beschnitten und somit Teil des Buchblocks

Druckverfahren
Technik des Druck; z. B. Offsetdruck, Tiefdruck, Flexodruck, Siebdruck, Hochdruck, Digitaldruck

Druckvorlage
Bereitgestellte Seiten einer geplanten Publikation für die Reproduktion bzw. für die Übertragung auf Druckplatten

Duplex
Zweifarbiges Druckverfahren, um bestimmte Farbeffekte zu erzielen oder um die Halbtonwerte der Schwarzweiss-Fotografie besser darzustellen

Durchschuss
Freier Zwischenraum zwischen zwei Zeilen

Einzug
Abstand zwischen dem linken Rand und dem geschriebenen Satzanfang bzw. vom rechten Rand und dem Satzende

EPS, EPSF
Engl., Encapsulated PostScript Format; formale Sprache, die eine Seite mit Text- und Bildinformation beschreibt. Diese Information kann als Einheit in ein PostScript Dokument eingefügt werden

Erzwungener Blocksatz
Letzte Zeile wird auf volle Spaltenbreite ausgetrieben, hässlich und sinnlos

Expert Fonts
Häufig mit Kapitälchen, Mediävalziffern, Sonderzeichen und Ligaturen

Extended
Engl., Breite Schrift

Fahne
Rohsatz als lange Papierfahne ohne Seitenumbruch, aber in den bereits vorgegebenen Spaltenbreiten gesetzt

Farbmanagementsystem
Software zur farbrichtigen Anpassung beim Scannen, Belichten, Drucken und bei der Bildschirmanzeige.

Farbstich
Abweichung der vorgegebenen Farbigkeit eines Bildes durch zu hohem oder zu geringem Farbanteil einer der Farben

Flattersatz
Satz ist nur auf einer Seite, rechts- oder linksbündig, an einer vorgegebenen Kante ausgerichtet, auf der anderen Seite aber laufen die Zeilen unterschiedlich lang aus. Der Wortabstand ist in jeder Zeile gleichmäßig

Flattersatzbereich
Trennzone im Flattersatz

Fleisch
Der freie Raum vor und hinter einer Letter, siehe Dickte

Font
Schriftart innerhalb einer Schriftfamilie. Meistens besitzen Schriftfamilien Fonts/Schriftarten wie: Normal, Kursiv, Fett, etc.

Formsatz
Nach bestimmten Formen/Figuren gesetzter Text: z. B. in Kreis-, Halbkreis- oder Wellenlinien

Formelsatz
Das Setzen von mathematischen, chemischen oder physikalischen Formeln mittels eines Formeleditors. Für Formelzeichen gibt es DIN-Normen, wie DIN 1301, 1304, 1313 und 1338

Fraktur
Auch Frakturschrift, Schriftform mit gebrochenen Buchstaben

Fuseschrift
Spaßschrift, meist dekorativ, modisch. Die Lesbarkeit spielt keine Rolle

Fußnote
In einem kleineren Schriftgrad gesetzte Anmerkung zum Text, die entweder am Fuß der jeweiligen Seite, am Kapitelende oder gesammelt am Buchende gesetzt wird. Die Fußnoten erhalten in der Regel entweder eine fortlaufende Numerierung, oder Zeichen, wie *

Fußzeile
Am unteren Rand des Seitenspiegels separat gesetzte Zeile z. B. für Seitenzahl Firmenname etc.

Gemeine
Kleinbuchstabe oder Minuskel

Gestaltungsraster
Horizontales und vertikales Raster einer Seite, auf der Textblöcke und Abbildungen angeordnet werden

Geviert
Maß, das der Höhe eines Schriftkegels entspricht; die Breite oder der quadratische Raum entsprechend dem Schriftgrad in der Höhe: eine 12 Punkt-Schrift ist ein Geviert 12 Punkte bzw. 4,2336 mm breit. In der Anwendung gibt es auch Halb-, Drittel-, Viertel- und Achtelgeviert als Breitenmaß

Goldener Schnitt (1 : 1,613)
Seit der Antike »ideales« Proportionsmaß für Architektur und Malerei; hier: ein ästhetisch gesehenes Proportionsverhältnis einer gestalteten Seite. Der kleinere Teil verhält sich zum größerem, wie der größere Teil zur Gesamtstrecke (s. S. 75)

Grotesk
Schriftart ohne Serifen

Haarlinie
Die dünnste auflösbare Linie, die noch dargestellt werden kann

Halbgeviert
Die halbe Breite eines Gevierts vom entsprechenden Schriftgrad, was dem Zeichen »n« bei den meisten Schriften entspricht

Hängender Einzug
Ein Absatz, bei dem die erste Zeile nach links außen gesetzt ist

Haupttitel
Buchtitel, bestehend aus dem Titel des Werkes, Name des Autors und des Verlags, Verlagssignet, steht auf Seite 3

Headline
Engl., Überschrift, Schlagzeile

Hierarchie
Rangordnung, z. B. der Überschriften

Hurenkind
Erste Zeile einer Seite, die als letzte Zeile eines Absatzes der vorherigen Seite auf einer neuen Seite steht

Hybride Schrift
Schriften die es sowohl mit und ohne Serifen gibt

IBM-Composer
Schreibmaschinen ähnliches Satzverfahren der 60er Jahre mit einfachen Proportionalschriften und einem begrenzten Speicher

Icon
Engl., Begriff für Piktogramm

InDesign
Gestaltungs- und Layoutprogramm von Adobe

Initial
Buchstabe/Zeichen am Anfang eines Kapitels, Absatzes, das größer als die Brotschrift ist und einen Signal- oder dekorativen Charakter hat

Inkunabel
Gedruckte Bücher aus den Anfängen des Buchdrucks um 1500

Inverse Schrift
Lat. umgekehrt; weiße Schrift auf dunklem Grund

Italic
Englische Bezeichnung für »kursiv«

Kalander
Press- und Prägewalzmaschine für Papier, Kunststoffe und Textilien

Kalligrafie
Kunst des »schönen Schreibens«

Kapitälchen
Großbuchstaben in der Höhe der Kleinbuchstaben; Für den Satz werden Großbuchstaben mit Versalien, Kleinbuchstaben mit Kapitälchen geschrieben

Kapitalband
Heute ein zur Zierde geklebtes Stoff- oder Papierband am Kopf und Fuß des Rückens eines Buchblocks

Kegel
Metallkörper, auf dem im Bleisatz die Letter (spiegelverkehrt) steht. Die Höhe des Kegels ist auch die angegebene Schriftgröße

Keil
Um Texte gleichmäßig auf eine bestimmte Breite (oder Höhe) zu setzen, dienen horizontale Keile. Im Blocksatz werden die Abstände zwischen Wörtern ausgetrieben. Der vertikale Keil dagegen stört das Gleichmaß der Typografie und behindert mitunter die Lesbarkeit

Kerning
Engl., Unterschneidung

Kolumne
Lat., Säule; in der Typografie = Textseite

Kolumnentitel
Eine ober- oder unterhalb des Textes separat stehende Zeile; man unterscheidet: toter Kolumnentitel, wenn nur die Seitenzahl angegeben ist; lebender Kolumnentitel, wenn der Titel Angaben über den Inhalt zum Kapitel, die Kapitelnummer o. a. enthält

Kompress
Ein ohne Durchschuss gesetzter Satz; Zeilenabstand und Schriftgröße sind gleich

Kopfzeile
Separate Zeile über dem Text, bisweilen auch lebender Kolumnentitel genannt

Korrekturzeichen
Standardisierte Zeichen, die beim Korrigieren von Manuskripten/Korrekturfahnen zur Markierung von Fehlern verwendet werden DIN 16511 (siehe auch Duden, Deutsche Rechtschreibung)

Kursiv
Eigenständige Zeichen die leicht nach rechts geneigt sind, dem Geschriebenen etwas näher

Lab
Lab-Farben bestehen aus einer Helligkeits- (L) und zwei chromatischen Komponenten. Die a-Komponente reicht von grün bis rot, die b-Komponente von blau bis gelb

Laufweite
Abstand zwischen den Buchstaben

Layout
Engl., Planung, Anordnung; hier: typografische Text- und Bildgestaltung einer Seite oder eines Dokuments. Auf dem Layout wird der Satzspiegel, festgelegt, in dem Text und Abbildungen angeordnet werden

Layoutprogramm
Dient der gesamten Gestaltung aller druckgrafischen Produkte inklusiv der Web-Seiten

Legende
Informationen, als separat stehende Gruppe, zu Abbildungen, Tabellen etc.

Letter
Lat., Buchstabe d. h. einzelnes Zeichen des Alphabets

Ligatur
Zwei oder drei Zeichen werden zu einem verbunden

Linienstärke
Die in Millimeter oder Punkten gemessene Dicke einer Linie

Linker Einzug
Die erste Zeile wird in einem neuen Absatz eingezogen. In der Regel ist es ein Geviert von links

Linksbündig
Die Zeilen bilden links eine Kante, laufen nach rechts frei aus

Linotype
Engl., Setz- und Zeilengießmaschine

Logo
Symbol oder Firmenzeichen, siehe auch Wortmarke, Bildmarke

Majuskel
Großbuchstabe, auch Versalie genannt

Makrotypografie
Bereich der Typografie ab der Zeile bis zur Seitengestaltung

Manuskript
Lat., hand- oder mit Schreibmaschine geschriebener Text, der als Vorlage zum Setzen einer Publikation dient

Mapping
In der Wahrnehmung wird auch von »Landkarten« gesprochen, die man sich im Kopf macht

Marginalien
Randbemerkungen

Mediäval
Schriften der Renaissance-Antiqua

Mediävalziffern
Ziffern mit unterschiedlichen Breiten und Unterlängen, die sich dem Antiquasatz gut anpassen

Mind Mapping (Mind Map)
Komplizierte Gedankengebäude werden bildhaft oder in vernetzten Symbolen dargestellt. Dienen als Gedankenstütze oder Denkstruktur

Mikrotypografie
Bereich um das unmittelbare Schriftzeichen, z. B. Abstände

Minuskel
Kleinbuchstabe, auch Gemeine genannt

Minuskelziffer
Mediävalziffer

Mittellänge
Teilmaß eines Zeichens zwischen der Schriftlinie und der mittleren Höhe, der x-Höhe

Modul
Verhältniszahlen, z.B. Modulor von Le Corbusier

Monospaced
Alle Zeichen sind gleich breit

Monotype
Gieß- und Setzmaschine für Einzelbuchstaben

Multiple Master Fonts
Format für Schriften. Bietet eine oder mehrere Steuerungsmöglichkeiten, mit den Attibute wie Laufweite, Höhe oder Stärke eingestellt werden können.

Nachbreite
Freier Raum nach dem Schriftzeichen

Notationssystem
System der Symbole für die Darstellung, z.B. für Musik

Oberlänge
Oberer Teil eines Zeichens

PageMaker
Layout- und Umbruchprogramm

Pagina
Seitenzahl

Paratext
Neben- oder übergeordneter Texte in einer Publikation

Passer
Genauigkeit der einzelnen Farben im Zusammendruck

PDF (Portable Document Format)
Dokumente im PDF-Format geben das Layout und den Inhalt des Originals, einschließlich Schriften und Grafiken, exakt wieder, und zwar unabhängig vom Betriebssystem

Pica-Point
Englisches typografisches Maß; ein Pica hat 12 Pica Points (4,233 mm); 6 Pica ergeben rund 1 Zoll

Piktogramm
Stark reduziertes Bildsymbol zur Orientierung (z. B. auf Verkehrsschildern)

PostScript
Seitenbeschreibungssprache von Adobe, zur geräteunabhängigen Ausgabe von Texten und Grafiken auf Laserdrucker und Belichter

Proof
Farbandruck zur Kontrolle

Proportionalschrift
Schrift mit unterschiedlichen Breiten der einzelnen Buchstaben: i – m; Ggs. Monospaced

Punkt
Typografisches Maß, auf Inch basierend. 1 DTP-Punkt = 0,3528 mm

Punzen
Der tieferliegende Innenraum eines Druckbuchstabens

QuarkXPress
Häufigstes Layout- und Gestaltungsprogramm

Raster
1. Layout-Raster; in vorab berechneten und eingezeichneten Feldern bzw. Spalten mit Hilfe von Linien werden Texte und Abbildungen für eine einheitliche Gestaltung angeordnet. Diese Raster gelten in der Regel für die gesamte Publikation
2. Reprotechnik/Druckverfahren; die Grundfarben werden bei der Erstellung der Farbauszüge gerastert ausgegeben. Die Halbtonraster bestehen aus kleinen Rasterpunkten. Der Abstand zu diesen Punkten wird festgelegt durch die Rasterweite

Rasterweite
Auch Rasterfrequenz, bestimmt, wie fein ein Raster angelegt wird. Die in Europa übliche Rasterweite wird in Linien pro Zentimeter (lpcm) angegeben, in Amerika Linien pro Inch (lpi)

Rauhsatz
Restwert einer Zeile flattert am Zeilenende

RGB
Das aus den drei Grundfarben Rot, Grün, Blau bestehende Farbsystem (Bildschirm)

Saccaden
Abstände, die das Auge beim Lesen einer Zeile abtasten

Satzanweisung
Angaben zu einem Manuskripts über die zu setzende Details

Satzspiegel
Vorgegebener zu bedruckender Raum

Scanner
Gerät für die elektronische Erfassung von Text und Bild; durch ein optisches Abtasten entsteht ein Rasterbild, in einzelne Punkte (Pixel) aufgelöst, welches als Abbild der Vorlage digitalisiert wird

Schmutztitel
Erste Seite eines Buches, in der Regel steht hierauf der Kurztitel und Name des Autors oder das Verlagssignet. Begriff stammt aus der Zeit, als Bücher nur auf Bedarf gebunden worden sind. Der Schmutztitel schützte den eigentlichen Innentitel vor dem Verschmutzen

Schöndruck
Vorderseite eines Druckbogens. Ggs. Widerdruck

Schrift
1. Durch Zeichen/Buchstaben dargestellte Sprache
2. Eine gedruckte, weniger umfangreiche Publikation kulturellen, wissenschaftlichen etc. Inhalts

Schriftduktus
Charakteristik bzw. Linienführung und Modulation einer Schrift, auch geprägt durch das Schreibwerkzeug

Schriftfamilie
Unterschiedliche Schriftarten einer Schrift (Familie); z. B. normal, kursiv, fett, mager, fett-kursiv Im Bleisatz hieß das Garnitur

Schrifthöhe
Die Höhe des Kegels (im Bleisatz), was im Fotosatz und Computersatz übernommen wurde. Die Schrift selbst ist kleiner, hat also keine absolute Höhe

Schriftkegel
Höhe der Letter (im Bleisatz)

Schriftklassifizierung
Einteilung von Schriften nach Gruppen mit gleichen Merkmalen (DIN 16518)

Schriftmuster
Gesetzter Text, der das Bild und die Wirkung einer Schrift beurteilen lässt

Schriftlinie
Zeichen/Wortgruppen stehen auf einer gemeinsamen Schriftlinie, auch wenn unterschiedliche Schriften bzw. Schriftgrößen verwendet werden

Schriftschnitt
Im Bleisatz bezeichnet jede Variante einer Schriftform: kursiv, mager, normal, fett usw.

Schusterjunge
Wenn die erste Zeile eines neuen Absatzes als letzte Zeile auf einer Seite zu stehen kommt

Serifen
Kleine geschwungene oder rechteckige Abschlussstriche oder Begrenzungen an den Enden der Buchstaben; auch Antiqua-Schriften genannt

Spaltenbreite
Zeilenbreite einer Textspalte

Spationieren
Sperren

Spatium
Im Bleisatz ein dünnes Blättchen, mit dem Wortzwischenräume ausgeglichen werden

Sperren
Wörter werden in der Breite a u s -
g e d e h n t, indem nach jedem Zei-
chen/Buchstaben ein Zwischenraum
gesetzt wird. Wörter in Versalien
oder Kapitälchen werden müssen der
besseren Lesbarkeit wegen etwas
gesperrt werden

Stege
Freibleibende Ränder einer bedruck-
ten Seite; man unterscheidet jeweils:
Kopfsteg = oben; Fußsteg = unten;
Außensteg = rechts/links außen;
Bundsteg = innen bis zur Bindung

Syntax
Satzlehre, Lehre vom Satzbau (in der
Sprachlehre). Ob es eine Syntax für
Bilder gibt muß noch erforscht wer-
den

Template
Engl., Schablone, Vorlage, Muster

Tiff (Tagged Image File Format)
Format zur Speicherung von Raster-
bildern unabhängig vom Computer-
System

Tonwert
Helligkeitswert in einem Graustufen-
bild; die Tonwertskala reicht von
0 – schwarz bis 255 – weiß

TrueType
Format für Schriften, sowohl in der
PC- als auch in der Mac-Welt ein-
setzbar

Type 1
Format für Schriften, basiert auf
PostScript

Typometer
Auf dem typografischen Punkt basierende Messleiste, in der Regel ein
transparentes Lineal mit verschiedenen Skalen, mit dem vielseitig grafi-
fisch gestalterische Daten errechnet
werden können, siehe Seite 34

Umbruch
Anordnung von Text und Bildern in
Spalten und Seiten

Unterlänge
Unterer Teil eines Zeichens/Buchsta-
bens

Unterschneidung
Auch Kerning oder Zeichenausgleich;
um ein ausgeglichenes Schriftbild
zu erreichen, werden zwei Zeichen
dichter zueinander (oder weiter)
gesetzt, als in der Standarddicke

Vakatseite
Eine leere, unbedruckte Seite

Versalhöhe
Gemessene Höhe des Großbuch-
stabens

Versalien
Auch Majuskel, Großbuchstaben;
engl. CAPS = Capital Letters

Versalziffer
Ziffern in gleicher Höhe der Versalien
= K 123

Vignette
Frz. (vigne – Weinrebe) in der Buchkunst meist kleine ornamentale Ver-
zierungen

Vorbreite
Leerer Raum vor einem Zeichen
(Fleisch) auf dem Schriftkegel

Weißraum
Unbedruckter Raum auf einer Seite

Werkschrift
Auch Brotschrift oder Textschrift; die
in einem Text benutzte Grundschrift

Widerdruck
Die Rückseite eines beidseitig be-
druckten Druckbogens; die Vorderseite wird auch Schöndruck genannt

Wortabstand
Abstand zwischen zwei Wörtern, der
in Punkten oder in Teilen eines
Gevierts gemessen wird; der mittlere
Wortabstand beläuft sich auf 1/3-
bzw. 1/4-Geviert des aktuellen
Schriftgrades

Wortmarke
Typischer Firmenname als Logo

x-Höhe
Auch: m-Höhe oder Mittellänge;
Höhe eines Kleinbuchstabens ohne
Oberlänge

Zeichensatz
Die Summe der Zeichen/Buchsta-
ben, Ziffern, Interpunktions- und
Sonderzeichen eines Fonts

Zeilenabstand
Der von Grundlinie zu Grundlinie
gemessene Abstand zweier Zeilen

Zeilendurchschuss
Auch: Zeilenzwischenraum; zur
Schriftgröße zusätzlicher Abstand der
Zeilen

Zeilenmodul
Einheitlicher Zeilenabstand einer
Seite/eines Projektes (Grundlinien-
raster in QuarkXPress)

Zeilenvorschub
Zeilenabstand

Zellensystem
Kleine Einheiten in einem Rastersystem

Zentriert
Auf Mitte gesetzt, axiale Ausrichtung

Zinkografie
Alter Begriff für die Klischee-
Herstellung im Hochdruck

Zwischenschlag
1. Waagrechter Abstand zwischen
zwei Textspalten
2. Der ober- und unterhalb freie
Raum von Abbildungen, Überschriften etc.

Literatur

Typografie/Grundlagen

Hans Rudolf Bosshard,
Technische Grundlagen zur
Satzgestaltung. BST, Bern 1980

Friedl, Ott, Stein (Hrsg.),
Wann, wer, wie, Typographie.
Könnemann, Köln 1998

Rudolf Paulus Gorbach
Textgestaltung am PC oder Mac
Ravensburg, 1995 (nur noch
bei Gorbach erhältlich)

Jürgen Gulbins, Christine Kahrmann
Mut zur Typografie
Ein Kurs für DTP und
Textverarbeitung
Springer Verlag, Heidelberg 1992
und 2000

Jost Hochuli
Das Detail in der Typografie
Deutscher Kunstverlag, München
1987

Cyrus Dominik Khazaeli
Crashkurs Typo und Layout
Rowohlt, Reinbek 1995

Philipp Luidl
Typografie, Basiswissen
Stuttgart 1996

Manfred Siemoneit
Typografisches Gestalten
Polygraf Verlag, Frankfurt 1989

Ralph Turtschi
Praktische Typografie
Verlag Niggli, Olten 1997 und 2000

Lesbarkeit

Hans Brüggelmann
Kinder auf dem Weg zur Schrift
Faude Verlag, Konstanz 1983

Sabine Gross
Lesezeichen
Kognition, Medium und
Materialität im Leseprozess
Wissenschaftliche Buchgesellschaft,
Darmstadt 1994

Hartmut Günter/Otto Ludwig (Hrsg.)
Schrift und Schriftlichkeit
Ein interdisziplinäres Handbuch
internationaler Forschung
Walter de Gruyter, Berlin 1994 und
1996

Rolf F. Rehe
Typografie,
Wege zur besseren Lesbarkeit
Frankfurt 1974 und 1981

Johanna Barbara Sattler
Der umgeschulte Linkshänder
Auer, Donauwörth 1999, 5. Auflage

Emil Schmalohr
Das Erlebnis des Lesens
Klett Cotta, Stuttgart 1997

Dirk Wendt
Lesbarkeit von Druckschriften, in:
Gorbach, Rudolf Paulus (Hrsg.),
Lesen, Erkennen
Typografische Gesellschaft München,
München 2000. (Der Beitrag ist eine
aktualisierte Version von »Lesbarkeit
von Druckschriften« im Band Schrift-
technologie, Springer Verlag, Heidel-
berg)

Buchgestaltung

Jost Hochuli
Bücher machen
Eine Einführung in die
Buchgestaltung, im besonderen in
die Buchtypografie
Deutscher Kunstverlag, München
1989

Jost Hochuli
Buchgestaltung als Denkschule
Forum Typografie Baden-Württem-
berg 1991

Hans Peter Willberg/
Friedrich Forssman
Lesetypographie
H. Schmidt, Mainz 1996

Hans Peter Willberg
40 Jahre Buchkunst
Stiftung Buchkunst, Frankfurt 1991

Gestaltung

Karl Gerstner
Kompendium für Alphabeten
Teufen 1972 und 1985
Arthur Niggli, in Deutschland bei
Hatje, Stuttgart

Roger C. Parker
Looking good in Print
deutsche Ausgabe Midas Verlag,
St. Gallen 1992

Emil Ruder
Typografie
4. rev. Auflage, Niggli Teufen 1982

Dario Zuffo
Die Grundlagen der visuellen
Gestaltung
Hegnau 1990

Didaktik

Bernd Kast/Gerhard Neuner
Zur Analyse, Begutachtung und Entwicklung von Lehrwerken für den
fremdsprachlichen Deutschunterricht
Langenscheidt, München 1994

Huber, Kegel, Speck-Hamdan
Einblick in den Schriftspracherwerb
Westermann, Braunschweig 1998

Dieter Nadolski (Hrsg.)
Didaktische Typografie
Informationstypografie,
Pädagogische Typografie
VEB Fachbuchverlag, Leipzig 1984

Bernd Weidenmann
Lernen mit Bildmedien
Beltz, Weinheim 1994

Rüdiger Weingarten
Sprachwandel durch Computer
Westdeutscher Verlag, Opladen 1997

Gerard J. Wetshoff
Didaktik des Leseverstehens
Max Hueber Verlag, Ismaning 1987

Schrift

Bruckmanns Handbuch der Schrift
Bruckmann Verlag, München 1992

Alexander Lawson
Anatomy of a Typeface
David R. Godine Publisher, Boston
1990

Frantisek Muzika
Die schöne Schrift
Dausien, Prag und Hanau 1965

Albert Kapr
Schriftkunst. Geschichte,
Anatomie und Schönheit der
lateinischen Buchstaben
Leipzig, München 1971,
Neuauflage 1995

Peter Karow
Digitale Schriften
Darstellung und Formate
Springer Verlag, Heidelberg 1992

Peter Karow
Schrifttechnologie
Methoden und Werkzeuge
Springer Verlag, Heidelberg 1992

Albert Rahmer
Schriften
IG Druck und Papier, Stuttgart 1974
(Über Grafikversand Vera Kopp,
Bruchköbel)

Sauthoff, Wendt, Willberg
Schriften erkennen.
Eine Typologie der Satzschriften
Verlag Hermann Schmidt,
Mainz 1988

ÜberSicht
Schrift vergleichen, auswählen,
erkennen, finden
Verlag Hermann Schmidt, Mainz 1991

Sehen, Wahrnehmung

Richard H. Cytowic
Farben hören, Töne schmecken
Die bizarre Welt der Sinne
Byblos Verlag, Berlin 1995

John P. Frisby
Sehen
Optische Täuschungen, Gehirnfunk-
tionen, Bildgedächtnis
Heinz Moos Verlag, München 1983

Gehirn und Kognition
Spektrum Verlag, Heidelberg 1990

David H. Hubel
Auge und Gehirn
Neurobiologie des Sehens
Spektrum Verlag, Heidelberg 1989

Jaques Ninio
Macht Schwarz schlank?
Kiepenheuer, Leipzig 1999

Physiologie der Sinne
Spektrum Verlag, Heidelberg 1994

Irvin Rock
Wahrnehmung
Vom visuellen Reiz zum Sehen
und Erkennen
Spektrum Verlag, Heidelberg 1985

Frederic Vester
Denken, Lernen, Vergessen
Deutsche Verlags Anstalt,
Stuttgart 1975 und dtv 1999

Bilder

Christian Doelker
Ein Bild ist mehr als ein Bild
Visuelle Kompetenz in der
Multimediagesellschaft
Klett-Cotta, Stuttgart 1997

Horst Kunze
Vom Bild im Buch
Bibliografisches Institut Leipzig 1988

Harald Mante
Bildaufbau
Gestaltung in der Fotografie
Laterna magica, München 1969
und 1987

Klaus Sachs-Hombach,
Klaus Rehkämper (Hrsg.)
Bild – Bildwahrnehmung – Bildverar-
beitung; Interdisziplinäre Beiträge
zur Bildwissenschaft
Universitätsverlag, Leverkusen 1998

Klaus Sachs-Hombach und
Klaus Rehkämper
Bildgrammatik, Interdisziplinäre
Forschungen zur Syntax bildlicher
Darstellungsformen
Reihe Bildwissenschaft, Band 1,
Scriptum Verlag, Magdeburg 1999

Grafik

Jacques Bertin,
Grafische Semiologie
Diagramme, Netze, Karten
Walter de Gruyter, Berlin 1974

Diagram Graphics
P. E. Books, Tokyo 1992

Walter Herdeg (Hrsg.)
graphis diagrams
Die grafische Visualisierung
abstrakter Gegebenheiten
Graphics Press, Zürich 1981

Angela Jansen
Handbuch der Infografik. Visuelle
Information in Publizistik, Werbung
und Öffentlichkeitsarbeit.
Springer, Heidelberg 1999

Screen-Design

Michael Baumgardt
Web Design kreativ!
Spinger Verlag 2000 (2. Aufl.)

Klaus C. Hofer,
Hansjörg Zimmermann
Webrations
die argonauten, München 1998
und 2000

Roy McKelvey
Hypergrafics. Design und Architektur
von Web Sites.
Rowohlt Verlag, Reinbek 1999

David Siegel
Web Site Design; Das Geheimnis
erfolgreicher Web Sites
Zweitausendeins, Frankfurt 1999/
Markt & Technik, Haar 1998

Siemens-Nixdorf
Gestaltung von Benutzeroberflächen
für Selbstbedienungsanwender
Siemens Nixdorf, Paderborn 1995

Manfred Siemoneit
Multimedia. Präsentationen planen,
gestalten, durchführen
Verlag

Schrift und Farbe am Bildschirm
Verlag Hermann Schmidt,
Mainz 1999

Farbe

Eva Heller
Wie Farben wirken
Rowohlt Verlag, Reinbek 1989

Johannes Itten
Kunst der Farbe
Otto Maier, Ravensburg 1961

Harald Küppers
Farbenatlas
Dumont, Köln 1978

Harald Küppers
Farbe
Georg Callwey, München 1972

NCS, Natural Color System
Farbatlas
Scandinavian Colour Institute AB,
Stockholm 1968

Matthias Nyman
4 Farben – ein Bild
Springer Verlag, Heidelberg 1993
und 2001

Ingrid Riedel
Farben in Religion, Gesellschaft,
Kunst und Psychologie
Kreuz Verlag, Stuttgart 1983

Karl Ryberg
Farbtherapie
Die Wirkungen der Farbe
auf Körper und Seele
Mosaik Verlag, München 1992

Visuelle Kommunikation

Gerhard Braun,
Grundlagen der visuellen
Kommunikation
Bruckmann, München 1987 und 1993

Ernst A. Gombrich
Bild und Auge
Neue Studien zur Psychologie der
bildlichen Darstellung
Klett-Cotta, Stuttgart 1984

C. G. Jung
Der Mensch und seine Symbole
Walter Verlag, Olten 1968

Friedrich Kittler
Grammophon, Film, Typewriter
Brinkmann & Bose, Hamburg 1986

Moritz Zwimpfer
2d Visuelle Wahrnehmung
Arthur Niggli, Basel 1994

Technische Dokumentation

Dagmar Boedicker
Handbuch-Knigge
Software-Handbücher schreiben
und beurteilen
BI Wissenschaftsverlag,
Mannheim 1990

Rudolf Paulus Gorbach
Die Rolle der Typografie in der
visuellen Gestaltung.
In: Jahrbuch 94 Technische
Dokumentation.
Horizont productions, Frankfurt 1994

Rudolf Paulus Gorbach
Handbücher, eine grafische
Tragödie? Die Klassenbesten.
In: Page 9/91 und 10/91.

Jörg Hennig und
Marita Tarks-Sobhani (Hrsg.)
Verständlichkeit und
Nutzungsfreundlichkeit von
technischer Dokumentation
Tekom, Band 1, Schmidt-Römhild,
Lübeck 1999

Page. Schwerpunktthema »Technische Dokumentation«, 3/94.

Günther W. Reichert
Kompendium für technische
Dokumentation, anwendungssicher
mit Didaktisch-Typografischem
Visualisieren
Industrieanzeiger im Konradin
Verlag, Robert Kohlhammer, Leinfelden-Echterdingen 1991

Technische Dokumentation
beurteilen
tekom-Richtlinien
Gesellschaft für technische Kommunikation, Stuttgart 1992

VDI-Richtlinie 4500: Technische
Dokumentation. Benutzerinformation Düsseldorf 1995, VDI.

VDI: Professionelle Benutzerinformation. Das Qualitätsmerkmal für
Kundenorientierung. VDI Verlag,
Düsseldorf 1994

Westendorp, Zec, Heller
Gebrauchsanweisung
Museum für Gestaltung, Zürich 1993

Design

Bernhard E. Bürdek: Design.
Geschichte, Theorie und Praxis der
Produktgestaltung, DuMont, Köln
1991

Bernhard E. Bürdek: Überlebensanleitungen, in: Design Report 12/94

Design interaktiver Produkte. Fraunhofer Institut, Stuttgart 1995

Donald A. Norman, Dinge des Alltags. Gutes Design und Psychologie
für Gebrauchsgegenstände. Campus,
Frankfurt 1989

Doris Vollert, Wolfgang Pohl
For »Linkshänder« only. Eine Analyse
von Anweisungen, Geräte zu bedienen, in: <Format> 22, 4-1969, Verlag
Nadolski, Stuttgart

Corporate Design

Brikigt/Stadler
Corporate Identity. Grundlagen,
Funktionen, Fallbeispiele.

De Jong
Corporate Identity Manual

Wally Olins
Corporate Identity, Strategie und
Gestaltung.
Campus Verlag, Frankfurt 1990

Unternehmenskultur –
Ein Weg zum Markterfolg,
Verlag Blick durch die Wirtschaft,
1990

Zeitschriften

Eye; Quantum Publishing, Croydon
(UK) Quantum@subscription.co.uk

Form; form.de

Deutscher Drucker; publish.de

Graphis; Zürich

Novum; München

PAGE; Macup Verlag, Hamburg,
info@page-online.de

Typografische Monatsblätter;
comedia, Bern und Zürich

Produktion

M. Baltis
Gut zum Druck
3. Auflage 1996

Hubert Blana
Die Herstellung
Ein Handbuch für die Gestaltung,
Technik und Kalkulation
von Buch, Zeitschrift und Zeitung
Saur Verlag, München 1991

Anette Gevatter
Druckreif
av.edition, Stuttgart 1999

Thomas Helbig
Druckqualität
Grundlagen der Qualitätsbewertung
im Offsetdruck
Polygraf, Frankfurt 1993

Helmut Kipphan (Hrsg.)
Handbuch der Printmedien
Springer, Heidelberg 2000

Helmut Kraus
Scans, Prints & Proofs
Galileo Press, Bonn 2001

Armin Leutert, Georges Zürcher
Allgemeine Berufskunde der
Drucktechnik
Polygraf, Frankfurt/M. 1964

Oliver Schröder, Jutta Bock
PDF und Acrobat: Neue Wege
in der Druckvorstufe
Galileo Press, Bonn 2000

Erhardt D. Stiebner, Heribert Zahn,
Wilfried Meusburger
Drucktechnik heute
Ein Leitfaden
Bruckmann, München

Symposium Schulbuch, Papier,
Umwelt
Verband der Schulbuchverlage,
Frankfurt 1993

Register

Links

Schriftanbieter
www.adobe.com
www.bsk-berlin.de
(Babylon Schriftkontor)
www.bitstream.com
www.dutchtypelibrary.nl (DTL)
www.emigre.com
fontinform@t-online.de
www.fontbureau.com
www.fonts.de (Linotype)
www.fontshop.de
www.fontexpert.com
(The Quick Brown Fox)
www.infintype.de
www.itcfonts.com (ITC)
www.letterror.com/ (Just van
Rossum und Erik van Blokland)
www.linotypelibrary.com
www.lucasfonts.com
www.monotype.com
ungerard@wxs.nl (Gerard Unger)
www.urwpp.de (URW)
www.sendung.de/typolinx/
(Linksammlung auch für exotische
Schriftanbieter)

Schriftrecherche
www.fontnews.com
www.dtpsoft.de/feg.htm

Gestaltungssoftware
www.adobe.de
www.macromedia.de
www.quark.de

Verbände etc.
Technik
www.bvdm-online.de
(Bundesverband Druck und Medien)
www.dmmv.de (Deutscher
Multimedia Verband)
www.DIN.de (Deutsches Institut für
Normung e.V.)
www.FDI-ev.de (Führungskräfte
Druckindustrie und Informations-
verarbeitung)
www.fogra.org (Forschungsgesell-
schaft Druck e.V., München)
www.iso.ch (Research Institutes
for the Printing, ISO International
Organization for Standardization)
www.fachinformation.de/pts.htm
(PTS Papiertechnische Stiftung
München)
www.SeyboldReports.com
www.tekom.de
www.ugra.ch (UGRA St. Gallen)

Typografie und Gestaltung
www.adc.de (Art Directors Club
Deutschland)
www.agd.de (Allianz Deutscher
Designer e.V.)
www.bdg.de (Bund Deutscher
Grafikdesigner)
Forum Typografie, Krefeld
www.kommunikationsverband.de
www.stiftung-buchkunst.de
www.tgm-online.de (Typographische
Gesellschaft München e.V.)

Museen
www.epilog.de (Museum für
Kommunikation Berlin)
www.designmuseum.com
(Vitra Design Museum, Weil)
www.real.Bauhaus-Dessau.de
www.mkg-hamburg.de (Museum für
Kunst und Gewerbe, Hamburg)
www.verpackungsmuseum.de
(Deutsches Verpackungsmuseum
Heidelberg)
www.zkm.de (ZKM Karlsruhe)
www.designmuseum.org
(Design Museum London)
www.Die-Neue -Sammlung.de
(München)
www.klingspor-museum.de
(Offenbach)
www.gutenberg.de (Gutenberg
Museum Mainz)
www.museum-gestaltung.ch
(Museum für Gestaltung, Zürich)
www.museum-gestaltung-basel.ch
(Museum für Gestaltung, Basel)
www.mak.at (Museum für
Angewandte Kunst, Wien)
Deutsches Plakatmuseum, Essen

Fortbildung Typografie
www.gorbach-gestaltung.de
www.tgm-online.de (Typographische
Gesellschaft München e.V.)

Zeitschriften
Typografie
www.Page-online.de
Eye: quantum@subscriptionco.uk
www.form.de
www.graphis.ch (Graphis, Zürich)
Typografische Monatsblätter, Zürich
www.novumnet.de (Novum)

Druckvorstufe, grafische Industrie
www.Desktop-Dialog.de
www.publish.de (Deutscher Drucker,
Publishing Praxis)
www.Druckspiegel.de
www.Macwelt.de
www.print.ch (Print-in-Media Archiv
Kurt Wolf)
– PrintProcess, Heidelberger Druck-
maschinen

Farben
www.BASF-Drucksysteme.de
www.epple-druckfarben.de
www.gs-druckfarben.de
(Gebr. Schmidt)
www.Hostmann-Steinberg.de
www.mhm.de (Michael Huber
München)
www.ncscolour.com
www.siegwerk.de
www.pantone.de

Papier
www.deutschepapier.de
www.fedrigoni.com
www.gmund.com
www.igepa.de
www.papier-union.de
agento@roemerturm.de
www.scheufelen.de
www.schneidersoehne.de
www.zanders.de

Sonstiges
www.apple.de
www.achilles.de (Druckveredelung)
www.prepress-online.de

Quellen

Alle Beispiele wurden im Büro Gorbach gestaltet und gesetzt. Die Fotos und die nicht näher bezeichneten Beispiele stammen vom Autor. Einige wenige Arbeiten wurden in meinen Seminaren gestaltet. Die Namen der Urheber waren leider nicht zu ermitteln.

Die Beispiele von anderen Gestaltern und aus aktuellen Publikationen, ohne die ein Typografiebuch kaum möglich wäre, stammen aus meinem Seminarmaterial und ich danke allen Kollegen für ihr Einverständnis. Viele historische Beispiele hat Bernhard Wette aus seinem Pressearchiv OPA zur Verfügung gestellt.

Besonderen Dank an Burkhardt Kiegeland, dass wir mit seiner künstlerischen Fotografien »spielen« durften (Seite 136); einige Abbildungen entnahmen wir der sehr informativen Reihe »Thema Farbe« von Kast & Ehinger, (heute BASF Drucksysteme), die von Fritz Seitz und Hans Andreè stammen (Seite 127 ff).

Ich hoffe, dass bei unklaren Urhebern keine Rechte verletzt wurden. Werke, mit denen gearbeitet wurden, stehen als empfehlende Marginalie.

rudolf.gorbach@munich.netsurf.de

Rudolf Paulus Gorbach

1939 geboren, arbeitete nach der Schulzeit zunächst als Buchdrucker und Musiker. Buchdruckmeister, Studium der Drucktechnik und Typografie in Berlin, Hersteller beim Insel-Verlag in Frankfurt, Herstellungsleiter beim Hanns Reich Verlag, München (Bildbände im Bogentiefdruck, internationale Koproduktionen). Seit 1971 eigenes Herstellungsbüro mit Schwerpunkten auf Koproduktionen im Bild-Text-Buch verschiedener Bereiche. 1977 Gründung der GmbH und Gründung eines Producing-Unternehmens. Ab 1980 wieder mehr Konzentration auf typografische Gestaltung für Buchverlage, Museen, Galerien, Softwarehäuser und Zeitschriftenverlage. Heute Büro für Gestaltung und Realisierung in Buchendorf bei München. Vermehrt konzeptionelle Arbeiten, Corporate Design und Screen-Design. Lehrtätigkeit seit 1968. Lehraufträge an der Fachhochschule München und an der Hochschule für Druck und Medien Stuttgart; an der Akademie an der Einsteinstraße, München (U 5) für Geschichte der Schrift und der visuellen Kommunikation. Zahlreiche Seminare in Verlagen, Institutionen, Firmen und anderen Hochschulen. Ab 1990 Veranstalter des Jahreskurses Typografie in München und des Seminars »Didaktische Typografie« in Volterra. Vorträge sowie Veröffentlichungen in Fachzeitschriften.
Bücher: »Schriftrevue«, EDTZ, Monotype 1992.
»Textgestaltung am PC oder Mac«, Ravensburger Verlag 1995.
Erster Vorsitzender der Typographischen Gesellschaft München.

Dank

Für das Zustandekommen dieses Buches ist vielen zu danken:

Astrid Baldauf, Buchendorf, für Korrektur lesen, Grundlage des Registers und viele Ratschläge, Ruth Wasserscheid, Bonn, als Lektorin, Barbara Ziegler für kritisches Lesen und Vorschläge für das Glossar, Erica J. Suter, Roccatederighi und Basel, in deren Häuser ich in Klausur arbeiten durfte, Waltraud Hofbauer für Satz und sehr vielen Beispielen, meinen Mitarbeiterinnen und Kollegen der letzten Jahre, die an zahlreichen Projekten gearbeitet hatten: Vera Brauner, Christiane Gerstung, Dagmar Nathalie Gorbach, Matthias Hauer, Waltraud Hofbauer, Peer Koop, Alexander Krauth, Christiane Manthey, Markus Schröppel, und meinen Kunden und Partnern, ohne die meine praktische Arbeit kaum möglich gewesen wäre.

Über die Typografie und Gestaltung dieses Buches

Die Typografie dieses Buches folgt der Basisgestaltung der Bücher von Galileo Press. Diese hat Helmut Kraus, exclam in Düsseldorf für Galileo eingerichtet und ist durch ihre klare Art mit ein erfolgreiches Markenzeichen geworden, was bei Buchverlagen nicht all zu oft anzutreffen ist. Details wurden von uns sanft geändert, nämlich dort, wo wir es für die Funktion der Buchtypografie nötig hielten.

Buchformat und Proportion
Format 190 × 227 mm
Proportion 1 : 1,195,
ist annähernd 1 : 2 oder 5 : 6

Schrift
Hinweis auf S. 69
Die Schrift des Verlags ist die Linotype Syntax, die der Entwerfer Hans Eduard Meier schon 1969 gestaltet hatte und vor einigen Jahren eine neue Fassung bei der Linotype herausbrachte. Die individuellen und sehr gut lesbaren Formen entsprechen ganz den Vorstellungen Meiers. Beim Schriftschnitt für die Grundschrift haben wir uns für die Regular entschieden. Sie ist etwas kräftiger als die Light und dadurch für umfangreiche Texte angenehmer zu lesen. Die Größe ist 8,5 / 12 Punkt.

Raster und Satzspiegel
Der Satzspiegel hat die Proportion 3 : 4 und nutzt damit das relativ breite Fomat rentabel aus.
Die Ränder sind: Bund 16, Kopf 17, Außen 34 (10) und Fuß 25 mm.
Breite: 7 Felder à 20 mm mit je 4 mm Abstand.
Der Haupttext benutzt 3 Spalten Flattersatz.
Bildbreiten sind in allen Varianten möglich. Die Tücke der abzubildenden Objekte macht bisweilen die Überschreitung dieser Regel nötig.
Höhe: 44 Textzeilen als Basis, selbstverständlich wird der Grundlinienraster eingehalten. Als markanter Punkt in der Höhe ist nur die Senkung nach den Kapitelüberschriften auf der 14. Textzeile vorgesehen.

Entgegen meinen sonstigen Empfehlungen wurden bei den Abbildungen auf die Einhaltung des Zeilenregisters verzichtet. Das geschah im Sinne einer gestalterischen Prägnanz, da die Bildabstände sonst zu weit geworden wären.

Auszeichnungen
Überschriften
Kapitelüberschrift Syntax Heavy 24 / 26 Punkt −2
Untertitel Syntax Regular Italic 14 / 13 Punkt −3
Anleser (Vorspann) Syntax Regular 8,5 / 12 Punkt −2
Überschrift 2 Syntax Bold 12 / 15 Punkt −2, Abstand 2/1 Leerzeile
Überschrift 3 Syntax Bold 8,5 / 12 Punkt
Spitzmarke Syntax Bold 8,5 / 12 Punkt

Aufzählungen als spitzes Dreieck aus der European Pi 3
Marginalien für Literaturhinweise Syntax Regular 7,5 / 9 Punkt oder als Bildunterschriften Syntax Medium 7,5 / 9 Punkt
Tabellen Syntax Regular 7,5 / 9 Punkt, Linien 0,2 mm

Kolumnentitel am Fuß Syntax Regular 9 Punkt
Pagina Syntax Bold 9 Punkt

Anhang Syntax Regular 7,5 / 9 Punkt, dreispaltig

Farben
Wenn nicht vom Verlag als Reihengestaltung empfohlen, wurden alle Farben nach NCS ausgewählt.
Kapitelkennung nach der Pastellreihe des Verlags

Tabellen
Linien und Fonds Blau (100-70-0-0) und NCS S 1005-B (12-0-7-0)

MindMap
Felder S 0560-R (0-65-36-0)
Fond S 1010-R (3-14-10-0)
Titel S 1080-R (12-100-85-0)

Beispiele der konstruierten Typografie
Fond S 1005-R80B (10-3-5-0)
Fond Papierton (3-3-7-0)

Bildvorlagen
Alle konstruierten Beispiele wurden für dieses Buch neu entwickelt und gesetzt.
Beispiele der eigenen Arbeiten wurden teilweise aus ihren Dateien bearbeitet, von Dias oder den Originalen reproduziert. Bisweilen gab es auch digitale Aufnahmen.

Satz und Umbruch
Auf Macintosh mit QuarkXPress

Repro
Wir bevorzugen professionelle Bildbearbeitung. In unserem Fall von der Longo-Groupe, Bozen, die auch die PDF-Dateien schrieben.

Druck
Vorstufe über Computer to Plate bei der Druckerei Kösel in Krugzell und Kempten

Papier
115 g / qm Dacostern Matt-Satin; weiß holzfrei doppelt seidenmatt gestrichen Bilderdruckpapier von Berberich, Ottobrunn

Bindung
Ganzpappband mit mattcelophaniertem Überzug, Fadenheftung

Dies ist nicht die letzte Seite ...

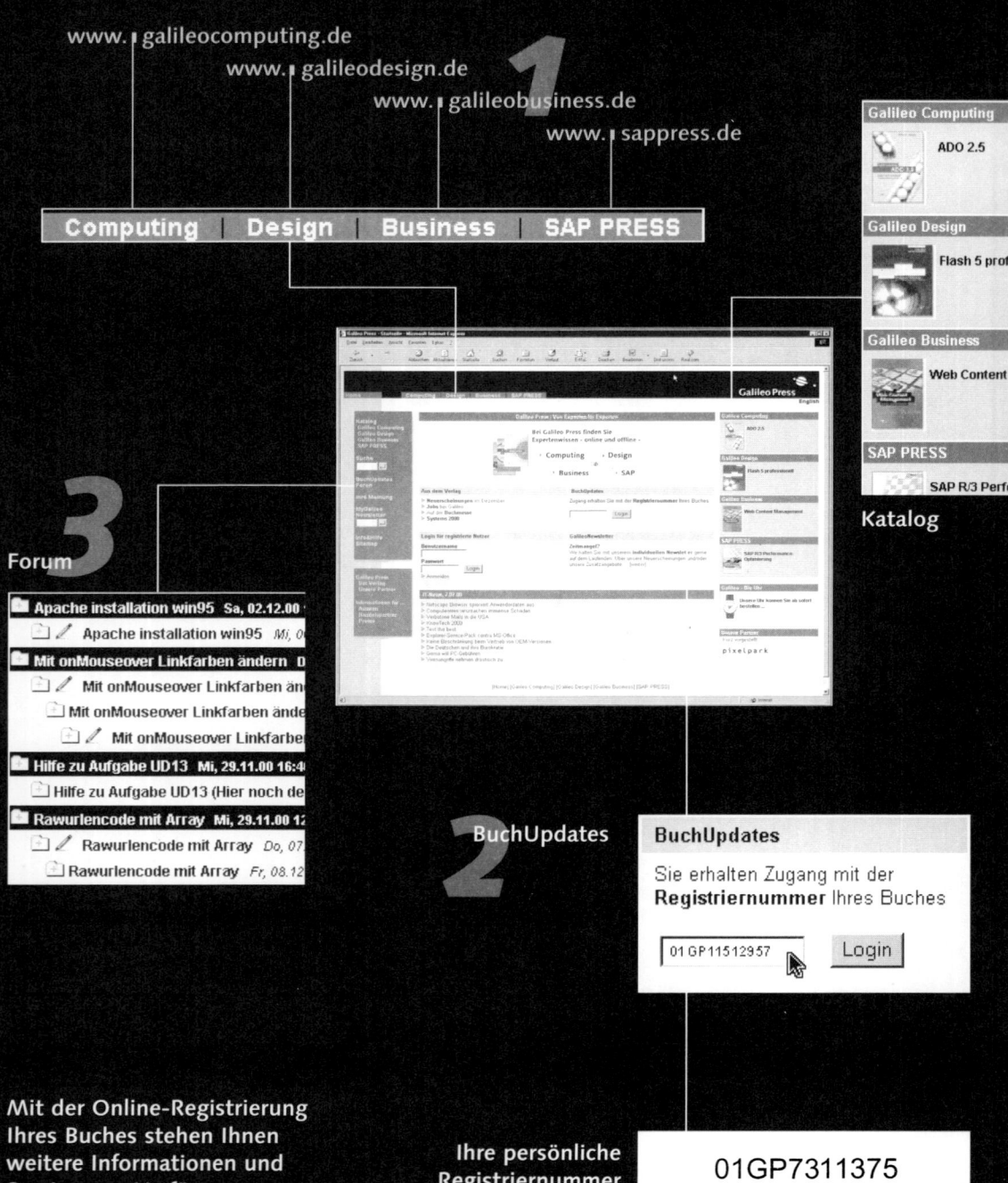

www.■galileocomputing.de
www.■galileodesign.de
www.■galileobusiness.de
www.■sappress.de

1

| Computing | Design | Business | SAP PRESS |

Galileo Computing
ADO 2.5

Galileo Design
Flash 5 profes

Galileo Business
Web Content M

SAP PRESS
SAP R/3 Perfor

Katalog

3

Forum

📁 **Apache installation win95 Sa, 02.12.00**
  📄 Apache installation win95 *Mi, 0*

📁 **Mit onMouseover Linkfarben ändern D**
  📄 Mit onMouseover Linkfarben än
   📁 Mit onMouseover Linkfarben ände
    📄 Mit onMouseover Linkfarbe

📄 **Hilfe zu Aufgabe UD13 Mi, 29.11.00 16:4**
  📄 Hilfe zu Aufgabe UD13 (Hier noch de

📁 **Rawurlencode mit Array Mi, 29.11.00 12**
  📄 Rawurlencode mit Array *Do, 07*
  📄 Rawurlencode mit Array *Fr, 08.12*

BuchUpdates

2

BuchUpdates

Sie erhalten Zugang mit der
Registriernummer Ihres Buches

| 01 GP11512957 | | Login |

Mit der Online-Registrierung
Ihres Buches stehen Ihnen
weitere Informationen und
Services zur Verfügung.

**Ihre persönliche
Registriernummer**   01GP7311375